南开骄子

龙飞 孔延庚 编著

南开故事丛书·第二辑

南开大学出版社

图书在版编目(CIP)数据

南开骄子 / 龙飞，孔延庚编著. —天津：南开大学出版社，2009.10(2016.5重印)
ISBN 978-7-310-03260-0

Ⅰ.南… Ⅱ.①龙…②孔… Ⅲ.①吴大猷(1907～2000)—传记②吴大任(1908～1997)—传记③纪实文学—作品集—中国—当代 Ⅳ.K826.11 I25

中国版本图书馆 CIP 数据核字(2009)第 177399 号

版权所有　侵权必究

南开大学出版社出版发行
出版人：孙克强
地址：天津市南开区卫津路 94 号　邮政编码：300071
营销部电话：(022)23508339　23500755
营销部传真：(022)23508542　邮购部电话：(022)23502200

*

天津泰宇印务有限公司印刷
全国各地新华书店经销

*

2009 年 10 月第 1 版　2016 年 5 月第 2 次印刷
230×155 毫米　16 开本　29 印张　2 插页　413 千字
定价：58.00 元

如遇图书印装质量问题，请与本社营销部联系调换，电话：(022)23507125

出版说明

巍巍学府，百年南开。

南开大学是一所有着深厚的历史积淀的大学，也是一所有着丰厚的文化底蕴的大学，更是一所有着动人故事的大学。

从诞生伊始，南开大学经历了"五四"肇兴、筚路蓝缕、弦诵西南、浴火重生、创新发展等艰辛而辉煌的历程。一百年来，南开大学始终将教育与国家的命运、教育与民族的前途、教育与社会的发展紧密相联。为了实现中华民族的伟大复兴，一代又一代的南开人秉承"允公允能，日新月异"的校训，发扬"爱国、敬业、创新、乐群"的光荣传统，团结努力，不懈奋斗。在一百年的沧桑历程中，南开大学涌现出许许多多杰出的人物、动人的事迹和耐人寻味的故事，这些故事被一代代南开人书写、传承和弘扬，在过去发生，在未来继续，永远不会终结。

为了迎接南开大学百年校庆，我们在积累下来的出版资源的基础上，决定编辑出版"南开故事丛书"，其目的在于保存历史文献，传承南开精神，为南开校友和广大读者奉献一部鲜活的南开记录。

《南开骄子》包含了著名物理学家吴大猷、数学家吴大任两兄弟的长篇传记和描写南开贤哲严修、张伯苓、马千里、柳无忌、张彭春、陈省身、曹禺、朱经武等的纪实散文，并配有二百五十余幅珍贵照片，令读者得以一窥大师风采。该书原收入"南开大学九十年纪念丛书"，由我社于2009年10月出版，此次编入"南开故事丛书"第二辑。

南开大学出版社
2016 年 4 月

前　言

　　我是从事俄苏文学专业的,撰写过许多部(篇)关于俄苏文学艺术名家的传记文学作品。至于写南开人物,则纯属"业余"性质。

　　记得是在1983年,当时我来校已经二十多年了,只模模糊糊听说南开的老校长叫张伯苓,其他却一无所知。一次,偶然从学校内部刊物上读到几篇南开老校友回忆张伯苓校长的文章,顿时被强烈震撼,产生了一种创作冲动。随后,我走访了几位南开元老和张校长的在津亲属(这些老人如今基本上均已作古),获得了丰富的第一手资料。几年间,陆陆续续写下多篇有关张校长的作品,分散发表在报刊杂志上。1996年终于完成一部长篇传记文学《张伯苓与张彭春》,投往《天津日报》连载。没料到它竟在读者中,尤其在南开校友中引起了极其强烈的反响。1997年,《张伯苓与张彭春》由百花文艺出版社出版。

　　由此,我发现南开过去与现在都曾聚集过和正聚集着一大批优秀人物,其中不乏世界级大师,南开是个取之不尽用之不竭的人才宝库。从写作的角度考虑,这里的创作资源非常丰富。忽视了这些珍宝,将是无可挽回的损失,作为一个以写作为终身事业的人,也是一种过错。而且此时我已退休,可以更加自由地选择创作题材。于是凡遇到感动自己、能激起自己创作欲望的南开人物便不放过。吴氏三杰、陈省身、严范孙、杨石先和柳无忌等人,甚至包括陈省身的女婿、南开大学名誉教授朱经武,全都进入了我的写作范围。

　　从上世纪80年代至今,我共发表了数十篇关于南开人物的纪实文学。2007年初,征得刘景泉书记同意,准备将这些作品经过筛选,结集成书。与此同时,我将刚刚撰写完的《吴大猷与吴大任》稿也收入集中。

　　2008年11月初,偶然到行政楼才得知,校庆筹备组想将《吴大猷与吴大任》一稿抽出,单独出版。但该稿作为一本书又嫌篇幅小点,让我在一两个月内补成十万字以上。时间短，任务重，我只好让我的先生孔延庚帮着一起搞，经过紧张工作，终于将该稿充实到将近十六万字。

交稿后，校庆筹备组又觉得《吴大猷与吴大任》与我原已发表的三篇关于吴大猷、吴大任的作品（共约五万字）内容有重复之处。最后决定，将那三篇长文删去，两部书稿仍合并为一部。

这样一来，新作便占据了主要位置，旧作结集反倒比重变轻了。我们将全书重新安排，将它分为三个部分。

第一部分是2009年2月底完成的长篇传记《吴大猷与吴大任》。

第二部分收入的是，自上个世纪90年代至今均已在全国各大报刊杂志上发表过的有关南开杰出人物的纪实文学作品。

第三部分数量很少，收入的是自上个世纪90年代至今均已在全国各大报刊杂志上发表过的有关南开与南开人物的散文、随笔和杂文。

龙　飞
2009年9月8日于南开园

目 录

第一部分　吴大猷与吴大任

吴氏家族主要成员人名表 …………………………………………… 3
第一章　人生第一机遇 ………………………………………………… 4
  四个小广东 ………………………………………………………… 4
  吴氏家族大家长 …………………………………………………… 7
  吴远基受邀来津办学 ……………………………………………… 9
  新生活开始了 ……………………………………………………… 10
  学校生活 …………………………………………………………… 13
  四人一双球鞋 ……………………………………………………… 14
  变故 ………………………………………………………………… 15
  吴大任经受磨砺 …………………………………………………… 17
  老师们的故事 ……………………………………………………… 18
第二章　人生第二次机遇 ……………………………………………… 22
  吴大猷"跳"入大学 ……………………………………………… 22
  "吴氏三杰" ………………………………………………………… 23
  吴大猷接受挑战 …………………………………………………… 23
  饶毓泰授课与众不同 ……………………………………………… 24
  吴大猷独立探讨学问 ……………………………………………… 26
  姜立夫讲课引人入胜 ……………………………………………… 27
  吴大任在学海里畅游 ……………………………………………… 29
  少年才子陈省身 …………………………………………………… 29
第三章　美好的人生早晨 ……………………………………………… 33
  丰富多彩的大学生活 ……………………………………………… 33

师生一起尽情开心玩乐 ………………………………… 35
那个少女令他一见倾心 ………………………………… 36
天坛回音壁的爱的誓言 ………………………………… 38
回乡看望母亲 …………………………………………… 38
"作先锋" ………………………………………………… 40
牛肉汤里的深情 ………………………………………… 41
畅饮爱情的甘露 ………………………………………… 42

第四章 吴大任、陈省身三次同窗 …………………… 44

各自遇到终身伴侣 ……………………………………… 44
大学生活最后一页 ……………………………………… 45
水木清华 ………………………………………………… 46
知音与知己 ……………………………………………… 49
吴大任赴英留学 ………………………………………… 50
没有新郎的订婚仪式 …………………………………… 50
奔赴汉堡大学 …………………………………………… 51
"博士"藏在囊中 ………………………………………… 53

第五章 吴大猷崭露头角,战争爆发 ………………… 57

享誉物理界的博士生 …………………………………… 57
三天不睡为挣十五元 …………………………………… 60
北京大学向他招手 ……………………………………… 61
爱情宣言 ………………………………………………… 63
战争粉碎了幸福生活 …………………………………… 65
投奔西南联大 …………………………………………… 68
第一部专著 ……………………………………………… 70
苦中作乐 ………………………………………………… 71

第六章 吴大猷在西南联大,战后岁月 ……………… 73

简陋实验室 ……………………………………………… 73
一颗颗"钻石" …………………………………………… 74
死神擦肩而过 …………………………………………… 76
喂猪,摆摊,遇奇才 ……………………………………… 77

目 录

　　健全的神经 …………………………………………… 79
　　南开园满目凄凉 ……………………………………… 80
　　蒋介石想造原子弹 …………………………………… 81
　　奋起直追 ……………………………………………… 83

第七章　吴大任在抗战期间 ……………………………… 85
　　心情犹如意大利的晴朗天空 ………………………… 85
　　以"严"著称的老师 …………………………………… 86
　　初为人父 ……………………………………………… 87
　　处于两校争夺战中 …………………………………… 89
　　要对得起学生 ………………………………………… 91
　　改变不问政治的态度 ………………………………… 91
　　回到了"家" …………………………………………… 92

第八章　吴大任回到南开 ………………………………… 95
　　身不由己介入政治 …………………………………… 95
　　帮助、掩护进步学生 ………………………………… 95
　　组织护校 ……………………………………………… 96
　　吴家兄弟的人生轨迹 ………………………………… 97
　　"吴大任好找!" ……………………………………… 98
　　精彩讲课 ……………………………………………… 100
　　高尚人格 ……………………………………………… 101
　　"科学怎能一边倒?" ………………………………… 102

第九章　从运动不断到改革开放 ………………………… 105
　　"大跃进"的恶果 ……………………………………… 105
　　三年困难 ……………………………………………… 107
　　陈省身功成名就,回国访问 ………………………… 108
　　吴大任穿过炼狱 ……………………………………… 109
　　两个老同学 …………………………………………… 110
　　真正有了工作机会 …………………………………… 111

第十章　渥太华——纽约——台北 ……………………… 114
　　吴大猷被加拿大揽为英才 …………………………… 114

葆之进入吴大猷夫妇生活中 …… 117
葆之的快乐童年 …… 117
克莱斯勒情结 …… 120
两颗钻石 …… 122
胡适器重吴大猷 …… 126
劝阻蒋介石研制核武器 …… 127
"台湾科学之父" …… 129
点石成金术 …… 130
水牛城的惬意生活 …… 131

第十一章　物理泰斗吴大猷 …… 134
阮冠世实现了梦想 …… 134
五十二年的伴侣离去了 …… 135
中国物理学之父 …… 137
道德文章皆楷模 …… 140
社会的良心 …… 141
养女吟之 …… 145
柏拉图式的爱 …… 147

第十二章　吴大任晚年的学术生涯 …… 151
三兄弟聚首美国 …… 151
南开数学研究所建成 …… 153
"杨家花园"和"吴家花园" …… 154
新的学术生活 …… 155
"南开大学受惠于他的很多，而给予他的却很少" …… 157
艰苦的创造性劳动 …… 158
吴大猷荣誉接踵而至 …… 160
兄弟俩接力默寓言 …… 162

第十三章　吴大任陷入无声的黑暗世界 …… 163
吴大猷圆梦天坛回音壁 …… 163
少小离家老大归 …… 164
突然陷入黑暗中 …… 168

周总理纪念碑前的散步……………………………… 169
　　"三老之家"…………………………………………… 171
　　超负荷运转导致的后果……………………………… 172
　　一定要重新站起来…………………………………… 173
　　彼此鼓舞着相依为命………………………………… 174

第十四章　吴大任生命的最后乐章　176
　　父子之间……………………………………………… 176
　　忧国忧民……………………………………………… 178
　　过多的忧虑与创伤,太少的尊敬与荣誉…………… 179
　　陈䞇毕竟是陈䞇……………………………………… 180
　　端着助步器去看望亲爱的人………………………… 181
　　在吴大任精神的感召下……………………………… 182

第十五章　拴住"断线风筝"的吟之　184
　　阮冠世晚年的心态…………………………………… 184
　　"有你的地方就是我的家"…………………………… 185
　　大海中的一片浮木…………………………………… 186
　　为"物理界老祖父"祝寿……………………………… 188
　　相约春暖花开时……………………………………… 191
　　一生没有留下遗憾…………………………………… 193
　　大猷先生,这一切您知道吗?……………………… 194

第十六章　一代精英全都走向永恒　195
　　"亲爱的女儿,我爱你"……………………………… 195
　　巨星殒落,苍天垂泪………………………………… 196
　　真人真知吴大猷……………………………………… 198
　　陈省身兑现了诺言…………………………………… 200
　　陈䞇的童心童趣……………………………………… 202
　　斯人已去　风范长存………………………………… 204

附录
　　吴大猷年表…………………………………………… 206
　　吴大任年表…………………………………………… 239

参考书目……260
我写《吴大猷与吴大任》的缘由……261

第二部分　南开杰出人物纪实

南开校父严范孙……271
周恩来的老师马千里……282
柳无忌与南开大学英国文学系……286
张彭春多彩多姿的一生……292
"新月派"名称的由来
　　——张彭春与"新月派"……312
纯真学者，正直君子
　　——记杨石先校长……316
陈省身的几何人生……327
陈省身的"几何之家"……362
朱经武的奇迹……378
张伯苓与南开的体育活动……386
南开新剧团：北方话剧的摇篮……394
主要参考书目……403

第三部分　有关南开与南开人物的散文、随笔和杂文

两位巨人注视着南开的发展……407
张伯苓与南开……410
张伯苓的隽言妙语……414
张伯苓：大仁大智大勇的化身
　　——电视剧《张伯苓》观后……417
吴大任和陈省身……420
广东乡亲心中的吴氏兄弟……423
回忆陈省身先生……426

可敬的邻家老太…………………………………………… 432
曹禺两次聆听夏里亚宾…………………………………… 434
啊,美丽神圣的马蹄湖中心岛…………………………… 438
我心中的南开……………………………………………… 440
每当我走过图书馆………………………………………… 442

后 记 …………………………………………………………… 445

第一部分

吴大猷与吴大任

吴氏家族主要成员人名表

  吴氏兄弟 吴大业、吴大猷、吴大任、吴大立、吴大刚
  祖父 吴桂丹
  吴远基 吴桂丹的长子,吴大业、吴大任、吴大刚的父亲
  吴国基 吴桂丹的次子,吴大猷的父亲
  吴绵基 吴桂丹的四子,吴大立的父亲
  丁氏 吴远基之妻,吴大业、吴大任的母亲
  关嘉娥 吴国基之妻,吴大猷的母亲
  邓淑贤 吴大业的夫人
  阮冠世 吴大猷的夫人
  陈鹦 吴大任的夫人
  吴敏珊 吴远基的二妹,吴氏兄弟的二姑妈
  黄振华 吴敏珊的丈夫,吴氏兄弟的二姑父
  吴葆之 吴大猷的养子
  吴吟之 吴大猷的养女
  吴介之 吴大任的长子
  吴喜之 吴大任的次子

第一章 人生第一机遇

四个小广东

炎热的夏季过去了,迎来凉爽宜人的初秋。

1921年,天津南开中学新学年开学,初一新生中出现了四个南方少年。他们年纪相仿,个子差不多高,长相也酷似。四个人恰好住满学生宿舍第三斋的一个房间。他们有统一的蚊帐、被褥、衣箱、书箱和盥洗用具。去盥洗室或食堂,四人结队而行,相互之间操着别人听不懂的粤语,在校园里十分引人注目。他们就是吴氏堂兄弟——大业、大猷、大任和大立。

吴氏兄弟是广东高要县(今高要县已并入肇庆市)一个书香门弟的后代。祖父吴桂丹(字秋舫,1855—1902)为清末进士,翰林院编修。光绪二十七年被授予"记名御史",次年病逝京邸。吴桂丹以廉洁奉公著称,被誉为"粤东时贤第一"。在八国联军入侵的日子,他流落京郊,一声"儒冠误我",多少辛酸故事。

吴氏兄弟之祖父吴桂丹(1855—1902)、吴氏兄弟之祖母何氏

第一章 人生第一机遇

四个兄弟出生前名字已由祖父起好。"大业"、"大猷"、"大任"、"大立"这四个名字的背后是祖父的殷切期望。可惜祖父英年早逝,谢世时享年47岁,一个孙子也没能见到。

大业和大任的父亲吴远基是吴桂丹的长子,大猷的父亲吴国基行二,三叔早夭,大立的父亲吴绵基行四。

四兄弟按年龄排,大业最长,那年14岁;大猷比他小半个月;大任、大立13岁,大立比大任小四个月。

吴远基的元配夫人黄氏故去后,留下了三个女儿,不久他续娶丁氏。夫妻俩从广东来天津谋生,曾在天津开办油厂,大业和大任都出生在天津。

大猷和大立则生于广州。大猷两岁时也随父母来过天津,父亲吴国基是1901年举人,后又读西学,曾经出使小吕宋(今马尼拉)。母亲关嘉娥是广东开平县人,为按察使之女。1909年,吴国基把妻儿安顿在天津后,到吉林省出任外交官。过了两年,关外发生一场罕见的大瘟疫,吴国基未能逃脱厄运,染上瘟疫,很快就被夺去了生命,年仅32岁。他的年轻遗孀悲痛欲绝,生活没有着落,只好带着未满5岁的独生子大猷返回广东老家。

大猷7岁该上学啦,吴远基惦记着这个失去父亲的侄子,特地将他们母子俩接到天津,让大猷和大业、大任一同上学。兄弟三人就读于河北大寺小学。

吴大猷之父吴国基(1879—1911)、吴大猷之母关嘉娥(1882—1945)

吴大猷两岁时

宁静的日子没过多久,灾难再次降临。1915年,大业、大任的母亲丁氏患了肺病,病情日益严重,不得不举家迁回南方,大猷母子也随着回去。回到广州不久丁氏便去世了。祖母同吴远基全家住在肇庆,大业、大任入高要县模范小学。大猷母携大猷与吴绵基一家留居广州,大猷、大立入番禺县立高等小学。

吴大猷两三岁时

吴氏家族大家长

吴远基(字幼舫,1876—1958)是前清拔贡,曾任曲周县知事,辛亥革命后从事工商业。自从父亲吴桂丹谢世,二弟吴国基又早逝,作为家中长子,他便理所当然地成为吴氏家族的大家长。

据大任回忆,父亲相貌威严,无论坐立行走,腰杆挺直,留着八字须,他虽然不常骂人、打人,但孩子们都非常怕他。他不信神佛,可是对祖先十分虔诚。每逢祖先生卒日都要祭祀。肇庆家中正厅所有"神龛"放着祖先牌位,嵌入墙内,墙上挂着祖先们的遗像。

吴远基是个孝子,他的母亲故去后,留下遗产四千元,遵照遗嘱分给四个孙子各一千元。他将大业、大任应得的两千元修了父亲的墓。

出于兄弟情笃,吴远基处处惦记着大猷。不仅将他接到天津上学,对大猷母亲也格外尊重。一次,大业、大任的大姐和二婶(即大猷母)因为小事发生了点龃龉,吴远基严厉责备女儿,令她向二婶陪礼认罪。

左起吴氏兄弟的二姑妈、祖母、大姑妈、大猷和大猷母

吴远基很讲究风水。早年,当父亲吴桂丹的灵柩尚未下葬时,他多处寻觅,经常登山,直至虎山墓地才满意。那个墓地,后有高山,前面开阔,两侧又都有山峰,确实是个很好的风景点。

吴大猷（前左二）幼时同家人

1918年,吴远基在肇庆五经西巷买了一所旧宅,翻修后成了一栋二层楼房。房南不远就是明代建筑阅江楼,当时是县立模范小学所在地,楼顶有一个"金鸡"(金色装饰物)。于是吴远基在自家房顶的平台入口处建了一个门,据说是象征狮子口咬住金鸡。

1919年,大业、大任小学毕业,父亲让他们上私塾,念了半年,背了一些古文,收获很少。大任极不情愿,又不敢直接和父亲说,就请祖母、大姑母、庶母求情。父亲说:"你不上,我以后就不管你了。"大任只好从命。兄弟俩在广州上了一年半私塾。根据父亲规定,兄弟俩主要是念《左传》,并把《通鉴纲目》分出句读。这对他的语文基础有点收益,但实际上也浪费了不少时间。

大猷在番禺小学就读时,教师水平都是教来绰绰有余的。国文读过《论语》中的文章,熟背了《木兰辞》《滕王阁序》《进学解》等。那时,家里小孩只有他和大立。由于家庭和学校的训练,使得他俩都成为很规矩和偏向内性的孩子。每年到了孔圣诞辰的时候,两人都拿一张操行甲等的奖状回家。1920年,大猷小学毕业考人广州府立中学。第一学期他的成绩在全班排第二名,学年结束时成为第一名。

吴远基受邀来津办学

1842年8月29日,清政府与英国政府签订了中英《南京条约》。根据条约第二条规定,将中国沿海城市广州、福州、厦门、宁波和上海开辟为最早的对外通商口岸。从此广东人大量外出经商。

天津自开埠以来,广东商人在全市工商界的活动中占居着领先地位。20世纪初叶,天津已经聚集了相当多的广东商人。他们的子女需要就学,接受教育。这是个亟待解决的问题。吴远基的二妹吴敏珊,即孩子们的二姑妈早年跟随丈夫黄振华定居天津。黄振华的二舅父陈祝龄,是天津广东同乡的核心人物。他当时任英国怡和洋行天津分行买办、广东会馆董事长。

陈祝龄和天津招商局总办、广东音乐会会长麦次尹等人,早就想要为同乡子弟创办学校。1920年夏天,陈祝龄和麦次尹几经筹划,借广东会馆作为校址,创办了一所半私塾式小学。但因广东同乡大多数居住在英、法租界,学校设在天津旧城里,离家太远,上学很不方便。所以一年以后,即1921年,陈祝龄和麦次尹等决定创办一所包括中学和小学两部的私立旅津广东学校。麦次尹捐地三亩,陈祝龄捐出巨款,在法租界26号路(今和平区滨江道)修建校舍。

转年元旦校舍落成,这是一座具有法国建筑风格的两层楼房。校名定为"旅津广东学校"(今天津第十九中学)。

20年代旅居天津的广东乡亲中的核心人物陈祝龄

关于校长的人选问题,陈祝龄物色到自己的亲戚吴远基,写信诚聘他来津办学,并担任校长。吴远基欣然同意。

1921年夏天,吴远基来到天津,成为旅津广东学校首任校长。陈祝龄任该校校董,学校礼堂就叫"祝龄堂"。

1921年夏,大业、大任之父吴远基率四孩子由粤至津,途经香港。
左起大任、大立、大立父吴绵基、吴远基、大业、大猷、四兄弟之三姑妈和大姑妈

新生活开始了

吴远基来北方上任时,原只打算带大业、大任到天津读书。后来,应二弟媳和四弟媳的要求,吴远基就把大猷和大立也都带上。他率领着四个孩子出发了。

由于他曾经多年在天津谋生,知道全市的中等学校里,南开中学最出类拔萃,因此决定让孩子们去投考南开中学。

上船前,四兄弟的一位表哥送给他们一整套三十多集的《济公传》。四个孩子欣喜若狂,在船上看得十分入迷。以前在家里,他们向来是偷着读小说,不敢让大人知道。这回,在"大家长"的眼皮底下看小说,吴远基怎能容忍?他声色俱厉地对孩子们说:"你们到天津读书,现在不

复习功课怎能考上学校?"

吴远基的脸色令四兄弟畏惧,只好把那套心爱的《济公传》全部送给了船员,心里面可真难受啊。其实,他们不看小说,也没法复习功课,因为实在不知道应该如何去复习。

祖母与大猷父亲吴国基

他们在天津的亲戚主要有两家,除了二姑妈家,还有大猷的三姨妈家。

抵达天津后,四兄弟暂时住在英租界耀华里的二姑妈家。温柔美丽的二姑妈见到分别多年、已经长大的四个侄子,高兴得流下了眼泪。二姑父黄振华当时任先农房地产有限公司副总经理,是天津的广东乡亲中一户比较殷富的人家。住房也比较宽敞,四兄弟在这里受到了热情款待。

在二姑妈家,他们见到二姑父的族弟黄肇华,还有大猷的一位姨表兄梁景琼。他俩都是南开大学第一届学生,两位大学生一再向几个小兄弟说,南开中学是所一流学校,校长张伯苓是位杰出人物……说得四个孩子对南开心驰神往,更加坚定了一起投考南开的决心。

吴氏四兄弟合影。左起吴大任、吴大猷、吴大业、吴大立，1921年冬于北京宣外顺德会馆

四兄弟很争气，全都考中了。当他们第一次迈进南开中学的大门，望着迎面那幢庄严肃穆的灰色大楼，心情十分激动。啊，新生活开始啦！

入学后，大猷、大任编入一年级，大业、大立编入了补习班。

南开中学每天在第一节课与第二节课之间，即10点至10点20分之间，全体学生在操场上按班级位置排列，作十五分钟的柔软体操。每逢星期四，校长张伯苓都要在礼堂对全体学生演讲，有时也请校外人士来讲话。张校长身材魁梧，声如洪钟，讲话富有很强的感染力。整个学校，都受到他高尚品格的影响。

南开中学果然名不虚传，师资力量雄厚，教学很有特色。教代数的是陈宝书老师，虽然采用英文原版教材，但是由于他讲解清楚，学生并不感到困难。陈先生一再向学生强调："读书要善于抓住小辫。"意思是说要学会掌握重点，因而学生在背后叫他"陈小辫"。

地理老师郑趾周讲课生动活泼，把地理这门不受重视的课让学生听得津津有味。为便于学生记忆，他将一些地名编成了歌谣，讲课当中经常穿插一些笑话。学生喜欢他，在课下称他"郑老头"。郑老师性情和善。考试时有的学生偷看书，他见了便把书拿走，并不说什么，而偷看书的学生反倒抱怨先生出的题太难啦。

吴大猷三岁时

英文教材选自《泰西五十轶事》,是原版本。大猷学得很轻松,成绩优秀。而大任却感到困难重重,跟不上班。幸好表哥梁景璟定期到宿舍为他辅导,这样过了几个月,他才逐渐跟上,考试达到及格水平。他对这门原先很头疼的功课慢慢产生了兴趣,成绩有了明显提高。值得一提的是,学年末,校方送给家长的成绩单上盖着一个戳子,对其学业褒奖有加地写道:"该生本学年品学均有可称,请贵家长监察。"大猷的成绩单上也盖有这样的戳子。

学校生活

南开的学生宿舍管理得非常严格。每天早晨7点响起床铃,如有人睡懒觉,斋务课的先生便会来叫。晚上7点到9点半是自习时间,学生们在宿舍里看书,写作业。斋务课先生在宿舍中间的走廊来回巡视,哪间宿舍有人说话,便轻轻敲一下门上的玻璃以示警告。9点半到10点是自由时间,10点就寝,10点一刻熄灯。如再传出什么声音,先生立刻又会敲敲门上的玻璃……

每周有一组斋务课的先生来检查各宿舍的卫生情况。脏乱者要受警告,整齐清洁的便在表格上盖一个"美"字的章。到学期末,若获百分之九十以上次数"美"字,该宿舍每人就得到一件奖品,有时是个专门烧上字的瓷茶杯,有时是把折扇。吴大猷自幼深受母亲影响,母亲好洁成癖。儿子北上读书,临行前,她一再叮嘱:"衣服,特别是内衣,一定要自己洗,不要拿到洗衣房!"吴大猷记住了母亲的话,养成良好的卫生习惯。这也影响了他的兄弟们,所以他们的宿舍经常获奖。

学校规定,宿舍内不准吃零食,要吃东西必须得到食堂去。然而食堂离宿舍较远,吴家兄弟懒得去食堂,便偷偷地在宿舍里吃。有一次,吃完海蟹，他们把壳用纸包好扔进垃圾桶，以为这就万无一失了。没想到第二天被工友发现，让他们"从哪儿拿来的拿回哪儿去！"

从此他们便提高了警惕，再吃零食就得将其残骸——诸如干果壳、水果皮、果核、罐头瓶之类的东西，想办法处理掉。怎么处理呢？他们在开动脑筋。

学校后面有一个大污水坑，是天津污水汇集的地方（1956年人民政府将此处建成为"南开公园"）。学校的后门正通向那个水坑。但平日后门是锁着的，只有水车出入时才打开。几兄弟把不能扔进垃圾桶的东西包好，等开门时便溜出去，将它抛入臭水坑里，这才感到放心。

在食堂吃饭，六个人一桌，四菜一汤。米饭、馒头不限量，菜里的肉很少，只有上面薄薄的一层。每桌有四副公共筷子和四个公共汤匙，六个人中总有两个人抢不着筷子。显然，用汤匙去争夺那薄薄的肉片就非常费劲啦。

四人一双球鞋

冬天上体操课（后改称"体育"）是件苦事。北方寒风凛烈，这对来自温暖南国的吴家兄弟来说更是难以忍受。他们的手脚、耳朵都长了冻疮，但是人人咬紧牙关，经受住这种考验。

四兄弟最喜欢踢球。当时的足球很重，所以球鞋是硬的，买一双要好几块钱。他们没有那么多钱，四个人经过商量决定凑钱合买一双。好在他们个子相差无几，脚大小自然也差不了多少。结果买了双运动鞋，还不是正规球鞋。踢球时分两拨，两个人中一个左脚穿球鞋，一个右脚穿球鞋，玩得还很开心呢。

打网球同样是他们很喜爱的活动。起初只有一个网球拍，那是二姑父送给他们的。后来才从校门口的地摊上买外国人用过的网球和球拍，有些旧得简直无法使用，可是能买到这些还挺不容易。就这样东拼西凑，居然培养出一个网球冠军——吴大猷后来在南开大学曾获得全校网球双打冠军！

每逢星期日，四兄弟便一起去二姑妈家。慈爱的二姑妈时时盼着几个可爱的侄子。孩子们一到，她一面兴高采烈地张罗着，一面关切地询问他们在学校的学习和生活情况……小伙子们放开肚皮,美美地饱餐一顿,算是改善伙食。然后和表弟表妹们一块儿玩耍,度过一个快乐的周末。

一天,二姑父拿出一个照相机对他们说:

吴大猷与母亲,1916年于广州

"这一学年谁的考试成绩最好,我就把它送给谁。"

后来是吴大猷获得这件奖品。而他很谦逊,说考得最好不见得就是最聪明和最用功的。他坦言自己有时相当用功,有时也取取巧。不过他一直把读书看作是天经地义的事,从未想过读书是为了赚钱或做官。

吴大猷说自己从小受到母亲的严格管教,因此留下深刻烙印。他的母亲是位不平凡的女性,虽然出身旧式家庭,但具有新的思想观念。谁也没料到,在这个纤弱、清秀的女子身上有那么大的精神力量。自从丈夫猝亡后,她经受住命运的残酷打击,把全部希望寄托在这个唯一的儿子身上。她处处以身作则,教育大猷,做事要一丝不苟,一切应多为别人着想。母亲的教导,大猷始终牢记心头。

在南开中学,吴大猷打下了扎实的学业基础。因此他说,进入南开"是决定我一生前途的第一个机遇"。而这又何尝不是其他几个兄弟的人生第一机遇呢?!

变故

吴家兄弟在中学的前两年过得非常愉快。南开为他们敞开了一个崭新的世界。四个孩子如同春天的树木,迎着阳光,迎着雨露,茁壮成长。

面对孩子们天真、单纯、无忧无虑的目光,吴远基内心却有一种难以言说的苦楚。

吴远基非常努力地工作。他在创办旅津广东学校的过程中，处处是以大名鼎鼎的南开中学为蓝本的，并且曾亲自到南开中学，向名声显赫的张伯苓校长求教、取经。所以旅津广东学校的校歌同南开中学校歌非常相似。旅津广东学校校董陈祝龄这样评价吴远基："他是驶直舵的。"意思是他为人耿直，工作作风脚踏实地。

吴远基在办学工作上取得了一定成绩，令他感到十分欣慰。然而，让他难过的是，一心想用担任旅津广东学校校长的那份薪金来栽培吴家四名子弟的愿望却难以实现，因为他的薪水比原先所预想的相距甚远。不仅如此，广东老家还有好几个女儿和续娶妻子所生的孩子们——他的前两房妻子全都亡故，又第三次续弦，共生有十二个子女，这个庞大的家庭需要他来赡养。

另外，南开是一所私立学校，四个学生每年的学费、生活费都是一笔相当大的开支。

此时，吴远基深感重担难以承受，十分苦恼，不得不写信回广东，和弟弟、母亲共同进行商讨，以决定下一步怎么办。

恰巧在这个时候，大立的母亲在老家患了喉癌，病情非常严重。大立父亲吴绵基来信让大立立即回家，大立马上启程返回广东。三个哥哥到码头为小弟弟送行，并祈祷四婶母早日恢复健康，大立能早日回津读书。四兄弟依依不舍……轮船开动了，没想到这竟是永别，大立后来再也没有机会回天津，四兄弟再也没有机会一块儿团聚了。

吴远基有一位名叫陈协臣的有钱亲戚，是陈祝龄的弟弟。这位陈先生的太太非常喜欢大任，非要把他认作干儿子。当陈协臣得知吴远基经济上的窘况以后，在家里同妻子无意间谈起时，吴大任的干妈陈太太听了马上就让丈夫向吴远基提出：由陈家出资承担大任今后的全部学费和生活费用。

不久，吴远基便接到广东四弟吴绵基的来信，说大立母亲已经故去，他决定让儿子到香港读书，不再返回天津，以免给吴远基再增添负担。信中还写道：祖母表示，大猷自幼失怙，她格外怜爱和心疼这个孙子，所以大猷读书的全部费用以后将由她来负担。这样，吴远基的经济

第一章 人生第一机遇

难题终于得到解决,从此他只负担大业一个人的学费和生活费了。

当大业、大猷、大任得知四婶母过世,不禁黯然神伤。如今四兄弟三个丧母,一个丧父,命运怎么这般无情啊!大立不再回津读书的消息也让他们伤心和失望,一种失落感久久萦绕在三个兄弟的心头……

而对大猷来说,尤其感到无法释怀。他自幼年丧父之后,随母亲和四叔、四婶一家同住在广州和番禺,四婶待他如同己出,他和大立无异于亲手足。小哥俩一起玩耍,一起画山水画、刻石章,习字是临柳公权的"玄秘塔"。他们还一块儿读《说岳全传》《西游记》《隋唐演义》《三国演义》《封神榜》《济公传》,以及福尔摩斯小说中译本……望着宿舍里大立那张空荡荡的床,大猷心里有说不出的难过。

吴大任经受磨砺

吴大任接受别人资助上学的日子并不好过,个中滋味一言难尽。当然,他很感激陈先生和陈太太,是陈先生的资助他才得以继续学业。可惜好景不长,疼爱他的陈太太没过多久便病逝了,陈先生身边还有姨太太,他的资助就变得不像当初那么爽快啦。

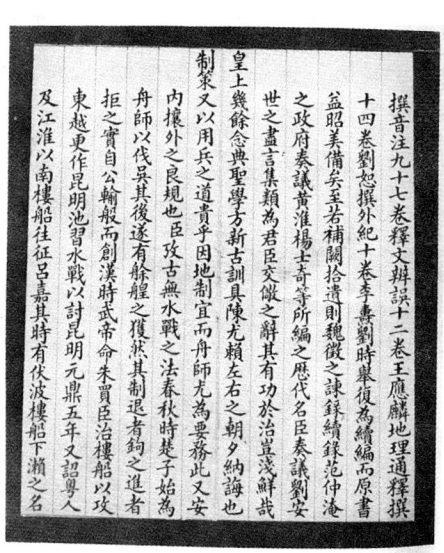

吴氏兄弟的祖父吴桂丹之遗墨

陈先生原先答应除资助吴大任每学期四十五元学费外,每月还给他十元生活费。可是自从陈太太去世后,他应负担的每月十元生活费常常不能按时付给,即使拿来也是小洋。十元小洋折合大洋便成了八元,无形中降低了标准。

吴大任因不能按时拿到钱,往往交不上饭费,只好向同学借,到饭铺零买,随便吃点什么来充饥。日子一长,总欠同学钱也不行啊,只得向父亲要钱还帐。吴远基一向严厉,又不了解情况,反倒责怪儿子不知道节约、乱花钱……性格内向的吴大任默默听着,没敢吐露真情。

由于害怕挨父亲骂,吴大任再不敢向他开口了,甚至连对两个哥哥也不愿多说,没钱的时候只好仍找同学借,弄得经常负债。这使他十分苦恼,常常暗自流泪。

经济上的困难直接影响到吴大任的学业。上高一时,第二学期的一次小考,他的化学成绩竟不及格。主要原因在于化学课本是英文原版本,价格相当昂贵,他没有这么多钱,买不起。自己没教材,等别人不用时"钻钻空子"借来看看,这样当然学不好。看着卷子上面那个十分刺眼的分数,他感到委屈极了。

吴大任小小年纪便已经品尝到生活的苦涩。然而,苦难是人生的一笔财富。正是由于经历过这番艰苦的磨砺,使得他在成长的道路上更加注重培养自强不息的精神。后来,吴大任靠着自己的奋斗、拼搏,在人生道路上终于攀登到了一个高峰。这恐怕与他在少年时代那段经历有密切关系。

老师们的故事

南开中学高中分文、理科。吴大猷、吴大任选了理科,吴大业选了文科。

南开之所以名传遐迩,主要在于具有较高的教学水平,保证了国文、英语、数学三门重点课程的质量。

吴氏兄弟在校时正值"五四"运动之后,国文课中的文言文逐步被白话文所取代,教师队伍相应也发生了很大变化。一批年轻的学界新秀,如舒舍予(老舍)、罗莘田(常培)、范文澜,都曾来南开执教。1922

年秋天的始业式（即开学典礼）上，张伯苓校长把老舍、范文澜等新教师介绍给全体师生。

当时老舍23岁，充满年轻人的朝气。他那独特的幽默与风趣，博得学生们异乎寻常的爱戴，大家都翘首企盼着舒先生的课。老舍除教课外，还兼任辅导员和南开出版部委员。他的处女作短篇小说《小铃儿》，署名"舍予"刊登在《南开季刊》1923年第2、3期合刊上。小说一发表，学生们怀着好奇和崇敬，争相传阅。

老舍在南开的时间不长，第二年返回北平，不久就应邀到英国伦敦东方研究院去教中文。老舍成名后，曾受业于他的学生们备感光荣。吴氏兄弟虽然未聆听过他的课，但仍为自己曾同老舍在南开时是师生关系而自豪。

南开中学的英文课基本用英文讲授。初中学语法和读本，高中有作文、修辞、口语和演讲等课程。高年级的英文教师都是归国华侨或美国人。数、理、化教材全部用英文原版书，各门课的作业和实验报告也必须用英文写，这就为学生的听、说、读、写能力打下了良好基础。

吴大猷、吴大任上高一时，英语老师是上海圣约翰大学毕业的戴秉衡先生。戴先生的发音、语调受过严格训练，所以他特别重视学生的发音。当时学生的发音可谓五花八门，他一一给予纠正，这对学生打好英语基础起到了举足轻重的作用。

高二的英文老师是南开大学生物系教授应尚德的夫人，学生称她"应太太"。应太太是广东旅美华侨，口语流利，发音、语调赶得上纯粹的美国人。当她朗诵课文里美国独立战争时期领导人的演讲时，或庄严肃穆，或慷慨激昂，很自然就进入了角色，成为演说者，使学生有身临其境之感。当应太太朗诵抒情诗时，声情并茂，十分感人，所以她的课很受学生欢迎。

到了高二，除英文课外，还有第二外语。理科学德文，文科学法语或日语。

教吴大猷和吴大任那个班的德语老师姓崔，留着德国皇帝威廉二世式的两边向上翘的胡子，学生在下面叫他"老德"。崔先生有丰富的教学经验，一年下来给学生打下很好的德语基础。一次讲数字时，崔先生在黑板上写了一个四位数,让学生说出其德文。这样一连写了五六个数字,最后加起来总数恰好是一万。他加得十分快速,让学生惊讶不已。后来他们才明白这是崔先生事前设计好了的。

崔先生爱讲笑话,他肚子里似乎装满取之不尽的故事。有一回,数学老师刘乙阁在场,崔先生讲了个笑话,最后一句是"一个一个都是牛",听起来就像"乙阁乙阁都是刘"。

一次课上,学生央求崔先生讲故事,讲完一个又一个,足足讲了一节课。没想这下子既害了崔先生,又害了学生自己。南开中学教学要求很严,发现这件事后,到学年终了,崔先生被停聘。新老师的水平无法同崔先生相比,学生们既怀念崔先生,又对他深感抱歉。

数学课使用综合性教材《数学分析》,综合了解析几何、代数和三角。数学老师刘乙阁毕业于北京大学,专长几何,而他能熟练地驾驭这部教材,足以展现出在数学领域的多方面才华。刘先生授课的最大特点是对所讲内容总是充满浓厚兴趣,因此极富感染力。吴大猷和吴大任深受他的影响,升入大学都选择了理科。

化学老师是由刚从美国留学归来的南开大学教授杨石先兼任。年轻的杨先生英俊潇洒,风度翩翩,而且衣冠楚楚。他的课讲得十分出色,不愧是大学教授。杨先生根据中学生的特点,常常结合授课内容讲些小故事,使化学课变得生动有趣,贴近生活。在讲人造纤维时,他说,从前欧洲只有羊毛,没有棉花,有人到中国来,回去说:"中国的羊毛是长在树上的。"讲铬元素时,他拿出自己的怀表说,表是镀铬的,所以能防锈。

还要补充一点:杨石先先生不仅有手表,还有两只怀表,一只带链的放在西装背心口袋,另一只没链的搁在西装裤的小口袋里。杨先生身上有这么多表,这在学生当中成为美谈。

有一次考试,大家都没考好,杨先生很生气,把全班批评了一通,然后逐个学生

化学教授杨石先

问:"你说为什么都没考好?"当问到年纪最小的王端鹢(后成为著名科学家、上海交通大学教授)时,王端骁回答道:"我们对先生都很害怕。"

这话让严肃的杨先生听后也忍不住笑了,便不再问下去。

第二章 人生第二次机遇

吴大猷"跳"入大学

南开中学图书馆的藏书虽然不是很丰富,但却实行开架借阅,非常方便。吴家兄弟常常到那里博览群书。特别是那两套大百科全书——一套大英百科全书,另一套是美国的,最令他们百读不厌。还有一本吴稚晖编写的《上下古今谈》,采用问答方式,也让他们爱不释手。

书籍为少年们打开了一扇通向世界的窗子。啊,原来宇宙这般博大,世上有如此丰富的新奇事物!

南开中学的高中分为文、理两科。每年春季,都请南开大学的文、理、商科的教授各一位,到大礼堂演讲,介绍该学科的意义和应用的范围,作为学生今后选科时的参考。

吴大猷在读高中二年级时,也就是1925年,决定利用课余时间自修高三的课程,以同等学力报考南开大学矿科。经过一番努力,他果然考上了。吴大业也考上南开大学预科。只有吴大任仍留在南开中学,按部就班读高三。

吴大猷为什么选择矿科呢?主要因为他幼年丧父,家中只有一位寡母,经济十分拮据。而矿科是一门实用学科,毕业后谋事比较容易。另外,他觉得自己天资有限,顶多不过属中上水平,适合学应用科学。总之,无论从家庭条件还是个人特点来考虑,他都认为自己不适宜搞纯科学研究。

刚刚"跳"入大学时,吴大猷的各门功课学得轻松自如,惟独物理感到有些吃力,直到学年末才觉得入了点门。

第二章 人生第二次机遇

"吴氏三杰"

1926年,吴大业由预科升入商科。这年吴大任也中学毕业,是全校免试保送上南开大学的三名毕业生之一,并且还得到免去大学四年学宿费的优惠待遇。

就在吴大任中学快毕业时,那位资助他读书的陈协臣先生去世了,幸好他以优异成绩获得了免费。至于今后上大学的费用,他打算通过勤工俭学来解决。经历了中学时代的磨难,他对未来充满信心。

在中学最后一年,吴大任曾多次来探望已在南开大学读书的两位哥哥。

南开大学坐落于天津城西南的八里台,校园景色优美,堪称天津的风景胜地。一进校门,是一条笔直的、长长的"大中路",两旁绿树成荫。校园中心,南北各有一个半环状的"马蹄湖",里面栽满荷花,令人赏心悦目。还有那座造型别致、圆顶的木斋图书馆,以及具有古罗马建筑风格的理科教学楼"思源堂"……所有这些都令吴大任心驰神往。

兄弟三人终于在南开大学相聚。重聚于南开园的那个晚上,吴家兄弟们欢呼,雀跃,异常激动。

吴大任入理科,第一年不分系。兄弟三人品学兼优,成绩突出。理学院每年仅有的一个奖学金名额,一连四年都被吴氏两兄弟包了。第一年属大猷,翌年被大任夺去,第三年又归大猷,第四年大任再次成为得主。大业在商学院也很优秀。三兄弟个个出色,在全校被誉为"吴氏三杰"。

吴大猷接受挑战

当吴大猷克服了物理这一难关,正踌躇满志,准备迎接新学年时,天有不测风云,学校突然宣布矿科停办。这对吴大猷来说是一件非常意外的事。

当时北伐战争已经开始。原先河南省六河沟煤矿董事长李组绅一直是南开大学矿科的资助者,每年向南开捐款三万元。可是由于战争影响,他所经营的煤矿出现巨大困难,如今再无法继续捐助南开大学了,因此矿科只得停办。学校宣布:矿科学生可以转到本校理科各系,也可转到外校的矿科。

面对这一新形势,吴大猷想,如果出于当年念矿科的初衷,愿继续读此专业的话,北方仅北洋大学设有矿科。若去北洋,经济上就会出现一些新问题。因为他在南开的第一学年成绩优秀,已取得免去第二学年全部学宿费的奖励。这一点至关重要,不能不慎重考虑。经过再三斟酌,他决定留在本校,转入物理系。

为什么要转入物理系呢?在所有课程中,吴大猷觉得物理最难,他似乎有意接受这一种挑战。后来回忆起这段往事时,他感到很有趣:"物理是我当时数、理、化三科中,成绩最不理想的一科。物理教授饶毓泰又是我最怕的一位老师。每次听说他有事不能来上课,我心里就舒坦极啦。"

饶毓泰授课与众不同

这时南开大学已经逐渐拥有一支由著名专家学者组成的阵容强大的师资队伍。理学院尤显人才济济,如物理学教授饶毓泰,化学教授邱宗岳,数学教授姜立夫,气象学教授竺可桢,都是全国各个学科领域内的精英人物。吴氏兄弟有幸受教于这些名师。

名师出高徒。饶毓泰之于吴大猷,姜立夫之于吴大任,称之为"恩师"是极其恰当的。这两位老师对他们都产生了非常深远的影响,甚至影响到兄弟两人的一生。

吴大猷转入了物理系二年级,享受免交学宿费的优惠待遇。他还利用课余时间在南开中学暑期学校教代数,并给华侨廖氏兄弟补习英文和数学,用这种方式挣一些生活费。自从考上大学以后,他在经济上就完全自力更生,不忍心再依靠老家那位年迈的祖母了。

物理学教授饶毓泰

第二章 人生第二次机遇

从大学二年级起，吴大猷变得成熟了许多，知道用功，不像在中学那样，"有时也取取巧"啦。

物理系系主任饶毓泰教授讲授的"近代物理"，使吴大猷对物理开了窍，产生浓厚兴趣。他的学习热情引起了饶先生的注意。

饶毓泰是南开大学理学院的奠基人之一。他早年留学美国，1922年获博士学位。当时，张伯苓校长委托在美国的南开校友、教育学博士凌冰在那儿为学校物色优秀人才。凌冰看中了饶毓泰，邀请他到南开任教。饶毓泰欣然同意，回国后来到南开，担当起创办物理系的重任。

饶毓泰先生上课与众不同，除了讲课，还喜欢向学生提问或鼓励学生发问，使得课堂气氛十分活跃。一次，当他讲到分子运动的速度时，一个女生举手问道："为什么烟囱冒出来的烟是那么慢呢？"

饶先生首先称赞她的勇敢，说："问得好！"然后再加以讲解。有时他阐述理论，请学生举出实例来。无论学生举的例子是否正确，他总给予热情鼓励。上饶先生的课，学生们会在轻松愉快的气氛中学到许多深奥的物理知识。

吴大猷随饶先生学了好多课程，感觉受益匪浅。

饶毓泰非常重视将世界物理学研究的最新成果及时介绍给学生们。有一次，他在学生会组织的学术报告会上，作了"爱因斯坦相对论之原理"的演讲，引起广大学生的强烈反响。爱因斯坦这一问世于1905年的新理论，更加激发了吴大猷的学习热情。

六十多年以后，吴大猷这样回忆恩师饶毓泰先生："饶先生表面上看起来很严肃，但心地善良，程度好，造诣高，中、英、法、德文都极好。""学生自他获益处，不在流畅的演讲，而在其对学术了解之深，对求知态度之诚，对学术的欣赏与尊重，以及为人的严正不阿的人格影响。"

吴大猷认为，饶毓泰先生对自己一生各个方面所起的作用是具有决定性意义的。

可不是吗？后来就是这位最初在吴大猷眼里很"凶"的老师，把他作为重点培养对象。后来也正是由饶先生推荐，使他获中华文化基金乙种研究奖助金，得以赴美留学获博士学位——这是他日后成为世界科学泰斗、"中国物理学之父"的一个重要契机。

因此，遇到饶毓泰先生是吴大猷人生的第二次机遇。

吴大猷独立探讨学问

当时的物理学著作大多是德文版。吴大猷在中学已经学过两年德文，上大学仍然继续选修德文。从三年级开始，他将一部已经有英译本的德文物理学名著边读边译成中文，然后再对照其英译本，检验自己理解得是否正确，这样既提高了德文水平，又学到了专业知识。

1930年南开大学理学院师生合影，前排右四为吴大猷

吴大猷读书还有一个方法，他自称是个"笨法"，每读一本经典著作，不仅要写内容摘要，还在充分理解的基础上作"注"。经过动笔，他感觉理解得更清楚，印象更深刻了。他认为读一本书要消化透彻，就如同人吃食物，须将食物消化了，才能成为人身体内的血、肉、骨骼和细胞。若吃了一块鸡，一块牛肉和一盘蔬菜，不能消化掉而排泻出来，对人是毫无营养价值的。

也是在三年级的时候，吴大猷同四年级的几位同学共同组织了一个读书会。每人各选一本书来研读,然后每个人轮流作读书报告。那几位高年级学生选的都是古典物理学读物,有的读统计力学,有的读电动力学,惟有吴大猷选了最新的相对论。

30年代初,吴大猷在美国留学时选修了一学期的"相对论"。后来他在台湾的讲坛上滔滔地讲解这门理论时,特别强调道:"现在我所知道和了解的'相对论',大部分还是在南开时自己摸索得来的。而对正式选修的那课程,一点印象都没有了。"

吴大猷很早就养成了独立探讨学问的习惯。

20年代,量子力学还刚刚创立,他就怀着很大的兴趣去钻研量子力学。四年级时,他自己摸索着阅读期刊上的量子力学(矩阵力学)的文章。恰好他在姜立夫教授开的"近代数学"中学过"矩阵代数"。姜立夫这门课只有吴大猷、吴大任、陈省身等五名学生。由于学生人数少,期终考试采取每人写一篇报告论文的方式。吴大猷的论文是关于微分几何的,因为它与相对论有关。

在大学四年中,吴大猷不仅懂得了求知的真正意义,并且提高了求知的兴趣。他幻想将来能从事科学研究工作,幻想自己有等身的著作。他憧憬着美好的未来。

姜立夫讲课引人入胜

进入大学以后,吴大任从经济压力下得到了解脱。他除享受免四年学宿费外,由于成绩优秀又获得一项奖学金。另外,他还为姜立夫教授抄写中外文资料卡片,并在暑假到南开中学暑期学校教课,这些工作都是有报酬的,从而解决了生活费问题。因此,他可以没有任何后顾之忧,专心致志地读书了。

二年级分系时,吴大任随着堂兄也选了物理系。从那时候起,他开始写科普文章。处女作《光之追越》刊登在校内的《理科学报》上,系主任饶毓泰看到后非常高兴,连声称赞。

吴大任常常到理科阅览室,翻看美国物理杂志《物理评论》。有一次,他读到美国物理学家密立根关于发现宇宙线的报导及其对宇宙线来源的最早分析。当时宇宙线尚未定名,吴大任便写了一篇题为《大宇中的高频辐射》的文章,又一次在《理科学报》上发表。饶毓泰先生拿着学报,显得异常激动,他愿意重点培养这名出手不凡的学生。

尽管吴大任非常喜爱物理,但到了三年级,他还是怀着对物理系的依恋之情和对饶毓泰先生的深深歉意,转到数学系去了。转系以后,他仍然继续选修饶先生的"理论力学"和"现代物理"。

吴大任之所以转到数学系,是因为他被数学系教授姜立夫的精彩授课所吸引。

姜立夫1919年获美国哈佛大学博士学位,被我国数学界誉为"中国现代数学奠基人"。与他同时在哈佛攻读博士学位的还有日后成为著名语言学家的赵元任。赵元任多才多艺,他还是20年代那首脍炙人口的经典艺术歌曲《教我如何不想他》的曲作者!

姜立夫学成归国,应张伯苓校长之聘来南开大学,单枪匹马创办数学系。当时数学系只有他一个人,所以人们笑称数学系是个"一人系"。

数学教授姜立夫

姜先生知识渊博,讲课得心应手,引人入胜。他从不写讲稿,也不用课本,上课时往往只带着一张写着提纲的日历纸。他对讲授内容的充分信心和满腔热情,深深打动着学生们。有一次,当姜先生讲到特别有意思的地方,忽然将左脚向右脚一并,同时叫了一声:"All right!(好啦!)"随着先生的情绪和动作,学生们立刻受到强烈感染,整个课堂气氛十分活跃,学生注意力高度集中。

对于授课细节,姜先生也很重视。通过一些细节以助提高教学效果。例如板书,他有很强的计划性,写黑板时总是边念边写;在黑板上绘图,也是边画边讲,从不哑场。光线从教室左侧窗口射入,他站在教室的左前方讲授,这样既面对学生,又便于学生看黑板。他让学生的思路紧紧跟着自己的思路。

后来,吴大任在纪念姜立夫先生的文章中写到恩师的授课:"他就像熟悉地理的向导,引导着学生寻幽探胜。使你有时似在峰回路转之中,有时又感到豁然开朗,柳暗花明,不觉得攀登的疲劳。听姜先生讲课是一种少有的享受。"

在授课方式上,姜立夫灵活多样。讲"非欧几何"时,他组织学生阅读有关文献,在教师指导下,学生轮流作报告,这样能培养学生的阅读能力和组织表达数学内容的能力。讲微分几何时,每讲完一章,让学生将笔记进行整理,定期交教师审阅,这样有助于培养和提高学生的写作能力。

他考核学生成绩的方式也多种多样。"高等代数"的期末考试是写短文,由教师分别指定题目与参考文献。"非欧几何"的学期考试以写心得的方式进行,内容与题目由学生自选。在指定参考文献时,他总根据不同学生的条件和特点区别对待。

在整个教学过程中,姜立夫是花费大量心血的。

吴大任在学海里畅游

在吴大任心目里,姜立夫的为人与做学问,都是崇高的典范。因此,进入南开大学,特别是师从姜立夫,也成了决定吴大任一生前途的第二个机遇。

吴大任的兴趣十分广泛,不仅喜爱数学、物理,还热衷其他一些课程,例如邱宗岳的"定性分析",以及竺可桢的"地学通论",都深深吸引着他,使他对这些学科产生了浓厚兴趣。

暑假里,他到图书馆借到许多无机化学和天文学的书籍来阅读。到了夜晚,他独自一人仰观天象,同书上的星图逐一对照……

除了课堂上学过英、德、法文之外,吴大任又自学了意大利文,达到阅读水平。掌握了这几门外语,对他日后阅读各国的数学文献十分有利。

他还读了许多中外小说和中国古典诗词,并且阅读孙中山的著作。
在学海里畅游,吴大任感到其乐无穷。

少年才子陈省身

和吴大任同年入学的还有一个相当引人瞩目的学生,名叫陈省身。

他虽然长了个大高个儿,但年纪很小,只有15岁。

陈省身生于浙江嘉兴,因出生那年是辛亥年,所以号"辛生",名字则出自中国的古训——"吾日三省吾身"。他的童年是在故乡嘉兴度过的。江南水乡,人杰地灵,他自幼就聪慧过人。

陈省身的父亲在外地做官。一次过年回家,教给儿子阿拉伯数字和数学算法。父亲走后,陈省身把家里那套《笔算数学》拿来,无师自通地做起书中的题目。他到了上学年龄,进入县立小学。入学第一天,见到老师拿戒尺打学生手心,第二天他就说什么再也不肯去上学啦。所以他只上过一天初小,转年直接考入高小一年级。那时他9岁,已经会做相当复杂的数学题,并且读完了《封神榜》、《说岳全传》等小说。

1922年秋天,陈省身的父亲到天津法院任职,举家迁居天津,住在河北三马路。陈省身进入离家最近的扶轮中学(今天津铁路一中)。扶轮中学是交通部办的学校,经费充裕,师资阵容强大,尤其拥有多位优秀的数学教师。陈省身在全班岁数最小,却显露出出众的数学才华,成了扶轮中学引以为荣的优秀学生。扶轮中学是四年制学校。1926年陈省身毕业,报了北洋大学和南开大学。北洋规定:四年制毕业生只能报考预科,入学后需补读二年。而南开则无此限制,只要考试通过即可,因此他决定以同等学力投考南开大学。

那年盛夏,天气炎热,恰值祖母去世,家中大办丧事,和尚念经,亲友吊唁……

陈省身于1929年

就在这样的环境里,陈省身从南开中学借来一本在扶轮中学没学过的"解析几何"教材,自学了三周,便去参加考试,一举考中。

入学第一年,陈省身住第二宿舍,吴大任住第一宿舍。吴大任常同从南开中学考来的同学们在一起,所以他俩并不太熟悉。在陈省身心目里,吴大任是个名人,是从南开中学毕业、带着奖学金保送来的。而在吴大任心中,陈省身年纪这么小就能连跳两级考入大学,令人钦佩。

陈省身学得轻松自如,是全校有名的少年才子。大同学遇到问题都要向他请教,他也非常乐于助人,常帮一些学得吃力的同学做作业。一年级有国文课。老师在堂上出题做作文,陈省身写得很快,一堂课上同一题目往往能写出好几篇不同的作文。同学们找他要,他把最好的一篇留下,其余的送人。到发作文时才发现,给别人的那些作文得分反比自己的那篇要高!

二三十年代南开大学校门大桥

陈省身的唯一缺点是不爱运动,只喜欢打桥牌,水平还相当高。一次体育课上,在女生宿舍东面的操场,全班男生练习开步走,而陈省身与同队人总是不合拍。当他自己发现后,就倒一下左右脚。一圈下来,倒了不少次脚。站在一旁观看的女同学们,望着这大高个子男生便忍不住笑了。别人对她们说:"别看他不会开步走,他小小年纪已经是数学系的尖子生!"

由于陈省身连跳两级,有的课程也遇到过一些困难。例如,他选了化学教授邱宗岳的"定性分析",初次上化学实验课第一件事是给他一个单子,上面写着化学仪器的英文名,让他去对照柜里的仪器是否完全。因为在中学基本上没做过化学实验,所以陈省身感到很为难。那天指定的工作是吹玻璃管,他总弄不好。实验课快结束时,一位老师帮他吹了一些。他拿着玻璃管觉得还很热,便拧开水龙头用冷水冲,结果前功尽弃……

这样一来,陈省身就不喜欢做实验了。到二年级分系时他选择了数学系。成为数学大师后,一位台湾记者问他:"当年您为什么决定读数学?"他回答道:"当时我中英文都不好,又不会做实验,就只好学数学了。"

吴大任被姜立夫所吸引,在三年级时转到数学系,从此同陈省身结成莫逆之交。当时数学系只有五名学生,陈省身和吴大任学得最好,姜立夫为两名优秀学生而自豪,又开了一些高深的课,如"线性代数"、"复变函数论"、"微分几何"和"非欧几何"等,让学生们受益不浅。

吴大猷与陈省身虽不同系也不同年级,但有些课程,如数学和德文是在一个班上的,而且都被选为理学院学生会委员。他们也成了好朋友,两人常常互相开玩笑。吴大猷称陈省身为"董先生",陈省身也回称他为"董先生",令人感到莫名其妙。甚至几十年后,吴大猷在美国拜访陈省身时,主人竟让自己的孩子们称他为"董伯伯",这就更让人不解了。原来"董"字取自德文"笨伯"一词的首音,这是他俩上德文课后的创造,不是德语教授段茂澜先生教的。两人彼此就一直这样称呼下去。

二三十年代南开大学的木斋图书馆

第三章 美好的人生早晨

丰富多彩的大学生活

吴大猷功课好,脾气好,人缘更好,端端正正的脸上总是挂着笑容。同学们都爱同他开玩笑,给他起了个绰号叫"大狗",他也报以憨厚的微笑。

1928年,物理实验课的一位教师辞职,人手不够,校方便聘三年级高材生吴大猷兼任理学院一年级的物理实验课助教,月薪十五元。他尚未毕业就当上了教员,但同学们根本没把他当老师,仍直呼他的绰号。

南开大学理学院部分学生。前坐左起:张维康、吴大猷、王端驯、陈鹗、杨照。后立左起:陈省身、叶恭绍、阮冠世、张景廉、赵松鹤(1929年初夏,吴大任摄于张景廉家中)

由同学推选出的理学院学生会委员还有几名女生：物理系的叶恭绍（后转入协和医学院，成为全国著名儿科专家）和杨照（杨石先之堂妹），以及那对亲如姐妹的一年级女生——数学系的陈鹖和物理系的阮冠世。

陈鹖和阮冠世是1928年从北平考来的。她俩出身知识分子家庭，在北京国立女子师范大学附属中学同学五年，都是高材生。两人毅然放弃了保送女师大的机会，慕名考入南开大学。是北平二百多名考生中有幸考上南开的两个人，这令她们既欣喜又骄傲。

30年代南开大学女生篮球队，后排右三陈鹖

那年陈鹖19岁，阮冠世18岁，正是人生的花季。第一次离开父母家人，第一次到一个陌生城市，第一次由女子中学进入男女合校的大学，第一次从走读到住校，过集体生活……啊，这对她俩来说简直是改天换地！一种异样的、新鲜的、兴奋的感觉，充溢着两颗年轻的心灵。连假期她们也不舍得马上回家，愿留在学校里尽情享受美妙的大学生活。

她们俩虽不同系，但同修许多课，同住一间宿舍，一块儿去教室，一块儿上图书馆，一块儿进食堂，一块儿打网球，总之，两个好友形影不

第三章 美好的人生早晨

离!

女生学数理,在那个年代可以说是十分罕见的,本来就已令人瞩目。而这两个女孩子又各有特点。陈鹚性格豪爽,比一般女生要勇敢得多,课堂上常大大方方地举手提问,若对自己的考试成绩有疑问,也敢大胆去找老师问个究竟。她还是全校女子篮球队队员,这一身份招来了许多不同寻常的目光。

阮冠世长得很美,可说是天生丽质,光彩照人,她聪明,有才,只可惜身体纤弱,因此有人说她是南开园里的林黛玉,"林妹妹"招来的目光自然就要更多一些啦!

当时南开大学理学院的学生人数不多。以吴大猷、陈省身等学生会委员为中心,形成了一个十分友好、十分快活的集体。

学生会委员们经常搞些学术活动,出版《理科学报》,组织读书报告会,邀请校内有造诣的教授作学术讲座。饶毓泰、姜立夫、杨石先等人都作过精彩演讲,引起师生的极大兴趣。学生会有时还请校外专家学者来作报告,一次请到了桥梁专家茅以升。事前姜立夫就告诉学生们,茅先生能背圆周率的值到100多位。所以当茅先生作完报告时,学生们就请他背圆周率的值。茅先生欣然同意,立刻往黑板上写。他每写几位数,就把头微微摆动两下,接着又往下写,写了满满一黑板。他说,这已经有100多位了。大家既吃惊又高兴,情不自禁向茅先生报以热烈的掌声。学生们以为茅先生一定是把数字编成了歌,不然他怎能记得住呢?

师生一起尽情开心玩乐

大学生活充满欢声笑语,充满青春气息,也免不了相互打趣和戏谑,甚至搞些恶作剧。理学院学生会每学期组织一次师生同乐会,师生们在一起尽情开心玩乐。在这种场合,那些凤毛麟角的女生们,往往以其出类拔萃的才智令人刮目相看。

一次师生同乐会上,特地邀请了商学院教授何廉,因为理学院不少学生都选修他的"统计学"。此时何先生正值新婚燕尔,有人问起新娘的姓氏,姜立夫当即出了个谜语:"imaginary(虚的)。"一个非常机灵的女生一下子就猜着了。为了抢先,她一口气回答道:"imaginary 就是 i,i 是我,我是余,余是何师母。"(数学里纯虚数的单位用 i 表示,i 的大写 I 是"我","我"的文言是"余")。她猜对了,何师母的确姓余。可是当她说完后才发觉自己失言了,顿时羞得满脸通红。全体与会者拍手哈哈大笑……

另一次师生同乐会上,几个聪明而又调皮的女生编了一篇文章,题目叫《大狗传》,是同吴大猷开玩笑的。文章里编了大狗的许多可笑故事,还把老师和同学的名字编成有趣的谐音,例如姜立夫人(姜立夫)、饶毓太太(饶毓泰)、吴大人(吴大任)、陈婶婶(陈省身)、软贯柿子(阮冠世),等等。在朗诵文章之前,该节目主持人卞学瑾宣布说:"我念到'大狗'二字时,请大家从座位上站起来,自转一圈!"她开始朗诵了,文章里左一个"大狗",右一个"大狗"。与会者一听这两个字,就忍不住笑着起来转圈。这样,笑个没完,也转个没完。直到全文结束,所有参加会的人,包括老师在内,才发现自己被大大愚弄了——"传"与"转"同音,一听"大狗"就转,自己岂不成了大狗?!

经济学教授何廉

那个少女令他一见倾心

在 1928 年冬天的理学院师生同乐会上,吴大猷第一次同阮冠世相识。这位长着一双明亮大眼睛、脸色略显苍白、亭亭玉立的少女,令他一见倾心。以后通过几次交往,吴大猷感到阮冠世不仅容貌娇好,而且意志坚强。虽然她体弱多病,但求学心切,始终与命运顽强抗争,学业成绩名列前茅。这使得吴大猷在爱慕之余又增添了几分敬意。

不久,吴大猷担任了一年级物理实验课助教,正好成为阮冠世的老师。他有了更多机会见到自己心爱的姑娘。一天,上实验课只有两名学生——阮冠世和陈鹗。实验课结束,陈鹗去了洗手间。当她回来时吴大猷已经走了,阮冠世将吴大猷刚刚给她的一个纸条拿给陈鹗看。

陈鹀拒绝道:"这是他背着我给你的,自然是不让我看的,我不看!"

阮冠世(左)少时同家人

阮冠世把字条放在好友面前,一定要她看。陈鹀看见条上用英文写着约阮冠世到校内某处会面……

她俩从思源堂底层的物理实验室走了出来。

阮冠世紧紧拉着陈鹀,要求她陪自己去赴约。而陈鹀却在暗自盘算怎么才能摆脱好友。忽然她心生一计,陪着阮冠世走出了校门。大门外停着好几辆等候顾客的黄包车。陈鹀立即挣脱开阮冠世,跳上了一辆黄包车,说道:"我去哥哥家吃晚饭啦!"

当晚上陈鹀从哥哥家回来时,只见吴大猷、阮冠世双双站在校门口的桥头等候她。这就是吴、阮之恋的序幕。

从此以后,吴大猷常常到西柏树村女生宿舍找阮冠世。但是他们只能在门口说话,因为学校规定,不允许男女生进入对方的宿舍。

刚开始时,他俩不好意思单独约会,总要拉着好几个女同学,有陈鹀、杨照和叶恭绍等人,浩浩荡荡一大群,到校内的小店铺吃点水果,然后在校园内散一会儿步。在这几个"萝卜干"里只有陈鹀知道其中秘密,别人全都蒙在鼓里,玩得还很高兴呢。

天坛回音壁的爱的誓言

日久天长,秘密终于被揭露。于是那些受蒙蔽者狠狠反戈一击,几个女同学在宿舍里和阮冠世大开玩笑……

第二天,饶毓泰先生的夫人悄悄对陈鹉说:"昨晚你们说的话,我们都听见啦!"

原来她们宿舍的窗子正对着饶先生家的窗子,这下子饶先生也得知自己的两名高足在谈恋爱啦。

吴、阮之恋由秘密逐渐变成半公开。思源堂前,马蹄湖畔,经常可以见到他俩的身影。一次,张伯苓校长对吴大猷说:

"如果你喜欢阮冠世,我认识她的父亲,可以给你去提亲!"

吴大猷听了心里明白,张校长一向治校严格,不愿学生在校园里谈情说爱。

毕业在即。校方已和吴大猷谈过,欢迎他毕业后留校当助教。而阮冠世却鼓动他去报考清华大学公费留美生。他果然考了,但因名额所限,清华仅录取了一名本校毕业生周同庆。别人为吴大猷抱不平,他却乐呵呵。原来他心中有个小算盘:留校当助教也好,那么就能和阮冠世在一起了!

阮冠世的家在北平,父亲是位律师,家中共有兄弟姐妹七人。每逢节假日,她常约吴大猷一块儿回家。阮冠世全家都很喜欢这个才貌双全、老实憨厚的广东小伙子。阮冠世的弟弟妹妹们更是崇拜吴大猷,把他看成自己的大哥哥。

一天,他俩到天坛公园游玩。那是一个春光明媚的日子,两个人的心里也充满灿烂的阳光。阮冠世让吴大猷把耳朵贴在回音壁上,接着仿佛从天边飘来她那温柔、甜美的声音:"请求上帝让我们永生永世在一起……"

吴大猷被这巨大的幸福感动得两眼湿润了。

回乡看望母亲

大学毕业,吴大猷以杰出成绩留校任教。他利用暑假期间回家看望已经阔别了八年的母亲。7月,他从天津乘船经香港、广州,回到肇庆。

1929年夏吴大猷大学毕业后回肇庆与母亲合影

见到儿子,母亲欣喜万分。在他北上读书那段漫长的岁月里,她是多么思念和挂牵儿子啊。要知道他是母亲的生命,是母亲的全部希望!当年他离开家时还是一个孩子,如今已长成堂堂男子汉了。令母亲最感欣慰的是她的心血没有白费,儿子很争气,学业成绩始终优秀,而且如今有了一份稳定而体面的工作——成为大学老师啦。

吴大猷见年近半百的母亲精神很好,或许是儿子回家带来的欢悦,使得本来就很俊秀的母亲越发显得神采奕奕!

吴大猷在家乡住了将近一个月,母亲每天为他换着花样地做各种可口菜肴。他也常去看望伯父母和叔婶们,同堂兄弟姐妹团聚。

欢乐的日子过得飞快,吴大猷就要启程回天津。母亲虽然同他难舍难分,但是一想到儿子前程远大,也就豁然开朗了。临别前母子俩合影留念。一向喜爱整齐清洁的母亲梳妆打扮了一番,换上最好的绸子衣裙,就像过节似的。母亲幸福地坐在椅子上,吴大猷站在旁边,守护着母亲。这幅照片凝固了他和母亲的最幸福时刻。功成名就后,吴大猷为《吴大猷文选》一书提供了这帧宝贵照片,作为对亲爱母亲的永恒纪念。

"作先锋"

吴大猷从家乡回天津,路过上海,见到庶祖母,又一同去徐州,看望了四姑父和四姑妈。当他回到南开时,已是1929年的残夏,新学年很快就要开始了。他第一件事便是到理学院院长邱宗岳处去接受任务。

吴大猷离校一个多月,学校里发生了许多事情。第一件事便是饶毓泰先生个人生活的变化。他早就知道饶师母患有精神病,家庭生活极不愉快。如今饶先生终于离婚,并且已经获得中华教育文化基金董事会的研究奖助金,准备到德国从事研究工作。饶先生临行前特地向邱宗岳推荐,由吴大猷挑起教学重担。他说吴大猷很有才华,让他在工作中锻炼,将来定会前程无量。

化学教授邱宗岳

另外,物理系的一位教授陈礼也辞职到京海工厂任工程师。学校新聘了一名刚从美国麻省理工学院毕业的研究生卢祖贻,邱先生安排卢祖贻教低年级的"普通物理"。而"高等力学"和"近代物理"没人讲授,邱先生便让吴大猷担任这两门高年级课。吴大猷见邱宗岳先生如此信任自己,当然不敢推辞。后来他自嘲道:"这不过是'蜀中无大将,廖化作先锋'罢了,我姑且也作一回'先锋'吧!"

在这年秋天,不仅理学院师资紧缺,南开全校师资严重流失,被外校"挖"走了许多位骨干教授。例如,历史学教授蒋廷黻、经济学教授肖遽、生物学教授李继侗三人到了清华大学,政治学教授萧公权去了东北大学,哲学教授汤用彤去了中央大学。由于南开是个私立大学,教授薪金无法与国立大学相比。而教授们全都拖家带口,确实也有实际困难。另外,1929年春天,恰值张伯苓校长在国外时,学校搞了一次调薪,工作中有些不尽周到之处,致使多位教授不欢而散。因此可说吴大猷受命于危难中。

二三十年代柏树村教师住宅

讲授"高等力学"和"现代物理"两门课,吴大猷感到有点难以胜任。可是为了不误人子弟,他借这个机会攻读古典力学、热力学和量子论等著作,以提高自身水平。当时虽然没有人可请教,但他却发现教人也是自己进修的最有效的途径。他风趣而谦虚地说,教这两门课是勉为其难的,而获益者最终恐怕只是他自己而已。

牛肉汤里的深情

当了教师以后,吴大猷迁入西柏树村教师宿舍。西柏树村在思源堂以西的一个幽静地段,后简称"西村"(今专家楼、谊园旧址)。这是当时唯一的教师住宅区,共有两排小巧玲珑、别墅式的宅院。前排八所,后排六所,两头各两所,形成一个长方形的群落。当时的女生宿舍就设在前一排中间的两所内,是男生的禁区,故被戏称之为"紫禁城"。直到1931年建成"芝琴楼",女生宿舍才迁到了那里。

搬进西柏树村后,吴大猷同阮冠世虽然近在咫尺,但是相互之间仍然不被允许到对方宿舍去。不过住在教师宿舍里总归自由得多,也方便得多了。

这时阮冠世已经被诊断出患有肺病,吴大猷对她更是倍加关怀。暑假回家时,母亲经常给他做一道菜——把切成块的瘦牛肉放进坛子里,隔水温火炖牛肉汤。母亲说,牛肉汤营养丰富,最滋补身体。当时他就记在了心里,并细心观察母亲的操做过程,准备回学校后为阮冠世炖汤补养。

20 年代至 30 年代初南开大学柏树村中的女生宿舍

搬进西柏树村,吴大猷作为教师,一人独居一室,自然十分便当。他常到菜市场买瘦牛肉,回宿舍把肉切好,放进盛五加皮的酒坛里,隔水温火炖汤。炖好后托熟悉的工友送到女生宿舍。阮冠世接到香喷喷的牛肉汤感到非常幸福和温暖,总要让同屋好友品尝。谁尝了都说汤的味道好极啦,并且夸吴大猷不仅学问好,厨艺也高明。当然女孩子们免不了又要同阮冠世开玩笑,说她有福气,将来吴大猷一定会好好服侍她的!

畅饮爱情的甘露

吴大猷、阮冠世的恋情日臻成熟。到了 30 年代风气逐渐开放,他俩的爱情故事已在全校流传开来。人们觉得阮冠世样样都好,配得上吴大猷,惟独身体欠佳是件憾事。吴大猷的亲朋好友一再劝他三思而行,爱护他的师长也担心他的事业前途会受到影响。连阮冠世自己都怕拖累了才华横溢的吴大猷,曾含泪向他提出分手。她甚至准备答应另一位追求者……吴大猷当然不能同意她因此而离开自己。

面对关心他的亲朋好友和师长们,吴大猷一再表示:"生活里如果没有阮冠世,我就不会幸福!"

听了这番话,人们还能再说什么呢?

这对恋人经过一次次的心灵搅扰之后又恢复了平静。他们尽情畅饮爱情的甘露,并从爱情中获得巨大的精神力量。爱情使得他们更加奋发向上,更加热爱生活。

二三十年代的南开大学理科教学楼"思源堂"

第四章　吴大任、陈省身三次同窗

各自遇到终身伴侣

吴氏三兄弟在南开不仅打下了扎实的学业基础，而且各自都遇到了志同道合的终身伴侣，后来分别组成三个幸福美满的家庭。吴大猷和阮冠世的故事已经讲了不少，那么暂时先告一段落吧。

吴大业与经济系女生邓淑贤相识，由相知到相爱，终于走进婚姻殿堂。在吴大业晚年，当儿子问他一生最大的成就是什么时，他脱口而出："娶了你母亲！"

真是语出惊人，而且一语道尽他们夫妇之间的深情。

吴大任与陈鹥在理学院学生会相识，彼此之间产生了好感。他们的友谊朴实而真挚，后来共同携手走过漫长的风雨人生之路。

提到陈鹥，不能不对她那个颇为特殊的名字作些解释。她考入南开大学上一年级时，国文老师瞿兑之先生是位训诂学家。一次下课后，瞿先生把她留下，问她："你父母都是有学问的人，怎么给你起了这样一个名字？'鹥'是个白字啊！"

的确，这个字《康熙字典》里也查不到。

寒假回家，陈鹥向父母询问，才知道自己的名字是大哥给起的。她在家中是第八个孩子，又是第六个女孩，所以父母并不关心给她取什么名字。那年父亲在外地工作，她该进幼稚园啦。于是大哥便按姐姐们的"鸟"字旁排行给她起了个"鹥"字。因为在他心目中，绶带鸟是很美丽的——原来这个字竟是由一个十几岁的男孩"造"出来的！

当然，由于这个名字，陈鹥后来遇到过不少麻烦，也闹出不少笑话。例如，一次她去医院看病，候诊时护士就是不叫她，直到周围都没人了，护士才喊："陈爱马，陈爱马！"

有时,她写文章投稿,编辑说没有"受+鸟"这个铅字,让她换个名子……她也曾有过改名的想法,但为了姐妹情结,也为了纪念大哥,她决定还是保留住这个有点奇特的名字。

当吴大任与陈䳘还是一般朋友时,吴大猷很想促成他们的友谊进一步发展。一次,阮冠世告诉吴大猷,陈䳘患有失眠症。吴大猷便说:"吴大任也常失眠。"当阮冠世说到陈䳘喜欢古典诗词时,吴大猷又说:"吴大任也喜欢古典诗词。"可是过了一会,又补充一句:"只可惜吴大任有九个姐妹……"意思是大姑子、小姑子太多啦,不好相处。

阮冠世把所有这些都告诉了陈䳘,两人禁不住哈哈大笑。

大学生活最后一页

吴大任快要毕业了,他分外珍惜大学最后这一段时光。理学院学生会与商学院学生会的毕业班,共同举行联欢晚会。晚会有一个节目叫《选举》,不是选什么班长或优秀生,而是选"最有特色的人",例如"最爱脸红的人"、"最顽皮的人",凡是中选者必须表演出自己的"特色"。吴大任和物理系的张景廉以相同票数当选为"最顽皮的人",当选后便要表演出自己的特色。这两个"最顽皮的人"商量了一下,就把屋角方桌上堆满的帽子乱抛起来,一时间真是帽子满天飞,会场大乱……但谁也对他俩奈何不得,因为他们是"最顽皮的人"呀!

毕业前夕,理学院学生会组织了最后一次师生同乐会。会前,吴大任收到女同学托工友送来的一包女式衣裙,并有一封信,请他穿上赴会。吴大任把衣包退了回去,也附上一信,信中写道:"君非孔明,我非孟达,何劳巾帼之赠。况且我既无桃李之姿,又乏婀娜之态,穿上女装,岂非唐突闺阁?"

吴大任婉言谢绝了"巾帼之赠"。可是到了会场,仍有四五名个子矮小的男生,蒙着纱巾、身穿裙装,鱼贯而入,全场立刻爆发出一阵大笑……

1930年夏天,吴大任大学毕业。全校毕业生中被列为最优等的共有三名,他们是吴大任、陈省身和化学系的张志基。

张志基自幼父母双亡,由叔祖母收养。1921年考入南开中学,与吴大任同班六年，两人建立了深厚友谊。中学毕业时，是全校三名保送生中的两名。刚入大学，他俩经常在一起，直到二年级分系后，接触机会才少了一些，但一直是知心朋友。这次毕业，两人又被列为最优等，可见他们不同寻常的缘分。巧的是张志基还同陈䂱家是姻亲，与她全家曾经三年同住一宅。陈䂱投考南开大学正是受到他的影响。

陈䂱为了对这三名最优秀的毕业生表示祝贺，送给他们每人一把折扇，一面是她母亲的画，另一面是她父亲的诗。

这年，吴大业在商学院毕业，也被列为优等，留校在经济研究所任教，讲授"统计学"，因思路敏捷被学生称作是"快刀"。吴氏三兄弟没有辜负"三杰"的美称。

水木清华

吴大任、陈省身得知，清华大学从这一年起创办研究院开始招生。二人决定同去报考。

提起清华，会令人精神为之一振。水木清华，水木清华啊，首先就让人们想到朱自清笔下描绘的荷塘月色的诗情画意。

清华的设备在全国属第一流，学生们传言："北大有胡适之，清华有体育馆。"

清华大学研究院规定：研究生三年毕业后授予硕士学位，每年发给320元奖学金，成绩优异者还可派送出国两年。吴大任和陈省身都认为，要深造就必须出国留学。但是出国留学谈何容易？若自费，两个人的家庭条件都不允许，而公费，机会实在太难得。他们兴冲冲地去报考，双双都被录取了。那年清华共录取十几名研究生，数学系仅两名。

可是吴大任的心情并不好，因为家里出了点意外的事，暂时不能到清华念书。

事情是这样的：1930年初夏，吴大任的父亲吴远基的经济支持者陈祝龄遭到绑架。吴远基与陈祝龄关系密切，他任旅津广东学校校长一职，就是由陈祝龄推荐安排的。由此吴远基受到牵连而被拘留了数日。陈祝龄最终被杀害了。吴远基从此失业，返回老家肇庆，一时找不到事做，这就断绝了经济来源。

因此吴远基不同意吴大任继续读书，要求他就业，担负起赡养大家庭的重任。父命难违，吴大任只好向清华申请保留学籍，然后到广州的中山大学任教。

陈省身一个人到清华报到。那年数学系只录取了他和吴大任，吴大任暂时不能来校，只有陈省身一个学生无法开班。学校决定暂缓一年，改聘陈省身为助教。

吴大任在广州艰苦奋斗了整整一年。他先在中山大学当助教，又到预科兼高中部兼课，后在预科兼高中部做专任教师，因预科兼高中部教员的薪金是助教的两倍。他还到补习学校兼课，利用暑假从事数学专业书籍的翻译……

一年以后，这位拼命三郎终于攒够家里三年的生活费用。这样他就能得以脱身，1931年到清华复学，再次可以没有任何后顾之忧地读三年研究生了。从此吴大任和陈省身又第二次同学。

陈省身在清华随导师孙光远教授攻读投影微分几何，一切都很顺利。然而吴大任在清华却感到并不理想，对导师杨武之教授提出的第一个研究课题，他认为是明显没有科学意义的。因此他的积极性受到了很大挫伤。

吴大任在清华最大的收获，是聆听了德国汉堡大学数学教授布莱希特的演讲。布莱希特为20世纪最伟大的数学大师之一，1932年春天到北京大学讲学，题目是《微分几何的拓朴问题》，共分六讲。陈省身和吴大任每次都进城听讲，并作详细笔记。在南开上学时，姜立夫曾用过布莱希特的著作作为教材。布莱希特著作简要深刻，趣味无穷，因此听大师的演讲，吴大任和陈省身都没感到有任何困难。

同吴大任、陈省身一块儿听讲座的还有陈鹇。那一年，她因患神经衰弱经常失眠而休学，在北平家中疗养。吴大任去中山大学任教时，他俩常有书信往来。吴大任回清华读研究生后，他们三人常常聚在一块儿玩。

陈省身（最后排左五）在北京大学听布莱希特（前排右三）讲学纪念合影。前排左二姜立夫，二排右四吴大任、右五陈鹗，1932年4月

陈省身比陈鹗小两岁半，恰巧与她早夭的弟弟同龄，所以陈鹗就把他当成自己的弟弟。陈省身的睡眠质量极好，他说自己不仅入睡快，而且从来不做梦。他还教给被失眠困扰的陈鹗一个促进入睡的方法：睡觉时闭上双眼，却要盯着鼻子。陈鹗按他说的试过，有时奏效，但是坚持下去就实在太难啦。

吴大任与陈省身并邀上陈鹗，三个人一起到北京大学听布莱希特讲座，那真是一段无比愉快的时光。听大师讲座，每一个人都有十分丰硕的收获。而布莱希特对陈省身的影响尤为巨大。

当1934年陈省身在清华获硕士学位毕业时，由于成绩优秀，本可派往美国留学，但因他景仰布莱希特，所以申请去了德国汉堡大学。这一选择对陈省身的学术生涯是具有决定性意义的。这年11月，他来到汉堡大学。开学之前，布莱希特给了他几篇自己新近写出的论文。尚未开学时，陈省身就在阅读中发现了某篇论文里的一个漏洞，于是向老师提出。布莱希特十分高兴，一眼就看中这名中国留学生的才华，让他设法补正。一个月后，陈省身把证明补齐，并扩展了布莱希特的定理，写成第一篇论文，发表在汉堡的数学杂志上，从而奠定了他一生最初的学术地位。

知音与知己

1932年秋天，南开大学数学系唯一的一名助教出国了，姜立夫先生了解到吴大任在清华的情况，便同他商量，问他愿不愿回南开当助教，吴大任当即表示同意，马上中断了清华的学业回母校。吴大任回到南开的时候，陈䎛也于这年返回学校继续学业。此时，吴大业仍在经济研究所任教，吴大猷已于一年前获得奖助金同阮冠世一起赴美留学。

陈䎛休学一年后回到南开，感觉学校已经发生了很大的变化。当年那个友好集体的成员们如今全都已各奔东西：吴大猷、阮冠世、杨照去了美国，叶恭绍转学到协和医学院，实现了她学医的梦想。现在与她同班的都是一些陌生的同学。吴大任突然从清华回来，她当然感到十分高兴。

这时的吴大任已经成为老师。虽然他俩由同学关系变为师生关系，虽然陈䎛经常像开玩笑似的，左一个"先生"右一个"先生"地称呼他，然而实际上两个人之间的感情已经变得更加亲密了。

吴大任喜欢陈䎛那活泼、爽朗、认真而正直的性格。经过大学毕业以后几年来动荡不安的生活，他分外珍惜遇到这样一位知音和知己。

听了吴大任讲述自己为赡养大家庭而牺牲学业，用一年时间拼命教课、译书，为家攒钱，以便回清华读研究生的艰苦经历，陈䎛从内心感到这是一个责任感很强、处处为别人着想、又有远大志向的人。她被他的人格魅力所深深吸引。

陈䎛帮助吴大任誊写他正在翻译的《代数论》书稿，吴大任为她辅导"涵数论"。闲暇时间，两人在一起赏析那一首首优美绝伦的古典诗词。

吴大任除了批改两门课的作业外，还随班听姜立夫先生的"投影几何"，并把听课时他所记下的笔记整理成讲义，发给学生。因此，吴大任有充足的时间用来读书。

1932年，德国汉堡大学的施佩纳教授到北京大学讲学，经姜立夫介绍，吴大任在他指导下，将一篇专业文章改写，取得初步成果，令施佩纳非常满意。

吴大任赴英留学

1933年7月，报上刊登了一则十分引人注目的消息：中英庚款董事会招考第一届留英公费生，年限三年。吴大任还没来得及想好是否报考，姜立夫先生就来找他，对他说："你应当去报考，这个机会十分难得。"接着又补充了一句："董事会让我出数学题，我没有答应。"

吴大任马上领悟了姜先生这番话的含意。老师的期望鼓舞着他，他去报考了，自认为考得并不好，但数学专业仅有的唯一一个名额还是被吴大任一举夺得。本届公费生有二十个名额，却仅仅录取了九名。

9月就要启程，时间紧迫。暑假期间，陈䉆没有回北平，紧张地帮助吴大任打点行装。他们作好分别三年的思想准备。临行前夕，吴大任送给陈䉆一本精美的《西厢记》画册，以表达自己的情意，并邀请她拍了一张合影作为纪念。

金秋时节，吴大任等九名留英学生一起乘船到法国马赛，然后转往伦敦。抵达伦敦时，英国的各个大学都已经开学了。吴大任一心要去著名的剑桥大学。可是那个负责联系学校的英国人，一味忙于解决比较容易联系的学校，却迟迟没给吴大任联系。别人都要上课了，而吴大任还没有学校，弄得他焦急万分。后来是一位在伦敦大学进修的中国留学生，主动帮他联系了伦敦大学。吴大任只得进入伦敦大学，注册为博士研究生。

没有新郎的订婚仪式

关于吴大任与陈䉆之间的恋情，吴大业知道得最清楚，并且百分之一百地赞成。他把这件事写信告诉了老家的父亲，吴远基知道后非常高兴。然而吴大任此时正在国外留学，要三年以后才能回来。老人家心里着急，希望儿子的婚姻大事能够尽量早点定下来，便写信委托他在天津的二妹，也就是吴大任的二姑妈，马上主持举行一个订婚仪式。

吴大业买来了一对订婚戒指，其他一切则全由二姑妈操办。二姑妈将陈䉆在北平的父母请到天津来，两家人在一个大饭店里，举行了一个没有新郎参加的订婚仪式。当这场特殊的订婚仪式举行过后,吴大任和陈䇹的同学以及朋友们都感到很新鲜,很稀奇,很快就流传开来,以至有人开玩笑说:"吴大业成了新郎的代表!"

陈䇹的父母对未来女婿早就相当熟悉。吴大任在清华读研究生时,曾应陈䇹的邀请,多次到她家见过她的父母。陈䇹父母早就看中了这个又聪明又规矩的年轻人。陈老先生共有六个女婿,他对每个女婿都有一番比喻,他把这个最小的女婿比作是"一块玉","一块真玉"。

订婚仪式举行以后,陈䇹立即给吴大任用英文发去了一个电报:"我们已订婚。"

吴大任收到电报,丈二和尚摸不着头脑,回信说他一点也看不懂……陈䇹却暗自嗔怪他:你怎么就不会去查查英汉字典呢?我是查过字典才拟的电报稿啊!

奔赴汉堡大学

到伦敦刚刚半年,吴大任就给陈䇹来信,邀请她毕业后也来英国读书,陈䇹欣然同意。1934年1月,陈䇹大学毕业,借到一笔旅费,2月便乘英轮从香港直抵伦敦。吴大任已经为她在自己住的旅馆内租好了一间房子。陈䇹也在伦敦大学注册为免试研究生,但是由于时间不够,不能读学位,就选修了几门课。吴大任原先并没有打算马上结婚,因为他怕结婚会影响陈䇹的学业。

然而后来为了节省开支,他们还是在1934年3月于英国登记结婚了。两个人从各自租住的旅馆的单间内搬出,迁到家庭公寓里,这样吴大任一个人的公费就足够供两人生活用,而且还可交纳陈䇹的学费。

新婚燕尔,每逢周末,这对年轻夫妇便到附近的风景区游玩,或是到公园散步,充分领略异国的自然景色和风土人情,让身心都得到充分的休息。

吴大任婚后的生活过得十分愉快,但是他对伦敦大学的师资力量非常失望,很不满意。

中英庚款董事会规定:公费三年,到第三年可以转赴其他国家。吴大任深感伦敦大学极不理想,打算在第三年到德国去。当时陈省身就读于德国汉堡大学,吴大任写信向好友谈了自己的想法。陈省身马上回信说,汉堡大学数学系蜚声世界,师资阵容十分强大。这里有三位高水平的教授——阿廷、赫克和布莱希特都可以指导当时的任何数学研究课题,希望他来汉堡。

吴大任夫妇与姜立夫(右),1936年于汉堡

因此,吴大任一心想在两年内拿到博士学位,第三年就到汉堡。然而事与愿违,第一年都快过去了,导师们还迟迟没有给他提出研究课题,他怕计划难以实现,决定宁可放弃博士学位也要到德国去。于是他向伦敦大学提出,把申请博士学位改为硕士学位,以便尽早去汉堡。

直到吴大任来到伦敦大学将近一年之际,也就是1934年的秋天,他的两位导师才为他拟定了论文题目。他仅用半年时间便完成了论文。本来只需完成一篇,但为慎重起见,他撰写了两篇,一篇是《拓扑群》,一篇是《四维空间直线的表示法》。在答辩会上,吴大任对两篇论文,分别作了报告,其中一篇既没有讲稿,也没有提纲,还解答了会上提出的各种问题。答辩委员会的委员们感到十分震惊:"作论文报告不用讲稿,这是个惊人之举!"他们不知道,不用讲稿,乃至没有提纲,早就是吴大任的习惯了。

答辩顺利通过,吴大任获得带有星号(表示成绩优异)的硕士学位,便立即偕陈鸍匆匆前去心向往之的汉堡大学。

当他们来到汉堡时，已是1935年夏天。陈省身兴冲冲地到车站迎接两位好友，三个人在异国他乡相逢有说不出的高兴。陈省身带领着他俩在汉堡大学跑了一天，将食宿问题一一全都解决好了。从此吴大任与陈省身第三次成为同窗学友。

吴大任（左二）、陈鹭（左三）与陈省身（右二）等友人，30年代于汉堡

"博士"藏在囊中

到了1935年，吴大任的公费留学只剩下最后一年了。1936年年初，他又申请到中华教育文化基金董事会的研究补助金，得以在德国再延长一年。

本来吴大任可以申请读博士学位，但若是读博士，就必须修一年半的副课课程。陈省身、陈鹭都劝他申请学位，他却坚决不同意，说："这样做论文的时间就少啦，我只要学会做研究，有没有学位没关系！"

他的口气非常坚定，任何人对他也无可奈何。

陈鹭这时对丈夫有了更清楚的认识：当年放弃清华回广州，后再次放弃清华回南开，在伦敦大学改博士学位为硕士学位，在汉堡大学放弃申请博士学位的机会……这是一个不追求名利、只追求真才实学的人。

吴大任和陈鸬以访问学者的身份在汉堡大学听课。星期日，陈省身常常来到他俩的住处谈天说地，偶尔也打打三个人的桥牌。那年的农历除夕夜，他们仨是在一起度过的。陈鸬点燃了蜡烛，大家碰杯喝酒，互致美好的祝福。吃年夜饭，三人一同守岁，在海外迎接新的一年的到来。这个夜晚让他们终生难忘。

陈省身每月有七百马克的公费，而吴大任和陈鸬两个人一共才有四百马克。相比之下，陈省身便算是个大富翁了，所以不时由他做东道主，到高级餐厅宴请吴大任夫妇。

左起陈省身、吴大任、陈鸬和姜立夫在汉堡

1936年春天，他们三人一同去瑞士旅游。瑞士的迷人风光让这几位中国留学生深深陶醉，那个著名的"蓝湖"碧蓝一片，清澈见底，寒冷彻骨的冰洞，晶莹剔透。

在汉堡大学，吴大任听了三位数学大师的课，感到不但收获丰富，而且是一种极大乐趣和精神享受。有些大师讲课，能左右逢源，举重若轻，令他为之倾倒。

吴大任随几何学家布莱希特研究积分几何。布莱希特每周都要带领他的学生们，围绕着市内一个大湖散步，边散步边交谈，并做学术交流。吴大任也参加了这种"环湖游"的学术活动，真是别具情趣。

暑假后，布莱希特给了吴大任一个很有分量的研究课题。吴大任完成后交给布莱希特,布莱希特看了非常满意地说:"你进行得这么好,我很高兴。"接着他又问:"你为什么不申请学位呢?"

"我只有半年时间,来不及了。"吴大任回答道。

布莱希特又给了他另一个课题,这个课题比前一个意义重大,好多人做过,但都没有做出来。两三个月后,吴大任做出了圆满的结果,文中有好几个漂亮的公式。布莱希特赞赏道:"你几乎把一切都做完了。"

布莱希特再次问吴大任:"你论文都有了,为什么不拿学位呢?中国人不是很重视学位的吗?"

听了布莱希特这句话,吴大任才第一次明白,原来论文是取得学位的主要依据。然而他依旧这样回答导师:"我在德国只还有两三个月,时间不够了。"

连布莱希特都为他深感惋惜。其实有布莱希特帮忙,本来一切还是完全可以补救的。只是吴大任性格过分认真,而且对学位太淡泊,又急着按时回国,所以用陈省身的话来说,他是把"博士"藏在囊中了。

师友送陈省身从汉堡赴法国巴黎。右起布莱希特、陈省身、吴大任、张禾瑞、陈鸂,1936年于汉堡车站

布莱希特经常外出讲学,陈省身同他的助教凯勒接触机会要更多一些。凯勒著有《微分方程组论》,发挥了法国当代大数学家嘉当的理

论。书中的定理被后人称之为"嘉当—凯勒定理"。凯勒开了个讨论班，一起研读这部著作。可是这一定理实在太难，凯勒本人又不善讲课，参加讨论班的人越来越少，最后只剩下陈省身一个人。通过这个讨论班，陈省身逐渐认识了嘉当理论。

1936年夏天，陈省身公费期满，同时接到清华和北大的聘书，而且又得到了中华文化基金会补助，可以在国外再延长一年。嘉当的理论虽然很难，但是陈省身对这位大师的学说已经有了初步基础，所以同布莱希特商量后，便决定到巴黎追随嘉当从事微分几何研究。这样一来，他就不得不同吴大任、陈鹚告别了。

在汉堡大学，吴大任仅仅和陈省身同学一年，就又要分手了。他们夫妇俩一块儿去车站为好友送行。相互之间虽然依依难舍，但幻想着神秘莫测的美好未来，又冲淡了年轻人心中那种别离的苦涩。

一年匆匆流逝。1937年初夏，吴大任接到武汉大学的聘书。没过多久，他便同陈鹚启程回国。

第五章　吴大猷崭露头角，战争爆发

享誉物理界的博士生

1931年秋，吴大猷偕阮冠世赴美留学。同吴大任在留学生涯中的学校问题，导师问题以及学位问题相比，吴大猷似乎幸运得多，也顺利得多。

这年年初，在德国从事研究工作的饶毓泰来信建议吴大猷不妨从事晶体研究。随后，在饶毓泰和清华大学教授叶企孙的联合推荐下，吴大猷获得中华文化教育基金会乙种研究奖助金出国深造。他原打算去德国学晶体物理，但怕在语言方面有困难，就决定改去美国。

当选择学校时，吴大猷对各个学校的物理研究方向及其特长全都一无所知，甚至还闹过一场笑话，选了一所女校。最后选中密歇根大学，因为这个学校收费最低，每学期只需交一百元，而芝加哥大学一季度就要交一百元。

在出国之前为筹措旅费，吴大猷去了一趟河南驻马店四姑妈家，借来三千五百元，四姑妈又送给他五百元，共拿到四千元。

吴大猷与阮冠世于9月启程，从天津去上海，乘船经日本、加拿大的温哥华，再往美国西雅图。同船的还有同班的杨照和南开中学校友钱思亮等几个同学，一路上非常热闹，也非常快乐。抵达芝加哥以后，才知道国内发生了"九·一八事变"，日寇侵占了祖国的神圣领土。这群年轻人的心头，立刻蒙上了一层重重的阴影。

吴大猷和杨照都进了密歇根大学，阮冠世去了纽约州的一个女子学院，因她获得了这所学校的奖学金。

密歇根大学有中国留学生约九十人，面对日寇侵略我国东三省的罪恶行径，群情激愤。后来吴大猷被选为中国学生会会长。

密歇根大学建于1817年,是全美国的名校之一。入学之初,校方规定学生要修几门基本课程。当时南开大学的物理课程比该校的物理课程要深。导师看过了吴大猷在南开大学学过的课程和成绩单,以及他在南开大学讲授"高等力学"时编写的讲义之后,认为这名学生的水平较高,可以不必修那些课程了。吴大猷没想到在南开"作先锋"的努力,竟然有了始料未及的回报。

1933年6月吴大猷获博士学位后在密歇根大学礼堂前

1920年到1930年间,原子及分子结构问题,可谓物理研究的主流。密歇根大学是研究红外分子光谱的鼻祖,当时走在世界物理学研究的前沿。吴大猷最初只因为它收费低廉而选上这所学校,真是歪打正着,选对啦!他庆幸自己的运气好。

第一学期,吴大猷随物理系主任兰德尔教授从事红外光谱实验研究工作,试着寻觅某些原子的红外光谱。不久他便在光谱仪上做了一个小小的改进发明,设计出一套分光仪上弯形的狭缝,提高了它的分辨本领。后来被制造红外光谱仪的帕金埃尔工厂采用。过了许多年,回忆起这件事,吴大猷不无遗憾地开玩笑说:"可惜当时没想到去申请专利啊!"

吴大猷以他在南开的雄厚基础,在留学初期就崭露头角,仅用一年时间就取得硕士学位。随后,他在理论物理学家古德斯米特教授指导下作博士论文,又只用一年时间就获得博士学位。

阮冠世也进入密歇根大学暑期学校,后来获得学士学位。

吴大猷攻读博士学位时,在原子和分子的一般理论方面作出了重大贡献。他的两项研究为后来的工作开辟了道路,一项是关于重原子f态的计算,另一项是闭壳层电子激发态的计算。

1933年他在美国的《物理评论》杂志上发表了两篇文章。第一篇题为《最重元素的低态》,报告了他关于铀原子和铀离子低态能级的计算结果。他认为,铀离子能级的相对位置应该很类似于钋、钍和锕的相应的离子能级。这就等于给出了锕、钍、钋和铀四个重要元素最低态的电子组态的信息。他肯定,93号以后的元素必定以5f电子为最低态。于是他预言,中性的93号原子的正常态至少包含一个5f电子,因而有可能存在一个类似于周期表中稀土族的元素系,从铀开始的化学性质类似的十四个元素。这就是说,吴大猷通过f态的计算,预言了铀后元素的存在(铀后元素果然于1940年被发现)。因此他的这一工作对铀后元素的发现具有重要意义,也为后来第二次世界大战时新的原子的发现及1963年诺贝尔物理学奖得主、美国著名女物理学家梅尔夫人对同类问题的计算开了先河。

吴大猷的第二篇论文题为《两个最低点的特征值问题和重原子f态的量子亏损》,讨论了前人没有讨论过的具有两个不对称的最小值位势的量子力学问题。他用WKB(Wentzel-Kramers-Brillouin)近似法求解了波动方程的本征值,并将结果用于某些原子能态的计算,特别是用以说明量子亏损。对此,学术界评价吴大猷这一工作具有十分不寻常的意义。

1931年至1933年间,吴大猷在密歇根大学攻读硕士学位和博士学位时,便由于研究铀原子及锕元素而享誉物理界。后来,他以论文《电势与原子光谱的问题》获得博士学位。

1933年吴大猷与阮冠世在密歇根大学大礼堂前

吴大猷是历史上第三个获博士学位的中国人。

当吴大猷尚未满26岁、还是一名密歇根大学的博士研究生的时候,就已经出手不凡,享誉物理学界。

三天不睡为挣十五元

当时,吴大猷对铷元素的研究成果并未获得学界重视。但在十八年之后,也就是1951年,美国核化学家西博格博士,却因发现九种以上的铀元素而荣获1951年诺贝尔化学奖。当西博格于1989年见到吴大猷时,充满感激之情地对他说:"当年我能获得诺贝尔奖,应该归功于您的论文!"

世界学术界将吴大猷称为"铷系元素研究先驱者"。

在两次暑期物理研讨会中,吴大猷有幸听到几位来自世界各地的物理学大师的演讲,真是精彩极了。使他感到十分振奋,并从中获得各方面的最新知识。

1933年吴大猷获得博士学位后,在密歇根大学继续一年博士后工作,研究原子及分子理论和实验。他在原子光谱学方面提出过被瓦希尼称为"吴态"的一种"多重激发态"中的理论,这一创造性的理论发表在他1940年的论文《论原子光谱的附线和闭壳层电子激发》,及1944年的《轻原子2电子和3电子组态的非正常态的变化能》中。"吴态"现象的存在被费尔曼和诺维克在1967年的实验中所证实。1978年瓦希尼把"吴态"现象理论用于他的类星体等离子体激光星模型上。

吴大猷在密歇根大学期间,在原子和分子光谱学方面打下了坚实的研究基础,对原子和分子的一般理论作出了重大贡献。他的研究为后来的工作开辟了道路。

然而在吴大猷如此辉煌成绩的背后,却是令人想象不到的艰辛与磨难。

同堂弟吴大任相比,吴大任留学过程中遇到了许多意想不到的挫折,可是生活上却是有保障的,无任何后顾之忧。而吴大猷在这一方面却要比堂弟吃了更多的苦头。

吴大猷所领到的那份为数不多的奖助金还要分出一半给阮冠世。

她常年生病,医药费就是一笔非常巨大的开支,这给吴大猷增添了一份沉重不堪的负担。

另外,还有一个非常不利的大背景,那就是当时正值美国经济大萧条。留学生想要找一份工作来贴补生活,都是一件十分困难的事,到餐厅洗一小时碗,仅仅能换到一顿饭。

1932年夏天,有一个单位为突击完成一项工程研究,需要找人帮忙。经朋友介绍,吴大猷去了。每天晚上八点,他就到实验室,一分钟也不停地干,一直干到第二天早晨六点。走出实验室便去上课,下午回到住处想休息一会儿,可是屋里热得像个蒸笼,根本无法入睡。吃过晚饭又匆匆来到实验室。这样一连干了三天,三天没有合一下眼。每天晚上工作十个小时,每一小时的报酬是半个美元。三天下来吴大猷共挣了十五块美元。在那个时候,十五块美金还是很有用的呢,他也就心满意足了。

到了假期,同学们有的去避暑,有的去旅游,只有吴大猷还得打工、挣钱。他虽然穷得响叮当,但是并不觉得苦。他说没钱倒也心安理得。美国经济不景气时,许多家银行都倒闭了。银行存有钱的同学惶惶不可终日,而他只有几十块钱,全都安然无恙地躺在自己的箱子里。而且他身边有位温存女友,时时给他抚慰,给他鼓励,所以他们在精神上都很充实,也很快活。

尽管在物质生活方面,吴大猷非常贫穷,除了那点奖助金,可以说一无所有。然而在精神上,他却是个百万富翁。

北京大学向他招手

1934年夏天,吴大猷接到了国立北京大学给他发来的聘书。

原来饶毓泰先生已经在1932年从德国回来,翌年被北京大学聘为理学院院长兼物理系主任。饶先生始终密切关注着在美国深造的得意门生吴大猷。当他得知吴大猷在攻读博士学位时的成就,并已经获得博士学位即将回国时,生怕这名高材生被国内别的学校抢走,便立即给他发去聘书,聘请他到北京大学任教。

北京大学,中国著名的高等学府在向他招手。吴大猷欢天喜地地收拾行装,准备回国。

而此时,阮冠世因肺病发作,住进医院实施手术,也就是在膈神经处做手术,使横膈膜不动,让肺部得以休息,这是当时常用的一种治疗方法。然而术后并没有什么效果。1933年冬天她的病情加重,学校医院感到实在无能为力,只好把她送进纽约以北的一所疗养院里。吴大猷经常乘火车去探望。

当吴大猷接到北京大学的聘书时,阮冠世仍在疗养院中。暑期物理研讨会后,吴大猷去看她,想接她出院,两人一块儿回国。可是因为她的病情依然没有明显好转,医生不允许出院。为了如期归国,吴大猷只得把她留在美国疗养,自己一个人先回国。临别时,他一再劝慰阮冠世要乐观,要有信心战胜疾病。

离开美国之前,吴大猷先后参观了麻省理工学院、哥伦比亚大学和加州理工学院。随后他从旧金山乘船回国,先抵达上海。

旅途中,吴大猷曾接到由朋友转给他的国立中央大学校长罗家伦的聘请电报,恳请他去中央大学任教。

一看到"罗家伦"这个名字,吴大猷不由心头一震,这可是位大名鼎鼎的人物——当年"五四运动"的北大学生领袖!正是他仅用十五分钟便亲笔起草了惟一的印刷传单《北京学界全体宣言》,"五四运动"这个名词也是他最早提出来的。

吴大猷知道,1928年"清华学校"改为"清华大学",时年仅30岁的罗家伦成为清华大学的首任校长;而且还听说这位罗校长本事很大,梅贻琦有句名言:"大学者,非有大楼之谓也,有大师之谓也。"而清华黄金时代的学术大师们,大多是由他亲自聘请来的。例如,1929年他专程到天津一举"挖"走了南开的蒋廷黻、肖遽和李继侗三位教授。"挖"蒋廷黻的手法最为出奇。原先蒋廷黻并没打算离开南开,但是若他不答应去清华,罗家伦就坐在他的家里不走。这样熬了一夜,蒋廷黻终于屈服了……

果然,当吴大猷乘坐的轮船到达上海时,罗家伦校长已经派人前来迎接,并给他安排好了住处。接待得可谓体贴周到,无微不至。这一切令吴大猷十分感动,无奈他已先应北京大学之聘,对中央大学的盛情只好婉言谢绝。直至1956年,吴大猷去台湾时,见到了罗家伦,当面向他道谢,并表示深深的歉意,这是后话。

吴大猷从上海去香港,然后回广东老家看望母亲。

这年他已经27岁,并被北京大学聘为教授,因此他自认为有义务奉养母亲了。母亲含辛茹苦,从年轻时就守寡,如今已年过半百,在家乡一直过着清贫而孤独的生活。他请母亲同自己一道去北平,母子俩从此就再也不分离了。

望着已经成为"洋博士"的儿子,母亲心情激动。虽然她舍不得离开故土,但和儿子在一起是她的最大快乐。于是给家里做了一番安排,母子俩便上路了。

来到北平,他们在离北京大学很近的东皇城根大取灯胡同租赁了一间房子,安顿下来,尽享天伦之乐。吴大猷不禁感慨万千,他说:"我5岁丧父,如今已经成年,才开始奉养母亲,实在有愧啊!"

吴大猷就任北京大学物理系教授。除了开设"近代物理"、"电磁学"等课程外,还开设了"量子力学"、"原子光谱"、"气体导电"等研究生课程,使北大物理系的课程达到了一个新的高度。吴大猷从国外购置光栅、石英汞灯、氦辐射灯和光谱仪等仪器,同饶毓泰、周同庆、郑华炽等教授,还有助教沈寿春、江安才等人,一起开展了原子和分子光谱及喇曼光谱学的实验研究。这样就使得北大成为我国最早研究原子、分子光谱的基地之一。

爱情宣言

在教学、科研方面吴大猷都卓有成绩,回家后与母亲相伴也很愉悦,只是心里一直牵挂着远在大西洋彼岸、患病中的阮冠世。他曾经向母亲约略地说过自己的女友,不过没敢提及她的病情。母亲听了十分高兴,她相信儿子的眼光是不会错的。因此她同样盼望着未来儿媳尽快回国,好给他们早日完婚。

而阮冠世这时在美国的疗养院里再也呆不下去了。吴大猷走后的第二年春天,她毅然出院,拖着病弱之躯独自回国。她回到北平与亲人团聚,吴大猷得知后马上来看望。那天他俩感到自己是天底下最幸福的人了!

可是厄运总在追逐着这对恋人。阮冠世由于长途旅行过分劳累,患了肋膜炎,高烧不退,住进"德国医院"。这个医院也没有什么好的治疗办法,又把她转到一所私人开办的疗养院。她缠绵病床几乎一年。吴大猷在紧张的工作之余,便是到疗养院探视病人。母亲这时才发现,未来儿媳的体格竟是如此之羸弱,心中极度不安。她向儿子表示了自己的忧虑,而他只是说些宽慰母亲的话。

在学校与病院之间穿梭着,吴大猷迎来了1936年。

阮冠世稍微见好便回家休养。她兄弟姐妹众多,父母年迈,家中的养病条件并不是太好。吴大猷想:我可以给她更多的爱护。于是他向还在病榻上疗养的阮冠世求婚,得到了阮家的同意。吴大猷同时也把自己的想法告诉了母亲,并说阮冠世患的是肺病,这种病是不能生育的,然而他俩深深相爱……

母亲惊呆了,听完以后大哭了一场。她从二十多岁就失去丈夫,把自己的全部希望都寄托在这个独生子身上。如今要娶一个不能生育的儿媳,断了吴家这一支的烟火,怎么对得起早逝的丈夫和祖先啊!以后,她为此不知流过多少眼泪,这是她自从丧夫以来第二次经受到的沉重打击。

1936年9月6日吴大猷与阮冠世结婚照

同事和师长们也都劝吴大猷,说他前程远大,要慎重对待婚姻大事。可是吴大猷却这样回答道:"我爱阮冠世不是一朝一夕了。我所憧憬的未来都是和她在一起的未来。我的生活里如果没有她,再大的功名对我来说又有什么幸福可言呢?

我要好好照顾她,而结婚是我今生能够照顾她的唯一方式。"

这是吴大猷的爱情宣言。

大家听了这番掷地有声的话无不为之动容,连始终坚持反对态度的母亲也在无可奈何中不得不让步了。

经过了将近八年的苦恋,吴大猷和阮冠世终于在1936年9月6日,由北京大学校长蒋梦麟证婚,结为伉俪。吴大猷的婚事引起亲人们的极大关注。二姑妈、三姨妈从天津赶来,庶祖母、四姑妈从汉口赶来。大家祝福新婚夫妇白头偕老,幸福美满。

吴大猷以自己的赤诚与忠贞赢得了幸福。

吴大猷、阮冠世结婚照,伴郎为吴大猷同事、
北大教授郑华炽,伴娘为阮冠世之妹阮冠群

战争粉碎了幸福生活

新婚夫妇住在法宪胡同租赁的一所房子里。吴大猷购置一套新家具,营造了一个属于他和心爱人的温馨天地。而且身边还有亲爱的母亲。那是他最幸福的时期。

在北京大学任教期间,吴大猷除了授课,还从事科学研究工作。他的科研十分活跃,力图将理论研究与实验研究相结合,三年里他有十五篇论文在国内外发表。

正当吴大猷的事业如日中天之时,平静美满的生活突然被罪恶的战争彻底粉碎了。

新婚之初,阮冠世依然发低烧,经常卧床。听从医生建议割掉了扁桃体,但是仍不见有什么效果。直到第二年春天才逐渐有所好转,能下床走动了。吴大猷的紧张心情也松弛了下来。

吴大猷同饶毓泰(中)、郑华炽(左)1937年3月于北平

暑假一到,吴大猷就同饶毓泰以及郑华炽等同事约好:7月8日去游西山。

那天清晨,吴大猷听到稀稀疏疏的机关枪声,还以为是打靶演习呢,没有在意。上午,他们带着两个西瓜,乘车去西郊。几个人玩得很是尽兴。由于妻子经常卧病,吴大猷一年多根本无法外出,所以这是一次非常难得的郊游。

在返城的路上,他们几次遇到一排排的军队。到达西直门时已是五点多了,只见城门半掩着,仍然未觉察有什么异常。回家以后,才知道发生了"芦沟桥事变"。

第五章　吴大猷崭露头角，战争爆发

过了几天，有两位朋友来告诉他，北平形势紧张，他们准备到天津，劝吴大猷一家也躲避一下。吴大猷本来没有打算走，可是又想正值暑假，天津有二姑妈家，不妨去住几天。当时母亲正在中山公园里散步，他便差给家里扫院子的老张去中山公园把母亲找了回来。大家匆匆忙忙收拾了一下东西，把房子托付给老张照看，三个人带了一些随身衣物，便连忙赶往火车站了。

在天津二姑妈家一直住到了9月，吴大猷接到学校通知：政府令清华、北大、南开三校师生集中到湖南长沙。吴大猷准备上路，母亲和阮冠世经二姑妈、二姑父一再劝说，留在了天津。

当时，吴大猷的月薪是四百元，因结婚时的一些花费，再加上在银行开了个零存整取的户头，准备过几年休假出国时使用，所以他手头已没有多少现款了。临走时，他向二姑妈的一位极疼爱他的老保姆借了几百元作为南下的路费。

吴大猷乘坐一艘小轮船，与他同舱的有饶毓泰夫妇（饶先生已经第二次结婚）和清华教授黄子卿和朱自清。船颠簸得很厉害，几乎所有人都吐了。惟独朱自清还能在船上喝鱼肝油，让人又惊奇又羡慕。

他们本来买的是到香港的船票，但是因为晕船，到青岛便下船了。抵达青岛不久，只见又有一艘来自天津的船进港，吴大猷从下船的旅客中竟然发现了阮冠世，他真不敢相信自己的眼睛！

原来阮冠世在吴大猷走后，不听家人劝告，执意独自上路寻夫。途中幸好遇到曾在南开任教的清华教授肖遽等人，一路上给予照料。也许是阮冠世的坚贞感动了上苍，终于在茫茫人海中同吴大猷奇迹般相遇，两人禁不住拥在一起，喜极而泣，连周围的人们也都为之动容……

在青岛停留了一日，趁此机会参观德国人遗下的炮台。

他们一行人——吴大猷戏称这是一批"远征军"，又从青岛乘火车经济南、徐州、郑州、汉口、武昌，再渡江乘火车，几经辗转周折，吃尽种种苦头，终于抵达长沙。

刚到长沙时还发生了一个插曲：一下火车，在车站便遇到士兵检查行李。吴大猷的手提箱中有几张公债券。识字不多的士兵们不知其为何物，翻来覆去地查看。吴大猷怕"秀才遇到兵，有理说不清"，灵机一动,便指着债券上的孙中山头像说:"这不会有问题吧?"果然,士兵认得国父,于是就放行了,一场风波化为乌有。

清华、北大、南开三校在长沙的圣经学校组成临时大学,10月1日开学。

到长沙第二天,吴大猷有位当年同船去美国,后又在密歇根大学同学的夏先生,此时正在西南公路运输处工作。他见报后立即来看望,并将吴大猷夫妇迎至他们城里的家中,这样总算是得到了暂时的安置,稍减逃难之苦。

这时长沙开始遭日本飞机袭击,空袭警报频繁。恰好中英庚款董事会在四川大学设有讲座教授。饶毓泰先生和其他同事都劝吴大猷接受四川大学的讲座工作,因为阮冠世身体不好,到成都会安全一些。这样一来,吴大猷夫妇还得继续奔波。

11月初,他俩乘船由长沙到了汉口,好不容易找到一个旅店。第二天乘飞机经西安赴成都。没想飞机飞行到秦岭上空时,因机翼结冰,不能升高。而这里处处是崇山峻岭,随时都会发生危险。飞机只得又返回汉口,第二天再起飞,真是险象丛生啊!

平安飞抵成都时,两个人才松了口气。可是因为买船票和机票,他俩已经身无分文。幸好成都有位老同学杨照,杨照的丈夫熊大仕也曾经在南开任教。他乡遇故人,分外亲热。然而国难当头,又令他们感慨万千。吴大猷和妻子便暂时栖身在杨照家,直至他到四川大学上班后才有钱去租房子。

投奔西南联大

吴大猷身在成都却密切关注着临时大学的情况。由于敌机不断轰炸长沙,临时大学于1938年初迁往昆明,校名改为"国立西南联合大学"。由清华校长梅贻琦、北大校长蒋梦麟和南开校长张伯苓共同主持校务。

阮冠世的肺病很不适应成都那潮湿、阴雨的气候,4月间曾经大量咯血。另外,吴大猷还得知饶毓泰先生因为在长沙时屡遭敌机骚扰,便将新婚妻子送回上海。不料妻子回家后不久就罹患伤寒而猝逝。国难家愁使得饶先生心情很坏。吴大猷惦念着老师。再加上在四川大学的薪水违背了当初的许诺,使人很不愉快,所以他毅然决定去昆明,投奔西南联大。他归队了,如同回到母亲的怀抱。

西南联大校门

西南联大师生怀着满腔爱国热忱,教师们以"得天下英才而教之"为最大乐事,学生们则以"受业于名师而苦读"为人生的幸运。

昆明,四季如春;西南联大,荟萃了三所著名学校的精英。尤其见到众多熟悉的师友,吴大猷感到十分温暖。

饶毓泰的情绪确实十分消沉,吴大猷、刘晋年、郑华炽等弟子便陪伴老师消愁解闷。吴大猷请老师每天在自己家里吃晚饭,然后陪他打牌。饶先生输了没什么,赢了就高兴得像个小孩子。阮冠世偶尔也参战,吴大猷不喜欢玩牌,三缺一时才上场,一有人来便急忙退下。他只为讨老师开心而已,因为老师除了读书,打牌就是他的唯一娱乐了。

吴大猷在西南联大见到南开老同学陈省身。陈省身于1936年在汉堡获博士学位后,前往巴黎随法国大数学家嘉当工作了一年。随后他接到清华大学的聘书,正要回国时爆发了"七七事变"。根据校方指示,陈省身直接从国外奔赴长沙,后来随校迁往昆明。两位"董先生"此时此地相见,自然别有一番滋味在心头!

西南联大的茅草教室

第一部专著

北京大学为筹备四十周年校庆,约请教师和校友提供论著。吴大猷开始撰写《多原子之结构及其振动光谱》(英文版)一书,这也是他在北大时研究工作的继续。此部专著是献给他的爱妻阮冠世的。在序言中,他对饶毓泰先生多年的关怀、提携表示了最诚挚的感激。

书稿于1939年春天完成,寄到上海的一家出版社。恰好这年夏天饶先生去上海看望女儿,便替他做了校对。书出版后得到好评,并获中央研究院的丁文江奖,奖金三千元。这对吴大猷是个很大的鼓舞。他没想到在战火纷飞的年代,在如此艰苦的岁月里,书居然能够出版,真是难能可贵啊!

吴大猷的首部著作出版后很快就传到了国外,它是该领域当时唯一的专著,立即受到国内外同行的重视,得到国际学术界的赞扬。美国一家出版社曾经将它擅自翻印了三次,吴大猷也未去追究。1943年,这部著作又获得教育部的科学研究著作一等奖,使得吴大猷声名大噪,享誉国际。几十年来这本书一直是全世界各研究院在这领域中的标准手册。直到上世纪70年代,它还在世界各国流传、使用,并获得很高评价。如今,它作为一本经典著作仍被国际学术界所重视。

第五章 吴大猷崭露头角，战争爆发

苦中作乐

战争初期，西南联大的教师们还能够苦中作乐。在紧张的工作之余，吴大猷家每逢周末都有两桌桥牌牌战。常客有陈省身、刘晋年等，全是桥牌高手。阮冠世也非常喜欢打桥牌，只有吴大猷的水平根本就不及格，只能在一旁观战，或者干些打字之类的不太费脑筋的事情。

陈省身于1939年同未婚妻郑士宁结婚，转年妻子回上海父母家待产。他便又过起了单身汉的生活，所以每到周末必到吴大猷家"参战"。有时"清华队"来挑战，事前便说好了，输的那队负责作当天晚餐的东道主。晚餐虽然没有美味佳肴，但是却以量取胜。因为全是读书人，饭量都不很大，所以餐后总要剩下不少饭菜。大家便让"大肚汉"吴大猷（那时他已经开始发胖）和年纪最轻的陈省身来负责"扫荡战场"的工作。

从1940年秋天起，昆明的空袭警报开始频繁。西南联大坐落于昆明西门外。北大在距城郊五、六公里的岗头村盖了两排简易平房。这些房子都是泥墙、泥地、纸窗，每间十三平方米多，供教职工紧急疏散时使用。

后来，敌机轰炸的次数越来越多。一次"跑警报"时，吴大猷夫妇和几位同事竟跑了十几里，跑到了岗头村。他们已疲惫不堪，再也回不去了。大家说，既来之，则安之，干脆就住到了岗头村。这样一来，吴大猷每天到校上课往返要步行两个小时，很是辛苦，鞋袜消耗得极快，成了一笔不小的开支。教授们裤子的膝盖处几乎都打着一个膏药似的大补丁，可是大家都觉得这是很平常的事。

有一天，吴大猷上完课正赶上空袭警报，待警报解除后，他懒得回岗头村，想回自己城里的家睡一宿。他进城先去理发，理发店里人们在谈论什么地方被炸了，什么地方着火了，他也跟着随口说了一通。理完发顺便到郑华炽家去吃了顿晚饭，然后高高兴兴地回自己的住处，准备次日清晨一早上课，免得多跑十里路。途中，遇到同事江安才和一个工友，挑着一担东西慌慌张张地赶来，吴大猷才知道自己的家中了四枚小炸弹！他觉得好后怕啊，如果不是住到岗头村，他和妻子就可能一命呜呼了。

吴大猷赶紧回家,见所有东西都埋在瓦砾下面。同事们帮着挖出来,运送到岗头村。两口缸虽然完好无缺,但最让他心疼的是缸里储存的面粉全都掺进了碎玻璃和泥沙,扔掉它怪心疼的,后来用水冲去杂物,做成了面筋。

第六章　吴大猷在西南联大,战后岁月

简陋实验室

当时西南联大的条件极差,几乎无法开展研究工作。吴大猷十分重视维持研究者的精神状态。他认为不能让教师和学生有长期感到无法工作的苦闷,为了培养及训练战后恢复研究工作所需的人才,应该在尽可能的条件下,努力开展科学研究工作。因为哪一天才能胜利? 尚遥遥无期,然而时间一去不复返,所以不能坐等。西南联大没有经费,北大也是如此。吴大猷想,是否由北大向清华借些钱来办,他便把这一想法向北大领导提了出来。后来听朋友说,有人认为他此举是有"野心"的。其实他的想法没含有任何私心,可惜由于有些领导人目光短浅,使得这个具有深远意义的设想,就这样夭折了。

自己的想法既然行不通,吴大猷就只好尽个人的最大力量做些工作。于是他请北大租了岗头村的一间泥墙泥地的房子作为实验室。他把从北平运去的光栅、石英水银灯、氦辐射灯等,以及大型摄谱仪的光学元件(透镜、棱镜等)放在砖墩和木制架上,组成一台摄谱仪,开展了有关喇曼效应的实验研究,并指导研究生进行了"日冕光谱线的激起"等项理论研究。

正是在吴大猷的努力下,创建了中国第一个原子、分子光谱的简陋实验室。他自己说:"在20世纪,在任何实验室,不会找到一个仅靠一个三棱镜,并且是用一个简陋木架做成的光谱仪。"通过实验,得到了一些结果,但都不是比较重要或极有意义的研究项目。但他觉得这样做,总比坐着不干要好。

1941年秋,燕京大学毕业生黄昆来西南联大当吴大猷的研究生。吴大猷让他做研究生兼助教,这样可以有些收入。

在岗头村的那片简易住房中，前面是一排五间的房子，吴大猷夫妇住在右端的那一间，他的研究生黄昆则住在左端的那一间。黄昆住房的后面，是个放着一台土制光谱仪的实验室。由黄昆的小屋后门可以进入实验室，所以后来黄昆称："我的住屋相当于保卫实验室的接待室，正是在这样的陋室中，吴先生想方设法搭起一套土制的光谱设备，试图开展一些实验研究。"

一颗颗"钻石"

吴大猷不仅是位优秀的科学家，还是位卓越的教育家，在他几十年的学术生涯中，从来没有脱离过教育。他早就显示出培育人才的能力。他对学生十分负责，充分准备每一堂课，授课内容广泛，讲述透彻，他是最早把现代物理学介绍到中国的学者之一。在教学中他总是不断努力把学生领入新的科学领域，并以身作则培育学生进取与严谨的学术作风。

在北京大学以及在西南联大，吴大猷教过的学生中，不少是卓有成就的物理学家，如马仕俊、胡宁、郭永怀、马大猷、虞福春、黄昆、杨振宁、张守廉、黄授书、李荫远、朱光亚、李政道，以及台湾中研院院士朱汝瑾（即美籍华裔科学家、1997年诺贝尔物理学奖得主、当今美国内阁能源部长朱棣文之父），等等。他们都把吴大猷视为崇敬的师长，念念不忘他的教导。

吴大猷是第一位将现代物理学引入中国的人。杨振宁认为，吴大猷从美国得到博士学位后，自30年代中开始在北京大学教物理学，就是他把新的、革命性的"量子力学"带到了中国，要知道当时中国学量子力学的是绝无仅有的，所以他在北平、昆明所教育培养出来的学生，后来都在中国物理学界产生了非常巨大的影响。

1941年秋天，19岁的杨振宁进入西南联大四年级，准备写毕业论文。确定毕业论文的题目十分重要，因为这会影响到今后的研究方向和学术前途。

"古典力学"学期结束时，吴大猷拟下的十几个论文题目，任学生们自选一个。转年春天，杨振宁去拜见吴大猷，请他作自己毕业论文的指

第六章 吴大猷在西南联大,战后岁月

导老师。谈到毕业论文的题目,杨振宁选了《以群论讨论多原分子之振动》。吴大猷便把一本《现代物理学评论》递给他,让他看其中一篇有关分子光谱与群论关系的文章。吴大猷看似简单的数语点拨,就确定了杨振宁一生的方向。杨振宁将请吴大猷为指导老师的事回家告诉了父亲杨武之。杨武之也是西南联大著名的数学教授,他读了这篇文章后,便给儿子一本狄克逊的《近代代数理论》,其中对群论论述很多。从此杨振宁便把物理与数学结合起来,实质上就是研究对称原理,这是他终身的研究方向。杨振宁始终把吴大猷视为恩师,认为是他把自己引导到物理学的主攻方向上。

吴大猷的研究生黄昆——后来成为著名固体物理学家,中国科学院院士,2001年国家最高科学技术奖获得者——回忆道:"我于1941年在燕京大学毕业后,经葛庭燧先生推荐,幸运地被吴大猷先生接受为他的助教、研究生。我到达西南联大后听的第一门课就是吴先生讲的'古典动力学'。听课下来后,我感到十分激动,觉得对物理学理论之精湛有了新的理解,对进一步学习物理进入了一个新的思想境界。"

黄昆追述道:"1994年,吴大猷先生通过杨振宁先生赠给我一本书,它恰好就是由台湾新竹清华大学所复制的、我1941年听课时吴先生的'古典动力学'讲稿。这本十分详细的宝贵资料充分显示吴先生讲课的深厚功底和一丝不苟的认真精神。在他赠给我的这本'古典动力学'讲义的扉页上,吴先生亲笔写了下面的一段话:'此袋内乃1941年秋季在昆明西南联大所授古典动力学课的讲学笔记……该课中约有二十人,有研究生黄昆,四年级学生杨振宁、张守廉、李荫远、黄授书等人,对着这样一群学生讲古典物理中最完美的一部,是最愉快的一大事也。'"

西南联大学生宿舍

1941年秋天,吴大猷时常在

课后,在西南联大西北角的一扇小门外,在一条很长的轻便铁路边,和"这样一群学生"讨论物理学问题,他认为这"可以说是从不易得的群英大会",是他人生的一大乐事!

正如吴大猷曾将杨振宁、李政道喻为钻石,那么上面提到的那一连串出众的学生们也都是钻石。一颗颗钻石在中国物理学界,乃至世界物理学界,闪烁着耀眼光芒!

吴大猷的传记作者、美籍华裔物理学博士丘宏义如此评价这位物理大师:"他在中国物理学界中的影响力之大,恐怕是独一无二的。"

丘宏义把吴大猷比作述而不作的孔子,孔子的言论由弟子记录而成《论语》,影响中国社会两千余年。丘宏义认为"吴大猷在这一点上和孔子一样,通过他的学生们影响了中国的物理学界"。

死神擦肩而过

吴大猷在岗头村最惊险的一次是,1943年春天的一个下午,他搭一辆马车去上课,手里拿着一个饭盒,是带给同事朱物华的。他坐在马车的尾部,下山坡时,马忽然惊了。他的头撞到车上,摔了下来,昏倒在路边,手里还紧紧拿着那个饭盒。不知过了多久他才苏醒,步履艰难地走回家,一进门又昏迷过去。幸好邻居有位医生,经检查诊断为脑震荡。他在床上躺了将近一个月。

吴大猷的受伤苦坏了阮冠世。她本来就很虚弱,见丈夫终日昏昏沉沉,既害怕,又担忧,而且劳累不堪。吴大猷稍微见好,她便倒下了。而她这次病得可真不轻,差一点就被死神夺走。

阮冠世躺在行军床上浑身出虚汗,脉搏微弱,心慌。医生没有任何办法,只能给她注射葡萄糖和盐水。她已无法坐起来,只能靠着用玻璃管吸吮牛奶和桔汁来维持生命。吴大猷一刻不停地为她擦汗,喂水,换衣,把湿衣烘干……

梅贻琦校长和西南联大总务长、北大教授郑天挺来看望他们。见病人如此虚弱,两人的脸色都很严峻,三个人相对无语。临走时,梅校长对吴大猷说:"如有什么需要,可用我的小汽车。"

第二天,北大办事处派来一名工作人员,看来是准备帮助吴大猷料理后事的。可是阮冠世没有抛下吴大猷,她还活着。

见病人那么衰弱,吴大猷没敢移动她。又担心付不起住院费,一直没有送她进医院。这种情况持续到冬天,吴大猷已身心交瘁。

他曾因第一部著作得到教育部颁发的一笔学术奖金。当时他送了一部分给一位朋友。如今那位朋友听说阮冠世病重,就将钱送还给他们,这真是"雪中送炭"啊。经医生劝告,又在朋友的帮助下借到一笔钱,借来一辆救护车,由毛子水、郑华炽两人陪同,将阮冠世送入昆明西郊外车家壁的惠滇医院分院。

这样过了一段时间,病人才逐渐脱离危险。出院时,他们虽然一贫如洗,阮冠世的手镯也变卖了,但还是为战胜死神,重新拥抱生活而欣喜。

喂猪,摆摊,遇奇才

到了1944年,日本本土常遭盟军轰炸,侵略者已经泥菩萨过河自身难保,顾不得再来昆明肆虐。空袭警报停止,生活恢复了平静。

可是由于战争过长,消耗太大,民众的物质生活却越来越艰苦。每人每月只供给四斗糙米,米里还掺有大量的沙子和糠壳,简直无法下咽。

在最窘困的时候,吴大猷养了两只小猪,打算养到年底卖掉换些钱花。他每天都要为喂猪操劳一番。后来因阮冠世病重,得在医院照料病人,便委托黄昆帮他看家。当时一头猪已死掉,另一头长得很大,黄昆每天将它赶进小猪舍都非常困难。据黄昆后来回忆说:"那头猪凶猛无比。每晚把它赶进小猪圈,我都要经过一番奋斗。"

黄昆把这一情况写信报告给老师。吴大猷此刻已无心顾及猪的事,便回信让黄昆到村里把猪卖掉算了。他更无心计算喂猪共用了多少糠,花了多少本钱,是赔还是赚等等琐碎问题。

冬天,西南联大在昆明市内西仓坡盖了十几套二居室住房,瓦顶、砖墙、洋灰地,岗头村的泥房与它无法相比。因为房少人多,只得用抽签办法来分配。吴大猷运气好,居然抽中,于是搬回城里,从此可免受奔波之苦了。

然而通货膨胀，物价飞涨，老百姓的日子苦不堪言。教授的月薪在抗战初期还能维持三个星期，到了这时候只够半个月了。许多教授夫人都要为家分忧，有的绣围巾，有的做帽子，还有做食品的。例如，梅贻琦的夫人韩咏华女士就做糕点——上海式的米粉碗糕，取名"定胜糕"，做好后挎着篮子，步行四十五分钟，到"冠生园"食品店寄卖。梅夫人还在大西门旁铺块油布摆地摊，把家中的衣物拿出来卖，以贴补家用。

阮冠世出院后仍需卧床休养。吴大猷既要上课、搞研究，还要做家务活儿，比别的教授辛苦得多。他每天早晨去上课带着菜篮，篮里放着杆秤。上课前将菜篮放在教室的角落，下课后提着篮子去菜市场。买不到牛肉时，就捡些剔掉了肉的牛骨头回家给病妻熬汤……

有一天，他好不容易买着两条小鲫鱼，心中很高兴。拿回家放在院子里，走开没一会儿的工夫，眼睁睁地看着一只乌鸦把一条鱼叼上了天空。鱼虽不大，可是很难买到，剩下的那条又怎么做呢？让吴大猷着实心疼了好一阵。

在家务活儿中，吴大猷最怵生炉子。生炉的道理，他会讲得头头是道，但是一实践就失败，只得将烧不着的煤炭放到邻居家的炉上煨红，再拿回来放入自己的炉子里。这种生炉方法成了他的一大发明。

日本投降前夕，大家都为返回故里准备路费。不仅梅夫人摆地摊，其他人也干起这种买卖来。吴大猷说自己在这方面是教授中最先出马的一个。他卖掉阮冠世的一件短皮袄，还把托人由香港带来的一些东西也卖了。总之，将能卖的都卖光。到抗战胜利学校复原离开昆明时，吴大猷夫妇的全部家当仅仅是两只没能装满的手提箱。

在那人心动荡的日子里，忽然有一个十八九岁的学生千里迢迢，慕名前来投奔吴大猷。那个学生名叫李政道。他拿着一封介绍信，写信人是1931年吴大猷在美国密歇根大学时认识的朋友梁大鹏。李政道原在广西宜山浙江大学读一年级，因日军逼近宜山，他便去了重庆。是他的姑姑认识梁大鹏，托梁大鹏介绍来昆明投靠吴大猷的。

当时正值学年中间，不经考试不能转学。吴大猷便同几位物理、数学教师商量，让李政道随班听课，参加考试，如果及格，到暑假后正式转学入二年级。其他教师也都同意了。

第六章　吴大猷在西南联大，战后岁月

李政道各门功课学得十分轻松。每天课后都要找老师，要求给他更多的读物和习题。吴大猷发现他的求知欲非常强烈，简直到了奇怪的地步。有时吴大猷的风湿病发作，他便给老师捶背，还常常帮助老师干些家务活儿。吴大猷无论给他多深的书和多难的习题，他都能很快地读完，做完，然后再来索要更多的书和题。

从李政道做题的步骤和方法上看，不难发现，这个表面平常的孩子，思想敏捷的程度大大异于常人，这是一个天才！在那样的环境里，吴大猷发现了一颗耀眼的新星，自然十分欣慰。无奈自己当时的处境不好，除了上课，便是服侍病妻，还要盘算柴米油盐问题，以及每天摆脱不了的买莱、做饭、生炉、洗衣等等劳作。他非常疲惫，自称"狼狈不堪"，实在没有更多的时间和精力，为这名高材生准备更多的参考书和习题。所幸李政道的天赋很高，几乎不需要老师讲解。

健全的神经

1945年8月15日，日本无条件投降，举国上下无不欢欣鼓舞。吴大猷夫妇也连忙同北平、天津的家人通信——抗战期间，北平、天津属"沦陷区"，不能通邮。他们已经整整八年和亲人们失去了任何联系，这里有多少挂牵和惦念啊！

很快就收到阮冠世家人来自北平的回信，说全家平安，他们大大松了口气。而天津却久久没有消息，吴大猷有点沉不住气了。他特别惦念年迈的母亲。

二姑父终于来信了。读完这封信，吴大猷的心就像被蛇咬了一般。二姑父在信中写道：大猷的母亲在日本投降前夕，也就是1945年的春节，去离耀华里非常近的松寿里的一位乡亲家拜年。恰巧一架日本飞机失事，坠落在那家的房顶上，母亲和那位乡亲同时当场罹难……读到这里，吴大猷几乎要晕过去了。

"命运真不公平，为什么这样折磨我那可怜的母亲啊！"他不禁失声痛哭。

再往下读，还有不幸的消息：二姑妈因患肺癌，故去数年了，二姑父如今已经续弦……

两个噩耗同时袭来,吴大猷以为是自己做了一个噩梦,怎么也不能接受这个残酷的事实。

颠沛流离这么多年,胜利了,本来以为可以同亲人们团聚,没想到罪恶的战争竟如此无情地夺去了母亲的生命!永远见不着那位苦命的母亲,永远见不着给予自己无限关爱的二姑妈了。

母亲遇难,二姑妈病故,对吴大猷的打击非常大。不过他是个精神特别健全的人,不管遇到多么大的灾难,都有一个"逃避"的办法,那就是埋头做学问,借以解脱。因为只要全心全意投入工作,脑子里就不会再想别的事了。服侍病重的妻子时,他是这样;得知母亲、二姑妈亡故的消息时,也是如此。

在西南联大的艰苦生活中,吴大猷不仅培养出一大批杰出的科学精英,而且科研硕果累累:出版专著《多原子之结构及其振动光谱》一部,论文十七篇和译著一部——把维格纳有关群论的书由德文译成英文。吴大猷说,如果不是采用"逃避"方法,他的精神早就已经崩溃了。

南开园满目凄凉

1946年5月4日,西南联大全体师生举行结业典礼。

学校复原。这年春天,吴大猷夫妇乘飞机先去重庆,住在中央研究院办事处。那里条件非常恶劣,天天晚上都要同臭虫、老鼠大战一番。就这样等了一个多月,才等到一个机会,坐上一架军用飞机,经汉口、济南,飞抵北平。吴大猷暂时住在四姑父处,阮冠世回家与亲人团聚。

吴大猷和阮冠世到法宪胡同寻找曾经住过的房子。那个当年温馨、幸福的家如今已经面目全非,房主早就将房子卖给了日伪人员。吴大猷的家具什物有些堆在亲戚家,而大部分都不知去向了。

虽然自己的小家荡然无存,但是他们仍为能回到北平而激动。经过多少艰辛坎坷,历尽多少死里逃生的劫难,终于又回到魂牵梦萦的家园。这种百感交集的复杂心情,只有饱尝辛酸、备受磨难的人才会有真切的体会。

吴大猷去了北大。北大看上去并没有遭到很大损坏,只是由他一手建立起来并时时惦念着的光栅室,因为无人管理,已经潮湿得不能使

第六章 吴大猷在西南联大，战后岁月

用了。

然后吴大猷来到天津，看望了二姑父和续娶的二姑妈，还有三姨妈。大家相见，提起故去的亲人，不免又生出一番感慨。

吴大猷到天津东郊"广东公墓"凭吊了母亲和二姑妈。

"母亲啊，您辛辛苦苦抚养我成人，而我却不能娱母亲晚年，这是我的终身遗恨！"他在母亲墓前泣不成声。

离开天津之前，吴大猷回母校南开大学，这是他求学和初恋的地方。只见校园一片荒芜，校内所有的建筑物都已被日军炸毁，如"秀山堂"、"木斋图书馆"、第一宿舍和二宿舍、机电系和化工系的实验室，还有李纯铜像等都没有留下一点痕迹。在日寇的铁蹄蹂躏下，美丽的莲花池也被填平……校园内仅仅剩下一座当年他和阮冠世在那里上课的理科教学楼"思源堂"。

吴大猷在母校没有见到一个熟人。当时西南联大虽然已经正式结束，但是复杂的复校工作还在紧张地进行之中，直到这年10月复校工作团才回到天津，回到南开。因而此时校园内满目凄凉，令人不胜伤感。

从"七七事变"到这时已经整整九年了。那段噩梦一般的日子啊，恰恰占据了他生命中最宝贵的三十岁至四十岁的壮年时代！值得庆幸的是，他适逢其会遇上了一批卓越的学生，如杨振宁、黄昆、黄授书（后成为天文物理学家）、张守廉（后任纽约州立大学电机系主任）和李政道等。另外他还撰写了一部具有世界影响的物理学专著，总算没有虚度年华。但不管怎么说，这段宝贵时光的损失是难以弥补的。

天津给吴大猷留下了一个无比忧伤的印象。为了摆脱烦恼，他又运用起一贯的"逃避"手法——全心全意地投入到新的工作中去。

蒋介石想造原子弹

1945年秋天，吴大猷和北大化学教授曾昭抡、清华数学教授华罗庚被军政部部长陈诚、次长俞大维召到重庆去。

他们住在重庆的海陆空军招待所里。军政部派来了一部小车借他们使用。一天，陈诚专程来看望。事后，吴大猷听见卫士们在打听"教授"是什么大官？怎么部长都亲自来看望？那时，吴大猷身上穿着一套旧西服，脚下是一双美国兵的大皮靴，夹大衣还是向一个表弟借的，穿在吴大猷身上又长又大。华罗庚的那身打扮比吴大猷也强不了多少，无怪乎那些卫士觉得奇怪呢。

陈诚和俞大维会见了他们，提出准备筹建一个原子弹研究机构。并说，除吴大猷外，郑华炽、曾昭抡、华罗庚，都是军政部研发原子弹的核心专家，请他们提出建议。吴大猷回招待所想了两天，拟就了一个建议。他所写的那份建议，经陈诚、俞大维考虑后，认为可行，立即让华罗庚和吴大猷负责数学、物理两个部门，曾昭抡则负责化学部门。

随后，蒋介石召见了吴大猷，当即表示，他已下令拨出一座大礼堂和十万美元，要他们做一颗原子弹。吴大猷说原子弹是研究出来的，不能只在一个大礼堂炼一个弹。他向蒋介石建议，发展核弹，钱不是主要的，最重要的是人才。蒋介石弄清了问题的症结所在，立即向吴大猷承诺，将美国退还清朝赔偿八国联军的庚子赔款，可用作为奖助人才赴美国深造的经费，至于人才名单，则请吴大猷、华罗庚和曾昭抡去推选。

回到昆明，吴大猷将事情的经过告诉了阮冠世。谈到推选学物理方面的两名人员时，两人不约而同、并毫不犹豫地决定选送李政道。因为当时在西南联大的研究生和助教当中，最具天赋、最勤奋的没有一个能超过李政道，虽然他尚未毕业，而且还刚在读大学二年级。另外一名呢，由于杨振宁已经考取了清华留美，黄昆也已考取中英庚款留英，就选定了清华的助教朱光亚。

负责数学部门的华罗庚推选了孙本旺，负责化学部门的曾昭抡选上了王瑞骁、唐敖庆二人。

1946年6月，一个以研制原子弹为核心任务的单位正式组成，按照计划，"原子能研究委员会"和早先成立的"国防科学委员会"密切配合，展开原子弹研发作业。

这五位青年才俊虽然学业优秀，出类拔萃，但原子物理及原子核物理毕竟是一门全然陌生的学科，有必要在赴美前作一定的了解。吴大猷为此专门给他们开了"量子力学"课，讲解相关的基础知识。

第六章 吴大猷在西南联大,战后岁月

吴大猷的高材生:右起黄昆、张守廉、杨振宁

1946年夏天,华罗庚、曾昭抡率领朱光亚等五人赴美。吴大猷则先同清华教授周培源、赵元任作为教育部中央研究院的代表,去伦敦参加英国皇家学会补办的庆祝牛顿诞辰三百周年大会。会后吴大猷再赴赴美国,阮冠世也获准同行。

然而,曾昭抡等人到了美国后,大失所望。美国政府为垄断原子弹这一高新技术,宣布一切与研制原子弹有关的研究机构和工厂,都不准许外国人进入。曾昭抡将他同美国人交涉联络的情况告诉了学生们,并说:"在美国学习原子弹技术是不可能了,还是各奔前程吧。"

曾昭抡又向五位青年提出建议:"你们可以分别到合适的大学选择好的专业学习深造。"

好在这时还有政府的资助款项,所以五名学生就另辟蹊径,到各高校学习先进的科学技术了。

9月,吴大猷赶来美国,见到了得意门生杨振宁和李政道。他得知军政部所赋予任务已无形告终,五个学生全都分别进入大学专心读书。李政道因是破格选拔,只能进入允许未毕业学生攻读博士学位的芝加哥大学。朱光亚则到吴大猷的母校密歇根大学攻读博士学位。

奋起直追

1946年秋,吴大猷接受密歇根大学之聘,任客座教授。决定扩大自己的研究领域,开始从事核子物理的研究。他要奋起直追,补回由于战争而被耽误了的那段宝贵时光。

这时国内形势发生变化,派吴大猷等人出去的军政部改成了国防部,早已顾不上考虑国防科技计划了。因内战军费支出过于庞大,蒋介石被迫忍痛割爱,批示道:"目前国库支应浩繁,外汇亦须节用,所请设立原子物理研究所一案,似应缓办。"

国民党当局的原子弹研制工作,如昙花一现,胎死腹中。计划搁置后不到三年,蒋介石便败退台湾了。吴大猷只得暂留国外,以观时局。

1949年秋吴大猷与马仕俊(右)、杨振宁(左)在纽约

1949年秋天,日本物理学家汤川来到普林斯顿高级研究院,同吴大猷于一个友人处偶然相识。吴大猷在西南联大时曾读过汤川的同事荒木的几篇关于原子问题的文章,认为其数学部分是正确的,而物理方面却是错误的。所以当他见到汤川后,便将过去发现的问题告诉了汤川。汤川认为这个问题非常重要,就马上写信告诉了荒木。荒木起初还不以为然,后来经过吴大猷一再申述,荒木才重新计算,计算结果发现确实有错误,当即作了更正。1956年,吴大猷全家到台湾时路过日本京都,汤川宴请他们一家,并请荒木作陪。荒木还当导游,陪着吴大猷全家游览了京都的名胜古迹。1963年,吴大猷去日本演讲,荒木又专程来会晤他。没想到为了当初的争论,从此成了好朋友。吴大猷认为荒木有这样的气量是很罕见的。

第七章　吴大任在抗战期间

心情犹如意大利的晴朗天空

　　1937年夏天，吴大任接受了武汉大学的聘约，同陈䓨准备回国。途经巴黎，他们欣喜地见到在巴黎拜嘉当为师的陈省身。来巴黎已经有十个月的陈省身，以主人身份带着他俩游览了全城的名胜古迹。

　　随后，吴大任夫妇便去了意大利，打算乘意大利船只回国，因为意大利船票比法国船票要便宜许多。不料预定的船被意大利政府征用，换船需要另外加钱，等原定的船得延期一个月。钱已经快花光了，怎么办呢？他们立刻想到陈省身，向他借了一笔钱，来度过这段等船的日子。

　　吴大任和陈䓨利用这一个月的时间，在意大利休息和旅游，同时开始第一次合作——用白话文翻译德国数学家拉德·克诺普的《涵数论》。以往所有的数学译作都是使用文言文，他们要首次创造一些白话文的专用名词，这种尝试使两人感到兴趣盎然。《涵数论》中译本出版后成为国内第一部白话文数学译著。他们也正是用这本书的稿酬，偿还了向陈省身借的钱。

　　他俩在意大利北部风光旖旎的湖中小岛逗留了将近一个月，到户外观赏湖光山色，回旅馆内从事翻译，心情愉悦得就像意大利的晴朗天空。

　　直到上船以后，吴大任和陈䓨才从船上的广播中得知，祖国已遭了大难，发生了"卢沟桥事变"，平津沦陷……他俩对未来充满美好憧憬的幸福心情一下子就被全部粉碎了！

　　吴大任夫妇惦念着祖国人民，牵挂着家乡亲人，在船上度过既沉重又焦虑的漫长旅程。抵达香港时正是8月13日，是日寇魔爪伸到上海的那一天!

吴大任夫妇从香港回肇庆省亲。按照家里传统规矩,吴大任初次偕妻子回来,理应拜告祖先,而这次吴远基却说:改跪拜为鞠躬礼吧!从此家中废除了跪拜礼。同父母弟妹们团聚了数日,吴大任夫妇便到武汉就任。

9月初,吴大任来到武汉大学,任数学系教授。陈鹗则安排在大学附设的机械专修科任教。

以"严"著称的老师

开学刚刚三个月,日军又逼近南京。一天晚上,吴大任夫妇在珞珈山上,亲眼看见敌机飞过,轰炸了汉阳兵工厂,又看着飞机飞走……时局紧张,许多学生纷纷离校,学校只得停课,重新再作安排。第二年3月,校方决定将学校迁到四川峨嵋山附近的乐山县,然而在乐山依然遭到两次十分惨重的轰炸。

由于战争,看不到国外最新的数学著作和刊物,没有条件进行科学研究,吴大任感到十分苦闷。但他仍然努力从事研究工作,写了两篇关于积分几何和非欧几何的论文。这一时期他主要是教课,开各种不同的课。学过的东西教,没学过的也教,边教边学,在教学实践中提高。虽然他初次以教授身份上讲台,但是那具有姜立夫式的授课风格,立即赢得了学生们的热烈欢迎。

吴大任是武汉大学年轻教授中的佼佼者。

有一个学生在做"高等代数"的家庭作业时,工工整整地用英文印刷体写好,自以为是认真完成了,交给老师,甚至希冀得到夸奖。没想到下一次上课时,吴先生把亲自批改好的作业发给那个学生,对他说:"你的作业写得不规范,例如,例如,$a_1, a_2, \cdots, a_n$ 中的'三个点'你有时写成三个点,有时写成四个点。还有,在 a_n 前面,有时有个逗号,有时又没有。你看看,教科书上都是统一的。这次我给你改过来了,下回如果还是这样,我就不改了,发回给你重作!"

这个学生从未受过如此严格的训练,感到十分吃惊。从此以后,他再写作业,对一个小符号,一个小标点都不敢有丝毫马虎。吴大任以一位科学家特有的认真严谨的治学态度,使学生受益终生。

一次考试,考完发卷子时,有个学生看到自己的分数是"A",很高兴。可是一看同座得的是"A+"时,他就有点怨气了,说自己只是忘了写一个积分常数,就被扣掉一个"+"!

这种事情在吴大任的课上时有发生。时间一长,学生们便都知道了吴先生是位以"严"著称的老师。

有一天,在"微分几何"课后,一名学生向吴先生提出一个问题,吴大任当即作了解答。第二天,他见到那个学生时,说,自己昨天的答案不够完全,又作了一番补充。

"微分几何"课用的是英文教材。但吴大任决不照本宣科,而是根据全书精神重新编排讲稿。他讲课如行云流水,清晰易懂。学生在课后整理出来的笔记,令他们惊喜地发现,竟如同一本近代微分几何讲义!

课余,吴大任喜欢从事数学专业翻译,搞完一部又一部。

他见陈鹗花了不少时间备课,但是讲课时仍感到紧张,就对她说:"教数学和教别的课不同,教数学是靠逻辑,不是靠记忆。备课熟练到成为自己知识的一部分就不会忘记了。要吃透内容,慢慢讲,让学生的思维跟着你走,他们当堂就能吸收。你要懂得欲速则不达这个道理!"

在他的帮助下,陈鹗得到启发,讲课有了很大进步。

初为人父

当时的中英庚款董事、教育部部长朱家骅兼任上海同济大学校长,两次写信请吴大任到同济大学。第一次让他担任数学系主任,第二次让他担任理学院院长。吴大任全都没有接受。因为他热爱自己的专业,深怕为此而耽误了业务;另外,在那时的社会制度里,人事关系复杂,他视行政工作为畏途。

从 1939 年到 1940 年,北京大学数学系主任、此时已任西南联大数学系主任的江泽涵,也是吴大任在南开大学读书时高他四届的老学长,曾经给吴大任两次来信,邀请他到西南联大任教。西南联大对吴大任确实具有非常强大的吸引力,那里精英荟萃,更何况还有吴大猷和陈省身呢！但十分遗憾的是江泽涵第一次来信时,恰值陈鹗有孕在身；第二次来信时,又正是长子介之出生不久。无论对孕妇还是对婴儿,都不适宜在崎岖山路上乘坐长途汽车颠簸。吴大任感到无限惋惜,只好给江泽涵回信,解释当时的家庭情况和自己的遗憾心情。

1940年新年伊始,吴大任的小家庭变得既热闹,又忙碌,而且充满欢乐——他们的儿子介之诞生了。

在儿子出生之前,吴大任已经阅读了大量中外文有关科学育儿方面的书籍。对孩子从出生的那一天起,到一天天长大,应当如何护理与教育,他都作了深入研究。

婴儿出生后,他帮着妻子护理新生儿。孩子渐渐大了,他又教妻子如何先断掉半夜的奶,好让母亲得到充分休息。他说:"首先,母亲同婴儿不要睡在一张床上,免得婴儿一闻到母亲的气味,条件反射就要吃奶。然后,作为过渡,用温开水来代替奶。"

陈鹗按着他说的方法去做,果然一次就灵验了。婴儿很好带,使她在孩子褓褓期间就能精力充沛地投入教学工作。

小介之聪明又漂亮,给抗战期间过着颠沛流离生活的父母带来很大的快乐。初为人父的吴大任怀着满腔欣喜,他要亲自调教儿子！

在这位睿智父亲的调教下,小介之身体健康,性格活泼,有很强的独立生活能力,让父母非常省心。介之3岁时,吴大任就教他识字,作算术和画画,还同陈鹗一起教孩子唱歌。唱的是悲壮的《黄河大合唱》和《松花江上》,给尚不懂事的介之留下了极其深刻、终身难忘的印象。

孩子再大些,父母上班便将他独自留在家里。上午他俩临走时,给儿子留下算术和写字的作业,画画的纸,还有一个水果。中午大人下班回家,父亲一定要检查和批改孩子的作业。得益于父亲为他打下的基础,介之四岁半就上小学,五、六岁就能读懂父亲给他买的《木偶奇遇记》全译本了。

吴大任事事一丝不苟的精神也体现在对孩子的教育上。一次,有个学生来拜访老师,同介之玩得很开心。学生临走时,介之缠住不放,学生便说:"我明天再来,让我走吧！"事实上明天他就要到外地去了。吴大任听了马上对那个学生说:"你可不能欺骗小孩子呀！"

第七章 吴大任在抗战期间

介之因智力超群,活泼可爱,所以经常受到外人的夸奖,久而久之,不免有点骄傲自负,再加上淘气和任性,常常惹恼母亲。在这种时候,父亲则一声不响,待"风暴"过后,再把儿子叫过来,向他娓娓讲道理,最后儿子总能心悦诚服地认错,并向母亲恭恭敬敬地道歉。

吴大任一直注意培养孩子发展多方面的兴趣。介之自幼爱画画,父亲就给他买来张乐平的《三毛流浪记》、《三毛从军记》和方成的漫画集,还请一位画家朋友给予指点。到了后来抗美援朝时,介之画了幅政治漫画,经方成推荐,在《新民晚报》上发表了。战争后期和谈时,父母让他画了一幅很大的毕加索的《和平鸽》,以表达全家人的心愿。上初中时,介之做了幻灯机,绘制一套英雄邱少云的连环画,放给小朋友们看。

吴大任要求孩子从小记日记,由他批改并打分,这就给介之打下了很好的文字基础。虽然介之后来学的是工科,但他的文学写作能力很强,可以说是文理双能,全面发展。

介之还清楚地记得1944年秋天,弟弟喜之诞生时的情景。父亲欢欢喜喜地一手牵着介之,一手捧着鸡汤,去医院看望妈妈和新出生的小弟弟。从那时起,父亲便总教导他要爱护弟弟,处处帮助弟弟。所以介之从小就懂得作为一个哥哥的责任。他与喜之兄弟两人的感情非常深厚。弟弟长大以后,若有什么事,宁可不告诉父母,也要找哥哥谈。介之说,他们手足之情的基础是父亲一手浇灌的。

在慈祥、智慧父亲的教育下,如今介之与喜之全都学有所成,没有辜负父母的厚望。

处于两校争夺战中

在吴大任比较平静的日子里,又发生了一件意想不到的事情。1942年,房东忽然催他家搬走,并且催得很急。乐山因被敌人飞机滥炸过两次,许多房屋遭到破坏,寻找一间得以安身的斗室都是非常困难的,弄得吴大任全家走投无路。就在这个时候,他们得知学校正在山上建造教师住宅,便向校方申请了一套房子,可是竟没有得到批准,令他们十分失望。陈䎃只得在乐山继续奔走,但没有任何结果。

当时四川大学位于乐山以西八十里的峨嵋山上，该校正缺教师，许多课都开不出来。暑假期间，四川大学理学院院长周厚复到武汉大学求援，吴大任便利用假期到那里上课。当周厚复得知他正为房子发愁时，就请他们夫妇俩都到四川大学任教，答应一定给解决房子问题。吴大任主要为摆脱住房窘境，而且也很喜欢峨嵋山的风光，觉得能与它朝夕相处也是件快事。所以他便欣然同意了，这样既解决住房问题，又可以畅游峨嵋。

当武汉大学的领导人知道了吴大任要去四川大学，都极力挽留他，许多学生也纷纷来挽留。教务长朱光潜答应房子盖好后一定分给他家一套。吴大任不愿让人们误认为他是以房子作要挟，因此更加坚决要走。朱光潜也只好放他了，不过同他谈妥，让他向武汉大学请假一年。

吴大任到四川大学不久，学校就换了校长。新校长黄季陆是国民党四川省省党部主委，省党部设在成都，所以他要将学校迁回成都原址。吴大任只好同那座令他神往的峨嵋山告别了。

初到四川大学，数学系系主任柯召去了西昌，吴大任不得不当了一学期的代理系主任。他写信请柯召尽快回来，柯召一回来他便马上卸任。可是没有多久，黄季陆让柯召任教务长，请吴大任当数学系系主任，吴大任坚决不同意。黄季陆又让他当理学院院长，他更是不肯接受。他一向对做行政工作十分反感。

过了一年，武汉大学朱光潜来成都招生，约好吴大任一同回武大。吴大任将行李都收拾妥当，只等上船。不料他去图书馆还书时，被学生发现了，报告给黄季陆。黄季陆便使用各种手段硬是把吴大任留住。他处在武汉大学与四川大学两校的争夺战中。

没能回武大，吴大任只得在川大继续呆下去。

1943年，又发生了一件令吴大任很不愉快的事。这年学校发聘书时，他的一位得力助教没有得到聘书。吴大任去找黄季陆，说那位助教水平好，停聘她是不合理的。黄季陆强词夺理了一番，最后做了让步，聘她到师范学院当助教。经过这件事，吴大任觉得四川大学比武汉大学更不是可以久留之地。

要对得起学生

尽管吴大任对黄季陆的所做所为非常不满,但教学工作他还是兢兢业业的,他要对得起学生。在授课中,他非常重视对学生思维的启发。他曾为学生给出某个公式的两个证明,引起学生的极大兴趣。学生们也纷纷给出这一公式的另外的证明。虽然所有这些先人都已有了结论,不过这是由初学数学的学生自己独立思考出来的,意义就大大不同,令学生们兴奋不已。

吴大任的一个二年级学生陈德璜(后来成为新疆大学教授),在老师的启发下,对几何中对偶问题进行思考,并得出若干结论。他将自己的研究成果,于1945年在四川大学举行的全国数学会成都分会上作了报告。一个低年级学生居然在全国性大会上作报告,令人很震惊。

1945年夏天,吴大任突然收到陈省身从美国寄来的一件珍贵礼物——一部新近出版的拓扑学方面的著作。陈省身在西南联大每年都有论文于国外发表,他的研究成果已为国际数学界所瞩目。1943年,他受当时的世界数学中心——美国普林斯顿高级研究院邀请去从事研究工作。

在同外面的世界隔绝了八年之久的抗战末期,得到这样一部新书,吴大任如获至宝。他对学生们说:"拓扑学是一个非常值得深入学习的领域。"于是他以这部著作为教材,又开了一门新课——"拓扑学"。由于没有教材,他便把这本书让一名学生用打字机全部打印出来,发给听课的学生使用。他尽量让学生学到最新的科学知识。他这门前沿课程"拓扑学",甚至吸引了校内外众多教师前来听课。

吴大任全心全意地投入教学和科研工作,甚至连妻子住院生产他都无暇顾及。二儿子喜之降生了,他还不知道。是他的几个女学生先得到消息,便连忙去给老师报告喜讯的。

改变不问政治的态度

1945年日本投降,吴大任是一则以喜,一则以忧。喜的是抗战终于胜利,忧的是国内政治斗争尖锐,前途未卜。

抗日战争胜利后，四川大学的政治环境十分险恶。一些有正义感、思想进步的教授组成了教授会，吴大任被选为理事。1946年春天，上海交通大学教师罢教，抗议薪金菲薄，生活没有保障。消息传来，四川大学教授会立即开会响应。而校长黄季陆到会发表讲话，否决了罢教议案。

教授会认为这不能代表大多数教授的意见，决定用联名签字的方式发动罢教。于是由吴大任负责起草了一个简短的罢教声明，其中有这样两句话："对远地的同道表同情，向黑暗的势力提抗议。"

结果签名人数超过绝大多数，实现了罢教。

作为一名正直、善良的知识分子，面对黑暗现实，他已经不由自主地改变了以往不愿过问政治的态度。

回到了"家"

1946年夏天，全国各个大学纷纷复校。有多所学校前来聘请吴大任，第一个就是燕京大学。吴大任一向不喜欢教会学校，但是他非常喜欢北京这个文化古都，所以立即同意了。接着南开大学也发来邀请信，他当然更愿意回母校。不由分说，当机立断决定回南开，辞去了燕京的聘约。

选择南开大学，看起来似乎是一件轻而易举的事，然而事实上他要准备作出一定的牺牲。因为他和陈䪮都在四川大学任教，另外他还在华西大学兼课，所以他俩每月一共有三份工资的收入。可是南开大学为保证行政廉洁，净化人际关系，在人事上实行"回避制度"，规定除非经聘任委员会认为有必要者，夫妇俩是不能同时在本校任教的。如今南开已正式聘用了吴大任，至于陈䪮的工作呢，却还不能得到落实。因此，决定回南开，是准备要用三份工资去换一份工资。即便如此，吴大任和陈䪮两人都丝毫没有动摇。

为筹措回天津的路费，吴大任夫妇卖掉了许多暂时可以不用的东西。抱着刚刚两岁的喜之，牵着还不满7岁的介之，他们踏上北归的旅程，途经上海。

此时陈省身已经从美国回来，在上海奉命组织中央研究院数学所。

1943年，他到了普林斯顿高级研究院仅仅两个月，就完成了高斯—邦尼公式的证明——这是他一生最得意的文章。接着，他由此又引入以后被称之为"陈省身示性类"的著名工作，为微分几何奠定基础，对当今数学乃至理论物理的发展都产生了极其深远的影响。当陈省身的工作取得开拓性成果时，抗日战争胜利，他决定立即归来为祖国效力。

吴大任一家抵达上海时，陈省身恰巧去了昆明。他特地写信让吴大任从他友人处取其上海提蓝桥中央研究院住所的钥匙，让吴家四口暂时住在那里。

全家到达天津的时候已是寒风瑟瑟的11月。他们在南开见到了阔别十多年的大哥吴大业。兄弟相见，激动万分。抗战时期，吴大业随南开经济研究所迁往昆明西南联大，后经研所又迁至重庆沙坪坝南开中学内。

南开的复校工作正在紧张地进行当中，教师住宅尚未竣工。吴大任一家只好暂时住到二姑父那里。

依然是耀华里那幢非常熟悉的老房子，但是二姑父家已经发生了很大的变化。慈爱的二姑妈去世多年，原先寄居于此、本来就命运多舛的二婶母（即大猷的母亲）也在一年多前惨遭横祸。如今这里早就物是人非……

二姑妈所生的三个表弟妹全都长大成人，表弟投笔从戎，报效祖国；两个表妹都从燕京大学毕业，有了各自的工作。二姑父续娶了一位新姑妈，这位姑妈出身贫苦人家，容貌清秀，性格温柔，而且通情达理，此时已有了一双小儿女。

二姑父经历了那一番磨难，如今家庭幸福，身体健康，精神很好。吴大任看到这一切颇感欣慰。

当南开大学的教师住宅修缮完毕，吴大任全家便迁回学校。教师住宅区仍设在西柏树村，那里新建了许多幢别墅式的平房。另外，在西柏树村以东的大中路左侧，又开辟了另一个教师住宅区，叫东柏树村，后简称"东村"。

分配给吴大任一家的房子在西柏树村。柏树村啊，柏树村，这里的一草一木都令他们百感交集，备觉亲切，并且勾起他俩的种种美好回忆。吴大任在校当助教时，曾经住在这里。陈䇹刚入学的时候，女生宿舍就设在这儿的5号和8号。她同当年的好友、现在的堂嫂阮冠世，还有杨照、叶恭绍等女同学，在这里度过了一段无忧无虑的快活时光，度过了一去不复返的青春岁月。十多年过去了，这期间经历了那么多的事情，特别是经历了那场无比漫长、无比残酷的战争，如今再见到亲爱的西柏树村，她觉得仿佛是做梦一般！

他俩都有一种回到家的感觉。

由于吴大任人才难得，所以学校特别准许他们夫妻俩可以同时在校任教。吴大任被聘为数学系教授，陈䇹被聘为副教授，给全校理科各系的学生上公共数学课。

总之，回到了"家"来，一切都很顺利，让他们感到真正的"家"的温暖。

第八章　吴大任回到南开

身不由己介入政治

回到南开，吴大任在教学上，同当年在武汉大学、四川大学时一样，受到学生们的欢迎。但是由于他不苟言笑，再加上他那身笔挺的西装和一口标准英语，大家觉得他像是一个不易接近的英国绅士，不免对他有些畏惧。可是接触以后，才发现这位貌似英国绅士的老师非常和蔼可亲，平易近人。久而久之，学生们都愿同他接近，向他请教，许多人甚至终生与老师保持着亲密友谊。

也是从那个时候起，吴大任和一些进步学生常有交往，这对他和陈䞫都产生了巨大影响。

最初，吴大任抱着一贯的态度，不愿卷入政治运动中去。但是在那个大动荡的年代，任何一个正直的人，想要游离于政治之外，都是不可能的事。

和在四川大学时一样，吴大任参加了教授会，当选为理事。1947年5月的"反饥饿、反内战"学生运动中，南开大学学生会决定罢课游行，并希望教授们也能积极响应。吴大任作为教授会的常务理事主持会议，结果以一票之差的多数，通过了罢教三天。当吴大任宣布这一结果时，学生们激动万分，报以热烈的掌声……

教授会又推荐吴大任和中文系教授李广田起草宣言，最后由吴大任执笔写成。从此，吴大任便身不由己地介入了政治。

帮助、掩护进步学生

1947年夏天，吴大任接到陈省身寄自上海的一封信。这时陈省身担任中央研究院数学所研究员、代理所长。他在信中向吴大任推荐了上海交通大学应届毕业生胡国定，说这名优秀学生是上海交大数学系朱公谨先生特地向他推荐的。陈省身原先介绍胡国定到清华大学，但上海交大的国民党教师竟向清华告密，说胡国定是学生运动的积极分子，有共产党之嫌，所以清华就不肯接受他了。陈省身对此很是气恼，说作为老师不但不去帮助学生找工作，还砸了学生的饭碗，真是岂有此理！因此，他希望吴大任能将胡国定安排到南开。

吴大任接到信后便向南开数学系推荐，事情很顺利。不久，胡国定就来南开大学给吴大任当助教。胡国定的妻子周淑华随后不久也来到天津，工作也得到了安排。吴大任看得出来，他们两人都是做地下工作的。胡国定到南开，吴大任是唯一一个了解他政治背景的人。

过了将近四十年，陈省身回母校任南开数学研究所所长，胡国定任副所长。陈省身向到南开数学所讲学的外国数学家介绍胡国定时，往往要加上一句风趣的话："他在解放前还受过我的保护呢！"

教务长陈序经于1948年春天到广州筹备恢复岭南大学，要离校三个月。张伯苓校长请吴大任代理教务长，吴大任出于无奈只好同意。后来陈序经调到岭南大学任校长，张伯苓请吴大任正式接任教务长，他坚决推辞，结果由杨石先出任教务长。

吴大任教化工系"微积分"课，这个班的一名女生朱竹英是个进步学生。因为朱竹英与陈鹦的一个外甥女是中学同学，所以便常来吴家玩，成了陈鹦的忘年交。

随着共产党在华北战场节节胜利，国民党疯狂逮捕进步人士。校园内风声鹤唳，1948年的"八·二〇"大逮捕时，朱竹英曾经将两名可能上了黑名单的女同学送到吴家，请求他们帮助掩护。晚上，吴大任夫妇早早就打发保姆回自己的房间去，然后让两个女学生住进吴大任的书房，反锁了门。第二天天一亮，陈鹦先起床出门观察一番，然后才放她们走。吴大任夫妇此举是要冒极大风险的。

组织护校

形势越来越紧张。吴大业去了广州，临走时对弟弟和弟媳说："看来天津要打大仗了，你们的孩子都这么小，还是到广州等共产党吧！"并且给他们留下了一张空白支票作为路费。

陈鹉便同吴大任商量,吴大任说:"你怕打仗,要走,你能离开天津。可是学校这么多人你能忍心走吗?我们不能走!"

他们没有走。

11月底,教育部发来密电,让南开大学迁往广州。消息传来,引起强烈反响,师生分为两派,吴大任属于反对派。

几天后,原南开大学学生张法文,从解放区秘密来校,拜访了多位开明、进步的教授,其中包括吴大任。张法文向吴大任介绍了解放区的情况和共产党的政策,希望他能留在天津,帮助维护学校安全。这是吴大任第一次正式接触共产党人,受到了很大鼓舞。在地下党的工作下,学校南迁问题终于被否决。

此时,解放军对天津的包围已经形成。因为南开大学地处市区边缘八里台,不安全,学校决定搬到市中心甘肃路南大东院。在激烈斗争的形势下,为保护学校,组织了安全委员会,生物系教授肖采瑜任委员会主席,吴大任任秘书,二人合作默契,一直坚持到天津解放。

吴家兄弟的人生轨迹

从1949年起,中国的历史进入了新纪元。吴家四兄弟的人生轨迹也发生了巨大变化。吴大业原先在岭南大学任教,广州解放前夕,受聘到联合国远东经济委员会工作,举家前往就任。他先到泰国曼谷,后应刚刚独立的新加坡政府的特别要求,出任经济顾问,协助李光耀改革经济,成绩斐然,受到李光耀贵宾级的礼遇。

吴大猷于1946年赴美后,出国考察之事,因为客观形势的变化半途而废。刚到美国时,他原以为三两年后就可以回国。没想到1949年国内形势骤然发生了巨变,派他出去的军政部这时改成了国防部,早就已经顾不上考虑国防科技计划了。他只得暂时留居国外,先在密歇根大学任客座教授,从事原子核物理学研究,1947年到哥伦比亚大学和纽约大学任教。1949年秋天,恰巧这时加拿大国家研究院决定加强纯学术研究,广揽天下之英才。而且加拿大国家科学院执行革新政策,增强基础科学的研究,需要一位学识渊博的学者,主持理论物理方面的研究工作,吴大猷便成为一个重要目标。他们恳请吴大猷去主持理论物理组。吴大猷见渥太华气候对阮冠世的健康有益,便欣然同意了。在加拿大任职期间,吴大猷的研究领域不断扩大,也作出了惊人的成绩。

吴大立一直在香港从事造船工程。新中国成立后,吴大任曾经写信,建议他来南开大学工学院任教,吴大立自己也有这样的心愿。可是当吴大任将他的情况向学校领导介绍时,领导却认为吴大立有"历史问题"——曾经当过远征军,而将他拒于门外。吴大立的满腔爱国热情就这样被泼上了一盆冷水。后来他的家庭中又发生了一些不幸的事情,使得他更加郁郁寡欢,身体状况越来越不好,是四兄弟中过世最早的一个。

只有吴大任走的是与其他兄弟截然不同的道路。天津解放三个多月后,就干上了过去怎么也不愿干的行政工作——南开大学教务长。

"吴大任好找!"

当市委文教部部长黄松龄拜访,请他出任教务长这一职务时,他感到十分意外。因为他对数学爱入骨髓,压根儿就不愿意"当官"。当时他的思想很矛盾,经过了一番考虑,他才答应黄松龄说,可以试一试,以一年为限。

吴大任之所以做出这个过去想也不敢想的决定,是因为他亲眼看到共产党全心全意为人民服务,国家前途光明;而且自己从事教育十几年,有一定经验,也许可以做点事情。

1949年5月,吴大任上任了。

由厌恶从事行政工作,多次谢绝"当官",到欣然接受,这一转变说明吴大任对共产党的衷心爱戴和信任。他对陈鹥说出了自己的肺腑之言:"我对行政工作态度的变化,主要由于感情的变化,而不是兴趣。"

他全身心地投入工作。教务长不能脱离教学实践,他坚持上课,并到理科各系听课,还要随时接待来访者。无论工作多忙,无论在什么时候,哪怕正在家中吃饭,甚至是休息时间,来人必接待,有电话必接,能当场解决的问题马上就解决——有些事是端着饭碗解决的。所以人们都说:"吴大任好找!"

第八章 吴大任回到南开

吴大任夫妇 1950 年在南开大学

陈䴖说得更幽默:"我们家是'门虽设而常开!'"

另外,那一时期的社会活动也非常多,要参加各种各样的学习会、讨论会。吴大任还担任天津市民主青年联合会副主席,忙得不可开交。

吴大任在教务长任满一年后想提出辞职,直到这时他才知道,共产党领导下职务是不定任期的,不同于解放前每年一聘。他无法辞职,只好接着干下去。既然干,就要干好,就要兢兢业业,勤勤恳恳。

从招生工作中的几件事,就可以看出吴大任那种令人钦佩的工作作风。

在 50 年代初期的一次招生工作中,天津市人民委员会办公厅开来一封介绍信,要求南开大学对某位市领导的亲属降分录取。吴大任对此很生气,坚决予以抵制。

1956 年招生,化学系录取的一名学生成绩很好,就是身材过于矮小,连实验室的桌子也够不着。校方动员他转系,他却坚决不肯,事情闹到了教务长那里。吴大任找这个学生谈话,发现他人"小"志高,热爱化学,就当即拍板批准接收,并让化学系为他专门特制一个高凳子。

1964 年,一名领导干部的女儿念完高中二年级就要求来南大中文系旁听,其目的是想不通过高考便取得大学学籍。吴大任对这一不合理要求没有批准,那学生只得悻悻离校。

吴大任在工作中坚持原则，抵制不正之风，又十分珍惜人才，爱护人才，不拘一格培养人才。

共和国成立之初，百废待举，百业待兴，教育部经常召开各种会议。吴大任频繁往返于津京之间，在火车上写讲义是经常的事，往往火车到站他竟浑然不觉。有时从北京回来，为准时上课，连家也不回，让汽车迳直开往教学楼……

精彩讲课

吴大任讲课出色在全校早就出了名。抗日战争期间，无论是在武汉大学，还是在四川大学，他都以讲课精湛著称。回到南开以后，他的经验更加丰富，学术也越发成熟，因此他的讲课也日臻完美。

讲课基本不看讲稿或讲义，这是吴大任的一大特点。他说这不是自己的创造，他的老师姜立夫先生历来就是如此。有人认为这不容易做到，他却觉得其实并没有什么奥妙。数学是个逻辑体系，教师讲课可以不靠记忆而靠逻辑，从一定的假设出发，经过逻辑推理，就能得出一定的结论。当然还有个熟练问题，真正熟练的东西在脑子里已经生了根，成为自己的知识和能力的一部分，是不容易忘记的。所以关键在于备课前吃透授课的内容，课堂上就能使学生和教师同步思维。

讲课中，吴大任语言洗练，条理分明，富有启发性，既推理严谨，又深入浅出，引人入胜。一堂课经过精心安排，自始至终前呼后应，重点突出。他的板书也经过周密计划，字迹工整得如同印刷体。当下课铃声响起时，讲课恰好告一段落，而且恰好写满一黑板，更为令人惊讶的是一支粉笔也恰好用完……

吴大任课后留下的黑板色彩斑斓，图形精致，这都是课前设计好了的，成为一个完整提纲。学生们实在不忍将它擦掉，因为这是一件精美绝伦的艺术品！吴大任的课达到了至真至善至美的地步。学生们说，听吴先生讲课是一种享受，作为吴先生的学生，他们觉得自己三生有幸。

他不仅课讲得好，科研方面也取得不少成果，是我国较早从事积分几何研究的著名数学家之一。

第八章　吴大任回到南开

高尚人格

担任教务长以后,吴大任要花费巨大精力用于行政工作。1961年10月又被任命为副校长,主管理科教学。这样他就得把全副精力投入到教学管理工作中。许多人为他惋惜,因为他正处于事业的巅峰,却不得不中断自己钟爱并大有可为的专业,很令人遗憾。不过吴大任自己对此却泰然处之,他说得很朴实:"这工作总得有人去做啊,不是我做就是别人做。党把任务交给了我,如果我基本上完成这个历史任务,那我就终生无憾了。"

这正是由于他衷心拥护共产党,所以无条件地服从了党的安排。

有学生毕业后因分配搞行政工作感到很苦恼,便来找吴先生谈心。吴大任还是用那句话来相劝:"这工作总得有人去做,这也是贡献啊!"而且他还特别强调:"人们批评领导干部外行多,可是真把内行人选入领导班子时,大家又都不适应。"

这让听者感到确实言之有理。

1956年教师评级时,吴大任被评为一级教授。但他见许多德高望重的老先生还不是一级,例如邱宗岳、刘晋年等教授都比自己年岁大、资格老、学位高,所以他坚决不肯接受,最后把这个名额让给了别人。

就在这一年吴大任被吸收为共产党员。但他的预备期比别人要长一年,原因有二:一是土改中他的父亲被划为地主(70年代末才得以改正),需要进行调查;二是由于当时所谓的"雷海宗事件",需要对他加强考查。

雷海宗是南开大学历史系的知名教授,1957年被打成右派。在大鸣大放的座谈会上,雷海宗提到马列主义历史科学某年后停止发展。后来《人民日报》的"编者按"却写道:雷海宗认为"马列主义历史科学从那一年起停止发展。"吴大任曾亲耳聆听了雷海宗的发言,发现"编者按"与雷海宗的发言不一致。一向事事认真的他想将事实澄清,便给《人民日报》写信说明……祸就这样惹出来了。

1958年是个多事之秋。吴大任的父亲吴远基在肇庆老家长期从事高要县县志的修纂工作。抗战胜利前后曾出任高要县临时参议会副议长,参议会议长。解放后被戴上"地主"的帽子。在那极左年代,他备受歧视,心情沮丧。不久第三次续娶的妻子也病故了。吴大任便在1955年把老父亲接来天津。三年后父亲因心脏病去世,吴大任竟忙得无暇顾及。

也是在那时,陈䳰由于错服了药,连续几天总是失眠,搞得她昏头昏脑。吴大任也无法分身照顾她一下,她只能昏昏沉沉地独自一人,乘八路公共汽车到总医院看病。

60年代初,恢复招收研究生制度,吴大任鼓励优秀学子踊跃报考。可是当数学系领导动员他招研究生时,他却一再推辞,谦虚而恳切地说:"我已经有好多年不在前沿做研究了,带研究生会贻误青年的。"

在这样高尚的人格面前,任何一个有私欲的人,都会自惭形秽,而受到一番精神洗礼。

"科学怎能一边倒?"

在任教务长和副校长期间,吴大任逐渐形成了自己的教育思想。他认为教育的目的是使人得到全面发展,首先是道德品质的发展,即教人如何做人的道理。在专业培养目标方面,他一贯倾向于宽专业和厚基础。各门学科都是相通的,学好最基本的东西就可以触类旁通,相互融合。他主张教师要引导学生学好基础课,学好最基础最核心的东西,学生就可以举一反三,终生受益无穷。基础课要循序渐进,要少而精,用启发式教学,因材施教,这样才能保证学生质量。

1952年暑假,吴大任参加了教育部在青岛召开的理科教学座谈会。会上提出学习苏联先进经验,但是要结合中国实际;对各个专业提出几个教学计划,供各校根据实际情况选择。吴大任认为会上提出的方针是正确的,不过他已隐隐感到有全盘否定所谓的"资产阶级学派"(例如生物学上的摩尔根遗传学)的倾向,并且对西方国家教材贬得过低,而把苏联教材捧得太高,他认为这都是不妥当的。

会后,教育部请来的苏联专家却坚持认为,一个专业在全国只能有一个统一的教学计划,坚决不同意青岛会议提出的二至三个教学计划供各校选择的做法。因此,转年暑假又重新召开会议,修订教学计划和大纲。会议听从苏联专家的意见,每个专业改为统一的教学计划。

吴大任因事晚到会一天,发现已经成为决定,也就是说木已成舟,没有讨论的余地了。他心中很是不愉快,没等会议结束就返回天津了。后来执行这个统一教学计划造成的后果,是普遍出现学生负担过重,这一点吴大任早就预料到了。

为解决这些问题,吴大任找到当时已经担任教育部副部长的黄松龄,黄松龄对此也有同样看法。但要做根本性改变是不可能的,便提出压缩寒暑假、取消春假、精减授课内容,甚至不惜延长为五年制。然而不管怎么东拆西补,都没能从根本上解决问题。学生负担过重,必然影响自学,影响独立工作能力的培养。再加上苏联的专业分得过窄,过细,影响了全面、扎实的基础训练。吴大任认为,过早地分专门化,而且分得很细,以及改成五年制都没有必要。因为大学本科仍是打好较全面的基础知识、给予一定的专门训练的阶段。

为全盘学苏联,南开大学的英语课统统被砍掉,全校学生乃至教师全都学俄语。英语系的牌子被摘下,英语教师全部改行,有的现趸现卖教俄语,最引人注目的是一位业务很好的年轻女教师竟去教体育了。吴大任对所有这些大感不解,坚决反对。他说:"政治上一边倒,我拥护。科学上怎能一边倒呢?"

为学苏联,1952年进行了院系调整,也造成十分不良的后果,那就是抹杀了各个学校的特色。例如,南开大学的化学系和经济系原先在全国各大学中处于领先地位,可是院系调整,化工系和部门经济专业被分了出去,这样既割裂了理论与实践的联系,又把化学系和经济系的力量大大削弱了。再加上无论是教学计划还是教学大纲,全都是死死板板的"统一",各个学校便完全失掉了自己的特色。

吴大任不止一次地发出感叹:"怎能全盘照搬苏联?毛主席不是说要从实际出发吗?毛泽东思想不是马列主义普遍真理与中国革命具体实践相结合吗?党的历史上最大的失败不是教条主义造成的吗?"

他脑子里充满一连串的问号。

在高教部召开的解决学生负担过重的会上,发言最直率、最尖锐的是清华教务长钱伟长和南开的吴大任。吴大任直言不讳:"把苏联的教学计划搬来,将五年压为四年(有的学校改为五年),学生每周上三十多学时的课,教师满堂灌,负担怎能不重?长此下去,教学质量提不高,学生健康也要下降的。"

　　这番不趋炎附势的慷慨陈词,在那个年代是要冒风险的。可是吴大任没有什么顾虑,因为他觉得应当坚持真理。

　　当生物系批判摩尔根、吹捧米丘林时,南开大学并没有摩尔根派的代表人物,可是仍然批得轰轰烈烈,如火如荼。吴大任又一次感到不可理解。作为一位正直的科学家,对学术问题总应该抱着一种科学态度。他说:"究竟错在哪里?科学史上不是有许多假说吗?自然科学发展有没有不同发展阶段?能够用爱因斯坦批判牛顿、用牛顿批判伽俐略吗?"

第九章　从运动不断到改革开放

"大跃进"的恶果

在1957年的反右运动中,数学系二年级一名不满20岁的学生被划成了"右派"。吴大任不但没有歧视他,反而对他备加关怀、爱护。因为他非常了解这个学生,多次在系里、在学校为这名学生争取尽可能好一些的待遇。

到了"大跃进"时期,学校搞"教育革命",提出"大搞科研,大办工厂"。物理系设计制成一台直线电子加速器,后来又安装了一台小型反应堆。反应堆缺少核心部分,尚未完成,报上就报道南开大学已经制成反应堆的消息。吴大任感到十分惊讶,多次向校党委提出这是浮夸作风,不实事求是,应当追查新闻发布的经过。不过事情最后却不了了之,令他很是愤懑。

吴大任陪同周恩来总理视察南开大学,1959年5月

1959年5月,周总理来南开大学视察,在向全体师生讲话时谈到中国有六亿人口,每人节约一元钱就是六亿,每人浪费一元钱也是六亿。而我们的积累给六亿人一分,每人所得就不多了,周总理形象地把把这种算法叫做"一乘一除"。周总理的话是有针对性的,当时"大跃进"已经开始,并已出现比例失调现象。周总理还指出,南开大学的规模不宜定得过高。

那时南开大学属河北省领导,康生提出要普及高等教育,当年的招生名额已由前一年的八百人增加到一千二百人。显然,周总理的讲话并没有产生应有的效果。到了1960年,招生人数竟高达一千六百人,造成学生质量大幅度下降,吴大任对这一切有很大意见。

随着招生名额的扩大,学校办起一些新专业——生物物理专业和放射化学专业,把原子核物理专业同放射化学专业合并为物理二系。除此之外,还创办了地质地理系、力学专业和哲学系。不久,这些新专业纷纷下马的下马,调整的调整。

吴大任陪同毛泽东主席视察南开大学,1958年8月

由于教育经费困难,地质地理系只办了两年,就奉命停办。力学专业奉命停止招生两年,无形中也就解散了。生物物理专业则是学校主动停办的。

又过了两年,教育部命令把原子核物理和放射化学二专业调整到兰州大学,人员、图书、设备全部拨过去。可是到了兰州后,设备报废了,教师无法发挥作用,先后离开了兰州,造成很大浪费。而且还伤了南开的元气。后来有人对吴大任说:"当时不应该执行教育部那个命

第九章 从运动不断到改革开放

令。"他听后深感内疚。

在"大跃进"头脑发热中创办的这些新专业,只有哲学系算是侥幸保留了下来,其余全部流产。

经过"大跃进"、三年经济困难,教学秩序被打乱,教学质量下滑,校党委决定全面整顿。由教务处拟定了一个新学则——到了十年浩劫中,这个学则竟被批判为"黑学则",在全校批判"黑学则"的狂叫声甚嚣尘上。吴大任为了这个所谓的"黑学则"吃尽了苦头。

教育部认为各学校1960年招生过多,质量下降,要求各校把这个"大肚子班"进行一番彻底整顿,也就是要"泻肚子"。1962年,南开大学经过反复核减,淘汰了三十名学生,执行三门不及格者留级、四门不及格者退学的规定,尽量把离校学生安排到天津市任中学教师。这件事由吴大任亲自来抓。

三年困难

三年困难时期,吴大任全家浮肿,他患了肝炎、冠心病。医院通知学校,令他休息三个月。他们家还要省出粮票,供给没有天津户口的保姆。在香港的吴大立要给他们寄些粮、油等食品,在国外的吴大业也要寄东西,吴大任连忙回信说:"我们不需要,千万别寄!"结果给海外亲人造成一个错觉,以为当时北方的情况要比南方好一些。

在那几年,陈䴖腰疼得很厉害,吴大任要给她买一张软床。他俩一同去寄卖行,看中一张席梦思单人床,价格很贵,几乎是陈䴖一个月的工资。陈䴖不想要,吴大任却坚持买。陈䴖见他喜欢就同意买下。当床运到家里时,两人坚持要送到对方的卧室兼书房中。吴大任最初莫名其妙,后来才发现自己受骗了。他十分气恼,甚至要送货工人把床拉回去。最后,在陈䴖的一再劝说下,放进了他的房间。这张床便一直陪伴他到生命的最后。

这是他和陈䴖共同生活中唯一的一次大吵架。

1965年暑假,吴大任和全校师生一起到河北省故城县参加"四清"运动。他发现当地的阶级成分划得很不准确,例如,一名过去的国民党军官没有土地,却被划为"地主";一个富农家庭出身的青年一直从事手工业,本人成分被划为"富农"。吴大任向县工作团领导反映,但是始终没有给予纠正,令他感到十分失望。

陈省身功成名就,回国访问

1972年秋天,定居美国的陈省身,携带妻子女儿回国访问。

抗日战争胜利后,陈省身归心似箭,怀念家中慈祥年迈的双亲,也惦记着自己的小家庭——新婚不久便分离的妻子郑士宁,还有那个从未见过面的儿子……

陈省身

然而,战后的交通运输拥挤不堪,他在美国西部候船,整整等了三个月。直到1946年3月中旬才从旧金山乘船返沪,抵达上海时已经是4月初。他同分别将近七年的妻子和第一次见面、已经6岁的儿子伯龙团聚。

当全家人坐在一起,感到经过六、七年的战乱和离散,今天能活着重逢,而且全都安然无恙,这可真是人生的最大幸福啊!

陈省身奉命组织中央研究院数学所。1948年初,数学所迁往南京,他被任命为所长。这年3月,中央研究院选举第一届院士,37岁的陈省身当选,是八十一名院士中最年轻的一位。1948年末,迫于形势,陈省身不得不再次应普林斯顿高级研究院之邀,举家飞抵美国。他虽受到贵宾礼遇,可是遥望故国,不知何日才能返回,心中无限惆怅,惟有埋头工作以摆脱愁思。

新中国成立后的1956年,陈省身便接到吴大任来信,希望他回国工作。心系故土的陈省身也有这种心愿,无奈当时中美关系紧张,国内又运动不断,时机尚未成熟,他的报国之志难以实现。

在这期间,陈省身的事业如日中天,1961年被选为美国科学院院士,为此必须加入美国国籍。尽管他成了美国公民,但念念不忘自己是炎黄子孙。

由于陈省身在整体微分几何上的卓越成就，其影响遍及整个数学，荣获国际数学界的最高奖——沃尔夫奖，被尊为"微分几何之父"。他的高足、诺贝尔奖得主杨振宁把他誉为继世界大数学家欧几里德、高斯、黎曼、嘉当之后又一位划时代的巨匠。

陈省身已功成名就，物质生活也十分富有，而报效中华的愿望却越加强烈。这位海外赤子时时刻刻密切关注着形势的发展变化。1972年尼克松访华，中美关系刚刚解冻，陈省身便抓住时机，在当年秋天回国访问，朝拜魂牵梦萦的故土。

作为这位国际数学大师的好友，吴大任被派往北京接待。

吴大任穿过炼狱

在文化大革命中，吴大任被批判为"走资派"、"反动学术权威"、"特务"、"反党急先锋"受到猛烈冲击。批斗、戴高帽游街、殴打、抄家以及各种人身侮辱，他都经历了。

工宣队头目和军宣队头目曾向吴大任宣布："你要彻底交待罪行，并且揭发同伙，否则就坚决镇压。"称霸一时的这些人物曾不止一次地向吴大任暗示：他是国民党特务。还有一次，他们竟下结论道："你是特务，是历史的，也是现行的。"这给吴大任造成很大的思想压力，自己怎么成了特务？又能交待什么？最初这对他震动很大，渐渐习以为常，后来就变得麻木了。

吴大任的遭殃自然株连到陈䎛。她也受到惨无人道的摧残，曾被丧心病狂的家伙们用木棒打得不省人事。熬过那段不堪回首的岁月，就如同穿越了一座炼狱。

70年代初，吴大任还戴着"牛鬼蛇神"帽子时，接到命令与天津机械研究所合作。他以微分几何为工具，开展了齿轮啮合理论的研究。数学系为此成立了专题研究小组，他为组长，成员有严志达和骆家舜。这项研究工作持续到改革开放时期。

后来"吴大任专案组"宣布了对吴大任的结论："未发现重大历史问题。"显然还留有尾巴，而且这条尾巴还不短呢。

1972年秋天，吴大任刚刚摘掉"牛鬼蛇神"的帽子，而"吴大任专案组"还存在，他尚未获得"解放"，可是由于工作需要，仍然被派去接待陈省身。

两位老同学自1937年夏天在巴黎分别已经整整三十五年未谋面，相见时他俩都十分激动。吴大任为陈省身所取得的杰出成就感到由衷欢喜。

陈省身同吴大任促膝谈心，表示愿将自己最后的心血贡献给祖国。一直期盼他回国施展才华的吴大任欣喜万分，承诺一定为好友在国内开展学术活动而尽力。

吴大任回津后，一些亲密朋友暗暗担心同名声显赫的老同学见面是否会对他产生刺激，便问他有何感想。他回答道："很好，我们是真正的朋友，谈得很多。"然后他又说，惟有一事他感到很对不起老同学，那就是当陈省身提出："你为什么不请我到你家看看？"他一时无言以对，因为住宅早已被极左分子霸占，他们夫妇俩带着一个小孙子，仍然挤在北村一间十二平方米的小屋子里呢。

两个老同学

陈省身回国，与吴大任形成的强烈对比引起颇多议论。有人说，学生时代他俩成绩不相上下，而如今的处境却差得这么远，让人感慨万分。特别是吴大任后来把全部时间和精力都花费在行政工作上，再加上那场民族劫难对他身心的无情摧残，令人为他愤愤不平。然而吴大任自己说："行政工作也很重要，也得有人做，不必计较个人得失。"

人们常拿陈省身与吴大任相比，为吴大任惋惜，而他却处之泰然："陈省身只有一个，不是谁都能比的。"

他那颗纯净的心灵总是阳光灿烂。

没过多久，陈省身要来天津访问母校了。消息传来，学校一面为迎接大师积极做各种准备，一面忙着给大师的挚友吴大任又是搬家，又是装饰房子，并到处借家具，好营造出一个像点样的环境来接待贵客。有位熟朋友看到这些便同吴大任开玩笑："当年你若留在欧洲，母校今天也会这样欢迎你的！"

第九章　从运动不断到改革开放　　　　　　　　　　　　　111

吴大任马上正色说道："话不能这样讲,今天我是以主人的身份接待客人。当年选择回国,我永远不会后悔!"

真正有了工作机会

"文革"后期,吴大任被任命为革命委员会副主席兼任教务处处长。他从心里不愿搞行政工作,但是因为"吴大任专案组"尚未撤销,就只好勉强同意了。上任以后他才发现,客观环境依然不容他有所作为,具体事务难以插手,会议上的发言权更是有限——原来自己只不过是个摆设而已!

在那期间,吴大任曾经两次被派到市委党校学习。当时还是"四人帮"时代,而他却借此机会认真读了许多马列主义经典著作。经过思索,他才逐渐懂得什么是真正的马列主义,大大提高了判断是非的能力。可以说这对他是一个意外收获。

人们每每谈及那场荒诞不经的政治运动,都会感到愤慨。惟独吴大任只是淡淡地说:"红卫兵是受蒙蔽的!""那些人是胡闹,是无知!""人无完人,不能苛求。"仅此而已,他从不记恨那些给自己造成巨大身心伤害的人,真是具有大海一般的胸怀!其实这很符合吴大任做人的一贯原则,他向来主张"宁使天下人负我,不可我负天下人"。

唯一让他感到痛心的是时光的流逝和手稿文物的遗失。

由于无比漫长的文化劫难,使得69届和70届的学生荒废了学业。数学系便安排吴大任为这两届学生补课。提起上课,他兴高采烈,对家里人说:"以前我一向是惜时如金,而这几年时间竟变得毫无价值了。现在我又得到了工作机会。"

他所谓的"工作机会",只不过是每星期给大学生讲几堂数学课而已。

每逢上课那天,吴大任一大早就起床,收拾讲义,准备教具,自带粉笔,还要带上一壶白开水("文革"期间上课不为教师提供饮用水)。他挺直腰板,步履轻快,精神抖擞地走向教室……望着他的背影,亲人们不禁感慨万端。

直到1976年,"四人帮"被粉碎,这场在中国大地延续了整整十年的空前灾难终于结束了,吴大任才真正有了工作的机会!

以王金鼎为首的市委工作组进校,澄清了许多是是非非,调整了人事部署。德高望重的杨石先重新被任命为校长,吴大任也重新被任命为副校长,任副校长的还有滕维藻和胡国定。四位正副校长又被任命为党委常委。市委工作组协助南开大学开展拨乱反正工作。

吴大任与全校几位领导人配合默契,以饱满的政治热情,医治"文革"造成的累累创伤,使学校的教学与科研逐步走上正规。除了重新获得政治生命外,吴大任的个人生活也发生了可喜变化——使他十分苦恼的住房问题得到了较比圆满的解决。

学校开始搞基建,在当时环境最好的教师住宅区北村盖了六幢高知楼,以解决老教授和"文革"后新晋升的正副教授的住房困难。分给吴大任的是一套一百多平方米、四室一厅的大房,这在当时称得上是"精品住宅"。

吴大任夫妇在家中研讨编写教材,1980 年

国家形势、个人生活都发生了可喜的变化,然而衰老却过早地向吴大任袭来。他受到的第一个打击是双耳失聪,这对工作很不方便。他不愿"尸位素餐",想辞去副校长的工作。但是看到杨石先校长比自己年长整整十一岁,身体还不如自己,他又感觉不好提出了。直到1981年杨校长的辞职请求得到了批准,被任命为名誉校长,吴大任立即要求

第九章　从运动不断到改革开放

辞去副校长职务,可是没得到党委的同意。

从这时起,吴大任同海外亲人们也恢复了书信往来,得知彼此的近况。

吴大业作为新加坡经济顾问,为新加坡政府提出了决定性的指导意见——新加坡该怎么发展,向何处发展等问题。1971年,吴大业离开新加坡,担任台湾经济合作委员会特别顾问。1973年他因心脏不好,听从医生劝告,辞职休养,全家到美国加州定居。他同妻子邓淑贤合办了一个太极拳班,收徒授艺,一时间声誉鹊起,追随者遍及世界各地。前不久邓淑贤去世,但太极拳班仍然继续办下去。吴大业在信中还谈到,他正在撰写一部关于太极拳的著作。书稿已经写了好多年,为了精益求精,尽善尽美,本着"十年磨一剑"的精神,他继续进行修改。

从信中得知哥哥的近况尚好,吴大任感到欣慰。

吴大任同吴大猷也开始相互通信了。

第十章 渥太华——纽约——台北

吴大猷被加拿大揽为英才

1947年秋天,吴大猷应邀赴哥伦比亚大学执教。他做了两年研究工作,除研究核子力之介子论,还指导研究生,并讲授研究生"近代物理"及"理论物理"等课程。当时纽约大学需要一位讲授"量子力学"的教授,吴大猷便又被请去兼课。

吴大猷夫妇在国外

华裔女科学家吴健雄与吴大猷同时在哥伦比亚大学执教,两个人同姓吴,时有错事发生。一次吴大猷接电话,对方听是男人声音,就不再说下去,等了一下,说要找 Mrs 吴,吴大猷便知搞错了。最有趣的是有一封信,信封上写的是他全名,但拆开信一看,却是给吴健雄的。还有更滑稽的是吴健雄在暑假期间寄给吴大猷的好多封信,又全都被放入了她自己的信箱里。

吴健雄是位很了不起的科学家,为了探索宇称守恒原理在衰变现象中是否正确,毅然联合美国全国标准局的四位物理学家,组成一个实验小组。实验结果终于表明了宇称是不守恒的。后来杨振宁、李政道因而荣获1957年诺贝尔物理学奖,这个奖项有吴健雄很重大的贡献,世人十分敬佩她,又对她没能获得诺贝尔奖而困惑不解。

吴大猷原准备1949年秋天回国,但国内形势发生了巨变。恰巧此时加拿大国家研究院要改新政策,它本来的任务是支援工业,从事于应用科技的研究,现在决定增强纯学术性研究,广揽天下之英才,需要一位学识渊博的学者主持理论物理方面的研究工作。于是吴大猷被恳请去主持理论物理组。

辞去哥伦比亚大学职务后,吴大猷来到加拿大。最初以为观望一些时候便可回国,没想这一去,竟长达十四年之久,度过了他学术生命中的大半年华。

吴大猷担任加拿大国家科学院理论物理部主任。1950年6月,他参加在墨西哥举行的美国物理学会,宣读了一篇论文《自游离化》。25日,在返回加拿大的途中正值朝鲜战争爆发。10月,中国人民志愿军入朝参战。美国下令所有在美的中国物理学家一律离开美国。这样,他只好在加拿大滞留多年。

理论物理组先后有英、比、意、日、印度、瑞士、美及加拿大学侣(院士)数十人,都在自由气氛中做研究工作。在吴大猷处工作过的中国物理学家仅有马仕俊和胡宁二位,他们都是吴大猷的学生,都有卓越贡献,已成为知名之士。

学侣选择的标准,只以他过去的训练和研究成绩及推荐文件为准。来的人研究范围很广,原子、分子、核子、固态物理以至场论各方面都有。吴大猷以自己的知识和经验,和那些与他工作相近的学生,进行密切的合作,并对某些问题讨论和切磋;如其工作在他是不熟悉的,或全是外行的,他只能为之安排一个自由愉快的工作环境。故而他对前者确有助益,对后者只得表示歉意了!

加拿大国家研究院工作自由,和高等学校一样。不同之处是高等学校每年都有寒、暑假,研究院没有寒、暑假,而每年有例假三周,病假三周。吴大猷从来没有度假的习惯,因此十多年的例、病假都积攒起来未用,但是他却作过三次专假。

吴大猷经常就一些新的理论做解释性和系统性的演讲,为加拿大国家科学院理论物理研究工作的发展作出了巨大贡献。因而,1957年他被选为加拿大皇家学会院士。

在加拿大期间,吴大猷的研究领域不断扩大,由原子、分子、核子转入散射理论和气体及等离子体的运动理论。1957年夏,他在加拿大物理联谊会组织的暑期讨论会上讲了三周"散射理论",这次讨论会是在落基山的一个避暑胜地举行的。会后有出版社约他写书。他签定了个口头协议,但不保证交卷日期,因实在没有时间,另外他对写书也不感兴趣。签约之前他告诉出版社说,自己对散射理论所知不多,最好请他们去征询物理学家们,如认为他可以胜任,他倒很想试试,否则作罢。不料征询结果都是肯定的,既有言在先,不便失信,他只好硬着头皮签了合约。

1958年冬天,一位日本物理学家大村充博士来吴大猷处工作,他便邀其合作,共同撰写《量子散射理论》一书。他把这本书献给他的老师饶毓泰和密歇根大学的兰德尔教授。

吴大猷之所以得有今日,都出自饶老师对他的关切,使他对物理这一门学科产生了浓厚的兴趣,乃至后来得以出国深造和返国任教,都是受益于这位恩师。

吴大猷认为兰德尔教授的为人处事,对研究工作的指导,也使他终生难忘:"这位先生和饶毓泰老师,对我以后的学习、工作和生活,起到了关键的、亦可以说是举足轻重的影响。""我知道的和认识的物理学家及其他科学家不少,但还从未见有为人简朴诚实,对学系的发展,有远见、有成就、而毫不居功,和肯积极为同仁进修制度的争取而尽全力像兰德尔教授的。十余年来,在台湾发展科学的工作中,我对若干政策,及对学术的支持态度,都可追源于他的影响。"因此奉献此书给二位老师,藉以表示衷心的万分的感激。

第十章 渥太华——纽约——台北

《量子散射理论》于1962年出版后深受好评。1968年苏联将它译成了俄文出版,出版后立即销售一空,吴大猷是从友人处才得到一本,留作纪念。

葆之进入吴大猷夫妇生活中

1950年,吴大猷家有了一件大喜事:他们夫妇俩都很喜爱孩子,早已同香港的堂弟吴大立夫妇说好,过继一个孩子给他们。这一年,吴大立的小儿子葆之出生。几个月后,吴大立夫妇托人将襁褓中的婴儿送到了渥太华。阮冠世一见到婴儿欣喜若狂,她要将满腔的母爱倾注给这个可爱的小生命!

1952年至1953年期间,吴大猷在渥太华郊区的一个小湖畔买了块地,自行设计、建造了一座住宅。自从来到渥太华以后,阮冠世的身体好多了,特别是葆之的到来使得她十分快活,三口之家充满了天伦之乐。

在房屋施工的时候,葆之还小,也就两三岁的光景,阮冠世每天领着他去看房子的进展状况。当他们搬入新居以后,葆之已经长大许多。他天天都要随母亲到花园去,帮助她整理园子,栽花,种植各式各样的蔬菜和果树。

阮冠世非常热爱园艺,因此葆之从她那里受到很大影响,学到了许多基本手艺。吴大猷对这些活动并没有什么兴趣,可是却十分热衷收成时的那些水果和蔬菜,吃得津津有味。阮冠世和葆之便打趣他是个"不劳而获"的人。

吴大猷住宅的面积约有一英亩(四千零四十七平方米),树木很多,有古松,后院的中间是片白桦树。吴大猷卧室的窗外长着一棵可爱的花红树,也就是又小又酸的苹果树。

葆之的快乐童年

在吴大猷家房子的后面有两个湖,一个湖又深又黑,另一个温暖而清澈,湖水是由一条小溪流来的。葆之非常喜欢这两个湖。家里有一艘小划船,葆之常常同母亲和亲友的孩子们一块儿划船。他被那个深而黑的湖的神秘性所迷住,另外,他也非常爱钓鱼。吴大猷夫妇自己并不热衷于游泳、划船等水上运动,不过他们放手孩子喜欢玩什么就玩什么,但叮嘱他一定要注意安全。

葆之和他的小伙伴们把那个清澈见底的湖起名曰"沙坑"。渥太华的夏天十分短暂,只有七、八两个月,这时"沙坑"就显得更加魅力无穷。

吴大猷的三口之家,1954年于渥太华

由于渥太华位于纬度高的北方,气候非常寒冷。它的严冬足足有六个月之久,而且经常下雪,甚至到了5月还会雪花飞舞,几乎发现不了春天的降临。因此,学生们一到了6月初学校放暑假,便如同出笼的野马,纷纷到大自然的怀抱里玩耍嬉戏。

其实渥太华的秋天气候宜人,是一年里最美好的季节。可是因为要上学了,在户外活动的时间就少啦。葆之也喜欢冬天;雪花和树上以及屋檐上垂下的冰柱,在他的心中一直占据着一个独特的地位。

加拿大人都擅长冬季的运动,葆之也学会了滑冰。吴大猷在家中院子里制造了一个滑冰场。他和葆之用一根橡皮水管放水到前院的草地上,很快就结成了一片冰。冰场不大,冰面凹凸不平,可是葆之却玩得非常开心。

漫长的冬天,房檐上总是挂着冰柱,特别是大风雪过后。冰柱在太阳光的照射下,亮晶晶地滴着水点,形成了许多彩虹。葆之喜欢做的一种游戏是用一根小棍把这些冰柱打下来,然后用舌头去舔。他的舌头都被冻在了冰柱上,于是,他呼出的气便形成了一朵小云。

葆之非常热爱花园里的那些小动物。一次令他精神受到过创伤的记忆至今依然历历在目。一天,他拿着一支气枪去花园玩,当一只野兔出现在眼前时,他用枪射中了兔子。他走近兔子跟前,看见它正在发抖,流血。葆之立刻泪如泉涌。突然间,他体会到自己真的可能毁掉一个小生命……他跑回屋里,父母当时正在午休,他流着泪述说了一切。

吴大猷夫妇极力抚慰孩子,嘱咐他把那只兔子埋了。葆之心情沉重地到花园去。没想到,他竟看见兔子蹦跳地跑向树林中去了。兔子还活着,葆之感到非常欣慰。从此以后,他便信守自己立下的誓言——对大自然中的小生命一定要保护。

他们家大客厅的西面有一个很大的落地窗,可以看到外面的湖。全家人都喜欢通过这个大窗欣赏风景。往往会有这种情况:小鸟飞来,撞到这扇窗的玻璃上,因为鸟儿还以为从玻璃上反射出来的树景是真的树木呢。一次,一对五彩金丝雀就这样双双撞死了。全家人被金丝雀的死而伤心,又被它们的美丽所感动,将那对鸟制成了标本,作为装饰品放在壁炉上方的架子上。

在家里的那棵古松下,有一次,葆之发现了一只大乌龟来这儿下蛋。乌龟小心地掘出一个洞来,随后下了许多又小又圆的蛋。当这些蛋孵出小乌龟后,它们便从洞中爬出来,急急忙忙地朝着湖爬去了。

葆之很想捕捉蝴蝶和收集蝴蝶,然后把它们钉在板上,就如同在自然博物馆中展出的那样。他和小伙伴们经常用材料非常轻的乳酪布来制网,以铁丝衣架为框。但他们没能捕到多少只蝴蝶,因为在他们居住的那一带地方,真正美丽的蝴蝶并不多见。

葆之也很喜欢蜻蜓,由于他们的房子就在湖畔,因而蜻蜓总爱光顾这里。蜻蜓中除了一些普通品种外,还有大个的,甚至有双翅的。每年一到夏天,捉萤火虫就是一种特别有趣的享受。葆之往往能捉到许多萤火虫。一次他将萤火虫放进瓶子里,做成了一个灯笼。这是他从书本上学来的。

书籍是葆之最好的朋友。他在贪婪的阅读中学到了许多知识。他喜欢读科幻小说和推理小说,也喜欢看科学类和文学类书籍。他几乎见到什么就读什么,在这一点上他自认为与父亲不同。他以为吴大猷的阅读范围太狭窄了。

吴大猷从少年时代就十分喜欢音乐,对奥地利小提琴家、作曲家克莱斯勒情有独钟。可是葆之认为父亲对音乐的兴趣也比较狭窄,他只喜欢某一类曲目,喜欢轻松、抒情的作品。

尽管如此,父亲对音乐的深厚感情还是深深影响了葆之,因而葆之从小就对音乐有特殊的敏感。父亲喜爱的音乐他也喜欢,但他的兴趣却要比父亲宽广得多,因为父亲并不欣赏儿子爱听的一些音乐。

还在葆之很小的时候,阮冠世就坚持要他去学钢琴。她的愿望最后终于有了回报——葆之后来在音乐上取得很大成就。

葆之的童年过得自由自在,非常快活。

克莱斯勒情结

西洋古典音乐是吴大猷的最爱。他从少年时代就十分喜欢音乐,并开始搜集唱片。他对奥地利小提琴家、作曲家克莱斯勒情有独钟,甚至可以哼出克莱斯勒的许多乐曲,并能在钢琴上将它们弹奏出来。至于钢琴演奏家,吴大猷最迷恋鲁宾斯坦。此外,他还喜欢贝多芬、勃拉姆斯、莫扎特等大师的作品,而德沃夏克的《新世界交响曲》尤其令他感动。

吴大猷最喜爱的美籍奥地利音乐家克莱斯勒(1875—1962)

由于克莱斯勒毫无造作的自然情感抒发,成了吴大猷心目中音乐艺术的典范。随着他音乐欣赏水平的提高,对克莱斯勒作品与演奏的喜悦进而变为对艺术家的个人崇拜,并渐渐由理性变为情感,甚至达到了"迷"的地步。

吴大猷写过一篇题为《我最倾心的音乐家克莱斯勒》的文章,文中写道:"他不拘谨、呆板地照着乐谱中每一节拍音符,他是将全篇作品的结构、情绪综合融会地表达出来。"吴大猷曾充满感情地追溯和考证了音乐家的身世与经历。

克莱斯勒1875年生于维也纳。父亲是位医生,也是个音乐爱好者。小克莱斯勒自幼就显露出非凡的音乐天赋,4岁随父亲学琴,7岁考入维也纳音乐学院,10岁毕业后又入巴黎音乐学院。克莱斯勒13岁以后曾伴随著名钢琴家罗森塔到美国巡回演出,此后的十几年,他按

第十章 渥太华——纽约——台北

照父亲意愿,在维也纳学医。直到1896年,他才鬼使神差又拿起了小提琴。

吴大猷在弹琴,1984年

克莱斯勒的演奏兼有维也纳的人情味和法兰西的贵族风度,这使得他的演奏风格新颖而独特。他革新了小提琴的演奏技法,第一个使用持续不断的颤指(揉弦),有力地丰富了小提琴的表现力,形成自己独特的"克莱斯勒风格"。他成为20世纪初最有影响的小提琴家,他的名字几乎是"小提琴"的同义语。

在妻子协助下,克莱斯勒的事业如日中天。演出源源不断,报酬达到最高水平,而且他还属于最早灌录唱片的演奏家。

克莱斯勒不但是杰出的小提琴演奏家,同时也是优秀的小提琴作曲家,曾创作了许多优美动人的小提琴曲。这些作品犹如颗颗晶莹的星星,在乐坛上散发光芒。他的传世杰作有《爱的忧伤》、《爱的欢乐》、《美丽的罗莎玛琳》、《中国花鼓》、《维也纳随想曲》。

他在小提琴小品的发展史上起到划时代的作用,不但自己创作了许多优秀的小提琴独奏曲,而且十分适当地把肖邦、舒曼、门德尔松、德沃夏克等人的钢琴小品改编成小提琴曲。他最著名的贡献是给贝多芬和勃拉姆斯的协奏曲谱写过华彩乐段。

20年代,克莱斯勒在美国期间,曾到西部城市旧金山旅行,到当地唐人街观赏过中国华侨表演的"华埠音乐",特别是其中的花鼓音乐最令他着迷。他对中国的民间音乐有浓厚兴趣,被中国艺人的演奏所深深打动,便创作了颇具东方风格的《中国花鼓》。

一般西方作曲家运用东方旋律时,大多采用速度徐缓的曲调。而克莱斯勒的作品却突破了这种模式,采用急速、华丽的细腻旋律,以及快速的节奏,既充分发挥小提琴的演奏技巧,又描绘出中国民俗中迎神大会上热闹、喧嚣的欢乐气氛。

克莱斯勒于1923年访问我国,在北京、上海和天津等城市逗留,专门去逛中国庙会,亲自感受中国的民间音乐,并举行了个人演奏会。

克莱斯勒音乐征服吴大猷的不平凡之处在于,技巧方面演奏家与物理学家的方法论是相通的,即不以技巧来炫耀,技巧只不过是一种工具。克莱斯勒演奏以不需要练习而著名。他从不练琴。除了全新的曲目他会视谱走几遍以外,其他的曲子只在预演时才会和伴奏商量一下。他的记忆力奇好,有次应邀演奏一些多年没演的奏鸣曲,他只和伴奏预演了一次,就全凭记忆上台,进行了完美无瑕的演出。经常同他搭档、以刻苦勤奋著称的俄罗斯作曲家兼钢琴家拉赫玛尼诺夫十分无奈地说:"他上台的机会那么多,根本不用练琴了嘛!"

克莱斯勒说自己的音乐都刻在了心里,手指完全听从心灵的指挥。心里要奏出什么音乐,手指自然听命。其实,保持着发自内心对音乐的灵感,已无时无刻不存在于音乐家身心之中。

吴大猷矢志探索宇宙物理之奥秘,与自然界打交道,崇尚简单而深刻的自然之美。于是,无形之中在科学追求的另一方面,形成了他高雅的艺术爱好。

吴大猷体会到克莱斯勒音乐的内涵。物理之解析何尝不是如此之心神照合?科学与艺术在直觉与情感的潜流中得到了出神入化的融会贯通。

两颗钻石

从1956年开始,吴大猷经常应胡适邀请到台湾,在台湾大学讲学,后又应台湾清华大学校长梅贻琦之邀到清华大学讲学。一次在中山堂的演讲中,特别介绍了李政道、杨振宁、吴健雄等在研究方面的成就,大家听了都很兴奋。

阮冠世和葆之也曾随吴大猷去过台湾。吴大猷在台湾来往较多的是当年的南开中学校友、台湾大学校长钱思亮。有一天下课时,葆之来接父亲,大声地告诉他说:"思亮兄在等你。"那时葆之也就6岁,学生们听了想笑又没敢笑。

吴大猷每年在台湾五个月,负责策划、推进科学发展方面的工作。

1957年冬天,发生了一件震惊世界的大事:吴大猷的两名高足——杨振宁、李政道双双荣获1957年诺贝尔物理学奖。两个学生不约而同地给恩师写信表示感谢。

李政道在接到瑞典科学院的电话通知当天早上就马上给老师写道:"大猷师尊鉴:科技界通知,杨振宁和我合得1957年物理学诺贝尔奖金……现在的成就大部分是源于在昆明时您的教导,假如在1946年您没有给我这个机会,那就根本不可能有我今天的光荣。"他表示对吴大猷先生将终生不忘。

1956年11月,吴大猷(右二)偕阮冠世(左三)、子葆之(中)由加拿大到台湾,途经日本京都,与日本物理学家会晤

李政道确是得益于吴大猷的提掖和爱护,在西南联大未经考试就允许听课,后转为正式生;大学二年级又被吴先生选派出国攻读博士学位。他对吴先生给自己破格培养、创造机遇的恩德将永远铭记心头。

　　的确,当年是在吴大猷的极力推荐下,李政道才得以破格出国留学,从而为日后荣获诺贝尔奖创造了条件。

　　杨振宁同样是在接到电话之后致信吴大猷,他深情地写道:"大猷师:值此十分兴奋,也是该深深自我反省的时候,我要向您表示由衷的谢意,为了您在1942年曾引导我进入对称原理与群论这个领域,我以后工作的大部分,包括关于宇称的工作,都直接或间接与十五年前的那个春天,从您那里学到的概念有关。这是多年来我一直想要告诉您的情意,今天或许是最好的时刻。"

　　喜讯传来,吴大猷为学生们的成就非常高兴。至于自己,他却说得十分谦逊:"其实我们不过是适逢相会,只是在彼时彼地巧遇而已。譬如两颗钻石,不管你把它们放在哪里,它们还是钻石。"这真是大师的风范,大师的胸怀!

1956年冬,吴大猷携妻、子到台湾,台湾大学校长钱思亮(左三)陪游日月潭,与毛王爷公主合影

第十章 渥太华——纽约——台北

1958年,纽约的布鲁克林理工学院太空及气体动力研究所有发展该所的计划,就要聘请吴大猷。他感到加拿大国家研究院已逐渐受到国会的压力,紧缩了它纯粹科学部分,由他负责的理论物理组的人数过少,并想到自己虽已步入半百之年,但若在一个较积极的气氛中,仍然可能做更多的工作,所以决定接受这一聘请。

第二年,美国国家标准局的一位原子物理学家也来找他,去协调多方面的工作。认为他是上选,并谈到将给他政府制度规定中最高的薪金。这对吴大猷确是一个很高的评价,但他已承诺了布鲁克林理工学院,只好婉言谢绝。

1960年,瑞士洛桑大学邀吴大猷去接受国家研究基金讲座。事前,他征询了对方的兴趣,准备了好几个课题。待到学校后,校方对他原先拟就的几个题目都没有采纳,偏偏选了一门他自己刚刚产生兴趣而又所知不多的气体及离子体的理论。这样,只得临时抱佛脚,边编讲义边讲授。

1957年4月,吴大猷(右四后)偕阮冠世(右六)、葆之(其母前)由台湾经香港赴美,在香港访大姑妈。左一大业、左二大业妻邓淑贤、右三大立、左四大立妻、左五阮冠世之姐阮冠瀛,其余为吴大猷的侄儿侄女

在这种情况下,吴大猷开始了不寻常的教学工作。"塞翁失马,安知非福",由于这样一个急就章,却逼着他对许多问题有了更深入的了解。听课的除本大学研究生外,还有从日内瓦及洛桑以外远道赶来的。在讨论会上,他解答了一个困扰问题,即指出用跃进机率观念和不可逆过程的密切关系。这是他平生最满意的一项工作。60年代,他的离子体的工作,已渐有知音。日本东京大学物理系邀他去演讲,名古屋大学离子体研究所也举行了一个讨论会,邀他去作演讲。

回加拿大后,吴大猷在洛桑大学的讲义,来信索取的很多,于是又重新打字印刷了三百册,后来只剩下二、三十本。再后来,在布鲁克林理工学院又将这讲义作了增改,使之成为一本书的初稿。

胡适器重吴大猷

1957年,吴大猷出席台湾中央研究院首届院士会议。1948年3月他已被派往国外时,依然被南京的中央研究院选为第一届院士,直到九年后才召开第一次会议。

吴大猷与胡适,1961年9月在台湾

胡适于1958年从美国回到台湾任中央研究院院长,他希望吴大猷也来台湾工作——早在30年代吴大猷执教于北大,当时胡适任北大文学院院长,就非常赏识这位年轻才子。然而吴大猷事前已经同国外大学有约,不能背弃,再加上胡适对他评价极高,寄予厚望,使得他更加不敢接受。因为胡适曾向蒋介石引荐吴大猷回台工作,这样说道:"五四后,中国发展需要'德先生'(Democracy)与'赛先生'(Science)。我本人可以致力于哲学思想的更新,为中国铺下德先生的路;但如果台湾要赛先生,就必须由另一个人来做,那就是吴大猷。"

1962年2月,吴大猷受胡适的盛情邀请,到台湾参加中央研究院院士会议。24日,在会后的茶会道别时,胡适突发心脏病,未及抢救,就当场逝去了。吴大猷亲眼目睹了胡适的猝然离世,感到真是触目惊心啊!回想起胡适引入西方治学方法于中学,创白话文学,治学勤奋严谨,为人正直,提携后学。虽然胡适与吴大猷并无师生关系,可是胡适非常器重他,爱护他,始终期望他回台湾工作。然而吴大猷没能从命,实在愧对先生。他既为国家失去一位哲人,又为个人失去一位知遇长者而悲痛万分。

胡适不仅推荐过吴大猷,在此之前,还曾经保护过他呢。据《胡适之年谱长编》记载,1949年秋天,国民党溃退到台湾的时候,吴大猷正受加拿大国家研究院之聘,主持那里的理论物理组工作,有人向台湾情报部门打报告,说吴大猷这个人不可靠。胡适得知此事后,特别写信给国民党政府驻旧金山的总领事,为吴大猷担保。过了几十年,当吴大猷看到《胡适之年谱长编》,才得知这段往事,更是令他感动不已。

蒋介石也非常看重吴大猷。胡适逝世后,蒋介石有意要聘他为中央研究院院长,但吴大猷却以自己才能有限而婉言谢绝。他只爱做学问,不愿当官。

后来王雪艇就任中央研究院院长,吴大猷马上去信,表示尽自己可能为中研院效力。王雪艇当即建议恢复物理研究所,希望他能参与筹划。他没有食言,1962年筹划中央研究院物理研究所,1967年出任台湾"科学发展指导委员会"主任委员,主持拟定了发展科学的计划原则大纲,制定了各项措施、制度,成为台湾科学发展的真正起点。

劝阻蒋介石研制核武器

1964年10月,大陆首次成功进行了核试验。这使得台湾当局感到安全受到了威胁,于是开始制定秘密研制核武器的计划。那一时期蒋经国担任国防部部长。国防部秘密建议当局应立即拨出一亿四千万美元的巨额资金用于研制核武器。

刚刚走马上任担任"国家安全委员会"科研顾问小组委员会主席的吴大猷,奉命对国防部的这一建议进行可行性研究。他坚决反对这个计划,同蒋经国发生了严重分歧。他曾经上书蒋介石,阐述理由,后来又亲自找到蒋介石本人,说:"你的那些人,写的计划我看了。原子弹的知识都是从《读者文摘》那儿抄来的。而且若是做了原子弹,依台湾这么窄小的地方,到哪儿去试爆?没有导弹,去炸什么人?都没有想过。"

吴大猷于1967年7月写出了《核能发展拟议的分析报告》,强调核子武器、洲际导弹不可能"独意进行"。最后蒋介石被吴大猷说服,采纳了他的意见,决定停止该项计划。吴大猷还建议,台湾的核计划应该像绝大多数国家一样归民用原子能机构来负责。这一建议也很快被台湾当局所采纳,"原子能委员会"立即就从军方手里接管了原子能的研究计划。这是吴大猷对台湾的最大贡献,然而却得罪了蒋经国,并使他成了军方的眼中钉。吴大猷此举也是对两岸关系的重大贡献。

国民党当局两次准备研制原子弹。早于1945年,美国在日本投下原子弹,结束了第二次世界大战。当时中国号称四强。蒋介石认为一定要发展原子弹,才能在世界事务上有名副其实的发言权。因此,他要当时的军政部部长陈诚、次长俞大维召集吴大猷等科学家,也来为中国制造原子弹。

吴大猷上书军政部,陈述其培植人才,选送优秀青年出国考察,有人才能有弹的思考。陈诚和俞大维认为吴大猷言之有理,同意拨款培训。蒋介石最后心悦诚服地将那笔资金用于挑选有天赋的年轻人才,由吴大猷等人率领赴美进修科学技术。

富有戏剧性的是,蒋介石与吴大猷之间在原子弹议题上的两次互动,居然产生了意想不到的后果。那批青年才俊,后来出了杨振宁、李政道两位诺贝尔奖得主。而蒋介石当年制造原子弹的期望也没有完全落空,吴大猷携同出国的青年当中的一个,后来回国成为"两弹一星"元勋的朱光亚,还真的给中国造出了原子弹!不过那已是在毛泽东领导

第十章 渥太华——纽约——台北

下的新中国了。

"台湾科学之父"

吴大猷平生自己觉得最得意的两件事,除了上面谈的阻止了台湾发展原子弹,另外一件就是为台湾发展了大批的科技人才。60年代,台湾的出国风气非常盛行,而且留学生大多数都滞留美国不归,国民党上层人士便有禁止留学生出国的建议。吴大猷为这件事又一次上书蒋介石,指出培养人才,储于异邦,长期以来,对国家未必不利。他的这两次敢言直谏,都得到了台湾当局的采纳。

有人这么形容吴大猷:"如果台湾科技是一座大楼,那么吴大猷就是地基。"

吴大猷也确实为台湾日后的科技产业发展奠定了最丰厚的基础。很多人都知道吴大猷当年向蒋介石争取开放学生出国留学,为台湾培养相当多的高级人才。其实他更大的贡献是在相当重视国防等应用科技发展的时代,坚持向台湾当局争取发展基础科学教育。可以说,台湾在20世纪七八十年代能有如此充沛的科技产业人才资产,使经济迅速起飞,以至跻身于亚洲"四小龙"的行列,都是吴大猷当时争取的结果。

吴大猷与王云五(中),1967年冬在台北

由于他为台湾经济的腾飞打下了坚实基础,因而被誉为"台湾科学之父"。

点石成金术

吴大猷在加拿大工作了十四年,发表论文五十篇,与日本物理学家大村充合作出版了《量子散射理论》。这一时期,他的精神生活和物质生活都是愉快而舒适的。工作上也非常自如,由原先对原子、分子、核子的研究,转入对散射理论、气体及离子体的运动的研究。这是他学术生命中的重要组成部分。

一直到1963年秋天,吴大猷才辞掉加拿大国家研究院职务。举家离开加拿大,结束了渥太华生涯。再度赴美,在布鲁克林理工学院名义上是物理系教授,而实际是在其太空及气体动力研究所工作。

葆之天资很高,14岁就考入美国加州大学柏克莱分校,主修数学和音乐。吴大猷夫妇对孩子从不约束,任其自由发展。阮冠世陪他去加州,与儿子共同读书。

吴大猷和学生、天文物理学家黄授书1964年在美国

没有料到的是,布鲁克林理工学院的内部斗争很是激烈。吴大猷不愿牵入斗争漩涡中,1965年应聘到纽约州立大学水牛城分校物理系任教。

第十章 渥太华——纽约——台北

吴大猷与吴健雄（左三）

水牛城大学原本是一所小规模的私立大学，因为经费不足而维持不易。正好当时在纽约州长大力推动下，成立了州立大学。决定把水牛城大学改为州立大学的四大校区之一。于是经费充裕，各系都大大发展，只有物理系依然如故。学校领导便邀请吴大猷来校，以推动物理方面的研究工作。

吴大猷在那年秋天到水牛城分校，立即着手提高物理系的士气。最初几个月，他每天都与系里的年轻教授共进午餐，打成一片。半年后，他便着手计划邀请名家来校访问。应邀来系访问演讲的除美国物理名家外还有华裔物理学家杨振宁、吴健雄、李政道等人。名家的访问明显提升了水牛城大学物理系的知名度。学校于1966年聘吴大猷为系主任，并加拨经费，增聘教授，大量扩充研究生名额。他每年得去台湾五个月，因而对系里各种事务无暇兼顾，只好于1969年辞去系主任职务。他在任三年，这三年是水牛城大学物理系的黄金时代。因此人称吴大猷有点石成金之术。

水牛城的惬意生活

初到水牛城，吴大猷夫妇暂时住在一位老学生家里。那所住宅离铁道很近，每天夜间火车的隆隆声对吴大猷没有什么影响，而体质虚弱的阮冠世却无法入睡，因此必须迁居。于是学生们又想方设法，将老师和师母转送到了另一位同学家中住了几天。阮冠世随即找到了一所公寓。

一年以后，吴大猷夫妇在水牛城买了一座大房子。

他们的住宅美丽而宽敞，占地大约有二亩，一片如茵绿草。阮冠世平日以种花种菜为乐，也藉此锻炼身体。所以房子以外的草地与园子，就由她负责；而房子内部的一切家务事，几乎都归吴大猷包办。他曾十分得意地说："除了没法子生孩子外，女人能做的事我都能做。"对于做饭烧菜，吴大猷有很大兴致，自诩为高手。他是个美食家，胃口特别好，喜欢蹄髈，尤其嗜好吃海鲜。他常把螃蟹蒸熟，剔出蟹肉，冷冻起来。然后以蟹肉炒蛋招待来客，这就成了他的招牌菜。在同朋友、学生闲谈中，他常对烹饪提出自己的看法，并多次说过在退休以后要撰写一本食谱及烹饪法的书——《烹饪之原理》。

阮冠世除了整理庭园外，便以绘画及甲骨文为消遣。吴大猷不吸烟，不喝酒，也不打麻将。闲来无事时，他最爱吃些零食，例如花生米、核桃、夏威夷果仁……

春夏之交，经常下雨。一旦晴天，吴大猷便打电话召那几个老学生来，一块儿去采蘑菇。在他家周围，只见一颗颗洁白的，小伞般的蘑菇从绿草间冒出头来，迎风挺立。大家提着塑胶袋，弯腰沿路采摘。看到新的一片，便大声欢呼："这儿有许多！"好像发现了桃花源一般。回家以后，吴大猷将蘑菇洗干净，炒出来，香喷喷的一大盘，边谈边吃，不亦乐乎！

夏秋之间，天气晴朗，吴大猷夫妇常会邀请亲朋好友到家里烤牛排、打桥牌。分队桥牌赛时，阮冠世为吴大猷当然的伙伴。阮冠世做事认真，一丝不苟，好胜心极强，打牌时思路清晰，算牌准确。吴大猷却恰恰相反，每次打牌，他平常那种"敬业"精神就丢到了天外。叫牌之间，他会不时站起来东张西望，原来是在找自己最喜爱的带壳花生。找到后便喜笑颜开，不仅自己嚼得津津有味，还要请各位牌友一起来分享。他总不专心，常常记挂着电视上侦探故事情节的发展。他并不关心电视剧的细节，只是希望好人能有好报。

第十章 渥太华——纽约——台北

有一天,在打桥牌的过程中,他好几次起身去看电视,只是想知道那个坏蛋是不是已经被逮着啦……这样一来,他总破坏了静思出牌的气氛。这时只有阮冠世一声低喝:"大猷!"吴大猷便乖乖就坐,变得安静起来了。

第十一章　物理泰斗吴大猷

阮冠世实现了梦想

葆之18岁大学毕业,继续攻读硕士学位。他不仅对科学有浓厚兴趣,而且从小就培养了很高的音乐修养,并弹得一手好钢琴。吴大猷夫妇为拥有这样的儿子而感到骄傲。

阮冠世获博士学位,1970年夏

葆之大学毕业后,阮冠世和儿子一起攻读硕士学位。儿子获得生物化学博士学位后,阮冠世终于在花甲之年也获得生物物理学博士学位。吴大猷十分理解妻子,她是个非常好强的女性,所以他一向极力支持她,也为她实现了梦想而欣慰。

70年代初,纽约州立大学水牛城分校迁到了新建的校舍。新校园幅员广阔,占地一千五百亩,校内路径纵横错综。新学期开学的第一天,吴大猷上午有课。学生在教室里等候了三十分钟仍不见老师的踪影。原来他驾车来校,竟在蛛网般的校园内迷失了方向。最后好不容易转到出口,才松了一口气,但他再也不敢重入迷宫,只好沿着原路打道回府了。这也难怪,原本他的方向感和认路本领就不太高明。以后每天,都是由阮冠世亲自开车送他到校。

五十二年的伴侣离去了

1978年吴大猷在纽约州立大学水牛城分校退休,于是阮冠世彻底移居加州,与葆之在一起。从这时起,吴大猷便去了台湾。

吴大猷的三口之家,1978年5月在美国

这是他们一家最平静的时光。可惜这段平静生活没能持续多久。1979年,阮冠世由于左肺完全钙化,只能靠氧气管来呼吸了。

转年秋天,吴大猷正在荷兰阿姆斯特丹参加国际会议,忽然接到葆之发来的电报,告知母亲病危。吴大猷连忙赶回美国,阮冠世已经住进加护病房,连说话都非常困难了,只是拼命地握住他的手,望着他微笑……

吴大猷父子一直守护在她的病床旁。1980年12月2日,她永远离开了亲人们，享年71岁。从少女时代就痼疾缠身的阮冠世，是在爱神羽翼的呵护下，才得以超越了古稀之年。

吴大猷不相信这是事实。五十多年来，她不知同死神拼搏过多少次，最终总能战胜。所以他以为爱妻是永远不会死的。阮冠世的病故是吴大猷一生中最痛苦的事，他说："她的离去，使我失去了七十三年的生命中五十二年的伴侣。"

在心灵受到重创的时侯，他又一如既往，采取"逃避法"——埋头做学问。

阮冠世病逝多年后，台北的一家电视台曾经采访吴大猷，恳请他谈谈与夫人的爱情经历。吴大猷多次推脱不过，终于将久藏于心底的爱情故事首次公诸于世。

他谈了同自己的红颜知己相识与相恋的经过。他俩是在天津南开大学读书时相识的。阮冠世天生丽质，聪颖过人，令他一见倾心。只是她的身体不好，弱不禁风，被人喻为南开园里的"林妹妹"。为了给她滋补身体，吴大猷经常做一道"隔水炖牛肉汤"的广式药膳，做好后托熟悉的工友送到女生宿舍，给她进补。由于母亲以及亲友的反对，他俩相爱八年才走进婚姻殿堂。结婚后，阮冠世一直缠绵病床。第二年抗日战争就爆发了。

吴大猷还特别谈到战争之初他俩的一段传奇经历。当时政府令清华、北大、南开三校师生集中到长沙。吴大猷上路了，阮冠世则被亲人劝说留在了天津亲戚家。他和同事们乘坐小轮船，本是到香港的，但因晕船，到青岛便下船了。不久，只见又有一艘来自天津的船进港，吴大猷从下船的旅客中竟发现了妻子，他真不敢相信自己的眼睛！原来自他走后，阮冠世不听家人劝阻，执意上路寻夫。也许是她的坚贞感动了上苍，在茫茫人海中奇迹般相遇……以后，在抗日战争的艰苦日子里，他俩相互扶持，彼此鼓励。战争结束，他们的处境才逐渐稳定。两个人恩恩爱爱地共同生活了四十四年。

回忆起那段刻骨铭心的爱，吴大猷动情地说："就因为她身体不好，我才要娶她，我想好好照顾她一辈子。"

第十一章 物理泰斗吴大猷

吴大猷接受台北华视电视采访谈恋爱往事，1987年8月16日

此时他同爱妻早已天人相隔，但是说到开心之处，时而甜甜地一笑；说到太太的病时，又不禁露出一脸的愁容。对往事的点点滴滴，他都充满真挚之情。作为一位大学者，吴大猷此次不谈学术，只谈个人感情。当采访录像在电视台播出后，广大观众不禁被这位物理泰斗的爱情故事感动得潸然泪下。

中国物理学之父

70年代以来，吴大猷开始关注物理学哲学问题。他的一系列关于物理学发展与哲学的讲演，于1975年出版，书名为《现代物理学基础的物理本质和哲学本质》。他认为，一位物理学家，从对物理学的历史和哲学的更深刻更具批判性的理解中，会有助于更全面地了解物理学。此后，他一直关注物理学哲学和科学哲学的问题。

吴大猷自1975年开始，将历年教学讲稿整理成《理论物理》，共七册。从1977年至1980年陆续由联经出版公司出版。这套理论物理丛书，包括了经典物理至近代物理的全貌，丛书出版后对台湾和东南亚的物理教学界产生了很大影响。北京的科学出版社1983年翻印出版了这套丛书,李政道为之作序,被称为中国物理学界的一大喜事。

1979年吴大猷在台湾交通大学讲课

阮冠世谢世后,他把悲痛变为力量,完成专著《量子力学》。1988年,他在医院病榻上写出了《物理学的性质、简史和哲学》。在此基础上,1989年他又作了十四次系列讲演,并以《物理学:它的发展和哲学》为书名,于1992年出版。书中以大量篇幅讨论物理学哲学和科学哲学问题。对人文的关怀是吴大猷科学生涯中一个不可分割的有机组成部分。

吴大猷的研究领域非常宽广,涉及原子和分子理论、相对论、经典力学和统计力学的各个方面。尤其在原子和分子理论、散射理论和统计力学方面都有独创性。他的研究工作具有世界性的影响,他的许多专著已成为本领域中世界范围内的经典。他的《多原子结构及其振动光谱》、《群论与其在原子光谱之应用》、《量子散射理论》等巨作,奠定了他作为"中国物理学之父"的地位。

除了上面的十多部专著外,吴大猷共发表论文一百二十多篇。他的主要独创性工作分布于原子、分子理论、散射理论和统计力学等方面。当他还是密歇根大学博士生时,就预言铀后元素的存在,后被誉为"铀后元素之父"。他运用刚刚创立不久的量子力学,向当时的也是当代的物理学权威挑战。修正了他们在求解势能函数中的边界条件,计算预言了5f电子能态的特征,为后来发现周期表中的新元素提供了重要的理论依据。这项工作是他1933年读博士时完成的论文,当时还没有计算机,主要是靠手算完成的这一重要成果。在六十年后,用现代计算机能够重新精确地重复出当年的论断。他那严肃认真的科学精神,在世界科学史上恐怕也是绝无仅有的。

吴大猷与学生李荣章(左)、李述忠(右)1982年9月于纽约水牛城

吴大猷关于铀后元素的理论预言,以及在原子多重激发态的理论研究方面,首先计算出多激发态衰变至第一电离电位以下的激发态(1967年也被实验证实),后被称做"吴态"的研究等,都具有世界性的影响。

他所撰写的一些专著,已成为本领域中世界范围内的经典。仅七卷本《理论物理》来说,以一人之力完成如此鸿篇巨制,确实无人可望其项背,充分体现了他学识之博大精深。

对物理学的贡献,吴大猷不仅在于培养了无数物理学精英,还在于他自己卓越的研究成果。他被公认是近代最有影响力及贡献的物理学家之一,尤其又以原子谱理论、散射理论及统计力学对世人的影响最大。

1986年3月吴大猷在台北

吴大猷的一生,犹如人们誉他为"中国物理学之父"一般,是中国物理早期发展的缩影,不少国内外的物理学大师都曾直接或间接地受教于他,可谓桃李满天下。

道德文章皆楷模

吴大猷可以说是道德文章皆楷模。接触过他的人都对他赞誉有加,"完人"一词用在他身上最合适不过。他做了一辈子物理学研究,栽培出两个获诺贝尔奖的学生,自己也获奖无数,但到了生命的最后,竟没有多少存款。他自嘲道:"我一生从事学术工作,不要那么富有,否则晚上怕小偷睡不着觉。"

以吴大猷的地位,他本可以活得更富有,享受更多的名利,但他却选择了一辈子的清苦。在台北,他的办公室就是他独居多年的家,坐落在旧市区的一栋旧楼。他在这套十分普通的公家旧房里住了二三十年。在一房一厅窄小的空间里,除了一张床,一个书桌和一套沙发,其余全是书。达官显贵、门生弟子,进进出出。

生活上,吴大猷极为简约,冬天一袭黑色大衣还是当年在美国买的。他出国经常用的一个手提箱,已有三十年历史,残破不堪,连钥匙都丢了,只好用绳子来捆。

第十一章 物理泰斗吴大猷

吴大猷的清贫,恰恰反映了他对科学事业孜孜不倦的追求,正因为如此,他可以理直气壮地说:"我对得起台湾的这一代,甚至是下一代。"

吴大猷一向是个美食家,早年经常吃油炸的点心。为了调制出适合自己口味的萝卜糕,他亲自指点厨师如何制作,他的秘诀是,萝卜一定要比米粉多,其他佐料也不能偷工减料。果然,吃过这种加料萝卜糕的人多赞不绝口。他自己也颇自豪地说:"我这是全台北市最好吃的萝卜糕。"

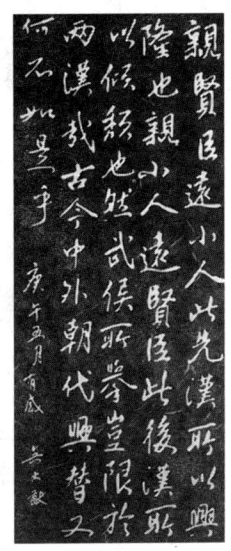

吴大猷墨宝

他的另一个嗜好便是写毛笔字,虽然没有成为"名家",但他的字清瘦苍劲,与他矮胖的身材恰成对比,向他索字的朋友、学生也不少。据他的秘书说,如果收费的话,可以赚不少钱呢。

有时吴大猷也即兴写些打油诗。他非常欣赏的一首打油诗、偶尔会写来送朋友的是:"如此放大屁,为何墙不倒,这里也有屁,把墙顶住了"。这首打油诗是朋友告诉他的,意在讽刺喜欢在风景区墙上留字的人,有些墙的两面都有留字。吴大猷说,他因此"体会出天下平衡之大道理"。

虽然吴大猷享有盛誉,但他却视为虚名,许多奖牌、奖杯随手放在角落。有一次,他要吃核桃,一时找不到核桃钳,顺手抄起桌上一座"新闻局"颁发给他的奖杯往核桃上敲下去,核桃皮应声而碎,他颇为得意,兴高采烈地同朋友们分享自己的发明创造。

社会的良心

这位矮矮胖胖、满头银发、面容和蔼的长者,同时也是黑白分明、批评严厉、一身傲骨的科学家。他凭着一个正直知识分子的良心经常抨击当局。他一再强调,知识分子最应当具备的就是前人所说的"风骨"。他是敢在蒋介石面前多次说"不"的人。

吴大猷1989年4月于立法院,不耐烦时作的怪脸

对恩重如山的饶毓泰老师,吴大猷终生念念不忘。在大陆三年经济困难时期,他惦念着祖国的亲人们,尤其惦念在北京大学执教的饶毓泰先生。他经常用小邮包,多次分批寄些糖果、奶粉等食物给老师。但是又不敢多寄,怕给饶先生惹来麻烦。在后来的十年动乱中,饶先生终因经受不住残酷迫害而含恨自尽了。吴大猷得知后,悲愤不已,写下一篇悼念文章,以寄托自己的哀思,同时也无情谴责了造成这类悲剧的那个特定年代。

80年代初,他的外甥韩汝琦应北京某出版社《中国科学家略传》一书之约,为吴大猷撰写小传。韩汝琦将完成的稿子寄给姨父看,吴大猷看完回信写道:"你写的小传,事迹部分多正确,但称誉则夸大了些。我这一生真正的些少贡献,是在台湾的学术发展上,是我对台湾培育人才、提高学术水准的贡献。虽则成效不能使人满意,但在外在情况下和自身能力内,我实在尽了我的心和力,问心无愧对台湾这一代和下代的学子。如写我的小传,似宜兼及这方面,不要因为是在台湾做的而略去。我的工作是没有'政治性'的,是为中国学术、科学、人才的效力。"

吴大猷对学术发展的期望与参与,使他同社会始终保持联系,并且拥有了许多尊敬和佩服他的学生及民众。终生畅游在知识的天地中,他永远没有感到孤独。

第十一章 物理泰斗吴大猷

吴大猷与葆之,1984年11月在台北

70年代以后,台湾经济开始上升、起飞。但岛内的伦理道德、价值观念、社会风气以至人际关系都逐渐变坏。吴大猷对此感到痛心疾首,做了不少演讲,写了许多文章,大声疾呼希望改变这种状况。他不仅对科学、教育,还对时事、社会、文化,提出很多针砭,颇发人深省。他每隔数日,在报上发表的八百字短论,便知他的直言之风,及见解之深、关切之广。直言无讳,而且命中要害,这是吴大猷说话、做事的一贯风格。

1987年吴大猷八十大寿时,收集了他十几年来在各报纸、期刊上就教育问题、科学发展、人文环境等所发表的"非学术性"文章几百篇,汇集成《吴大猷文选》,共分七册,由台北远流出版公司出版。

吴大猷常对朋友说:"我要就不写文章,要写就抓住问题、命中要害,绝不捧人、附和,我对说好听话没兴趣。"他自我分析道:"我骂人骂多了,几乎变成一种习惯。这种个性容易得罪人,其实不适合做事,最好当个参谋,在背后替人出出主意还可以。"

"现在年纪大了,比较成熟点了。但是往往在不经意间就会得罪人,这还是我最大的毛病。好在大家渐渐知道我虽然说话不客气,但是没有私心、没有恶意,也就不大怪我了。"吴大猷如是说。

他一秉"爱管闲事"的个性,一看到科学教育、人才培养上的任何缺失,就写信、发公文到负责的单位指陈其弊,或在报端发表文章,希望大家都有正确的观念,勿重蹈其辙。

正因为勇于说真话的人不多,他的谆谆劝诫乃成为暮鼓晨钟,学术界和政界都对他颇具敬意。1983年中央研究院选举院长候选人,他获得中央研究院成立以来的最高票,这正是众望所归。

吴大猷自幼喜欢看武侠小说,就在定居台北以后,每天还要看报上的武侠长篇连载。他的爱管闲事,打抱不平,仗义直言,无畏无忌,未尝不是受这些小说的影响,从小就孕育出刚正率真的豪侠之气。

1981年5月23日吴大猷与友人王天从在台北植物园散步

除了偶尔看看武侠类的小说以外,他从幼年就喜欢绘画和刻图章。他的书法效仿柳体,风骨峋嶙,恰恰如其性格与为人。

曾任吴大猷助教、台湾清华大学校长的沈君山,以"有'骂'无类"来形容他"骂"人范围之广。各行各业、各个领域的政府官员若有不当言行,他都会在报端发表文章给予尖锐批评。另一位台湾清华大学教授孙观汉则认为,在见怪不怪、对不义不公之事几近麻木的台湾社会中,吴大猷"见怪仍怪"的个性,使他成为"社会的良心。"

清晨或黄昏,天气晴好时,吴大猷便到离他住所很近的台北市植物园中散散步。早晨旭日的彩霞,辉映着荷上的露珠,惬意地听听鸟语,闻闻花香。傍晚时分,到这里享受莲塘月色,静听草丛中的虫鸣。一天之内的所见所闻的那些"忍不住要生气的事情",就都在几声长吁中出

第十一章 物理泰斗吴大猷

尽,于是胸中的不快也都消失在轻拂柳枝的晚风之中了。

养女吟之

据葆之说,父母早就说过想再抱养一个女儿,这样便儿女双全了。1968年,吴大猷果真在台北认领了一个女儿。

在一次朋友家中聚会时,吴大猷见到了一女孩子,似乎马上就产生了一种特殊的感情。这个女孩当时24岁,身材窈窕、容貌俊秀,显得很可爱。可是吴大猷被她吸引的原因不在于她的美貌。据葆之说,父亲对一般的女人向来没有什么特别的兴趣。吴大猷一生中最亲近的女性只有三位,一是他的母亲,二是他的妻子,而第三位呢,也就是这个女儿。

这个女孩子引起吴大猷的注意,主要因为她长得很像他的已故母亲。他是个非常重感情的人,十分思念自己的母亲,对死于非命的不幸母亲,一直哀恸在心。

一见到这个女孩子,吴大猷就要教她打桥牌。她觉得很奇怪,可是仍然让他教自己了。几天以后,吴大猷告诉女孩,他们之间有"缘分",觉得

吴大猷与养女吟之

她是他家里的人,觉得她就是自己的女儿……

可是没有几天,事情就闹得沸沸扬扬了。许多人不相信他们是纯洁的父女关系,使吴大猷既恼火又害怕。这可能就是后来他为什么把这种关系隐瞒多年的缘故。

但是不管怎样,吴大猷都要和这个女孩建立父女关系。他找了好几位朋友来帮忙,其中就有和他在西南联大时的同事毛子水教授。毛子水是签字领养的证人之一。通过台湾法定的手续后,吴大猷把她正式领养为女儿。后来又经过研究,给她改名为"吴吟之",以便同吴氏家

族这一辈人名字中的"之"字排行取得一致。

由于曾经闹得满城风雨,吴大猷决定把领养事情保密。这个秘密直到1980年代以后才开始慢慢地曝光,起初只有一些人知道,后来吴大猷患了重病时才完全公开。在这件事的保密过程中,付出代价最大的是吟之。她牺牲了几乎所有的社交活动,以及可能有的婚姻、家庭。她把自己的全部生活,完全局限在一个非常狭小的圈子里。

与吴大猷初识时的吟之

吟之原来的家庭十分贫困,兄弟姐妹众多。小时候,没有得到过亲生父母的疼爱。她的父母对吴大猷的领养并不同意,她的生父并未在领养证件上签字。吟之跟随吴大猷以后,就同自己的家人越来越疏远了,最后甚至没有什么来往,而她从吴大猷这里却得到了深厚而真挚的父爱。

多年以来,吴大猷始终孤身一人住在"国家科学指导委员会"的办公大楼内。这幢楼位于台北市植物园旁边的广州街。拨给他的是五层的两个大房间,一间带有一个小小的洗手间,作为卧室;另一间则是他的书房兼会客室、餐厅,人称"三合一"。有一位江小姐给他当管家。

领养了吟之后,由于人言可畏,他不愿别人说闲话伤害了女儿,因此他为吟之在离自己住所不远的地方租了一间房子。每天晚上九点左右,他一定要吟之回她自己的家里去。

当时阮冠世长期于美国同葆之住在一起,对此并不知详情。在没有征得阮冠世同意这一点上,始终让吟之牵挂在心,她担忧自己没有法律上的合法地位。

阮冠世逝世以后,阮家的亲属对吴大猷的领养事件很有意见。葆之则是在1983年到台湾探望父亲时,才突然发现有了个"吟之姐姐"的,这也令他十分吃惊。吴大猷到了晚年非常后悔,后悔以前没有跟葆之多作交流和沟通。往往是他刚要开口说的时候,稍微被打岔,就不再说了。他认为没有人会理解,会同情,也没人会接受……他似乎有种难言之隐。

吟之是土生土长的台湾人，并没受过高等教育，可是生性颖悟，有很强的意志和向上心。吟之知道吴大猷对自己要求极高，因此尽量听从他的教导。吴大猷也觉得吟之若没有自己的事业，精神上会是很空虚的，不能年纪轻轻就这样虚度年华啊。他让吟之读书，听音乐、学英文、学弹钢琴。

起初吟之从电台教学的英文开始，可是不久她就觉得电台教学的水平太低，因此改成自己进修。她下决心要读培根的原文。

吟之经过一番努力，大大提高了自己各方面的水平。从中她也得到了精神上的巨大满足。她不时将弹琴录音带拿去给吴大猷听，吴大猷对她非常钦佩。在一封给吟之的信中，他夸奖她的意志和聪颖。

吴大猷辞世后，葆之用英文撰写了一篇《回忆父亲》的文章，初稿是由吟之翻译的。葆之的英文带有很强的文学性，仅有普通英文程度的人是难以理解的，由此可见吟之自学的英文已经达到了相当高的水平。

柏拉图式的爱

自从阮冠世离开人世，吴大猷认为是这个女儿给了自己最大快乐和精神安慰。葆之一家长期定居美国，在亲情方面，吟之就是吴大猷的唯一精神寄托了。葆之认为："他们相依为命，始终都是柏拉图式最纯洁的爱。吟之最渴望的是一种'精神上的纯洁性'，对我父亲的无私的爱及奉献的纯洁性，以及我父亲对她的爱的接受。"

吟之与吴大猷相识时，正值豆蔻年华，而且她风姿绰约，很能吸引男士的眼球。但由于她是吴大猷秘密养女的身份，交朋友也不很容易。她曾经有很多追求者，其中最主要的一个是国外一所名校毕业的医生。他俩有过一段不短的交往，感情已经发展到了谈婚论嫁的地步。医生向吟之求婚，吟之去问她的"爹地"。吴大猷的态度是让吟之自己作决定。吟之想，若自己嫁到了美国，爹地一个人留下来该怎么办啊？她放心不下，想了又想，考虑再三，因此让那位医生等了又等。最后那位医生无法再等下去就离开了。

吴大猷给了吟之亲情上的满足，她觉得同他相处很愉悦，因此在她心中,婚姻就不占有最重要的地位了。他们父女两人在精神上有多方面的满足。

吴大猷喜欢吟之在他的身边作伴,哪怕只要听见她的声音。有时吟之觉得闷得慌,就到后面办公室和员工们聊聊天,仅仅五分钟而已,吴大猷就生气了。他要吟之时时刻刻都不离开他,不能离开他的视线。

吴大猷定居台湾后,特别是到了晚年,一直由吟之陪伴着。但每天晚上,他还是让吟之回自己的家,他说:"我住在公家宿舍,人言可畏。"后来吟之包了一辆计程车,每天九点走。到了八点钟的时候,他不断地看钟,到了九点怕她走,可是又不能不让她走。吟之走的时候,他总要说:"明天早点来!"

他很矛盾,怕吟之走得太晚别发生什么危险,而走得太早他又舍不得。从晚上八点开始,他就坐立不安。快九点了,女儿该走了,不能不让她走啊。吟之到家后,他们还要通个电话:"你到家啦?该睡啦!吃消夜了吗?门锁好了吗?晚安!"

他们两人彼此之间都付出了百分之百的爱。

吴大猷与周培源于 1983 年 6 月在新加坡大学

吴大猷与俞大维、毛子水1986年7月在台中央研究院

1986年11月吴大猷在纽约李政道家中

1987年4月20日吴大猷与陈省身(左)在台共进早餐

1987年4月11日毛子水95岁诞辰宴会上,吴大猷和毛子水

第十二章 吴大任晚年的学术生涯

三兄弟聚首美国

1982年,吴大任作为南开大学代表团成员之一访问美国十所高校。他已有三十四年没见吴大业,四十五年没见吴大猷。事前他特地约好在台湾的吴大猷,和1947年定居台湾的五妹明慧(与她也有四十五年没见面了),在他访问结束后,一同到加州吴大业家中团聚。陈䴓随他同行。

吴大任1982年全家福

这是一次难得的聚会,这是三兄弟离散近半个世纪后第一次相见,真有恍如隔世之感!

吴大业在美国生活得不错。孩子们都已成家立业,他一个人以打太极拳为消遣与娱乐,颐养天年。谈到亲人,他们首先想到数年前逝世的吴大立。兄弟三人很自然地回忆起六十多年前在天津南开中学的生活……一会儿发出笑声,一会儿又发出感叹。

陈鹢的感触也颇多,想当年和邓淑贤、阮冠世在南开园西柏树村女生宿舍共同生活的日子。后来一位成了她的大嫂,另一位成了她的堂嫂。本来,三个好友最终成为妯娌是多么难能可贵、值得庆幸的事啊。然而,起先是由于战乱,后来又因为历史的特殊原因,使得亲人们山水相隔,竟没能够见上一面,两位嫂嫂已经永远地走了……

吴大业说,自己还在修改那部太极拳的书稿,他不急于出版。吴大猷目前仍频繁往来于台湾与各国之间,从事学术活动。吴大任吐露出打算辞去副校长职务,退休后从事数学经典著作的翻译工作的想法。兄弟三人就这样推心置腹,常常畅谈到深夜。

一天,陈鹢给外出的吴大猷打电话,直呼他的绰号"大狗",五妹明慧在旁边听了不禁愕然……也难怪,她怎能想象得出他俩在学生时代是如此熟悉、如此亲密无间呢!

在美国期间,三兄弟拍了一张合影。三个人都已年逾古稀,吴大业、吴大猷75岁,吴大任74岁。可是看上去却都显得比较年轻,朝气勃勃,因为内心的欢乐洋溢在他们的脸上!这帧照片极好地诠释了"吴氏三杰"的精神面貌。此次聚会是三兄弟的最后一次团聚,因之这幅合影也成了最珍贵的纪念。

吴氏三杰最后一次聚会。左起吴大任、吴大业、吴大猷,1982年于美国

分别的时候,依依不舍。他们知道,全都已是古稀老人啦,谁知道以后还能不能再见面呢?

美国之行回来后,吴大任精神愉快。不久学校批准了他的辞职请求。不当副校长了,但是他没有停止过对教育问题的思考。他通过各种方式,向中央提出许多有份量的建议。例如:增加教育投资,改善知识分子待遇;加强基础课,实行学分制,等等。他的建议甚至涉及中小学教育中的问题:不按升学率作为学校排名的标准,给学生更多的自由支配时间,小学低年级不留作业,改变灌输式教学方法。他考虑得细致具体,可以说呕心沥血。

不久,吴大任得知由于吴大猷的崇高的学术地位,1983年被任命为台湾中央研究院院长。喜讯频传,1984年,吴大猷因对科学发展作出贡献,荣获有"亚洲诺贝尔奖"之称的菲律宾马格赛奖,而他自己对此这样说:"为自己国家尽心力,却获他国颁奖,心里总觉不自在。"

他总是如此谦逊,而吴大任却为他异常高兴。

南开数学研究所建成

在改革开放的春天,吴大任虽然已经退下领导岗位,但他还是做了一件十分重要的大事,那就是在他和副校长胡国定的积极奔走、呼吁下,1985年建成南开数学研究所,实现陈省身要把中国建成世界第一流数学强国的愿望。

数学研究所成立,陈省身任第一届所长,胡国定任副所长。在成立典礼结束后的座谈会上,陈省身高度评价吴大任的才智与人品,特别说明"立足南开,面向全国,放眼世界"这个办所宗旨"就是大任概括和表述的"。陈省身说到这里,全体参加会议的人都朝着吴大任报以热烈的掌声。吴大任因双耳失聪,根本听不见陈省身的讲话,也随着大家又是点头,又是微笑,又是鼓掌……

正巧陈鹥的一个外甥女作为国家教委工作人员也出席了座谈会。散会后回到家,外甥女打趣姨父说:"您怎么这样起劲地给自己鼓掌呀?"

吴大任夫妇(前右一、二)同杨石先(后左二)、陈省身夫妇(后右二、前右三)、滕维藻(后左一)、胡国定(后右一)等合影,1982年8月

吴大任在弄明白了之后大为后悔,责问外甥女为什么不提醒自己。外甥女调皮地回答道:"我敬陪末座,离您太远啦!"

为了这件事,吴大任还真有点不好意思呢。

以后再有人拿陈省身同吴大任相比,吴大任便会补充一句:"陈省身只有一个,……所幸因为有陈省身,才有南开数学研究所。"

"杨家花园"和"吴家花园"

吴大任的家庭人口众多,四居室的住房仍然显得十分拥挤,而且三代人同居一套住宅总有诸多不便之处。何况他的二儿子喜之也是本校数学系的教师,所以学校再次给吴大任调房,调到与北村遥遥相对、仅隔一条大中路的东村44号。

东村是校内最具田园情趣的住宅区,那里全都是别墅式的宅院。整个小区绿荫掩映,清香袭人,在熙熙攘攘的校园里就像一个世外桃源。吴大任非常喜欢这里的幽雅与宁静。

毗邻43号正是杨石先校长的住宅。杨校长为人正直,品德高尚,吴大任同他是亦师亦友,两个人曾经共事几十年,一直是君子之交淡如水。

杨老先生这位大科学家具有极高的中外文学修养,并且热爱生活,

第十二章 吴大任晚年的学术生涯

很有雅兴,闲暇时间喜欢栽花植树。他家门前的院落成了一个花团锦簇的"月季园",一朵朵绚丽多姿的鲜花尽情绽放,朝着人们点头微笑。

望着美不胜收的"杨家花园",吴大任夫妇又是欣喜又是艳羡,于是效仿杨校长,自己动手,将自家院子也营造得充满生机,充满诗意。吴大任兴致很高,亲自设计搭造了一座穹形花棚。

春天到了,最先开放的是郁金香,接着便是鸢尾、海棠、苹果花、蔷薇、月季……一片灿烂,同杨校长的"月季园"相映成趣,在东村形成了一道亮丽的风景。人们在驻足观赏两座小花园时,都被二位校长的高雅情趣所感染。

陈䎘常常不无得意地戏言道:"天津风景最好的是南开园,南开园里景色最好的地方要属'杨家花园'和'吴家花园'!"

在一年的早春季节,有位报社记者来采访吴大任夫妇。临走时,陈䎘送客人出大门,特地向记者介绍自己的小花园,并邀请他在开花时节来赏花。

新的学术生活

吴大任和陈䎘不仅精心营造门前的小花园,他们的居室内,一年四季鲜花不断。在乡村别墅式的住宅里,吴大任开始了向往多年的新的学术生涯——翻译经典数学著作。他非常实事求是地说,研究工作自己是搞不动啦,但他从事数学工作几十年了,中外文都有比较好的基础,而且有比较丰富的翻译经验,所以愿在有生之年做些力所能及的工作。

80年代,吴大任共完成了四部译著。

我国的自然科学翻译出版事业长期处于低谷。一些专家学者对翻译工作不屑一顾,出版社对译者也不够尊重,因此吴大任的翻译生涯并不是很顺利的。有的译作从交稿到出版几经周折,一拖就是十几年;有的则因与别的译者"撞车",全部心血付诸东流。个中甘苦,只有从事过翻译的人才能深刻体会得到。

吴大任译书不是一般地翻译,而是在翻译过程中发挥一个学者的创造性。例如,陈省身从美国寄来一本新出版的《整体微分几何》,作者霍普夫是微分几何和拓扑学大师，陈省身为这本书写了序。吴大任认为书的内容正可以用于我国的几何教学，很有译介价值。于是他放下手头的其他工作，马上动手翻译，并且很快就完成了。然而该著作属于"数学讲演丛书"第1000卷，是由两名听讲者根据自己的笔记整理出来的，因此错误很多。吴大任边译边订正，译完后写了一篇文章，列举出所发现的问题，并附上一个勘误表，寄给了陈省身。美国那家出版社收到陈省身转来的材料后，来信向吴大任表示感谢，并立即根据吴大任提出的问题对原书加以修订。在该书第二版的序言中，特别提到吴大任所做出的努力。

如果所有翻译工作者都具有吴大任的这种精神，那么如今的翻译界将该会是另一番模样。

吴大任忘我地投入工作，一天干三个单元——上午、下午和晚上。他双耳失聪日益严重，借助助听器也仅有一点点听力，所以陈𫗴便成为他的左膀右臂，家中的"后勤部"部长。陈𫗴除了照顾吴大任的生活、工作外，她也开始从事一项向往多年的活动——唱昆曲。生长在书香世家，她自幼就对文化底蕴非常深厚的昆曲艺术情有独钟。自从搬到东村，房子宽敞了，她同校内外十几名昆曲爱好者组成了一个"甲子曲社"，每月在她家里活动两次。每当"曲社"活动时，从吴家窗子就能传出悠扬的箫笛声和婉转的唱腔，客厅内正演绎着《西厢记》里莺莺和张生的爱情故事……

吴大任墨宝

侍弄花草，演唱昆曲，协助丈夫工作——这是陈𫗴最惬意的一段时光。

"甲子曲社"的欢乐活动，一点也没有影响吴大任在自己房间里的工作，因为他的双耳已经完全听不见了。

第十二章　吴大任晚年的学术生涯

"南开大学受惠于他的很多,而给予他的却很少"

陈省身多次回国讲学,而他的最精彩之举是创办了南开数学研究所。吴大猷出任台湾中央研究院院长,又获菲律宾马格赛奖。老同学、堂兄名声大震,与他们相比,吴大任就显得默默无闻了。

经常有人这样对外介绍吴大任——"陈省身的同学,吴大猷的堂弟。"这种屈居人下的称谓使他的亲人们听了未免不快,而他自己却总是报以宽厚的微笑。这只有大海一样宽阔心胸的人,才能达到如此崇高的精神境界。

吴大任虽已辞去副校长的职务,不过仍可享受作为校级领导干部的一些照顾,例如用车、用人,等等。但是他从不搞特殊,尽管已经八十高龄,到总医院看病,常常挤公共汽车。他不止一次自己到卫生院排长队报销医药费,大家见了都感到惊讶,因为像吴大任这种职位者自己亲自来排队是罕见的。有人问他:"您怎么不让校长办公室的人来帮您办呢?"

吴大任(左)、滕维藻(右)陪同胡乔木(左二)看望杨石先(右二),1984年

"我还能动,就不麻烦别人啦。"他说得非常诚恳。

1987年秋天,他同陈受鸰去香港,到已在那里定居的七妹明瑛家,同分别来自广州、肇庆、台湾、美国的堂兄弟姐妹偕带各自的家眷团聚。

除吴大业缺席外,这是一次比较齐全的聚会,也是一次规模空前的家族聚会。

吴大猷、吴大任、陈䎛1987年11月在香港与吴氏姐妹及其亲属团聚

在1988年校庆之际,南开大学举行了"吴大任教授执教业绩庆祝会",回顾了他所作出的重大贡献,并一致称颂他的道德品质。"南开大学受惠于他的很多,而给予他的却很少。"这句话概括了南开师生对吴大任的深厚感情和高度评价。

吴大任为姜立夫诞辰一百周年编成《姜立夫教授纪念册》。当写完《姜立夫先生与中国现代数学》一文,他在给儿子介之的信中谈了自己的感想:"我越写越认为,把现代数学移植中国,姜立夫是最早、最有效的先驱者。但作为他的学生,我只能提他是'先驱者之一'。"

艰苦的创造性劳动

90年代伊始,吴大任接到湖北教育出版社的邀请,请他和陈䎛合译一部德国数学大师克莱因的著作。克莱因著有三卷本《高观点下的初等数学》,湖北教育出版社已将该书前二卷译成中文出版,现想将这部著作出齐,特邀吴、陈二位教授将第三卷译出。

第十二章 吴大任晚年的学术生涯

南开老校友聚会。左起吴大任、谷源田、王文田、
张英元、陈鹉、王端驯,1987年9月

吴大任与陈鹉都十分清楚这部著作翻译起来是很困难的,但在出版社的再三请求下,而且为了填补国内这一空白,他们还是答应了。

早年,他俩曾多次合作从事翻译。尤其第一次合作时两人风华正茂,那是从汉堡回国途中,在意大利逗留期间,边观赏异域风光,边合作翻译,真是一次充满情趣的学术活动!可是如今,他们都已经进入耄耋之年,吴大任早就失聪,近年来手又发颤,再加上这部著作之难可称得上是"天书"。

两位八旬老人开始了浩大工程。他们把两张书桌连接起来,陈鹉在左,吴大任在右,因他左耳借助助听器还残留一点点听力,以便同陈鹉讨论。吴大任手颤不能握笔,便作口述,由陈鹉记录,并核对原文,进行讨论。然后由吴大任对照原文,再做加工。陈鹉誊写时再次校对一遍,最后由吴大任定稿。用他的话来说,这次合作是以"各尽所能"的方式来进行的。

有客人来,见到两位老人的工作场面,无不为之动容。

翻译这部著作的难度比他们原先预想的还要大得多。因为书中的非数学语言比比皆是,如哲学、天文、心理、生理、地理、物理等领域的内容甚至多于数学推理。为此,不但要查阅多种工具书,还需请教有关方面专家。另外,这本书的注释极多,注释部分字体又特别小,读起来非常吃力，需要使用放大镜。

试译一章后，他俩都感到疲惫不堪，只好放慢进度。可是出版社催得很紧，又迫使他们尽可能地加快点进度。在美国的介之知道这情况后，多次写信、打电话劝父母无论如何不要再干下去了。可是吴大任与陈鸎认为既然已经答应了出版社，就要诚守诺言。他们就这样硬是坚持了下来。

两位老教授那种异乎寻常的认真与严谨，使得这部译著实际上已经是艰苦严肃的再创作。

当翻译工作接近尾声时，吴大任突然感觉视力急剧下降，视野大大缩小，连忙去医院检查，却一时未能确诊。

吴大任一向以工作为生命，如今眼睛忽然患病，不能读书、写字，一下子丧失了工作能力，他感受到从未有过的痛苦。

吴大猷荣誉接踵而至

1983年，吴大猷接任台湾中央研究院院长，在十几年的院长任期内，他翻修了六十多年未修的"中研院组织法"，引进研究人员续聘与升级的评审制度，加强中央研究院与高校间的学术交流，奠定了中央研究院的基础。吴大猷也打破禁忌，1988年9月首次派人赴大陆参加国际科学联合会总会在北京举行的第二十二届大会。

1991年5月4日，吴大猷荣获母校密歇根大学赠与荣誉科学博士学位，赞扬他是物理学上有卓越贡献的人才，赞扬他从中国大陆到台湾一直致力于物理学的成绩。

在正式典礼的前一天，李政道陪同他赴母校密歇根大学参加"吴大猷科学研讨会"。这次会议的演讲者华裔物理学大师中有杨振宁、李政道、丁肇中、朱经武，以及从北京远道而来的黄昆等一批世界级科学明星。会议还设立了"吴大猷讲学基金"。共有三百七十五位学者参加了这一盛会。

这里顺便要提一下美籍华裔年轻物理学家朱经武，他不是别人，正是吴大猷好友陈省身的女婿。陈省身曾一再嘱咐这位来自台湾的可爱青年，从事研究不要走热门，因为跳进去时已经很多人在那里打破头

第十二章 吴大任晚年的学术生涯

了,应该开创自己的路。岳父的教诲对朱经武的科学道路和人生道路都产生了巨大影响。80年代,高温超导正处于停滞不前的状态,他便选择了高温超导作为研究方向。经过不懈努力,1987年他和同事们成功发现新超导材料,开创了高温超导研究的新纪元。因而朱经武被推选为美国科学院院士,也成为诺贝尔奖候选人。

在会上,吴大猷是第一位演讲者。他追述六十年前在密歇根大学做研究生的经过,点点滴滴,历历如昨。他更感谢当年的老师们,语语真挚,倾慕之情,意在言外。

颁赠典礼在密歇根大学露天体育馆内举行。美国总统布什夫妇也将同台接受荣誉法学博士学位,所以在举行典礼前的两个小时,便已万人空巷,充满了兴奋、热闹的气氛。中午前十一点时,布什夫妇乘直升机莅降体育场。于是典礼开始,各候奖人鱼贯上台入座。大会宣读各候选奖人对学术和社会的贡献。吴大猷领了荣誉证书,然后,美国总统布什夫妇趋前和他握手,互相祝贺。全场掌声雷动,兴奋的气氛达到了高潮……

吴大猷与布什夫妇同获美国密歇根大学荣誉博士学位,
布什赠给签名照,1991年5月

当时,坐在大会场里的吴大猷的华裔老学生们,因座位离主席台既高且远,根本看不清老师在哪儿,只好把眼镜片擦了又擦,引颈向前。忽见在台上几个高大的身形中,有一头白发在他们的肩际晃动。啊!那不就是他们望眼欲穿的吴先生吗?只见吴先生领了荣誉证书,正向主席鞠躬致谢。台下那些满头华发的学生们竭力欢呼,挥手致意,泪水却不自觉地流下。他们从朦胧的泪眼望去,在温煦的阳光下,老师那头飘扬的银发,仿佛闪耀着一片祥和的中华民族之光,与他那特有的微笑交相辉映。

荣誉接踵而至。1992年1月,台湾物理学会把第一届"特殊贡献奖"颁赠给吴大猷,表彰他数十年来对物理研究及台湾科学技术政策、教育的贡献。他一再谦虚地表示:"我实在不应该得这个奖。在科学研究方面,我是做了一些工作,总的说来,还算不错。可是若要说'贡献'、'特殊',那就谈不上了。"

兄弟俩接力默寓言

吴大猷对名利地位看得很淡,也许是因为年纪大了,倒非常怀旧,常常回忆青少年时代的生活。一天,他忽然想起在南开中学上德文课时,那位绰号"老德"的崔老师教的一篇德文寓言《狼与羊》。吴大猷用德文花体字默写,可是没能写完,因为背不下来了,只好写信给当年和他同班学德文的吴大任,问他能不能帮助他续写下去?

这封信也勾起了吴大任的怀旧心情,思绪一下子回到20年代,《狼与羊》的故事他还记得很清楚。虽然此时他已经几乎全盲,但是仍然勉为其难地也用德文花体字把《狼与羊》全篇故事续写完毕,寄给吴大猷。兄弟俩都为这次忆旧感到温馨,感到激动。

吴大猷很想念南开,写信问吴大任:"马蹄湖如今还有吗?1946年我回去时,它已被碎石瓦砾填平了。原先那是多么美丽的风景啊!"

吴大任回信告诉他:"现在北马蹄湖还有,南马蹄湖已建成一座小花园。你若回来,就会有鲜花盛开的花园和满湖荷花夹道欢迎你!"吴大猷读后十分高兴,说有机会一定回母校。

不久,机会终于来了。吴大猷来信说,再过几个月,他将以台湾中央研究院院长的身份率团到北京出席国际物理学学术会议,届时定回校看望堂弟全家。这个消息令吴大任夫妇兴奋不已,他们都在翘首企盼着那个鸟语花香的季节……

第十三章 吴大任陷入无声的黑暗世界

吴大猷圆梦天坛回音壁

1992年初夏,吴大猷带领台湾物理学家在李政道夫妇陪同下,首赴祖国大陆,来到他久违四十六年的北京,出席由杨振宁主持的国际物理学学术会议。他的第二母校北京大学盛情邀请他,授予他"荣誉博士"称号。

吴大猷在李政道陪同下重游天坛回音壁,1992年5月

在北京期间,吴大猷见到了阔别多年的亲人和老友们。同严济慈、周培源、赵忠尧、汤佩松等大科学家相见,并为周培源祝贺九十大寿。大家有说不尽的话,久久不愿分手。

吴大猷的那些老学生们,如黄昆、朱光亚等人也都纷纷前来拜见老师，回忆当年接受老师教诲的经历。年轻的同行和晚辈更是争相目睹吴大猷先生的风采。这些会面盛况空前，表现出吴大猷在大陆学术界也享有崇高威望。无论对任何人，他的谈话总是那么热情、谦和与坦诚，使大家充分感受到大猷先生之所以如此受人崇敬，首先在于他的人格魅力。

休会期间，吴大猷躲开媒体的追踪，悄悄去圆一个梦，一个美丽的梦。他由李政道陪伴着，专程游了一趟天坛公园，到青年时代和阮冠世常常来玩耍的地方。他站在回音壁前，将耳朵贴在回音壁上。从另一边传来了李政道的轻声呼唤："吴先生，您听到了吗？"

"听到了！听到了！"吴大猷欣喜地回答着，神情忽然变得恍惚起来。他似乎回到了六十多年前，仿佛听到还是可爱少女的阮冠世那柔声细语："请求上帝让我们永生永世在一起……"

新婚燕尔，他俩又多次来这里传递着欢声笑语。天坛回音壁是他俩相爱和新婚的见证！"男儿有泪不轻弹"，而此时此刻，历尽沧桑的吴大猷，也忍不住淌下了热泪。

少小离家老大归

北京的日程已经安排得满满的，而吴大猷仍想故地重游，去寻觅四十六年前在北京生活的足迹：上课的教室，居住的会馆，穿行的胡同，漫步的小桥……

吴大猷很想得到一幅昔日的北京地图，北京著名的历史地理学家侯仁之得知他这一心愿后，连忙把自己主编的《北京历史地理集》赠送给他。吴大猷如获至宝，连声道谢。

学术会议结束，在杨振宁的陪同下，吴大猷来到天津，回到南开。他百感交集：南开是他事业的起点，没有南开就没有他的今天；南开又是他同爱妻相识相恋的地方，没有南开他就不会遇到那位使他终生幸福的女神。南开啊，你是我生命的一个重要部分！

母校热烈欢迎这位杰出校友。在迎接他的学校领导人当中还有老友陈省身！游览了美丽的校园后，吴大猷去探望吴大任夫妇。在吴大任家的客厅里恭候他的还有好几个表弟妹，他们特地从全国各地赶来，为同这位阔别近半个世纪、令他们尊敬、使他们骄傲的表哥见上一面。大表妹已年逾古稀,依旧那么美丽,那么文静。而1946年出生的小表弟,吴大猷第一次见到他时还是个襁褓中的婴儿,如今已是中年人了。亲人们相见激动得流下热泪,有说不完的话语,往事一幕幕、一桩桩出现在眼前……

吴大猷真有"少小离家老大回,乡音未改鬓毛衰"之感!

吴大猷与严济慈(右二)会晤,李政道夫妇作陪,1992年5月于北京

吴大猷与阔别几十载的亲属们相见,1992年6月

南开大学隆重举行授予吴大猷"名誉博士"学位的盛典,母国光校长致词:"今天,大猷先生返校,更为有意义的是,他当年在南开的同窗、半个世纪的好友、著名数学家陈省身教授和大猷先生的好学生、诺贝尔奖获得者、著名物理学家杨振宁教授,不远万里共同回到南开园,主持世界闻名的第二十一次理论物理学中微分几何方法国际学术会议来欢迎大猷先生。群星会聚,友谊、师情与学术交流定将载入史册,成为传世佳话。"

南开大学群星会聚。左起陈省身、吴大猷、吴大任、杨振宁,1992年6月于吴大任家中

母国光校长郑重地将吴大猷在南开大学求学时的成绩单等珍贵资料双手交给吴大猷。

杨振宁以学生身份深情回顾了吴大猷先生对自己的培养教育。

吴大猷用略带广东乡音的普通话谦逊地答谢道:"今天我很高兴,很快乐,也很不好意思。接受这个荣誉感到很惭愧。大家说了那么多好话,我觉得那好像不是在说我。"

他依旧那么谦逊而又风趣。

他回顾了南开十年的生活:"我在南开中学受到基本训练,在南开大学受到科学入门的训练。离开南开大学六十多年,但我始终没有离开学校和教学,尽我的力量教学。今天看南开大学,和过去相比,各方面都是不可想象的。"

南开大学母国光校长将吴大猷当年学业成绩单等
资料赠予这位杰出校友,1992年6月

临别时,吴大猷再一次去观赏昔日上课、教书和初恋时朝夕相伴的"思源堂",让它永远铭刻在自己心中。

江泽民会见吴大猷,1992年5月31日于北京

此次北京之行,吴大猷亲自邀请大陆著名科学家去台湾访问。后

来终于促成了首批大陆科学家谈家桢、张存浩、吴阶平、邹承鲁、卢良恕、华中一访台,为海峡两岸科学界之间的学术交流架起了一座金桥。吴大猷的大陆之行被誉为"两岸物理界的一大盛事",是"开辟两岸学术交流的创举","使得隔绝四十余年的两岸学术交流有着关键性的突破"。

吴大猷坐在轮椅上,由李政道推着漫游天坛公园,1992年5月

突然陷入黑暗中……

吴大任在视力日益衰退的时候,曾经给在美国的儿子介之的信中写道:"现在眼睛不好使了,既不能用以'独善其身',更不能'兼善天下'了。《三国演义》谈到孔明病重时巡视兵营一周,说:'今后不能再临阵讨贼了!'真是'常使英雄泪满襟!'"由此可以窥见吴大任当时的悲怆心

情。

在给儿子的另一封信中,他又写道:"我始终认为,尽管你的研究在国外比国内进展得顺利,而你的'事业'(不仅是业务研究)应在国内。"

这是他给儿子的最后两封信,从此以后他就再也写不了任何东西了。

经过好几个月,他的眼病才得到确诊,结果不容乐观——他患的是慢性闭角青光眼,并且已经到了晚期。

学校马上派人将他送到北京医治。他们到了协和医院,医院却因为种种"规定"不能让他住院治疗。吴大任和两位学校干部只好住在协和医院附近的一个宾馆里,每天步行去就医。在北京工作的外甥女到宾馆看望他时,不免为他愤愤不平。而他却平静、宽厚地微笑着,反倒安慰起外甥女来,他说:"协和是个大医院,大有大的难处。宾馆条件不错,'走读'一样也能治病。"

他在协和医院做了激光手术,可是视力却没能得到恢复。

翻译的结束工作只得由陈𬭩一个人来承担。最后的校对是吴大任的一个老学生来帮助完成的。当《高观点下的初等数学》第三卷中译本以精美的装帧问世时,吴大任已经完全失明,只能用双手来抚摸它。

周总理纪念碑前的散步

吴大任是个性格很内向的人。自从失明后,他变得更加沉默寡言,把巨大的痛苦深深埋入心底。陈𬭩面对突然降临的灾难,内心的苦楚难以表达。可是她不能轻易流露出来,反而要以豁达、乐观的情绪来感染他,鼓舞他,让他尽可能地生活得快活一些。每天,她陪伴着吴大任在校园内散步。散步地点主要选在离家不远的周总理纪念碑前那条不长的甬道。

在南开园内,从校门口沿着大中路,走到右侧的第三个路口,便是那个造型奇妙的、半环状的马蹄湖。一条两旁大树遮掩的甬道,把人们引进马蹄湖的中心岛。小岛三面被荷花池环抱,景色十分美丽,清新的花香沁人心脾。

1979年,南开大学六十周年校庆之际,学校在马蹄湖中心岛上建成一座周恩来总理纪念碑,碑座用花岗岩、碑身用汉白玉制成。在碑左上角镶嵌着周总理的铜制浮雕头像,正中镌刻着周总理的手书——"我是爱南开的"六个金色大字。碑背面镌刻的是由杨石先校长撰稿并亲笔书写的碑文。使得这个原本就极富诗情画意的地方,从此又增添了一层神圣的色彩。如今,马蹄湖中心岛已成为南开园内一道美妙而圣洁的风景。

吴大任夫妇非常喜欢这个景色宜人,又颇令人感到壮观的地方。而且这里没有车辆穿行,安全幽静。陈鷖挽着吴大任在这儿来回散步。

吴大猷同吴大任夫妇最后一次合影,1992 年 6 月

为了增添一些乐趣,陈鷖提出边散步边比赛背古诗。比赛中,吴大任的惊人记忆力不减当年,陈鷖往往倒是输家。

散步后回到家,陈鷖给他读报,让他知道外面世界发生的事情。在陈鷖的鼓动下,吴大任开始撰写回忆录,仍是由他口述,陈鷖记录。他在口述时,通篇文章都已胸有成竹,逻辑思维清楚,没有多余的话,连标点符号都一一口述出来。

陈鷖真正成了他生命的一半。渐渐地,吴大任终于习惯了这种黑暗的、没有声音的生活。陈鷖的乐观和风趣给了他精神力量和生活的勇气。

第十三章 吴大任陷入无声的黑暗世界

"三老之家"

1994年夏,从美国传来一个噩耗:吴大业于加州病逝,享年87岁,这又使得生活刚刚平静了一些的吴大任夫妇不胜哀伤。作为长兄,吴大业对弟妹们关怀备至,吴大任夫妇念念不忘大哥的深厚恩情。

吴大业性格直爽,热情坦率,虽然身在异国,但总不忘自己是炎黄子孙,密切关注着祖国的发展。前些年,他还曾经就三峡工程问题,给政府写信,阐述自己的观点。

这时,吴大任记起了五妹明慧曾承诺要做东道主,邀请兄弟姐妹们到台湾她的家中聚会。如今大哥已去,那么台湾约会也将失色。想到这些他感到无限凄楚。

在吴大任患眼疾以前,他们家中已经发生了一些变化:学校给他也在本校工作的次子喜之分了一套住房,喜之一家三口搬走了。接着吴大任的三姐从广州迁来,住在他家。这位老姐姐一直独身,退休前是广州一所小学的校长。她体弱多病,脾气古怪,而陈䴖却能与她和睦相处。三姐年逾九旬,吴大任长陈䴖一岁,所以陈䴖开玩笑说:"我是家中老中青里的'青'!"

她编了一幅对联曰:

"失聪失明清清楚楚"

"三姑六婆是是非非"

横批是"三老之家"。

根据陈䴖的解释,上联指的是吴大任,他虽然看不见也听不到,但心里却是明明白白的;下联的"三姑"即指三姐,"六婆"是指她自己,她在兄弟姐妹中行六;"是是非非"的意思是肯定对的,否定错的,大姑子同弟媳之间没有任何是非。

尽管陈䴖出于幽默的天性,说得非常轻松,但是在这个"三老之家"里的各种家务事,例如三姐的保姆与其主人发生矛盾啦,就需要陈䴖来调停,等等这些琐事、杂事,还是让她操碎了心。

陈䴖对来看望她的友人悄悄说:"我现在是超负荷运转啊!"

超负荷运转导致的后果

超负荷运转终于导致不堪设想的后果。由于精神上过分紧张,体力方面过度劳累,1994年的初冬,一个寒风萧瑟的日子,陈鹢突然患了脑血栓。

陈鹢瘫痪了,被送进总医院。一想到家里那两个非常需要自己照料的老人,她就心急如焚,痛不欲生。

吴大任还有一个同父异母的弟弟吴大刚,定居北京。当他得知嫂子患病,而且住进了医院,他便来天津看望兄嫂,并将三姐接到了北京自己家。

这时喜之恰巧在国外,儿媳沈琴婉每天到医院奔波,忙得分身乏术。吴大任在家里很是寂寞与孤单。一个人沉浸于黑暗和无声的世界中,没人搀扶他散步,没人同他赛诗,没人给他读报……不仅如此,他还终日处在焦虑与担忧之中:陈鹢的病情怎么样?即使没有生命危险,会不会留下后遗症?会不会从此瘫痪在床,再也不能站立起来?

一次,有位同事来看望吴大任。谈话间,吴大任要去一趟卫生间,只见他摸着走廊的墙壁一步一步走去,走得还挺利索。客人担心地问保姆:"他能行吗?"

"没事儿,他早就习惯啦。"保姆若无其事地说道。

是的,他早就已经习惯了,常常自己摸索着从抽屉里拿出某件东西,摸索着干这,干那……

吴大任一再要去医院看望病妻。儿媳劝阻不住,终于陪伴着他到了医院。但是他看不见也听不着,只能用双手紧紧地握住妻子的手,这里面有千言万语和无限的情意。陈鹢深情地望着丈夫,这时的她早已泣不成声,泪如雨下。

陈省身夫妇也到医院去看望陈鹢,并且为她支付了两个护工的费用。

所幸陈鹢的病情经过治疗有所好转。为了那个需要自己服侍的人,她决心一定要重新站立起来。她的主治医生是脑系科主任医师朱淑贞,这位大夫和蔼可亲,对病人十分关怀,陈鹢很喜欢同她聊天。一天她向朱大夫请教："栓塞的脑血管会自己通开吗？"

"不会的，但会在旁边长出小血管，代替病管。"朱大夫回答道。

"要多长时间才能长出来呢？"陈䍨急切地问大夫。

"大约一年左右吧。"朱大夫说。

朱大夫的话大大鼓舞了陈䍨，那就是说偏瘫病人还有康复的希望！她下定决心，一定要在一年之内锻炼自己的肢体，不然的话，待新血管长成时，肢体的功能已经退化了。

从这个时候起，她便咬紧牙关争取多活动。医生们都称赞她这种精神，嘱咐护工们要经常帮她翻身，扶她坐起。可是那两名护工却偷懒，图省事，不愿帮助她活动，连吃饭都不肯扶她坐起来，而是让她躺着，喂她吃……

陈䍨觉得总这样躺下去，只能越躺越坏，将来就不可能再站起来了。于是她决定出院，回家实施自己的康复计划。她的想法得到了儿媳的理解与支持，赞成她回家疗养。

但是医院一般却不愿过早放病人回家。陈䍨想方设法同医院一再周旋、交涉，在她的坚持下，终于获准出院。

陈䍨出院回到家中，吴大任非常欣喜，知道妻子已经闯过了鬼门关。他十分了解妻子的坚强，相信她一定会重新站立起来。那天，这对久别重逢的老夫妇，见面时相拥而泣……

一定要重新站起来

从出院那一天起，陈䍨便在家中开始实施自己的康复计划。她把练习翻身作为第一课，然后再让人扶着坐起，到下床站一会儿——哪怕站一分钟也是胜利，当然这会让她累得大汗淋漓。

在吴大任家庭最困难的时候，图书馆系一位老师知道了他们的情况，就号召自己的学生为二位老教授做些事情。同学们在自愿的基础上组织起来，每天下午四点至五点，轮流来吴校长家服务。后来，数学系、计算机系和历史系的一些学生，也自愿参加到这个行列里来。他们为老校长、老教授读报，交流、谈自己的学习生活，搀扶老人到户外散步，边散步边描绘校园的景色。

学生们还帮助陈鹦练习站立，或者用轮椅推着她到户外，让她领略久违了的大自然风光。

陈鹦从只能站立一分钟到能站立二十分钟。看到她的顽强精神，学生们都十分敬佩，说道："我们军训时站二十分钟都觉得很累，您真是了不起！"

瘫痪病人大多是安静地躺在床上，享受着亲人们无微不至的服侍。唯独陈鹦与众不同，总是要自讨苦吃，尽可能地事事自己干，自己吃饭，自己拿东西，自己……每天不管多么艰难也要下地活动。

陈鹦就这样一点一滴地锻炼，吃了不少苦头。因而她比一般的瘫痪病人恢复得要快许多。

随后，她又有了一个大进步，每天能让人搀扶着拄拐到外面散步了。啊，明媚的阳光，湛蓝的天空，还有那绿树和繁花，以及熙熙攘攘的行人，生活多么好啊，一股喜悦之情涌上她的心头。

他们家请了两个保姆，她们是一对四川姐妹。吴大任夫妇每天清晨各由一名保姆搀扶着在校园里散步，同晨练的老师们聊天。连不相识的过路人也会向这对老人投去尊敬、爱戴、关怀与同情的目光。

彼此鼓舞着相依为命

一位同事给陈鹦送来一个四条腿的金属助步器。她试用一下觉得既轻巧，又安全，十分满意。从此她外出就不再让人搀扶，完全可以独立行走了。她每天用助步器散步两次，每次半个小时，做到了风雨无阻，一天不出去就感到浑身不舒服。人们都夸她有毅力，她却笑着说："我现在是'端着架子'走路！"

她非常关心患有同样疾病的朋友，总是鼓励他们树立信心，战胜疾病，并向他们讲述自己的积极的康复之路。她那独特的助步器也引起人们的注意，有的病人家属见到了都觉得很好，向她打听在什么地方可以买到。所以她就在衣袋里装着几张纸，上面写着出售助步器的商店地址，随时送给需要的人。

陈鹦想让吴大任外出散步时不用人搀扶——因为请两名保姆的经济负担实在太重，只需牵住她的衣角就可以了，但是吴大任却不好意思这样做。

一天,陈鹦在"端着架子"散步时,遇到了一位坐在轮椅上被人推着的老太太,两人交谈起来,原来对方患的也是脑血栓。陈鹦劝她买一个助步器,自己走,就不用让人推着轮椅了。可是那位老太太叹了口气,说道:"我都 68 岁了!"

"我 86 岁啦!"陈鹦意味深长地回应她。

对方无言以对。

自从发病到能在户外独立散步,陈鹦用了不到一年的时间。根据她的年龄和病情,医生们都说她是病人当中恢复得最快的,也可以说是打破了纪录。

几年坚持下来,陈鹦身体状况良好,极少生病,偶尔患一次感冒,也能很快自愈。她所以如此执著地实施自己的康复计划,除为了残疾丈夫外,还有一个想法,那就是不要拖累儿女。因为年轻一代工作都很忙,她自己已经不能做事了,就不能再给社会增添负担。

陈鹦的坚强生活态度,深深影响了吴大任。面对变幻莫测的人生,他也变得豁达了许多。

两个各有残疾的老人,各尽所能、相互弥补地共同生活。他们搀扶着,依傍着,彼此鼓舞着,谁也离不开谁,真是相依为命了。

经历了无数的苦难与磨砺,两位老人备加感到对方的价值,越加珍惜拥有,热爱生命,再次偕手共度不平凡的晚年。

第十四章　吴大任生命的最后乐章

父子之间

吴大任的长子吴介之从美国回来,探望年老体弱的双亲。吴大任夫妇十分高兴,家里顿时变得热闹了起来。

介之毕业于北京航空学院,后赴美留学。80年代初,他从事一项漩涡动力学问题的研究,关键处要用到曲面的微分几何。1984年春节回家探亲时,他向父亲请教。吴大任把自己撰写出版的《微分几何讲义》给了他。那本教材简明扼要,深入浅出,介之读后用了一个星期就把问题解决了。后来这项研究发展成一个边界上涡量动力学的一般理论,包括介之同儿子合作的论文。在介之与朋友合著的一本书中,他引用了父亲的《微分几何讲义》。1993年书在国外出版后,他托人给父亲送来一本,特别告诉父亲:这里有吴家三代人的贡献,作为对他老人家的一点报答。吴大任双手捧着书,十分高兴和激动,只是那时他已完全失明了。

介之自60年代到北京上大学,然后留校任教,出国,定居国外。他同父亲相聚时间不多,所以父子之间一直以通信方式保持联系、交流思想。用介之的话来说,他和父亲的通信已经超越了一般的平安家书,而是"同一位智者、贤者自由平等地交换意见"。

介之强烈感受到父亲对自己一生影响的巨大与深刻,他更为有这样一位杰出父亲感到幸运与骄傲。

当然,年轻一代对老人的过于书生气也深有体会。有一次,介之在信中写了一件真实的事情:他有一个朋友,这位朋友有一个好友,原先是教授,现在在北美经商。1991年我国南方水灾严重时,这位儒商为国内自然灾害心急如焚,搞到一批质优价廉的塑料薄膜,同中国外贸部

第十四章 吴大任生命的最后乐章

门派去的救灾采购人员洽谈。采购人员问给多少回扣？那位儒商当时居然不懂什么是"回扣"，当他明白后愤然拒绝了交易。介之告诉父亲这个故事的目的是为让他知道当今社会的黑暗，连救灾款也有人敢用以肥私，希望父亲别太书生气了。没想吴大任看了信后十分愤慨，立即以普通公民身份给中央纪律监察委员会写信反映。中纪委很重视，派了两名干部到天津来找吴大任了解情况。吴大任只得写信问介之。介之问朋友，朋友笑道："你们都是书生！要回扣很普遍，如果我那位做生意的朋友揭发了，以后还怎么同中国做生意呢？"

介之非常理解父亲的为人，因为在他小的时候，父亲就多次给他讲过"先天下之忧而忧，后天下之乐而乐"的道理。

1995 年，南开大学筹备开会纪念周恩来总理逝世二十周年，请吴大任在大会上发言。起先他谢绝了，因为自己失聪又失明，很不方便。而介之却怂恿他去作发言。他答应试一试，讲讲 1959 年周总理来视察南开大学的情景。介之特地去为他买来一台小录音机，请他打好腹稿以后，对着录音机预讲，然后贴在耳朵上听，不满意就重新再讲，再录，再听，再改……总之，吴大任花费了很大心血，一丝不苟，一直到能够流利地默讲为止。到了开大会时，眼睛看不见、耳朵也听不见的吴大任的发言感动了全体与会者。

这件事对晚年吴大任的精神起了很大的鼓舞作用。

有一天，吴大任同往常一样，静静地坐着，忽然开口让介之帮他办一件事：去查一查姜立夫的手稿是否经已归还给姜先生的公子姜伯驹了。原来在他眼病尚未发作时，曾经帮助中山大学（姜立夫晚年在那里任教）整理姜先生的遗作，工作早已完成，他惦念着这些事，认为要善始善终。然而这件事一时没有能够查清楚，他始终耿耿于怀，一直到最后病入膏肓时，还常常念叨。

吴大任失明后，信件都由他口述、陈䴗代笔。陈䴗一病倒，一切信件只好中断。直到陈䴗又能握笔写字，才给该回的信一一回复。1995 年，他曾收到一部《中国数学会史料》，当时只好搁置一旁。直到 1996 年秋天，由他口述、陈䴗代笔给该书编者张友余写信，说自己编的《姜立夫年谱》有几处小错，托付张友余进行修改，并表示自己可继续为对方提供史料,解答问题。

忧国忧民

　　介之全家定居美国,始终是吴大任的一件心事。他多年来期盼着海外学子学成归来报效祖国,包括自己儿子一家。早在90年代初,介之来信解释了自己暂时不能回国的原因。吴大任收到信后回了一封长信,既表示理解,又告诉儿子,他为此很不平静。虽未言明,而痛苦与期盼之情已溢于言表。1991年,他在给介之的信中发出感叹:"我一算,吴、陈两家滞留国外的太多了。'尊重知识,尊重知识分子'的呼声越来越响亮,人才外流却越来越多。"

　　介之回来,吴大任照例一一打听儿子、儿媳同国内有何合作项目,听到一些就高兴。他也常问及孙子、孙媳和孙女的工作、学业以及他们今后的打算。他还暗自设想过,假如他们一家回国,每一个人可以在哪儿工作⋯⋯

　　介之这次回家团聚,是吴大任一生最后一次享受天伦之乐。当儿子再次回来时,已是他的病重时刻了。

　　1996年12月,吴大任因感冒发烧,两三天了也不退烧,便到总医院看病。医院把他留下住院,输液,第三天感冒症状明显好转,他便下床活动了。医院在给他检查身体时做了B超,竟发现肝部有肿块。进一步检查,确诊为肝癌,而且是通过肠癌转移的。

　　除了癌症带来的疼痛外,吴大任还要忍受各种检查手段和治疗手段带来的肉体折磨。对来看望他的亲属、朋友、同事,他表现得很平静——他善于把巨大的痛苦深深埋入心底。然而谁都明白,忍受癌症剧痛的折磨是需要多么大的毅力啊!

　　中央电视台记者李潇潇,好多年前就想拍部吴氏三兄弟的电视片,同吴大任是老朋友了。当他得知吴大任病重的消息,马上从北京赶来,在医院里要给吴老先生拍电视。吴大任说:"聊天可以,拍电视我可不愿意。一个生病住院的老头儿,有什么可拍的!"

　　李潇潇便说:"好,咱们就聊天吧!"

　　其实摄像机是开着的。吴大任性格内向,不愿说什么。他的话都是李潇潇一点一点给引出来的。吴大任没有考虑任何个人家庭的事情,而是忧国忧民。他断断续续地、吃力地说:"教育投入太少,教师工资过低……校不留人,国不留人啊!"——这些关系到国家、民族前途发展的大事,总是让他牵肠挂肚。

春节临近,亲人们都希望把他接出医院,回家过最后一个春节,也为让他换换环境,开心一点。医生起初不同意他请假回家,后来在家属的一再请求下才予以批准,规定年三十下午离开医院,初五一早返回医院。吴大任总算在家过了最后一个春节。

吴大任患病的消息传遍全校,春节四天,来看望他的人络绎不绝,他家的客厅,一连四天宾朋满座。

正月初五一大清早,吴大任就被送回医院。从此他便永远离开了这个家……

回到病房,又开始治疗,开始输液。其实他很不喜欢输液,觉得太不自由,睡觉总得一个姿势,挺难受的。不过为了治病,他都咬着牙忍受住了。直到四肢全都肿了起来,他也尽量不作声。

到了生命垂危的最后几天,由于太痛苦,吴大任情不自禁地喊了几声,甚至让守护病床的安徽小保姆菊萍去找大夫:"让大夫给我打一针,我想安乐死,我太难受啦!"

在最后两天,菊萍问他:"您放心奶奶吗?"

"我放心,你叔叔婶婶会对她好的。"他回答道。

对家庭、亲人他都很放心,他惦念的是国家大事。

1997年3月19日吴大任溘然长逝,享年89岁。

过多的忧虑与创伤,太少的尊敬与荣誉

在悼念吴大任时,众多南开师生都尽情倾诉自己的肺腑之言。最打动人心的是原南开大学党委书记李原那诗一般的悼词:"历史给了您过多的忧虑,过多的创伤。而给予您的尊敬和荣誉太少,太少,尽管您并不计较。"这简洁而深刻的话语,极好地概括了吴大任勤勤恳恳、默默无闻、胸怀坦荡的高贵品质,也勾勒出一位正直善良、忧国忧民的知识分子那饱经时代风雨的坎坷人生。

吴大任病逝后重新振作精神的陈䚮,于 90 年代末

远在美国的陈省身得知噩耗后,深切缅怀这位七十一年的挚友,写下挽联:

八里台畔,阿斯河边,永忆江湖
椭圆空间,积分几何,长留真理

吴大任病逝的消息传到台北吴大猷那里。比自己年轻一岁的大任也走了,四兄弟中如今只剩下了他一个人。这引起他的诸多感触,自然而然想到了自己。人生苦短,还能再有几年呢?唯有抓住今天多做点事吧。

令他聊以自慰的是自己没有虚度光阴。记得在 1988 年 1 月 12 日凌晨,他突患心肌梗塞,马上被送进医院。经检查发现心脏受伤面积颇大,情况危险。幸好没有出现并发症,病情才逐渐稳定下来,在医院住了将近三个月。他在病榻上居然完成了一部书稿。

陈䚮毕竟是陈䚮

吴大任病重时,陈䚮因焦虑与悲痛而卧病。在最后的日子里,她竟没能到医院见丈夫一面;吴大任故去以后,举行遗体告别仪式时,儿子、儿媳担心她经受不住这么大的刺激，劝阻了她去殡仪馆。没能见到相濡以沫六十三载的伴侣最后一面，让她倍感哀痛。

陈㴋觉得自己的生命仿佛失去了一半。可不是吗？两位各有残疾的老人相依为命。就在这时，其中一个猝然离去，剩下的那一个又该怎么活下去啊?!

在众人面前，陈㴋极力抑制住自己的悲痛。当只有她一个人在家时才放声大哭，这种情况曾经发生过好几次。

不过陈㴋毕竟是陈㴋。她再次接受命运的挑战，终于从撕心裂肺的痛苦中挣脱出来。她家客厅里悬挂着吴大任的巨幅遗像，下面是1933年吴大任出国前同她的第一幅合影，还有他俩在英国的结婚照，以及80年代的全家福和夫妇俩晚年的合影。在陈㴋的卧室兼书房里，一张吴大任的彩色大照片正朝着她微笑……吴大任似乎无处不在！他时时刻刻陪伴着她，在她心中他是永生的。

陈㴋从悲痛中挣扎起来做的第一件事便是整理丈夫的遗稿，共整理出二十万字。接着，她协助南开大学校长办公室编辑出版了《吴大任纪念文集》，文集中凝结着诸多同事、朋友、学生和亲属的真情实感。

端着助步器去看望亲爱的人

陈㴋已经想好怎样让吴大任安息得更为有意义。这点她受到了杨石先校长对身后事处理的启发。杨石先校长生前同周总理有深厚友情，对周总理十分崇敬，因此留下遗嘱：将自己的骨灰洒在周总理纪念碑所在的马蹄湖中心岛周围的松柏丛中。杨石先于1985年2月逝世，他的子女遵照遗嘱去做了。

吴大任故去转年的清明节到来之际，在校领导的支持下，陈㴋率领儿子、儿媳和孙辈，将吴大任骨灰埋入他们夫妇俩晚年经常一起来散步、背诗的那个美好地方——周总理纪念碑旁右侧的一棵松树下。愿他安息于自己所景仰的伟人身旁，并让他的生命在滋育大自然中获得永恒。

以后，陈㴋常常独自一人端着助步器去看望那个亲爱的人。

杨石先和吴大任二位已故校长都拥有崇高威望。人们称赞他们是

"纯真学者,正直君子"。南开人认为,自1919年建校以来,南开有五位"先贤",他们是严范孙、张伯苓、杨石先、黄钰生和吴大任。如今,两位南开先贤追随着南开杰出校友周恩来,聚集在这个地方,于是小小的马蹄湖中心岛就成了一片神圣的土地。人们只要一踏上这个小岛,一种崇敬之情便会油然而生,每颗心灵都会在这里受到一次洗礼。

吴大任逝世后,陈㝫主动向学校房管部门提出上交两间住房的请求,然而学校没有接受。这种举动在当今是绝无仅有的。

在吴大任精神的感召下

在吴大任精神冥冥中的感召下,陈㝫积极乐观地面对人生。她着手撰写回忆录。她说,自己的写作并不是为了出版,只是想让子孙后代知道长辈们经历过的事情。她高兴时也投投稿,90年代末,不时在报刊上见到她的作品。她说:"我有许许多多写作计划,有干不完的工作。我要让自己忙得不亦乐乎,这样既能忘记烦恼,又可以使自己的生命变得有意义一些。"

她渴望多做些工作,曾想当义务家教,不过又怕抢了青年学生的活儿,也怕自己知识老化,误人子弟。她还萌生过一个想法:每天到幼儿园去一个小时,给孩子们讲故事,唱歌谣……

陈㝫在家里虽然清静,但是一点也不寂寞。除了有干不完的工作外,她还有许多朋友,经常宾朋满座。再加上她是名人之家,不仅吴氏家族出了三杰,陈氏家族名人也很多。她的母亲庄曜孚,是二三十年代颇有名气的女画家;二姐陈衡哲为西洋史专家,中国第一位女教授(1926年北京大学);二姐夫任鸿隽是著名科学家,曾任孙中山的秘书;四姐夫余上沅则是大名鼎鼎的戏剧家。如今陈㝫是吴、陈两个家族中的最年长者,凡有人想了解这两个家族中的人与事,都要来登门拜访她。所以她家总是客人不断,她也热情接待每一位来访者。

1999年春节以后,由于吴大任逝世而暂时停止活动的"甲子曲社"恢复了活动。在陈㝫家客厅的窗下,又能经常听到那悠扬的萧笛声和婉转的唱腔。曲社成员多是中老年人,但只要他们一进入角色,白发苍苍的老者便焕发了青春……

陈鹦与"甲子曲社"成员

第十五章　拴住"断线风筝"的吟之

阮冠世晚年的心态

吴大猷于1988年患心肌梗塞住进医院。即使那种情况下,他竟在医院的病榻上,完成了一部书稿《物理学:它的发展和哲学》。第二年,他作了十四次这方面的系列讲座,书稿于1992年出版。

许多年轻时有成就的科学家,到五、六十岁后,由于原创力和计算耐性的减退,往往不再涉及原专业。而吴大猷到了八、九十岁仍然耳聪目明、头脑清楚。谈起学术问题,他总是津津乐道,永远也说不完,眼睛也会亮了起来。当他开怀时候的咧嘴一笑,那份发自内心深处的愉悦,是那么真诚,使他胖嘟嘟的脸上浮现出赤子般的灵光。

在台北,吴大猷一直住在一套非常普通的公家房子里,住了二、三十年。达官贵人、门生弟子,进进出出。

据葆之回忆,从自己懂事时候起,就感觉父母之间的感情在逐渐淡漠,二人甚至分开卧室。吴大猷在台北时,阮冠世会每周给他写一封短信,内容讲的都是些很实际的生活事务,不含带感情。

他俩的性格大相径庭。阮冠世很有个性,非常好强,可惜从少女时代就体弱多病,没能实现原先的抱负。但是她决不甘心命运的安排,而要扼住命运的咽喉,始终锲而不舍,一定要实现自己的人生价值。她获得硕士学位后又刻苦攻读博士学位,经过几番拼博,终于在60岁那年得到博士学位。可是这个空头学位又有什么用?花甲之年的老太太还能同年轻人竞争吗?无法施展才华,这对她又是一个精神刺激。

陈鹦对阮冠世这种心理状态后来也有所理解。抗战胜利后,亲人们都恢复了联系。可是阮冠世始终没给已经成为妯娌的当年闺中密友陈鹦写过一个字,虽然她收到对方的许多封信。这让陈鹦十分不解。

第十五章 拴住"断线风筝"的吟之

后来她问吴大猷缘由,吴大猷说:"你还不了解她这个人的性格吗?"陈鹗这时才领悟过来,看来阮冠世心理上感到不平衡……

为了寻求精神寄托,阮冠世以后又自学水彩画,经常参展,还曾经获过奖。1978年她彻底迁到加州葆之那里,这时身体已日益衰弱。

吴大猷早已大名鼎鼎,而阮冠世只是一个没有什么作为的"吴太太",她很为自己不服气,久而久之,患了神经衰弱。葆之断然放弃了就职机会,全心全意在家照顾母亲,直到她病逝。

关于吟之的事,阮冠世也有所耳闻。可是她顾不得这些了,对她来说,最重要的是关注自己的健康。由此可知,吴大猷和妻子后来的感情并非那么和谐。

"有你的地方就是我的家"

阮冠世病故后,吴大猷定居台北,吟之常来陪伴,但是处于"秘密"状态。直到吴大猷1988年患心肌梗塞,吟之这时才不顾一切,出面照顾父亲。后来吴大猷出院休养,需要人照顾,吟之便搬过来住了。

吟之对自己与养父之间的爱下了这样一个定义:"我觉得他对他的太太阮冠世很好……可是我觉得他对太太是一种年轻人追求的爱。我对他的是一种不同的爱……他跟他的太太完全是一种夫妻之间、男女之间的爱,跟我和爹地之间不一样。老实讲,我跟我爹地之间的爱要更profound——宽广些。不是单纯的普通男女之间的爱……"

1998年,吴大猷带着葆之和吟之回肇庆时,对吟之说过一句意味深长的话,也是一句成为经典的话:"把断线风筝拴在地上,使其能高扬的吟之,有你的地方就是我的家。"

究竟应当怎么理解吴大猷这句名言呢?葆之这样解释道:"一个风筝必须要被一根绳线拴在地上,才能高扬。""我的父亲需要一个锚,一位能把他'这个断线风筝的线拴在地上的人',使他能和人类社会继续联结在一起。""他们相依为命,超越现代医学和传统的智慧,奇迹般克服了数度病重的危机,活得要比人们合理的冀望的寿限要长许多。他们两个人相互奉献自己,因为每个人都给了另一个人生命的意义。"

吴大猷与养子葆之

大海中的一片浮木

吟之的亲密女友、护士詹景惠是吴大猷家的常客,经常来同他们聊天,曾经亲眼目睹了吴氏父女相处的情况。她说道:"他(吴大猷)独自一人在台湾二、三十年,没有亲戚,没有家人……一个老人家能这么快乐、这么健全,一定是得到了很大的慰藉。我觉得吟之在这方面扮演了十分重要的角色……"

吴大猷写给吟之的信有很多,可是其中最能表达他在不能没有这个挚爱和在保密之间难以两全的矛盾心态,是下面这一段:"别人知道了,谁会同情?只有对我们产生困扰,不会增加我们的宁静……那就更不易处置了。你我碍于环境、法律、人言,一时还是隐瞒的好。"

由于吴大猷要把父女二人关系保密的缘故,吟之的生活圈子非常狭窄。她已经和自己的家人疏远了,而她又不能进入吴大猷的社交圈中去。她说,她只知道从她的住所到吴大猷的住所这条路,其他地方几乎全都没有去过。她三十几年没有离开过台北,也没有出过国。

吴大猷对她说:"你出国嘛,反正只去五天。去五天,我会放心的。"而吟之却对好友詹景惠说:"我在这里仅仅两个小时不见,他就去报警,我出国游历,那怎么得了?所以我根本不敢有出国这个念头。"

第十五章 拴住"断线风筝"的吟之

当关系还处于保密状态时,吴大猷经常有来访的客人,这时候吟之就不得不"回避"了。一次有个记者来采访吴大猷,吟之正好因事出外。待她回到吴大猷的住处时,楼下的警卫告诉她有个记者来访,吟之就没有上楼,在楼下的一间会客室里坐等。记者走后,那个警卫忘了告诉吟之,因此她就干坐在那里一直等候。而吴大猷这时发现,两个小时都没见吟之,心急如焚,马上就去报警,说女儿被绑票了。当大批警察来到的时候,吟之还坐在楼下会客室里呢!

这种回避不止一次。有一回,一位客人来,吟之恰巧在吴大猷的卧室中,就只好躲进盥洗室里。这位客人和吴大猷有事要商谈,一谈就谈了两个小时,吟之就在那个斗大的盥洗室中等了两小时之久。她说最难受的是农历年的除夕,每年除夕都有学生请吴大猷去他们家过年。在家家户户团聚的欢乐夜晚,吟之却恰恰是最孤单的时候。她回忆道:"我记得有一年的除夕,爹地去别人家过年了,而我只好在台北冷清清的街上一个人踱了两个多小时的步。当时下着濛濛细雨,似乎老天爷也对我表示同情。"

唯一给吟之的慰藉是吴大猷的挚爱。把两个人紧紧牵系在一起的不是"领养"证书,也不是同生共死的患难,而是双方一生都在追求,而最后才得到的精神上的挚爱。

随着吴大猷年龄的增长,他对吟之的依赖也越来越强。据詹景惠说,到了晚年,他对吟之的依赖几乎到了病态的地步,一刻都不能离开她。吟之对他也照顾得无微不至。

詹景惠常来和吟之聊天,两人并不理会吴大猷。他非常安静、满足地一个人坐在沙发上,可以坐上几个小时,一句话也不说,微笑地望着她们。他从不插嘴,甚至根本不听两个女子的谈话。有时他做些自己的事。当她们讲台语时,他根本就听不懂,对此也无所谓。他还经常切些水果给她们吃。詹景惠见状便问吟之:"咱们这样是否太不礼貌啦?"

吟之说:"不会的,爹地就是要有人陪着他。"

以后詹景惠也就习以为常了。

詹景惠羡慕地说:"他们这样多好啊!精神上多快乐。他们过的一年要抵别人十年呀!"

到了90年代初期,吴大猷常常住院,每一两个月就要住一次院。吟之说:"我经常觉得,如果爹地走了,我就完了。当时我就很害怕……"

医生对吴大猷说,你老人家在医院中要人照顾,如果不请看护,就要有家人来,在床边陪伴。直到那时吴大猷才准许吟之留在医院的床边陪着。这时他觉得多舒服啊,觉睡得多安稳啊,而留女儿在旁边,也没什么呀,天空一样蓝,世界一点也没变。从此以后他就不让女儿走了。

吴大猷出院之后,吟之就住到他家,也就不再回避爹地的客人了。她大方而得体,吴大猷的朋友和学生们对她的印象都非常良好。他们认为,"吟之小姐为人非常爽直,相当幽默健谈,而且十分聪明,反应极快,词锋也相当锐利"。"亲见吟之小姐对猷师极尽孝道,照顾得无微不至,猷师对女儿也是爱护备至。父女二人相依为命,挚情感人。"

吴大猷任台湾中央研究院院长一职长达十年之久,直到1993年86岁高龄才辞去这一职务。院长不当了,他仍然坚持到大学里讲课。讲课和谈科学是他一生的最大乐趣。

詹景惠作为一位旁观者,这样发表自己的看法:"如果没有吟之的话,他(吴大猷)在台湾不可能维持这么多年,而且也不会在事业上有如此大的成功,生活质量也不会这么好……"詹景惠的这一番话,可谓不无道理。

詹景惠还说过一句意味深长的话:"吟之是大海中的一片浮木,没有这片浮木,伯伯(吴大猷)就活不下去了。"

为"物理界老祖父"祝寿

1997年9月29日是吴大猷的九十大寿,全球华人物理学会聚会台北,为大师祝寿。在北京的阮冠世的三妹阮冠时身体依然健朗。她的两个儿子韩汝珊、韩汝琦也都是物理学家,二人前去台北参加祝寿活动。吴大猷对两个外甥的到来非常高兴。他们带去母亲的生日贺卡和照片,还有一本北京大学出版社出版的画册《中国人的声音——香港回归抒怀》,画册的撰稿人中有多位是他的老友和熟人。吴大猷触景生

第十五章 拴住"断线风筝"的吟之

李政道、杨振宁等欢庆吴大猷九十大寿，1997年8月于台北

情，表现出对大陆亲人的眷恋。

祝寿的报告会由台湾清华大学校长沈君山主持。会上，吴大猷的学生杨振宁介绍了吴先生生平。随后有八位物理学家发言，其中包括原复旦大学校长谢希德。他们从不同时期、不同角度，介绍了吴大猷的工作业绩、学术思想和个人品德。参加会议的有李远哲、丁肇中、邓昌黎、邱成桐、朱经武、吴家伟、沈元壤等，共二百多人。晚上全球华人物理学学会在圆山大饭店举行了大型祝寿宴会，有三百余人参加。李远哲等六人发表了祝寿贺词并赠送祝寿礼物，会场气氛十分热烈，沈君山幽默地说："在物理界吴大猷先生是大家热爱的大家长，海内外老、中、青三代物理学者相聚，犹如为'老祖父'祝寿。使我们感受到了吴大猷先生在华人物理界受到广泛的尊敬和爱戴。"

九十大寿后，吴大猷依然到台湾

吴大猷九十大寿祝寿会上，前左李政道、后左沈君山、后右丁肇中，1997年8月于台北

大学讲课。李政道建议老师写一部中国物理学史。大家也都认为,当代中国物理学史,由吴大猷先生撰写是最合适的。于是吴大猷在台湾大学作系列讲座,有人记录,有人录音,然后再进行文字修改,即可成书。

吴大猷对北京大学情有独钟。1998年他为纪念北京大学一百周年校庆撰写的文章中讲道:"我生于1907年,1934年任教北大,抗战时期,我随同北大、清华、南开三校,经长沙达昆明,成立西南联合大学。1938年为庆贺北大四十周年校庆,我撰写了一本专著,讨论多原子分子之振动光谱及分子结构。两年后,英文书稿在上海付印,一部分运往美国。此书竟成为该门物理学的第一部完整权威著作,为我个人及北大获得相当高的荣誉。我生于民国之前,虽不敢说参与创造历史,却是实际走过历史;而我在北大先后十二年,见证了学校在苦难中颠沛流离,也随着学校而成长,身上早已长有北大的细胞。如今隔着海峡,遥祝北大的百年大庆,心中实在感慨良多。"

吴大猷赴广东南沙接受霍英东奖,葆之(右一)与吟之(右二)随行,
与表哥韩汝琦(左一)、韩汝珊(左二)初次见面,1998年11月

北京大学也因吴大猷曾在校任教而自豪。在北大文库珍品展中,与严复、胡适、钱穆、马寅初、冯友兰、费孝通等一批在北大任过教的知名学者一样,也有吴大猷的展览专柜,展览了吴大猷赠送的手稿和著

作。北京大学的校长、副校长访台时都要去看望吴大猷,吴大猷也总是能坦然说出他对祖国大陆科学技术和教育事业发展的谏言和良好的祝愿:"希望北大全体师生能继续发扬民主、科学与爱国主义的传统……在'科教兴国'的大方向上扮演火车头的角色,以开创中国现代化的一个崭新局面。"

相约春暖花开时

吴大猷荣获1998年霍英东基金会授予的"杰出成就奖"。这年初冬,他应人大副委员长周光召的邀请,私人访问内地,赴广东南沙接受霍英东奖,顺便回广东肇庆探亲。吴大猷第一次,也是最后一次携带葆之和吟之同行。两个外甥韩汝珊、韩汝琦专程从北京前往陪同。

吴大猷接受霍英东奖后,回广东肇庆探亲,1998年12月

吴大猷以92岁高龄亲自出席领奖仪式,完全是为了表达对霍英东先生的感谢、赞同和支持。吴大猷表示:"这是对学术和人才的尊重……一个国家和民族只有尊重知识、尊重人才,才是有前途的,才会是兴旺发达的。"

南沙领奖后,他们一行人直接驱车前往肇庆,回到了吴大猷阔别六十四年多的老家,看望仍在那里生活的亲人们。吴大猷说,在台北,夜间时常梦见童年的小学校,简陋的教室和课桌,几个年级的同学同班上课……如今家乡变化太大了。吴大猷的祖籍所在地肇庆高要县的顶湖村,已经被联合国教科文组织确定为"人文生物园研究试验点地区",成为美丽的旅游景点。

在参观了肇庆的西江大学之后,吴大猷深为家乡有这样大规模的大学而高兴。吴氏家族的同辈和晚辈亲戚会聚了三十六人之多,纷纷给吴大猷祝寿。肇庆人为"人杰地灵"的家乡而自豪,而吴大猷就是其中最杰出的代表。

吴大猷在肇庆看见家乡的巨变,会晤久别的亲人,他心情舒畅,兴奋不已。两个外甥虽然与吟之、葆之是初次会面,见到他们与吴大猷之间的亲情,兄弟俩也深深感染到家庭会聚的欢乐。

吴大猷同两名得意门生杨振宁、李政道

北京的一位物理学专家特地赶到肇庆同吴大猷会晤,并告诉他,准备于明年,即1999年,在北京召开一个"吴大猷学术思想研讨会",将从科学、哲学、教育和科研组织管理等几个方面研讨他的学术思想,请他届时出席。吴大猷听了非常高兴,答应只要没有意外的事情发生,他一定会参加。

大家相约来年春暖花开之时,到北京再相聚。吴大猷表示要在北京、天津,带着吟之和葆之长住一段时间,与那里的亲朋好友、学生们畅快地享受生活的乐趣,并动手撰写那部早就酝酿成熟的《中国物理发展史》。1998年春,他在台大作了一系列有关早期我国物理发展的演讲,已经全程录像,录音也已初步整理完竣。但是他仍认为不够完备,1999年初决定到北大找资料,作些增补。一切都联系妥当了。消息传开。北京大学为迎接吴大猷,在校园内风景优美的燕南园,选择了一座别墅式的小楼,还聘请北京著名的大夫做医疗顾问。

是的,1999年的四、五月间,到天津和北京访问两个母校,同亲人团聚,这是吴大猷心中酝酿已久的美好计划。他甚至有意定居天津,落

第十五章 拴住"断线风筝"的吟之

叶归根,就像好友陈省身那样,在一生事业的起点度过自己的晚年。在给陈䴗的信中,他写道,南开如能给我一个名誉教授,可不给薪金,但给我一个住处,若医药费易于解决,我可考虑在母校终老。

吴大猷把将要回母校的想法分头告诉了在广东和香港的堂妹们,盼她们到津一聚。同时请陈䴗当吴氏家族大团聚的东道主。陈䴗非常兴奋,为即将到来的家族聚会做好东道主的准备。亲人们都在期待着那个美好时光。

一生没有留下遗憾

然而非常不幸的是,吴大猷回大陆的最后心愿没能实现。他原定1999年4月启程,可是3月13日,因感冒和支气管炎住进台大医院。由于身体虚弱,出现肾衰竭而转入加护病房。这位92岁的老人患有多种慢性疾病——糖尿病、高血压和已有十一年历史的冠心病,体质很弱,因而病情加重。吟之一直守护在病床旁。

1999年5月19日,他仍以颤抖的手向母校抒发情怀:"弟在南开中学四年,大学四年,毕业后教学二年,此不仅是弟受基础训练,亦是我一生生命中最重要的、最快乐的一个阶段。1992年再返南大,则景况大变,不胜兴奋。六十余年的进步发展,使我回忆六十多年前研习、成长的情形。"

吴大猷很长时间都处于昏迷状态,有时说话说到一半就又昏迷过去了。在加护病房,夜班有护士,他还是舍不得让吟之离开。可是按规定家属不能留下,吟之坚持到九、十点,等他睡着了,护士来了,交班后才离开。回到家后,还要同护士通个电话,确认这时候的生命特征,如心跳、脉搏、呼吸、体温、血压等等如何,她才放心。然后早上五、六点时又步行到台大医院。自吴大猷患病以来,她总是睡不好,半夜会直接打电话给护理站,问病人情况如何,并希望护士能定时给她打电话说说。

四月底五月初的一天,中央研究院的研究员陈宗宪等同事到医院看望吴大猷。恰逢他从昏迷中醒来,用英语讲了很长的一番话,起初听不清楚,越说越清晰,主要内容是这样的:"我的天赋只能算中上等,靠着不断的诚实努力,克服了学术上的困难。我的个性本来是内向的,但在面对学术和民族利益时,我的态度转变为好胜和积极。我一生以诚对待同事、学生和我所担任的所有职务,也因此获得一些远超过我应该得到的赞誉。因为诚实,我这一生没有留下任何遗憾。"

吴大猷说完之后,葆之俯身到他耳边对他说:"我们都以您为荣。"

吴大猷突然像梦被打断了一般,睁开眼睛,带着惊讶而诚恳的神情,用英语向大家说了声:"谢谢!"便又昏睡过去了。

这段话成了吴大猷的最后遗言,以后他就没再说更多的话了。

大猷先生,这一切您知道吗?

吴大猷发病前已留下遗嘱:身后将骨灰分送三处——台湾中央研究院、南开大学、北京大学。

1999年9月29日是吴大猷92岁生日。陈鹗给他发去贺电。吟之向他转达,他听明白后表示感谢。这令远在千里之外的亲人们稍感欣慰。

晚年吴大猷

接着10月17日是南开大学八十华诞。在隆重的庆典上,南开人列举了四位引以为荣的杰出校友——周恩来、陈省身、吴大猷和曹禺,四个多么响亮的名字啊!然而只有陈省身出席了庆典。当天晚上,中央电视台新闻联播节目专门作了报道,并着重提出四位杰出校友的英名。母校以他们为荣!可是所有这一切,卧病台北、处于昏迷状态的吴老先生是否能知道母校对他的褒扬呢?

吴大猷的亲属和所有南开人都在默默祈祷,希冀奇迹能够出现,祝愿大猷先生早日康复,圆他的大陆梦,圆他的南开梦。

第十六章 一代精英全都走向永恒

"亲爱的女儿,我爱你"

吴大猷病重期间,身上插满了管子,要依赖生命维持系统。到1999年秋天,他的病情一度曾有好转,迁出了加护病房。由于气管被切开,无法说话,就只能用笔写。朋友学生们来看望他,他便在垫着一张硬纸板的纸上,悬空写几个字,写得十分吃力。其中一份笔谈,足足写了两页,那是他的一件未了的心事——叮嘱学生后辈,务必到北大物理系去为《中国物理发展史》搜集资料……

病中的吴大猷,最盼望的事就是能够见到两位高徒——李政道和杨振宁。他曾在纸上问吟之:"李政道、杨振宁什么时候来?"

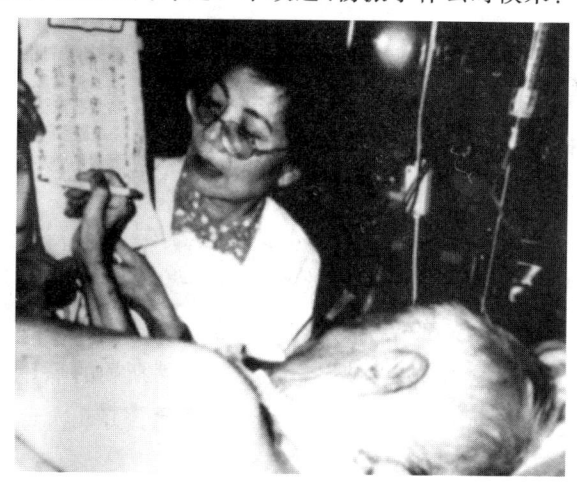

吴大猷病重时气管被切开,无法说话,在由吟之拿着的写字本上写字笔谈

令吴大猷高兴的是儿子居然能置自己在美国的商业于不顾,到医院陪伴他,几乎完全是站着度过了三天。他觉得儿子十分孝顺,能在百

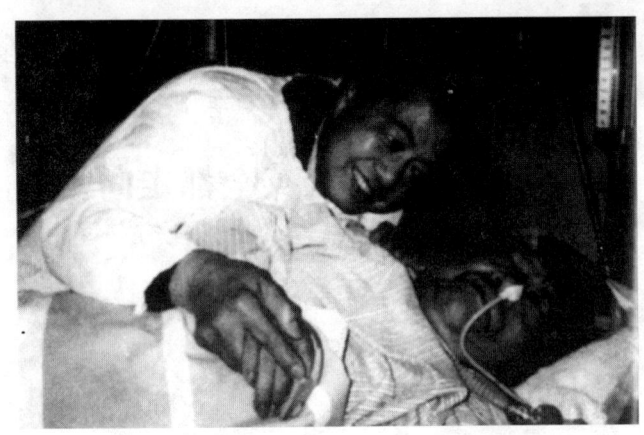

李政道依偎在吴大猷的病床旁,同老师回忆往事,2000年1月于台大医院

忙之中支撑这么久。他说:"我太幸福了,爹地很感安慰。"

而吴大猷最牵挂的还是那个女儿。他写自己如何爱吟之。他用英文写道:"I love you"。后又写:"My daughter, my dear daughter, I love you。"(我的女儿,亲爱的女儿,我爱你。)有一次写道:"我这一生对你很亏欠。"他觉得对吟之很亏欠,放心不下,自己一走,吟之将来该怎么办?

2000年1月23日,李政道专程从美国来台探视老师。就在李政道走进病房时,吴大猷突然醒来,吟之说:"爹地要撑到李政道来看他。"在场的人也都说李政道是吴大猷的最好的药。

李政道在病床前俯下,依偎着老师,紧握住老师的手,亲切地向老师追述着五十五年前的往事:他18岁大学二年级时,吴先生破格选拔他出国深造……听到这里,吴大猷的眼珠忽然转动了两下,而且脚趾也有屈伸,那种纯真情感的交流,感动得周围的人禁不住潸然泪下。

重病中,弥留之际,吴大猷一直还想听克莱斯勒的唱片……

他的好友沈君山说:"吴大猷的生命力真强。好几次台大的医师们都以为他不行了,可是他又奇迹似地活了下去。"

巨星殒落,苍天垂泪……

到了2月底,吴大猷身体的机能已经减退到了几乎没有功能的地

第十六章 一代精英全都走向永恒

步,医院曾征得葆之和吟之的同意,将他的生命维持系统拿开。可是台大主治医师一知道后,立即下令恢复。

吴大猷在病榻顽强抗争,同死神搏斗了将近一年,确切地说,仅差十天就整整一年了。他从1999年3月13日住进台大医院以来,由于多种疾病,曾经三次进入加护病房。在不到一年里,院方曾八次发出病危通知书,但是吴大猷的生命力很强,他不甘心就这样离开自己所热爱的世界。直到2000年3月4日下午,这位93岁的老人终因各个重要器官严重衰竭,经院方全力抢救无效而撒手人寰。

巨星殒落,苍天垂泪……

噩耗传来,广大南开师生为失去一位引以为荣的杰出校友而深感悲痛,立即发去唁电。

陈鷇是在当天晚上从长途电话中得到消息的。她和亲属们热切盼望吴大猷能回天津的梦想彻底破灭了。哀恸之下,她拟了一份唁电,唁电的字字句句读来令人深感辛酸:"我哭大猷,七十二年前的同学、老师,又是亡夫的哥哥,好友的伴侣,物理界的大师,南开的骄傲,祖国的宝贵人才。噩耗传来,伤恸不已……"

3月6日,中央电视台新闻联播节目播放了江泽民主席致吴大猷亲属的唁电:"吴大猷先生毕生献身科学研究和教育事业,为中国科学发展作出重大贡献,在世界物理学界享有盛誉。吴先生关心国家统一,致力于民族富强,并且为海峡两岸科技学术交流作出了杰出贡献,为两岸同胞所赞誉。"

吴大猷的儿子葆之、女儿吟之表示:父亲生前最爱惜人才,决定将其后事办得隆重而简单,奠仪充作吴大猷科学教育纪念基金,用基金设置纪念文物馆、奖助学金、学术讲座,以造就更多的人才。这种做法无疑是最符合吴大猷的心愿了。

一代宗师驾鹤西去,留给后人的不仅仅是丰硕的著述,他那卓然独立的人格和耿直刚正的风骨,更是令人们怀念与尊敬。

想当年,活跃在南开中学的四个小广东、南开大学大名鼎鼎的"吴氏三杰",如今全都已经不在人间,令大家不禁悲从中来。

南开园的人们纷纷到陈鷇家,看望她,慰问她。陈鷇伤心地说:"如果吴大猷不是因为生病,就会在去年春天回南开定居了。那么我,还有陈省身,三个老同学还可以常常走动走动,该多么好啊!……现在我们那一拨,就剩下我和陈省身了。"

的确,20世纪20年代南开大学理学院学生中的几位杰出人物,此时仅仅剩下陈鹗和陈省身两个了。

真人真知吴大猷

吴大猷的葬礼及追思会举行得都非常隆重。

第一次典礼在他的住所里举行。由葆之及其妻儿、吟之、吴大猷的两个外甥,以及一些亲密的学生、朋友参加。因为葆之和他的妻子都笃信天主教,便以天主教的典礼作小型的追思礼拜。

公祭是在3月24日,于中央研究院的学术厅举行。所有台湾的政教界内重要的人物都出席了。吴大猷的挚友、学生们纷纷致词。杨振宁把吴大猷和美国大物理学家奥本海默相比。因为一般人们都知道奥本海默是美国核子弹之父,但物理学家知道奥本海默是把量子力学从欧洲带到美国来的教师;而吴大猷则是把量子力学带到中国来的教师。

李政道仿庄子《逍遥游》作《大师颂》:

真人真知吴大猷,飞鹏飞舞逍遥游。
翼若垂云,背负青天,莫之夭阏。

寓意吴大猷淡泊明志,用大鹏为喻,以思想游遍四海宇宙。

李政道和杨振宁在1957年的贡献,可以直接推溯到吴大猷,而这两位破天荒的贡献,又影响了不知多少学物理的后人。这就是所谓的万世师表。吴大猷在20世纪之始,负笈去美国求学,他学到的量子力学来自欧洲。经过奥本海默、他的老师兰德尔等等,他又把这些量子力学的知识传到中国来。而从中国,又经过像李政道、杨振宁,及其他无数在物理方面研究的华裔学者,再加上新的知识,又回授弥漫到全世界去。从这一点来说,吴大猷真是"翼若垂云,背负青天,莫之夭阏"的大宗师。

第十六章 一代精英全都走向永恒

在吴大猷公祭仪式上李政道致悼词，2000年3月24日于台北

家祭在公祭的前一日，即3月23日，于殡仪馆的礼堂中举行。仪式肃穆哀隆，亲朋好友全都穿着黑色孝服，使得殡仪馆的孝服供不应求。

家人祭后，由李政道率先致祭，所有的学生们，以及受过吴大猷影响的私淑弟子们，跟在后面，列队绕棺木而过，瞻仰大师遗容，向大师致敬。每一个人都往大师身上洒几瓣鲜花。吴老先生闭目安详，嘴角似乎带着一丝微笑。接着，棺木车推进了焚化场，大约过了四十分钟，再出来时，只见已是一堆白骨了。刹那间，人们只觉得地动山摇，不胜悲恸……

吴大猷逝世后成立了"吴大猷馆"。"吴大猷馆"即原中央研究院的物理馆，吴大猷生前担任院长时，在物理馆西楼办公。他是从不置设行政用的大办公室、大办公楼的。"吴大猷馆"的成立，是将四楼的一部分改装，以三百多平方米的空间，陈列着吴大猷生前的文物图像。吴老先生筚路蓝缕规划国家科学发展的苦心孤诣，纯真自然的声容笑貌，都栩栩如生地在这里重现。而前后左右上下，一间间研究室、实验室，包围陪伴着他老人家，这样的安排，吴老先生若地下有知，想也会满意的。

吴大猷在广州街的住处，中央研究院为它保留了一年。吟之留在那里，将文件遗物分门别类地整理成一百多箱，全部工作结束后，她才迂回自己的家。这些资料,现在都保存在"吴大猷馆",展出的只是极少部分,将来必会成为研究中国科学发展的珍贵史料。

吴大猷去世,吟之哀伤之情,可以想象,也超过想象。整理这些文物,睹物思人,一字一物一血泪。但想到将来的观阅者得以缅怀前贤,也可自慰并告慰吴先生的在天之灵了。

另外,《中国物理发展史》终于整理出版了。这是吴大猷最后念念不忘的事。当时李政道请他写这部著作时,他曾婉言谢绝,但是李政道一再劝说,环顾中国两岸,可以不为历史留白的人,除了吴先生,再也找不出第二位。吴大猷在台大物理系的讲演,当时已经完成了十二卷录像带,经黄伟彦整理,才有了文字初稿。然而这是当堂讲演,间杂了学生问题的记录,很难直接阅读。幸好经李政道推介,叶铭汉院士和戴光祖教授于2001年初,从北京专程来台湾,每天全时工作,春节期间也不休息,终于以一个月的时间,将全书重新编写,成为可以独立阅读的著作。尤其是吴大猷在讲演中提及的人物,都经他们两人在未赴台之前已经做了详细考证,简注其生平,这本身就是极其珍贵的史料。《中国物理发展史》已于吴大猷周年忌辰出版。而戴光祖也是吴大猷发病住院前,原拟定在北京大学与之合作的对象。生前未能如愿,去世后终于完成,也算是缘分巧合,吴大猷在九泉之下也定会感到没有遗憾了。

陈省身兑现了诺言

吴大猷逝世的消息传到了陈省身耳中,他陷入了沉思,回忆起七十多年前与这位好友相处的岁月。他们虽然不同系,也不同年级,但是同住在一幢宿舍楼,同选几门课,还一块儿担任过理学院学生会工作。两个人常常在一起谈学业,谈理想,甚至常开玩笑,关系非常亲密。吴大猷在美国的那些年,经常要到陈省身家做客。1987年,陈省身曾应吴大猷邀请到台湾,在中央研究院、台湾大学、清华大学讲学。1992年他俩在母校南开见面,那已经是两位好友的最后一次见面了。近几年来,两人还经常相互通信。想到这里,陈省身无限哀痛,认为这位老学长的确没有留下任何遗憾。

他回顾自己近年的工作,愿自己将来也像吴大猷那样,不留下任何

第十六章 一代精英全都走向永恒

遗憾。

陈省身不仅自己痴心做数学,更关心要让中国成为数学大国。早在1980年初,他在国内多所著名大学的讲坛上就响亮地提出:"我们的希望是在21世纪中国成为数学大国!"于是"21世纪中国要建成数学大国"这个"陈省身猜想"便在数学界广为流传。

陈省身与天津有特殊情缘,他说自己最美好的年华是在天津度过的。1930年离开天津,七十年后的2000年,他又回到自己事业的起点、第二故乡——天津定居。

虽然他的夫人郑士宁于2000年1月猝然故去,使他的精神受到了很大打击,但达观、坚强的老人依然做出一系列辉煌成就。

自"陈省身猜想"提出后,我国数学界经过二十多年的努力,如今已取得明显成效。2002年国际数学家大会首次在我国、也是首次在发展中国家举行,就是一个重要标志,说明我国正在步入数学大国的行列。而所有这一切,又都是同陈省身的努力与奉献分不开的。年逾九旬的陈省身为本届大会做了大量工作。为促进中国早日成为数学大国,他又一次倾注了满腔心血。

2003年岁末,陈省身出资两万元,亲自构思、设计、印刷了一套题为"数学之美"的挂历。这本挂历,是92岁的世界大数学家,送给热爱数学的朋友们的一件新年礼物。令人感慨叹息的是,这也是大师在即将告别人世的时候,留给朋友们的一个珍贵纪念。

2004年是陈省身生命的最后一年,这一年几乎是由一串闪光的亮点连缀起来的。

9月,他荣获"首届邵逸夫数学奖"。

10月28日是他93岁诞辰,这位老寿星向前来祝寿的客人们公布了自己在数学界半个世纪未被破解的难题——"六维球面上的复结构问题"研究方面的重大进展。

11月2日,国际小行星联合会小行星中心将中国国家天文台发现的一颗小行星命名为"陈省身星"。

一个月后,12月3日,一代宗师与世长辞,他果真切切实实地兑现了"把最后的心血奉献给祖国"的诺言。

陈省身晚年阅读《南开大学报》

在病重住院的时候,陈省身还同医生开玩笑说道:"我若是不行了,就到数学圣地希腊去报到!"——原来古代希腊是个数学家辈出的国度。弥留之际,他向医护人员要来纸和笔,用颤抖的手写下"希腊"二字。在最后一息,他仍向往着数学圣地……

陈鹭的童心童趣

陈省身的突然逝世令陈鹭难过了好长时间,她让儿媳代表自己送去了一个大花篮。

在陈鹭家客厅墙壁上,挂着那本陈省身亲手设计、特地送给她的题为"数学之美"的2004年挂历。挂历刚刚掀开12月那一页才到第三天,而那个一向精神抖擞、谈笑风生的"省身弟弟",就突然离开了这个世界。她不肯相信这是事实。

望着已成为"绝唱"的珍贵挂历,挂历设计人的音容笑貌依然历历在目……如今小自己三岁的省身竟先"老姐姐"而去,使得陈鹭又一次经受了精神刺激。一种失落感油然而生,并且知道自己的时日也不多啦,活一天就应该好好地活着,要对得起那些先她而去的亲人和好友们。

第十六章　一代精英全都走向永恒

晚年陈䕶和陈省身

同时代人都一个个地离开人间,这让陈䕶感到十分孤寂。好在她是个天性豁达开朗,幽默风趣的人。90高龄以后,她开始写作,作为精神寄托。于是一篇篇生动活泼、文笔优美的文章屡屡见诸报端。她的作品字里行间充满情趣,充满朝气,哪像出自一位九旬老者的笔下?真是文如其人啊!

人们夸赞她:"您是搞数学的,文章也写得这么漂亮,真让人钦佩!"

这时陈䕶的脸上会流露出孩童般的得意微笑:"我上中学时既爱数学也爱国文,最后决定学数学是为了好找工作!"

哦,原来我们的数学教授是文理全能啊!

陈䕶说,不久前又给报社寄了篇稿子,看来老数学教授的写作热情已经一发不可收了。

她笑称自己:"我是70岁学炒菜,80岁学做棉袄(做了一件丝棉袄),90岁写文章……"接着她又遐想,"将来100岁学电脑,110岁学开汽车——玩具汽车!"说罢哈哈大笑。

高兴的时候,陈䕶会唱起从吴大任那里学来的广东儿歌:"鸡公仔,尾婆娑……"还有:"哎姑乖,哎大姑仔嫁后街,后街又有鲜鱼鲜肉卖,又有鲜花给姑仔戴……"这是一首抚慰婴儿的催眠曲,她唱得活脱一个地道的广东人!

从她那流露出童心童趣的双眸,从她那颗充满鲜活力量的心灵,总让人感到她还很年轻,前面的路仍很长很长,她还要为社会、为人们做好多好多有益的事呢。面对这样一位长者,任何一个人能不对生命的意义有所感悟吗?

斯人已去　风范长存

陈䕶由一个贴身保姆照顾。她总夸二儿媳沈琴婉是家里的支柱,虽然不是女儿,但却胜似女儿。

这位老人的幽默是人所共知的。一天,她穿上一双拖鞋后对沈琴婉说:"我有一个谜语,不知你猜不猜得出来。"接着她说道:"谜面是'拖鞋',谜底是'只能前进,不能后退'。"

2005年的教师节前夕,南开大学党委书记薛进文特地前来看望陈老先生。当他听到了这个谜语便对陈先生说:"您把这个谜语送给学校吧!南开大学'只能前进,不能后退'!"这话引得陈䕶快乐地开怀大笑。

薛进文尊敬地称陈䕶为:"全校最老的老先生之一,南开大学的骄傲。"她却摇头说:"这个说不上。只是还活着就是了,现在什么事都不能做啦。……教师节来了,可是我已经不能干活了!"说到这里,她显得很惭愧和内疚。

薛书记劝慰她道:"您不用做事情,您就健康地生活,给年轻人讲讲过去,讲讲您求学、做学问、教书的经历,就是对他们最好的教育。您是看着南开大学一步步发展起来的,这部历史您最清楚。"

薛书记的话引起老人的怀旧思绪,她便从1928年入学讲起,沉浸在对往事的无尽回忆中……

讲着讲着,她又说起笑话来了:"数学学院现在在哪儿我都不知道啦。数学我也全忘记了,连'一加一等于几'我都不会算,所以不敢去数学学院了!"

她的话引起大家一阵笑声。

当大家嘱咐她保重身体,健康长寿时,她再一次诙谐地说:"要不是自己这么保护自己的身体,我还活不了这么长呢,就是太爱自己啦。……工作没做好,太爱自己啦。"

第十六章 一代精英全都走向永恒

临别时，薛书记同她订下约定："在您一百岁生日的时候，我们要为您举行全校的庆祝活动。"

陈鹥一时没有听清楚："什么？……一百岁？"

她想了想，摇摇头："等我一百岁？……今年我九十几啊？……1909 年生人……离一百岁还有好几年呢，我活不到那个时候啦！……"

南开大学党委书记薛进文看望陈鹥，2005 年 9 月

这话不幸竟被她言中了。2007 年 4 月 28 日上午，98 岁的陈鹥老人无疾而终，在睡梦中静静辞世——这种离去方式是她生前最为向往的。因此，人们都说她是个有福之人。

在她去世一个月之前，由她主持的"甲子曲社"依旧照常活动。

遵照遗嘱，陈鹥的骨灰也洒入周总理纪念碑旁右侧的那棵松树下。她同吴大任永远再也不分离。这年的"五一"长假期间，人们看到在那棵松树的树坑里，洒满了鲜艳的花瓣……

至此，吴氏兄弟和陈省身、陈鹥等一代南开优秀人物全都走向了永恒，这就意味着一个时代结束了。然而他们的业绩和品德将永留人间，活在人们心里，成为我们全民族的宝贵财富。

附 录

吴大猷年表

1907 年

9月29日生于广州。祖籍广东高要县(今高要县已并入肇庆市)。父亲吴国基(1879？—1911)1901年举人,母亲关嘉娥(1882—1945)广东开平县人,为按察使之女。祖父吴桂丹(字秋舫,1855—1902)1889年进士,1891年翰林院编修。

1909 年　两岁

父母由广东迁天津。父亲出任吉林省外交官,母亲留居天津。

1911 年　四岁

父亲卒于1910年至1911年间的关外大瘟疫。

1912 年　五岁

随母亲回广东。

1913 年至1915 年　六岁至八岁

时伯父吴远基全家在津。大猷7岁该上学了,伯父惦记这个失去父亲的侄子,特地将他们母子接到天津,让大猷与堂兄弟大业、大任同入河北关上官立大寺小学。

五叔吴配基由德国返国,为旅津广东绅士设计压油厂。

1915 年　八岁

春,伯母丁氏肺病重,举家返回广东。回去不久丁氏即去世。

母亲携他及四叔(吴绵基)婶、堂弟大立留居广州,入番禺县立高等小学。

祖母、伯父一家居肇庆。

1920 年　十三岁

毕业于番禺县立高等小学,考入广府中学。班中约五十人。学校较教会中学守旧。第一学期出榜,班中名列第二,学年考试为第一名。

课余活动是绘水彩画,其间也刻石章,习字临柳公权的"玄秘塔"。家中小孩只有他和大立,儿童游戏很少。

1921年　十四岁

夏,伯父吴远基应旅居天津的广东富绅、怡和洋行买办陈祝龄等人邀请,到天津创办包括中学和小学两部的旅津广东学校(今天津十九中学),并由吴远基担任校长。伯父携大业、大任、大猷及大立来津,四兄弟全都考入南开中学。他和大任编入一年级,大业、大立编入补习班。

他曾试考插班旧制二年级,未能如愿,只好再读一年级。英文成绩有了很大进步。自认为:"这是决定我一生前途的第一个机遇。"

南开中学每天在第一节课与第二节课之间,即十时至十时二十分之间,全体学生在操场上按班级位置排列,做十五分钟柔软体操。每周的星期四由校长张伯苓先生在礼堂对全体学生作讲演及训话,有时也请校外人士来讲话。

每逢星期日,四兄弟一起去住在英租界耀华里二姑妈吴敏珊、二姑父黄振华的家。

学年末,校方送给家长的成绩单上盖着一个戳子,上面写道:"该生本学年品学均有可称,请贵家长监察。"

1922年　十五岁

南开中学由旧制改为初中高中的"三三制"。同大任借机升了一级,入初中三年级。

两年来最大的进步是英文和数学(代数及几何)。

1923年至1924年　十六岁至十七岁

伯父吴远基一心想用担任旅津广东学校校长的那份薪金来栽培吴家四名子弟的愿望难以实现,因他的薪水比预想的要低得多。大立因母病重返回广东,后到香港读书。大任接受父亲朋友陈协臣的资助。祖母负担大猷读书的全部费用。吴远基从此只负担大业一人。

读高中一、二年级。

每年春季,南开中学都请南开大学的文、理、商科的教授各一位,到大礼堂演讲,介绍该学科的意义和应用的范围,作为学生今后选科时的参考。那时南开大学有李济之、蒋廷黻等著名学者。

从高中二年级开始,分为文、理两科,他与大任入理科,大业入文科。

化学、英文的教师,有上海圣约翰大学毕业的储润科、戴秉衡。英文读本有一位美国女教师及南开大学应尚德教授夫人(华裔),数学则有北京大学毕业的刘乙阁及南京东南大学的张先生,获益颇多。从高二起,开设第二外语,文科学法文,理科学德文。

1925 年　十八岁

读完高二,决定将高三的《大学普通化学》自修完毕,以同等学力去投考南开大学矿科。国文、物理成绩平平,数学、英文、化学成绩很好,被录取,"跳级"成功。

他回顾在中学阶段的几年中,英文和数学的根基打得最好,应感谢这两门功课的老师,化学的根底是靠自己用功得来的。

秋,进入南开大学,享受免交学宿费的优惠待遇,并利用课余时间教课,挣点生活费。上大学后,经济上完全自力更生,不再依靠祖母。

南开大学当时规模很小,学生只有三百多一点。教授都是饱学之士:数学系有姜立夫、钱宝琮,物理系有饶毓泰、陈礼,化学系有邱宗岳、徐允钟,生物系有应尚德。

每周有五个下午是做实验,其中物理一个下午,化学两个下午,矿物(岩石)一个下午,绘图一个下午。

开始时,对物理一科觉得不能入门,到学期终了时,感到已能应付。

获文、理、商、矿科际网球双打冠军,得银牌。

1926 年　十九岁

夏,北伐战争开始。捐款办矿科的李祖绅的矿业情况困难,不能继续支持,学校只好将矿科停办。

决定转入理科的物理系。

暑假期间,在南开中学的暑期学校教代数,并为华侨廖氏兄弟补习英文和数学。每日共上课补课六小时,每周五日,为时六周。共获一百八十元,一年的费用,绰有富裕。

秋,入二年级,以上年的成绩为矿科(及理科)的最高分,得免去学费宿费(共九十元)的奖金。

大业考入南开大学商科，大任保送南开大学理科，三人又在南开大学相聚。三兄弟个个品学兼优，成绩突出，理学院每年仅有的一个奖学金名额，一连四年都被他和大任兄弟俩所包。大业在商学院也很优秀。被誉为"吴氏三杰"。

二年级由物理系系主任饶毓泰讲授的"近代物理"，使他对物理引起强烈兴趣，渐为饶毓泰所注意。

1927 年　二十岁

暑假期间，教南开中学的暑期学校。

开始懂得用功，涉猎的知识面也越来越广。将 O. Lodge 的通俗读物英文版《原子》一书译为中文。后又将 M. Plancck 的《热辐射论》由德文译成英文，目的是一面学它的内容，一面练习德文的阅读和写作。以后又将 Sommerfeld 的名著《原子结构及其光谱线》的德文本与英译本对照起来阅读，这样既学了内容，又学了德文。

秋，入三年级，被校方聘任为预科物理实验助教，报酬每月十五元。当时食堂每天两餐的伙食费，每月为五元。

与四年级的龚祖瑛、沈士骏、杨景才组成读书报告会。龚读统计力学，沈读电动力学，他读相对论。

1928 年　二十一岁

四年级时自行摸索着阅读期刊中介绍"量子力学"（矩阵力学）的文章，在近代代数课程中学过"矩阵代数"。姜立夫的"近代代数"课只有五名学生，陈省身是其中之一。因为人少，所以每人作一篇报告论文代替期中考试。他作的一篇是关于微分几何的，因为它与广义相对论关系密切。

冬，与物理系一年级女生阮冠世相识，对她一见倾心。

1929 年　二十二岁

年初，某日写条约阮冠世会面，她如期赴约。吴、阮之恋开始。

大学最后一学期。他总结道：在大学的几年中，不仅真的明白了求知的意义，也提高了求知的兴趣。当时他的希望是将来能从事研究，得列著作之林。那段时间他从未经过真正的考验，不知自己知识和能力的限度，以为前途像地毯一样，一推就会自动展开。一个人最快乐的心情,就是对前途的企望。

大学毕业,校方已和他谈过,欢迎他毕业后留校当助教。而阮冠世却鼓动他去报考清华大学公费留美生。他去考了,但未被录取(考取的是清华毕业的周同庆)。因与阮冠世正在热恋中,考不上,留校任教员,他认为也很好。

夏,由津乘船经香港、广州返肇庆,见到别离了八年的母亲。

8月中,拜别母亲,至上海,见到庶祖母,同去徐州,看望四姑父陈继承和四姑妈吴慕墀。

开学前返津,回到南开大学。

那年饶毓泰获中基会研究奖助金去德国,陈礼也辞职去海京工厂任工程师。新聘麻省理工的电机硕士卢祖贻。理学院院长邱宗岳让卢祖贻讲授预科及大一的"普通物理",而请吴大猷讲授高年级课"近代物理"和"高等力学"。他自嘲道:"我也'作先锋'了。"

自学古典力学,受益匪浅。

秋,蒋廷黻、肖遽、李继侗都接受了清华大学之聘离开南开,萧公权去了东北大学,汤用彤去了中央大学。南开大学的教授阵容,忽然薄弱了许多。

住入教员"柏树村"住宅中,经常用盛五加皮的坛子,隔水炖瘦牛肉成汁,让工友送到女生宿舍阮冠世处,她身体很弱,看似已患肺病,想以牛肉汁为她滋养。

1930年　二十三岁

在教学工作之余,勤奋自学力学、量子力学等学科。

秋,在南开中学授高三的物理,每周上课三次。

1931年　二十四岁

春,经当时在德国的饶毓泰及清华大学教授叶企孙的推荐,获中基会乙种研究奖助金。最初计划去德国,随 A. Joffe 学晶体物理,后怕语言不便,便改去美国。

夏,去河南驻马店,在四姑妈处借了三千五百元,她又赠五百元,为出国旅费。

9月初,与阮冠世由津去沪,乘船经日本、加拿大的温哥华往美之西雅图。同船有张兹闿,南开中学校友钱思亮,及南开同班同学杨照等多人。抵达芝加哥时,正值"九·一八事变"日军占沈阳。他与杨照同去密歇根大学,阮冠世则去纽约州之 Elmira 女子学院,因她获得该校一奖学金。

初到学校,首先见到的是 Sawyer 教授。Sawyer 教授看了他南开大学的成绩报告,(包括每学科所用的教科书书名),认为他已达到较高程度,就命他去见 Colby 教授。Colby 教授见报告中没有热力学的课程,便问了些这方面的问题,觉得还可以,最后叫他去见系主任 Randall 教授。这位先生和饶毓泰老师,对他以后的学习、工作和生活,起到了关键的、也可说是举足轻重的影响。

由于 Randall 教授改进了红外光谱分析的技术,因而使密歇根成为在这方面的鼻祖。吴大猷随他从事红外光谱工作,试着寻觅某些原子的红外光谱线。学了红外光谱的实验技术,并在光谱仪上做了一个小小的改进发明,提高其鉴别率。后来这种改进技术被制造自动记录红外光谱仪的 Perkin Elmer 工厂所采用。

1932 年 二十五岁

正值美国经济大萧条。留学生想要找一份工作来贴补生活十分困难,到餐厅洗一小时碗,仅能换到一顿饭。

夏,经朋友介绍,去某单位帮忙突击完成一项工程研究。每天晚上八点到实验室,一分钟不停地干,直干到第二天早晨六点。走出实验室便去上课,下午回到住处想休息一会儿,可是屋里热得像蒸笼。吃过晚饭又匆匆来到实验室。这样一连干了三天,三天没有合一下眼。每天晚上工作十个小时,每一小时的报酬是半个美元。三天下来共挣了十五块美元。

6 月,获得硕士学位。阮冠世来密歇根读暑期学校,获得工程物理学士学位。因她经常生病及经济拮据,精神及生活上感到压力颇大。

暑假后,开始攻读博士学位。读了"统计力学",并参加一个碰撞理论的讨论班,大部分时间是作论文中的计算。此时中基会的研究奖金已没有,不得不在系中每周作两小时助教。

1933 年 二十六岁

春,博士论文已写好,先发表了其中的一部分,即关于铀原子之5f电子能态及铀原子是否可能为一串十四个(当时尚未发现)原子的开始问题。这项计算为后来第二次世界大战时新的原子的发现及Maria Goeppert－Mayer的计算开了先河。

6月,获博士学位。后又获得下一年度(1933年至1934年)的中基会研究奖助金,决定留校继续研究。

在两次暑期讨论会中,听到几位大科学家的演讲,那是难得的学习机会,感到非常幸运。

冬,阮冠世的病情加重,学校医院已无能为力,把她送进纽约以北的一所疗养院。他经常乘火车去探望。

1934年 二十七岁

在密歇根大学的第三学年中,已无学位的"后顾之忧",学习也比较成熟,研究也逐渐有所展开。

夏,接饶毓泰来自北京大学的聘书。于暑期物理研讨会后,去看阮冠世,医生不允许她出院。先后参观麻省理工学院、哥伦比亚大学和加州理工学院。

8月中,由旧金山乘船抵沪。途中曾接到国立中央大学校长罗家伦的电聘。当船抵上海时,罗校长又派人迎接。对此他很感激,无奈应北大之约在先,对罗校长的盛意只好婉言谢绝。由沪去香港,返肇庆,迎母亲北上。先去香港,乘船至沪,再乘车至北平。

秋,任北京大学物理系教授。除开设"近代物理"、"电磁学"等课程外,还开设了"量子力学"、"原子光谱"、"气体导电"等研究生课程,使北大物理系的课程达到了一个新的高度。

1935年 二十八岁

春,在美国的阮冠世毅然出院,拖着病弱之躯独自回国。因旅途劳累,患了肋膜炎,回到北平即住进医院。后又转到一所疗养院,缠绵病床几乎一年。他在紧张工作之余,便是到疗养院探视病人。

从国外购置来光栅、石英汞灯、氦辐射灯和光谱仪等仪器,同饶毓泰等教授,开展原子和分子光谱及喇曼光谱学的实验研究,使北大成为我国最早研究原子、分子光谱的基地之一。

1936年　二十九岁

阮冠世稍愈。她有兄弟姊妹六人,吴大猷想自己可给她较多的爱护,便向阮家求婚,得到同意,然而却遭到母亲和亲朋好友的反对。但他忠贞不渝,终于在9月6日结婚,由蒋梦麟校长证婚。

婚后阮冠世仍每日低烧,秋冬一直卧床。

1937年　三十岁

在北大期间,他除了授课,还从事科学研究工作。科研十分活跃,力图将理论研究与实验研究相结合,三年中有十五篇论文在国内外发表。

春,阮冠世逐渐好转,能下床活动。

7月8日,同饶毓泰以及郑华炽等同事约好游西山。回家后才知发生了"芦沟桥事变"。

几天后有朋友来告知,北平形势紧张,劝他们躲避一下。

同妻子、母亲匆忙收拾东西,带些随身衣物便赶往火车站,到天津二姑妈家。

9月,接到学校通知:政府令清华、北大、南开三校师生集中到湖南长沙。他准备上路,母亲和阮冠世,留在天津二姑妈家。

他和同事乘坐一艘小轮船,本来买的是到香港的船票,但因晕船,到青岛便下船。抵达青岛不久,又有一艘来自天津的船进港,他从下船的旅客中竟发现了阮冠世。原来她在丈夫走后,不听家人劝告,独自上路寻夫。

一行人又从青岛,乘火车经济南、徐州、郑州至汉口,再渡江乘火车,几经周折辗转,终于抵达长沙。

清华、北大、南开三校在长沙组成临时大学,10月1日开学。

到长沙次日,吴大猷有位在密歇根大学同学的夏先生,此时正在西南公路运输处工作。见报后立即来看望,并将吴氏夫妇迎至城里的家中,总算得到暂时安置,稍减逃难之苦。

长沙开始遭日机袭击,空袭警报频繁。恰好中英庚款董事会在四川大学设有讲座教授,饶毓泰和其他同事劝吴大猷接受四川大学的讲座工作,因阮冠世身体不好,到成都会安全一些。吴氏夫妇继续奔波。

11月初,两人乘船由长沙到汉口,第二天乘飞机经西安赴成都。飞机飞行至秦岭上空因机翼结冰,不能升高。这里崇山峻岭,随时都会发生危险。飞机又返回汉口,第二天再起飞。平安飞抵成都时,因买船票和机票,两人已身无分文。幸好成都有老同学杨照,杨照的丈夫熊大仕也曾在南开任教。吴氏夫妇暂时栖身在杨照家,直至到四川大学上班后才有钱租房。

1938年　三十一岁

年初,由于敌机不断轰炸长沙,临时大学迁往昆明,校名改为"国立西南联合大学"。由清华校长梅贻琦、北大校长蒋梦麟和南开校长张伯苓共同主持校务。

4月间,阮冠世的肺病很不适应成都潮湿、阴雨的气候,大量咯血。吴大猷毅然决定去昆明,投奔西南联大。

饶毓泰因妻子猝逝情绪十分消沉,吴大猷、刘晋年、郑华炽等弟子便陪伴老师消愁解闷。吴大猷请老师每天在自己家里吃晚饭,然后陪他打牌。

秋,北京大学为筹备四十周年校庆,约请教师和校友提供论著。吴大猷开始撰写《多原子之结构及其振动光谱》(英文版)一书,这是他在北大时研究工作的继续。他在序言中对饶毓泰先生多年的关怀、提携表示了最诚挚的感激。

1939年　三十二岁

夏,《多原子之结构及其振动光谱》书稿完成,寄到上海排版。饶毓泰去上海看望女儿时,顺便给书稿校对。

战争初期,西南联大的教师们还能苦中作乐。在紧张的工作之余,吴大猷家每逢周末都有两桌桥牌牌战。有时"清华队"来挑战,事前说好,输的那队负责作当天晚餐的东道主。晚餐虽无美味佳肴,但以量取胜。餐后总有剩余,吴大猷和年纪最小的陈省身便来负责"扫荡"。

北大在距城郊五、六公里的岗头村盖了两排简易平房。这些房子都是泥墙、泥地、纸窗,每间十三多平方米,供教职工紧急疏散时使用。

1940年　三十三岁

《多原子之结构及其振动光谱》在上海印好,寄来若干本,他赠送给国外从事这项工作的友人及大学图书馆。该书获中央研究院的丁文江奖奖金三千元。

书寄出后收到许多回信,对此书都作了很好评价。他没想到,在那样的年代,在最艰苦的岁月,书居然能出版,不可不说是难能可贵的事。

秋,敌机轰炸的次数日益频繁。一次"跑警报",吴大猷夫妇和几位同事竟跑到了岗头村。他们已疲惫不堪,无法回去。大家干脆就住到了岗头村。西南联大校址在昆明西门外,为躲警报,将上课时间安排在上午七时到十时,下午四时到七时。从岗头村走到学校要一小时。住在岗头村,早上五点多钟就要起程,六点三刻左右到达,上完课又要赶回岗头村,一天两个来回共约二十多里,非常辛苦。

一天下午,他上完课有空袭警报。五点多警报解除,便打算回自己城里住处睡一夜,次日清晨一早上课,懒得多跑十里路。途中遇见助教江安才和一个工友,挑着一担东西仓惶而来。原来下午空袭被炸的地方,正是他借住的房子,中了四枚小炸弹。他的行李、铺盖什物等都埋在灰土瓦砾下面。他们是特地来掘出一些东西的。他家有两只瓦缸,囤积了两袋面粉。空袭后缸依然完好,但面粉里却掺进了许多碎玻璃和泥土。舍不得丢掉,后来用水冲去杂物做成了面筋。

当时西南联大的条件极差,几乎无法开展研究工作。他认为不能让师生有长期感到无法工作的苦闷。为培植及训练战后恢复研究工作所需的人才,只好尽个人最大力量做些工作。他请北大租了岗头村的一间泥墙泥地的房子作为实验室。把从北平运去的光栅、石英水银灯、氦辐射灯等,以及大型摄谱仪的光学元件(透镜、棱镜、狭缝)放在砖墩和木制架上,组成一台摄谱仪,开展了有关喇曼效应的实验研究,并指导研究生进行"日冕光谱线的激起"等项理论研究。创建了中国第一个原子、分子光谱的简陋实验室。

1941 年　三十四岁

春,英译 E. P. Wigner 的德文《群论与其在原子光谱之应用》一书。

秋,授"古典力学",班中有四年级的杨振宁、黄授书、张守廉、李荫远和胡宁等,及燕京大学毕业来随他研究的黄昆。

常于课后,在西南联大西北角的一扇小门外,一条很长的轻便铁路边,和"这样一群学生"讨论物理学问题。他认为"可以说是从不易得的群英大会",是他人生的一大乐事。

"古典力学"学期结束时,他拟下了十几个论文题目,任学生们自选一个。

1942 年　三十五岁

第二学期授"量子力学"。

春,杨振宁准备写毕业论文,拜见吴大猷,请他作自己毕业论文的指导老师。谈到毕业论文的题目,杨振宁选了《以群论讨论多原分子之振动》。吴大猷把一本《现代物理学评论》递给他,让他看其中一篇有关分子光谱与群论关系的文章。这看似简单的数语点拨,就确定了杨振宁一生的方向。

日军占领缅甸,昆明形势日趋紧张,日常生活已有入不敷出之势。

1943 年　三十六岁

《多原子之结构及其振动光谱》获得教育部的科学研究著作一等奖。

在生活窘困时,养了两只小猪,打算养到年底卖掉换些钱花,每天都要为喂猪辛苦操劳一番。

春,一天下午,搭马车去上课,坐在马车的尾部。下山坡时,马忽惊。他的头撞到车上,摔下来,昏倒在路边。不知过了多久才苏醒,步履艰难地走回家,一进门又昏迷过去。经检查诊断为脑震荡。在床上躺了将近一个月。

他稍微见好,阮冠世便倒下,心脏衰弱,在生死边缘徘徊,险些就被死神夺走。他没敢移动病人,又担心付不起住院费,一直未送病人进医院。这种情况持续到冬天,他身心交瘁。经医生劝告,在朋友的帮助下借到一笔钱,才将她送入昆明西郊外车家壁的惠滇医院分院。过了一段时间,病人总算脱离危险。

因在医院照料病人,委托黄昆看家。当时养的两头猪一头已死,另一头长得很大,黄昆每天将它赶进小猪舍都非常困难。黄昆把这一情况写信报告给老师。吴大猷此刻已无心顾及猪的事,便回信让黄昆到村里把猪卖掉。

1944 年　三十七岁

日本本土常遭盟军轰炸,侵略者泥菩萨过河自身难保,顾不得再来昆明肆虐。空袭警报停止,生活恢复平静。但因战争过长,消耗太大,民众的物质生活却越来越艰苦。通货膨胀,物价飞涨,老百姓的日子苦不堪言。教授的月薪在抗战初期还能维持三个星期,到了这时只够半个月了。许多教授夫人都要为家分忧,有的绣围巾,有的做帽子,有的做食品。梅贻琦的夫人还在大西门旁摆地摊,把家中的衣物拿出来卖。

年初阮冠世出院时,他家已经一贫如洗。

阮冠世出院后仍需休养。吴大猷既要上课、搞研究,还要做家务活儿,比别的教授辛苦得多。

冬,迁入抽签获得的学校在昆明城内西仓坡所建的一间宿舍。

日本投降前夕,大家都为返回故里准备路费。不仅梅夫人摆地摊,其他人也干起这种买卖。吴大猷说自己在这方面是教授中最先出马的一个,将能卖的都卖光。到抗战胜利离开昆明时,吴氏夫妇的全部家当仅仅是两只没能装满的手提箱。

1945 年　三十八岁

春,在人心动荡的日子里,忽然有一个十八九岁的学生千里迢迢,慕名前来投奔。那学生名叫李政道,是吴大猷的一个朋友介绍来的。当时正值学年中间,不经考试不能转学。他同几位教师商量,决定让李政道随班听课,参加考试,若及格,暑假后正式转学入二年级。

李政道各门功课学得十分轻松。每天课后都要找老师,要求给他更多的读物和习题。他的求知欲非常强烈。吴大猷无论给他多深的书和多难的习题,他都能很快地读完,做完,然后再来索要更多的书和题。从他做题的步骤和方法上看,这个学生思想敏捷的程度大大异于常人。在那样的环境里,吴大猷发现了一个天才自然十分欣慰。无奈自己当时处境不好,自称"狼狈不堪",实在没有更多的时间和精力为这名高材生准备更多的参考书和习题。所幸李政道天赋很高,几乎不需老师讲解。

8 月 15 日,日本无条件投降,举国上下无不欢欣鼓舞。吴大猷夫妇连忙同北平、天津的家人通信——抗战期间,北平、天津属"沦陷区",不能通邮。

很快就收到阮冠世家人来自北平的回信,说全家平安。接着收到二姑父的来信。信中写道:大猷的母亲在日本投降前夕,也就是1945年的春节,去附近的一位乡亲家拜年,恰巧一架日本飞机失事,坠落在那家的房顶上,母亲和乡亲同时当场罹难……读到这里,吴大猷几乎要晕过去。信中还写道,二姑妈因患肺癌,故去数年,二姑父如今已续弦。两个噩耗同时袭来,吴大猷无法接受这残酷事实。母亲遇难,二姑妈病故,对他的打击非常大。不过他是个精神特别健全的人,不管遇到多大的灾难,都有一个"逃避"的办法,那就是埋头做学问,借以解脱。他说,若不是采用"逃避"方法,精神早已崩溃。

在西南联大的艰苦岁月里,他培养出杨振宁、李政道、黄昆等一大批杰出科学家,而且科研硕果累累:出版专著《多原子之结构及其振动光谱》,论文十七篇和译著一部。

秋,同北大化学教授曾昭抡、清华数学教授华罗庚一起被军政部部长陈诚、次长俞大维召到重庆。陈诚和俞大维会见他们,提出准备筹建一个原子弹研究机构。除吴大猷外,郑华炽、曾昭抡、华罗庚,都是军政部研发原子弹的核心专家,请他们提出建议。吴大猷拟就了一个建议。他的那份建议经陈、俞考虑后,认为可行,立即让华罗庚和吴大猷负责数学、物理两个部门,曾昭抡则负责化学部门。

蒋介石召见吴大猷,当即表示,已下令拨出一座大礼堂和十万美元,要他们做一颗原子弹。吴大猷说原子弹是研究出来的,不能只在一个大礼堂炼一个弹。他向蒋介石建议,发展核弹,钱不是主要的,最重要的是人才。蒋介石立即承诺,将美国退还清朝赔偿八国联军的庚子赔款,可用作为奖助人才赴美国深造的经费,至于人才名单,则请吴大猷、华罗庚和曾昭抡去推选。

吴大猷决定选送李政道。至于另外一名,杨振宁已考取清华留美,黄昆也已考取中英庚款留英,就选定了清华助教朱光亚。负责数学部门的华罗庚推选了孙本旺,负责化学部门的曾昭抡选上了王瑞䭲、唐敖庆二人。

1946 年　三十九岁

5月4日,西南联大全体师生举行结业典礼。

春,吴大猷夫妇乘飞机先去重庆,住在中央研究院办事处。等了一个多月,才坐上一架军用飞机,经汉口、济南,飞抵北平。

他去北大。北大没有什么大损坏,只是由他一手建立起来的光栅室,因无人管理已潮湿得不能使用。

然后他到天津,看望二姑父和续娶的二姑妈,还有三姨妈,并去凭吊母亲和二姑妈的墓。离津前,他回母校南开大学,这是他求学和初恋的地方。只见校园一片荒芜,校内所有的建筑物都已被日军炸毁,仅剩下一座当年他和阮冠世在那里上课的理科教学楼"思源堂"。在日寇的铁蹄蹂躏下,美丽的莲花池也被填平。

6月,一个以研制原子弹为核心任务的单位正式组成,按照计划,"原子能研究委员会"和早先成立的"国防科学委员会"密切配合,展开原子弹研发作业。五位青年才俊虽然学业优秀,出类拔萃,但原子物理及原子核物理毕竟是一门陌生的学科,有必要作一定的了解。吴大猷专门给他们开了"量子力学"课,讲解相关的基础知识。

夏,华罗庚、曾昭抡率领朱光亚等人赴美。吴大猷则先作为教育部中央研究院的代表,去伦敦参加英国皇家学会的庆祝牛顿诞辰三百周年大会。会后赶赴美国,阮冠世获准同行。

曾昭抡等人到美国后,美国政府为垄断原子弹这一高新技术,宣布一切与研制原子弹有关的研究机构和工厂,都不准许外国人进入。五名学生只得到各高校学习先进的科学技术。

9月,吴大猷赶来美国,得知军政部所赋予任务已无形告终,李政道等五人全都分别入学专心读书。李政道因是破格选拔,只能进入允许未毕业学生攻读博士学位的芝加哥大学。朱光亚则到密歇根大学。

吴大猷接受母校密歇根大学之聘,任客座教授。他决定扩大研究领域,从事核子物理的研究。要奋起直追补回被耽误了的宝贵时光。

国内形势发生变化,派吴大猷等人出去的军政部此时改成了国防部,早已顾不上考虑国防科技计划了。国民党当局的原子弹研制工作,如昙花一现,胎死腹中。

1947年　四十岁

秋,应邀赴哥伦比亚大学执教,除研究核子力之介子论,并指导研究生,讲授"近代物理"及"理论物理"等课程。华裔女科学家吴健雄与他同在哥伦比亚大学执教,两人同姓吴,因此时有错事发生。

1948年　四十一岁

纽约大学需要一位讲授"量子力学"的教授,又被请去兼课。

3月18日,南京中央研究院,选出第一届院士八十一人。吴大猷在美国哥伦比亚大学,仍被选上。数月后他才知道这一消息。陈省身也被选上,为最年轻的院士。

1949年　四十二岁

秋,日本物理学家汤川来到普林斯顿高级研究院,同吴大猷偶然相识。吴大猷于西南联大时曾读过汤川的同事荒木的几篇关于原子问题的文章,认为其数学部分是正确的,而物理方面却是错误的。见到汤川后,便将发现的问题告诉汤川。汤川马上写信告诉了荒木。荒木起初不以为然,后经吴大猷一再申述,荒木才重新计算,计算结果发现确实有错误,当即作了更正。

原准备秋天回国,但国内形势发生巨变。只得暂留国外,以观时局。恰巧此时加拿大国家研究院决定增强纯学术性研究,广揽天下之英才,需要一位学识渊博的学者主持理论物理方面的研究工作。吴大猷便成了加拿大国家研究院的重要目标,他被恳请去主持理论物理组。他见渥太华气候对阮冠世的健康有益,便欣然同意。

担任加拿大国家科学院理论物理部主任。

1950年　四十三岁

6月,参加在墨西哥举行的美国物理学会,宣读论文《自游离化》。25日返回加拿大途中正值朝鲜战争爆发。

10月,中国人民志愿军入朝参战。美国下令所有在美的中国物理学家一律离开美国。这样他只好在加拿大滞留多年。

请在西南联大时的优秀学生胡宁来加拿大国家研究院两个月,讲授量子电动力学的新发展。

吴氏夫妇很喜爱孩子,早就同香港的堂弟吴大立夫妇说好,过继一个孩子给他们。这年吴大立的小儿子葆之出生,几个月后吴大立夫妇托人将襁褓中的婴儿送到渥太华。阮冠世一见到婴儿欣喜若狂。到渥太华后,她的身体渐好,特别是葆之的到来使她十分快活,三口之家充满天伦之乐。

1951年　四十四岁

在北大时的优秀学生马仕俊由美国来加拿大国家科学院,一家三口住在吴家。

加拿大国家科学院理论物理组先后有英、比、意、日、印度、瑞士、美及加拿大学侣(院士)数十人,都在自由气氛中做研究工作。在吴大猷处工作过的中国物理学家仅有胡宁和马仕俊,都是知名之士,有过卓越的贡献。

研究领域不断扩大,由原子、分子、核子转入散射理论和气体及等离子体的运动理论。

1952年　四十五岁

在风景优美的 Rockcliffe Park 村小湖边买地一块,自行设计、建造一所房子。房屋施工,阮冠世每天领着葆之去看房子的进展状况。

1953年　四十六岁

春,房子建成,入住。葆之在这所美丽的花园住宅里度过快乐的童年。

阮冠世热爱园艺,葆之深受影响。吴大猷对这些活动没什么兴趣,却热衷收成时的水果、蔬菜。

1954年　四十七岁

夏,哥伦比亚大学 C. H. Townes 请他去讲授暑期学校中"热力学"课程。住李政道家。

秋,西屋子公司的物理部主任 Albert 拟聘他去任职。到匹兹堡,在西屋子公司及匹兹堡大学物理系各作一次演讲。见到台湾清华大学教授孙观汉。

1955年　四十八岁

5月,幸运地请到了当代大物理学家 Dirac 来加拿大国家科学院几个月。吴大猷组织了一个为期一周的大规模研讨会,本是以 Dirac 为主的,但 Dirac 因病未能按期到达。到会的专家有百多位,大会虽如期召开,但主客不能参加,甚为遗憾。待会议结束很久,Dirac 才到。Dirac 夫妇在加拿大国家科学院三个月,每周参与研讨会。阮冠世经常以"中国菜"款待贵客。吴大猷曾经在北京大学、哥伦比亚大学多次听过他的讲演,直到今日终能与大师朝夕相处,感到非常高兴。

1956 年　四十九岁

秋,应胡适之之邀,举家三人由旧金山乘轮船经日本(在神户换船)于 11 月抵达台湾。

路过日本京都,日本物理学家汤川宴请他们一家,并请来荒木作陪。荒木还当导游,陪吴大猷全家游览了京都的名胜古迹。

在台湾大学任中基会讲座教授,讲授"古典力学"及"量子力学"课程,同时又应台湾清华大学校长梅贻琦之请,为清华大学原子科学研究班授课。

课程持续到翌年 4 月初。在台湾的公开演讲中,介绍了杨振宁、李政道、吴健雄等关于宇称性的研究工作。

1957 年　五十岁

春,由台湾回到加拿大。

4 月,台湾中央研究院召开首次院士会议,他建议政府拟订学术发展计划。

夏,被选为加拿大皇家学会院士。

秋,在加拿大物理联谊会组织的暑期讨论会上讲授三周"散射理论",以为以后撰写《量子散射论》专著打下基础。这次讨论会在加拿大落基山的一个避暑胜地举行。会后 Prentice-Hal 书局有人来约写书。他和这家书局签定了口头协议,但不保证交卷日期,一是实在没时间,二是对写书也不感兴趣。签约之前,他曾告诉书局,自己对散射理论所知不多,请书局去征询物理学家们,如认为可以胜任,他倒很想试试,否则作罢。不料征询结果都是肯定的,既有言在先,不便失信,只好硬着头皮签了合约。

冬,李政道、杨振宁荣获 1957 年诺贝尔物理学奖,两个学生不约而同给恩师写信表示感谢。他为学生们的成就异常高兴,至于自己,却十分谦逊:"其实我们不过是适逢相会,只是在彼时彼地巧遇而已。譬如两颗钻石,不管你把它们放在哪里,它们还是钻石。"

1958 年　五十一岁

春,胡适之由纽约回台湾(任中央研究院院长职)前,函请拟一发展科学的议案。胡适之得到行政院院长陈诚的支持,于这年冬成立了"国家长期发展科学委员会"。胡适之任主任委员,教育部部长梅贻琦任副主任委员。经费由公营事业盈利拨若干百分点,虽然为数甚微,但这是开政府直接支持学术研究的先河,意义极其重大。

纽约的布鲁克林理工学院太空及气体动力研究所有发展该所的计划,要聘请吴大猷。他感到加拿大国家研究院已逐渐受到国会的压力,紧缩了它纯粹科学部分,由他负责的理论物理组的人数过少,并想到自己虽已入半百之年,如在一个较积极的气氛中,仍可做更多的工作,所以决定接受这一聘请。

9月,应美国普林斯顿高级研究院的邀请为该院研究员,至翌年5月返加拿大。向加拿大国家研究院告了假。普林斯顿高级研究院只有"人文"和"数学"两部。"数学"包括数学、理论物理和理论天文物理,有本院的教授若干人,杨振宁即是其中之一。此外就是外来的研究员,没有学生。除各课题的讨论会外,每个人的研究完全自由,无任何职责。每人有适于小家庭生活的公寓,环境极其清静舒适。同时在该院的熟人有 Dirac 和 Uhlenbeck。他们都是趁休假来的,中国学者有吴大峻及黄用派,后者是数学家,香港大学教授。在普林斯顿期间,吴大猷最重要的收获是读了 Uhlenbeck 一年前的那两篇讲稿,引起他对气体及离子体(电浆)运动理论的兴趣,使他在 1959 年至 1965 年几年间,致力于这个领域的研究。

1959 年　五十二岁

5月,由美国返回加拿大。

美国国家标准局的一位原子物理学家找他,想让他去协调多方面的工作。认为他是上选,并谈到将给他政府制度规定中最高的薪金。这对吴大猷确是一个很高的评价,但他已承诺了布鲁克林理工学院,只好婉言谢绝。

冬,日本物理学家大村充由东京大学来加拿大国家研究院,从事有关散射理论研究,吴大猷邀他合写《量子散射论》的专著,以承诺Prentice-Hal书局的合约。开始合作工作。

1960年　五十三岁

9月,应邀参加在美国西雅图华盛顿大学举行的中美学术研讨会。台湾学者有胡适之、罗家伦、毛子水等二十余人。会后,胡适之在加州同亚洲协会洽商后得办一个讲座,每年一万美元,定期三年,希望吴大猷放弃瑞士之行,去台湾工作,但吴大猷年初已有瑞士洛桑大学之约在先,不能背信。

11月,应瑞士洛桑大学邀请,去讲学一学期,至翌年二月。事前,他征询对方的兴趣,准备好几个课题。待到学校后,校方对他原先拟就的几个题目都没有采纳,偏偏选了一门他自己刚刚产生兴趣而又所知不多的气体及离子体的理论。这样只得边编讲义边讲授。在这种情况下,他开始了不寻常的教学工作。由于这样一个急就章,却逼着他对许多问题有了更深入的了解。听课的除本大学研究生外,还有从日内瓦及洛桑以外远道来的。在讨论会上,还有日内瓦的Stuekelberg教授。一次他解答了一个困扰问题,即指出用跃进机率观念和不可逆过程的密切关系。这是他平生最满意的一项工作。

1961年　五十四岁

2月,由瑞士返加拿大。在洛桑大学的讲义,来信索取的很多,于是又重新打字印刷了三百册,后来只剩下二、三十本。两年后,在布鲁克林理工学院又将这讲义作了增改,使之成为一本书的初稿。

胡适之旧事重提,建议他到台湾工作,并建议他及合作者一起前去。胡适之对他评价很高,更使他不敢接受;再者请外国学者到台湾尤其不容易。

8月,去台北参加"第二次阳明山会议",会上戴运轨建议蒋介石聘请科学顾问。吴大猷当即表示不同意见,认为如果所聘人选不当,会出问题,不如以中央研究院全体院士为学术和科学顾问,这样不容易出问题。会上见到胡适之,又谈起去台工作事。

1962　五十五岁

2月,应胡适之邀请到台湾,参加中央研究院院士会议,24日于会后茶会道别时,目睹胡适之心脏病发作猝逝。胡适之引入西方治学方法于中学,提倡语体文学,治学勤且谨严,为人正直,奖掖后学,与他虽无师生谊而爱护有加,一年来屡盼他来中央研究院推进数学物理研究工作而未能如命,既感悲哀又觉惭愧。

胡适之逝世后的一天,王雪艇偕吴大猷去见陈诚,陈诚亦盼他去台。他客观地对自己作了分析,认为不适合做领导工作。

春,回加拿大后,接到蒋梦麟来电转达蒋介石盼吴大猷回台接受中央研究院院长之意,也被他婉言谢绝。后来王雪艇就任中央研究院院长,吴大猷马上去信,表示尽自己可能为中央研究院效力。王雪艇当即建议恢复物理研究所,希望他能参与筹划。他在这年筹划台湾中央研究院物理研究所。

冬,他的离子体的工作,已渐有知音。日本东京大学物理系邀他去演讲。

《量子散射论》一书(与大村充合著)出版后深受好评。

1963年　五十六岁

年初返台,协助中央研究院王雪艇院长筹划恢复物理研究所事。

了解到行政院最初拟议预算八十万元供建立物理研究所之用。他以为物理研究所一切要从零着手,这点经费实在不够,后又增到二百四十万元。他与王雪艇及清华大学校长陈可忠商定该物理研究所将采取与清华合作的方式,把所有设备都放在清华。这样可避免基本设备的重复,省得另起炉灶,以便节时、节人、节钱。又经商讨并征得亚洲协会的同意,将其捐赠之三万美元,改为购置物理图书之用。

方案商定后,他即就国人中近年有研究论文的学者十多位,去信探询能否来这里服务。后请到王唯农、林尔康,他们二人都是学实验原子核物理的。此举,名义上是由中央研究院与清华联合聘请,目的是使其能够使用清华的范氏加速器,以展开研究工作。十多年来,训练研究生及研究工作所取得的成绩都很令人满意。

春,葆之天资很高,14岁考入加州大学柏克莱分校,主修数学和音乐。吴大猷夫妇对孩子从不约束,任其自由发展。阮冠世陪他去加州,与儿子共同读书。

秋,辞掉加拿大国家研究院职务。举家赴美,在布鲁克林理工学院名义上是物理系教授,而实际是在其太空及气体动力研究所工作。

他在加拿大工作了十四年,发表论文五十篇,与大村充合作出版了《量子散射理论》。在加拿大时期,他的精神生活和物质生活都是愉快而舒适的。工作上也非常自如,由原先对原子、分子、核子的研究,转入对散射理论、气体及离子体的运动的研究。

冬,名古屋大学离子体研究所集日本这方面的学者,举行一个讨论会邀他去作演讲。所长伏见康治与诸同仁,宴请他于日本餐馆。荒木也专程来会晤他。

1960年至1963年是中国大陆生活最困难的时期,他用小邮包多次分批地寄些糖果、奶粉等给恩师饶毓泰,但又不敢多寄,怕给他惹麻烦。文化大革命中,这位我国早期的物理学家遭到迫害,含冤而死。

1964年　五十七岁

夏,王雪艇组织中央研究院,台湾大学与清华大学联合举办暑期研讨会。吴大猷返台讲气体电浆运动方程论,讲稿由 Addison－Wesley 出版。

1965年　五十八岁

感到布鲁克林理工学院内部斗争激烈,不愿牵入漩涡,决定接受纽约州立大学水牛城分校之聘。布鲁克林理工学院以加薪挽留他,但他去意已定。

暑假,返台讲课,医生疑他患有肺癌。立即返美,在柏克莱校医院检查无事,遂放心。

秋,到水牛城。冠世也由加州葆之处来。水牛城分校物理系教授阵容甚弱,着手计划邀请名家来校访问。应邀来系访问演讲的除美国物理名家外还有华裔物理学家杨振宁、吴健雄、李政道等人。名家的访问大大提升水牛城分校物理系的知名度。

1966年　五十九岁

秋,水牛城分校根据 I. I. Rabi 推荐,请吴大猷任系主任,并加拨经费,增聘教授,大量扩充研究生名额。

《气体与等离子体动力学方程》一书出版。

1967年　六十岁

春,接钱思亮信,传达蒋介石想让吴大猷任国家安全会议之"科学发展指导委员会"主任委员,并请他返台。于春假回台。蒋介石态度诚恳,并允许他无需辞掉在美教职,利用寒暑假期回台,在美授课时由钱思亮、阎振兴二人协助即可,所以吴大猷不好推却。

5月,再次来台,建议改组扩大原有之"国家长期发展科学委员会"为"国家科学委员会",隶属行政院;建议学术行政职位(如大学的院长,系、所主任等)的任期制;公营事业以营业总额之百分一至二为"研究与发展"的经费,及若干原则。

7月,1964年大陆首次成功进行核试验,使台湾当局感到安全受到威胁,开始制定秘密研制核武器的计划。刚上任担任"国家安全委员会"科研顾问小组委员会主席的吴大猷奉命对国防部的这一建议进行可行性研究。他坚决反对该计划,上书蒋介石,阐述理由,写出《核能发展拟议的分析报告》,强调核子武器、洲际导弹不可能"独意进行"。最后蒋介石被他所说服,采纳了他的意见,决定停止该项计划。吴大猷还建议,台湾的核计划应像绝大多数国家一样归民用原子能机构来负责。这一建议也被台湾当局所采纳,"原子能委员会"很快就从军方手里接管了原子能的研究计划。

吴大猷平生自己觉得最得意的两件事,除上面的阻止台湾发展原子弹,另外就是为台湾的发展培养了大批科技人才。60年代,台湾的出国风气盛行,留学生大多滞留美国不归,国民党上层人士便有禁止留学生出国的建议。他为这件事又一次上书蒋介石,指出培养人才,储于异邦,长期以来,对国家未必不利。他的这两次敢言直谏,都得到了台湾当局的采纳。

夏,在台国科会主持的暑期科学讨论会上,讲了狭义及广义相对论,共六题。为听众方便,编印了讲义,次年由中华书局用中文出版为一小册。

1968年　六十一岁

在台北认识一女孩,后领养为女儿,改名"吴吟之"。吟之从此一直陪伴到他谢世。

1969年　六十二岁

春,受蒋介石委任,负责计划和推进科学发展方面工作,从此每年夏季留台四个月,冬季一个月。

夏,因每年在台湾工作五个月,必然对水牛城分校物理系的各种事务无暇兼顾,只好辞去系主任职务。他在任三年是水牛城分校物理系的黄金时代,因此人称他有点石成金之术。

夏,去新加坡,与新加坡财长吴庆瑞谈所拟高薪聘华裔物理学家计划,建议宜从事应用科技、医学等的发展。

辞去系主任职后,能有较多心力用于个人研教及台湾科学发展事业上。这一年的工作有:推动台大的海洋研究所,台大的船模实验室,请邓大量、吴大铭等筹划地震研究的设施,在交通大学,台湾大学电机系,成功大学三处的电子科技研究等。

1970年　六十三岁

夏,阮冠世获生物物理学博士学位。

70年代以后,台湾经济开始起飞。但岛内的伦理道德、价值观念、社会风气以至人际关系都逐渐变坏。吴大猷对此感到痛心疾首,做不少演讲,写许多文章,大声疾呼希望改变这种状况。不仅对科学、教育,还对时事、社会、文化,提出针砭。他每隔数日,在报上发表的八百字短论,表现出他的直言之风,及见解之深、关切之广。直言无讳,而且命中要害,是他说话、做事的一贯风格。

1971年　六十四岁

秋,赴华盛顿之国际纯粹及应用物理联合总会大会,"科学发展指导委员会"一再"精简",已无任何任务。

1973年　六十六岁

应刘拓之邀,翻译英国科学家李约瑟所著《中国之科学与文明》中第四册里有关物理学、光学部分的一章,又校正其他译稿数章。

辞去"科学发展指导委员会"主任职务。

1974年　六十七岁

夏,应同仁建议,在清华大学、台湾大学讲了八至十小时的"近代物理学的物理及哲学基础",后将编印的讲稿由联经出版公司出英文版。

由"科学发展指导委员会"邀黄少谷秘书长、张继正(经合会)、朱登皋、传家齐(交通部)、李崇道、王友钊、李登辉(农复会)、王兆振(工技院)、钱思亮(中研院)、张明哲(国科会)、孙震(台大),及阎振兴、蒋彦士、张丹、田长模(科导会),探讨台湾工业研究发展计划,及较广面的工、农、交通的问题。

秋,代表中央研究院去土耳其伊斯坦布尔,参加国际科学联合总会大会。会上,日本物理学家伏见康治为日本首席代表,老友异地重逢,欢叙旧谊。

1975 年　六十八岁

夏,应香港大学之邀,作学术演讲。为教育部举办大学评鉴事,本年办数学、物理、化学、医学、牙医五科系。

夏,开始将历年教学讲稿整理出来,译成中文,写成关于热力学、气体运动论及统计力学的论文,计划将所撰写丛书总命名为《理论物理》,共七册。从 1977 年至 1980 年陆续由台湾联经出版公司出版。后由李政道介绍在北京重印。这部丛书对台湾和东南亚的物理教学界产生很大影响。

开始关注物理学哲学问题,将一系列关于物理学发展与哲学的讲演,结集成书,书名为《现代物理学基础的物理本质和哲学本质》出版。

1976 年　六十九岁

秋,代表中央研究院去华盛顿,赴国际科学联合总会大会。

1977 年　七十岁

夏,应邀赴韩国庆北大学,讲学一周,题为《统计力学的新发展》。

近年来所撰写的《古典动力学》、《量子论与原子结构》、《电磁学》三书,由联经出版公司出版。

1978 年　七十一岁

5 月,从纽约州立大学水牛城分校退休。物理系举办学术研讨会,演讲者有杨振宁、李政道、Novick. Ishihara,及同辈人的论文集(由出版公司 Gordon and Beach 的代表献书),晚间宴会,由 Montroll 讲演。

夏,由台湾物理学会在自由之家为他祝七十寿(实际他已七十一岁）。中央研究院物理研究所刊出他近年来在报章的中文文章二册为纪念集。

"理论物理"第四册之《相对论》，已由联经出版公司出版。

秋，去雅典，代表中央研究院参加国际科学联合总会大会。

这年从美国水牛城分校退休后，其工作重心便转向了台湾。台湾在 20 世纪七八十年代能有如此充沛的科技产业人才资产，使经济迅速起飞，以至跻身于亚洲"四小龙"的行列，与吴大猷作出的重大贡献密不可分。

1979 年　七十二岁

出任教育部"科学教育指导委员会"主任委员，致力于台湾中学教材的改革。

7 月初，经旧金山，见大业、夏培心、陈宗宪、陈曼虹。去水牛城，见冠世、葆之由欧洲返回。冠世去 Rochester 余南庚处检查心肺情形。她与葆之先返回加州寓所。

8 月初，经旧金山，见李荣章，返台北。

12 月，应韩国庆北大学之邀，参与能源问题会议，宣读一篇论文。

"理论物理"第五册《热力学》，《气体运动论》，《统计力学》，第六册《量子力学》（甲部），由联经出版公司出版。

1980 年　七十三岁

1 月 25 日，抵 Newport Beach。阮冠世需氧气助呼吸。去水牛城又返回她处。

2 月 22 日，经檀香山返台。

8 月 23 日，抵洛杉矶，李述忠夫妇接机迳去医院看阮冠世。25 日接她回家，仍需用氧气管。

9 月初，去荷兰阿姆斯特丹，参加国际科学联合总会大会。

10 月 7 日，接葆之电报，告知阮冠世病危。10 日抵美，她住入医院加护病房。每日与葆之去医院看她。

12 月 2 日，阮冠世逝世，享年 71 岁。吴大猷称："她的离去，使我失去我七十三年的生命中五十二年的伴侣。"

"理论物理"之第七册《量子力学》（乙部），由联经出版公司出版。

1981年　七十四岁

春,发现心律不整,入台大医院,经吴德禄教授诊治渐愈。遵医嘱,从此不再打网球。

秋,代表台湾物理学会,去巴黎出席国际纯粹及应用物理联合会大会。

80年代初,外甥韩汝琦应北京某出版社《中国科学家略传》一书之约,为吴大猷撰写小传。韩汝琦将写好的稿寄给他看,他看完回信写道:"你写的小传,事迹部分多正确,但称誉则夸大了些。我这一生真正的些少贡献,是在台湾的学术发展上,是我对台湾培育人才、提高学术水准的贡献。虽则成效不能使人满意,但在外在情况下和自身能力内,我实在尽了我的心和力,问心无愧对台湾这一代和下代的学子。如写我的小传,似宜兼及这方面,不要因为是在台湾做的而略去。我的工作是没有'政治性'的,是为中国学术、科学、人才的效力。"

1982年　七十五岁

6月,去加州大业处,同访美结束之后到大业家的大任、陈鸮聚会。与大任夫妇已四十五年未见面。

9月9日,代表中央研究院出席在剑桥大学举行的国际科学联合总会大会。

9月18日,抵纽约,李政道来接机。21日去石溪。22日杨振宁六十寿,参加演讲会及晚宴。

9月23日,到水牛城。

10月3日,经洛杉矶,葆之及浦大邦来接机。

1983年　七十六岁

1月23日,去新加坡,访问新加坡大学,作一讲演。

1月26日,应德国哥廷根的蒲朗克研究所邀请,抵哥廷根,作两周的访问,与阎爱德同行。在德访Bonn大学,Hamburg的同步加速器及丁肇中在彼的实验室,西柏林的同步加速器实验室,作讲演二次。

2月8日,由德国飞波士顿至水牛城,住李荣章处。在水牛城处理房屋中书物完毕,即与房屋买主议妥一切。

3月4日,经洛杉矶返台北。

6月,去新加坡,参加"亚洲太平洋物理研讨会",作一演讲。见杨振宁、周培源、黄昆及李荫远等。大任托人带来祖父墓碑拓本。

11月,被中央研究院评议会选为院长候选人之一,经台湾领导人蒋经国任命为院长。

七卷本丛书"理论物理"由北京的科学出版社翻印出版,李政道为之写序。

1984年　七十七岁

春,完成书稿《量子力学》(英文版),共六百余页。

8月,获菲律宾马格赛奖,奖金二万美元,恰巧因内耳平衡失常,头晕作呕,入台大医院,未能赴菲律宾参加典礼,请挚友沈君山代领。他称为自己国家尽心力,而获他国颁奖,心里总觉不自然。

12月,中央研究院院士会议,到会八十人,为历年来最多的一次。李政道夫妇首次参加,甚为欣喜。袁家骝已抵港,因病留港,稍晚了数日。

在会期前后的一个多月中,各研究所举行公开的学术研讨、演讲约八十次。

1985年　七十八岁

为提高学术研究水准、气氛,决定修订中央研究院研究人员续聘及升等之评审制度。在观念上,为绝大多数同仁及社会所支持。修订规条,经评议会通过,呈请核准施行。

3月,5月,8月,三度发高热入台大医院,发现肝内有一小脓包,经注射抗生素二周,因引起皮肤过敏,改口服药,脓包即消失,白血球数亦恢复正常。

每次住院四、五周,作各部位检查。5月9日在直肠割小息肉一粒。摄护腺肥大,但没有立即作手术的必要。胆、胆管、心脏情况均好。

1986年　七十九岁

春,与中央研究院各所同仁拟订"第二个五年发展计划"。为向社会及海外学人简介中央研究院,特选《中央研究院的回顾,现况及前瞻》一文,载《中央日报》(及国际版)、《传记文学》等刊物。

7月末,举行院士会议,有生物医学研究所,分子生物研究所,统计学研究所及原子分子科学研究所的落成学术讲演会。此次院士会议到会院士八十余人,人数为历届最多。

《量子力学》(英文版,上、下册)由新加坡世界科学出版社,杨振宁及李政道撰写《前言》各一篇。原稿中有相对论量子力学及场论二百余页,决抽出,拟补写量子电动力学引论后,作第二册。

9月28日,按虚岁为八十岁,实则七十九周岁。朋友来祝寿的颇多,甚为感动。杨振宁特为此来台参加中央研究院院士会议。

11月22日,哥伦比亚大学为庆祝1956年李政道、杨振宁的宇称性不守恒发现及李政道六十寿,举行研讨大会。吴大猷于19日抵纽约,李政道来接机,住李政道家。开会时,见严济慈,距在昆明时已四十余年未见。见王浩,当即邀他明春来台讲学,承允诺。又见西南联大时的学生沈克琦,现北大副校长,他代表北大送仿古红漆花瓶一个。略谈高中物理教材问题。

11月末旬,经加州,访乔玲丽教授于Davis加州大学,见李述忠、到大业家及曼虹、李雅文家。

1987年　八十岁

1月,赴香港,应邀参加中文大学的杨振宁物理图书室开幕典礼。该室为刘永龄、查济民二位所捐赠。

4月至5月,陈省身、王浩应吴大猷邀请到台,在中央研究院、台湾大学、清华大学讲学。

6月,应邀访韩国精神文化研究院。

8月16日,接受台北华视"面对观众"电视采访,请他谈谈与夫人的爱情经历。他推脱不过,终将久藏于心底的爱情故事首次公诸于世。谈了同自己的红颜知己相识与相恋的经过。此时他同爱妻早已天人相隔,但说到开心处,时而甜甜一笑;说到太太的病时,又不禁露出一脸愁容。对往事的点点滴滴,都充满真挚之情。当采访录像在电视台播出后,广大观众被这位物理泰斗的爱情故事所深深感动。

9月,八十大寿,收集了十几年来在各报纸、期刊上就教育问题、科学发展、人文环境等所发表的"非学术性"文章几百篇,汇集成《吴大猷文选》,共分七册,由台北远流出版公司出版。

11月初,赴曼谷,参加美国洛克菲勒基金会举行之"麦赛赛历届获奖人大会",到会有百余人。

返台途中,在香港,与三姊明韶、大任、陈(受+鸟)夫妇,六妹明哲,七妹明瑛、祖杨夫妇,八妹明忻、慕容当夫妇,九妹明玖、堂弟大刚,及由台去的五妹明慧,葆之团聚。九妹及大刚是从未见过面的,三姊则六十多年未见。这一辈的吴家子女,除大业在美未能作长航来港外,都聚集一堂,实属不易。

1988年　八十一岁

1月12日,晨四时心肌梗塞突发,六时入台大医院,心脏受伤面积颇大,极其危检,幸无并发症,逐渐稳定,住院十个星期。在医院病榻上,写了一部书稿《物理学的性质、简史和哲学》。

逐渐恢复在中央研究院的工作。

7月,中央研究院院士会议,并庆祝中研院六十周年,到会院士人数九十二人,为历届之冠。

9月,国际科学联合会总会在北京举行第二十二届大会,该会会长Sir Kendrew及秘书长都十分盼望中央研究院代表赴会。经吴大猷一再向台湾领导人李登辉陈述出席该会的重要性,终于获准派苏仲卿,周昌弘,叶永田三人参加大会。

1989年　八十二岁

在一年前于病床上写出的书稿《物理学的性质、简史和哲学》基础上,作了十四次系列讲演,最后用中、英文双语写成《物理学:它的发展与哲学》一书,于1992年出版。

1991年　八十四岁

5月2日,在李政道陪同下,赴母校密歇根大学参加"吴大猷科学研讨会"。会议期间密歇根大学向他颁发了荣誉科学博士学位,并设立了"吴大猷讲学基金"。这个会议是在杨振宁、李政道、丁肇中(也在密歇根大学博士毕业)等一批世界级科学明星支持下,主要为吴大猷而召开的一次世界性师生大会。会议的目的就是要弘扬吴大猷终生献身科学和教育的辉煌成就。除杨振宁、李政道外,还有中国大陆的黄昆、美国的朱经武等一流科学家参加。丁肇中临时因急事未能到会,但交来了论文。美国总统布什夫妇也参加了会议,并同时接受了密歇根大学颁发的荣誉学位。

1992 年　八十五岁

1月,台湾物理学会将第一届特殊贡献奖颁赠给吴大猷,表彰他数十年来对物理研究及台湾科学技术政策、教育的贡献。

5月,带领台湾物理学家在李政道夫妇陪同下,赴祖国大陆,来到久违四十六年的北京,出席由杨振宁主持的国际物理学学术会议。他的第二母校北京大学盛情邀请他,授予"荣誉博士"称号。见到阔别多年的亲人和老友们。同严济慈、周培源、赵忠尧、汤佩松等大科学家相见。老学生黄昆、朱光亚等人纷纷前来拜见老师。休会期间,躲开媒体的追踪,由李政道陪伴,游天坛公园,到青年时代和阮冠世常来传递欢声笑语的回音壁前,圆那个美丽的梦。

5月31日,江泽民接见吴大猷。

6月初,学术会议结束,在杨振宁的陪同下,来天津,回南开,受到母校的热烈欢迎。同吴大任夫妇和从全国各地赶起来的几个表弟妹们相聚。

6月5日,南开大学隆重举行授予他"名誉博士"学位的盛典,母国光校长郑重地将他在南开大学求学时的成绩单等珍贵资料双手交给他。

此次北京之行,吴大猷亲自邀请大陆著名科学家去台湾访问。终于促成首批大陆科学家谈家桢、张存浩、吴阶平、邹承鲁、卢良恕、华中一访台,为海峡两岸科学界之间的学术交流架起一座金桥。

《物理学:它的发展和哲学》一书出版。

1994 年　八十七岁

1月,辞去中央研究院院长职务。

夏,从美国传来噩耗:吴大业于加州病逝,享年87岁。

7月8日至9日,中央研究院举办"吴大猷院长荣退学术研讨会",会议对他在科学和教学上的卓越贡献给予高度评价。

1997 年　九十岁

3月19日,吴大任病逝,享年89岁。

8月,全球华人物理学会第二届年会在中央研究院召开,庆祝吴大猷九十寿辰。北京的两个外甥韩汝珊、韩汝琦首次前去台北参加祝寿活动。参加会议的有李远哲、丁肇中、邓昌黎、邱成桐、朱经武、吴家玮、沈元壤等,共二百多人。晚上全球华人物理学学会在圆山大饭店举行大型祝寿宴会,有三百余人参加。李远哲等六人发表了祝寿贺词并赠送祝寿礼物,会场气氛十分热烈。主持人沈君山幽默地说:"在物理界吴大猷先生是大家热爱的大家长,海内外老、中、青三代物理学者相聚,犹如为'老祖父'祝寿。使我们感受到了吴大猷先生在华人物理界受到广泛的尊敬和爱戴。"

九十大寿后,依然到台湾大学讲课。李政道建议老师写一部中国物理学史。大家也都认为,当代中国物理学史,由吴大猷撰写是最合适的。于是在台湾大学作系列讲座,有人记录,有人录音,然后再进行文字修改,即可成书。

1998年　九十一岁

5月4日,为北京大学一百周年校庆撰写纪念文章:"我生于1907年,1934年任教北大,抗战时期,我随同北大、清华、南开三校,经长沙达昆明,成立西南联合大学。1938年为庆贺北大四十周年校庆,我撰写了一本专著,讨论多原子分子之振动光谱及分子结构。两年后,英文书稿在上海付印,一部分运往美国。此书竟成为该门物理学的第一部完整权威著作,为我个人及北大获得相当高的荣誉。我生于民国之前,虽不敢说参与创造历史,却是实际走过历史;而我在北大先后十二年,见证了学校在苦难中颠沛流离,也随着学校而成长,身上早已长有北大的细胞。如今隔着海峡,遥祝北大的百年大庆,心中实在感慨良多。"

北京大学也因吴大猷曾在校任教而自豪。在北大文库珍品展中,与严复、胡适、钱穆、马寅初、冯友兰、费孝通等一批在北大任教过的知名学者一样,也有吴大猷的展览专柜,展览他赠送的手稿和著作。

12月,荣获1998年霍英东基金会授予的"杰出成就奖"。应人大副委员长周光召的邀请,私人访问内地,赴广东南沙接受霍英东奖,再顺便回广东肇庆探亲。携带葆之和吟之同行,两个外甥韩汝珊、韩汝琦专程从北京前往陪同。

南沙领奖后,一行人前往肇庆,回到吴大猷阔别六十四年多的老家,看望在那里生活的亲人们。

北京一位物理学专家特地赶到肇庆同吴大猷会晤,并告诉他,准备将于1999年在北京召开一个"吴大猷学术思想研讨会",请他届时出席。吴大猷答应只要没有意外的事情,一定参加。

他表示要在北京、天津,带着吟之和葆之长住一段时间,与亲朋好友、学生们畅快地享受生活,并动手撰写那部已酝酿成熟的《中国物理发展史》。

计划1999年春天,到天津和北京访问两个母校,同亲人团聚,甚至有意定居天津,落叶归根。他把这一想法分头告诉了在广东和香港的堂妹们,盼她们到津一聚。同时请陈鹗当吴氏家族大团聚的东道主。

1999年　九十二岁

原定4月启程赴京,但在3月13日,因感冒和支气管炎住进台大医院。由于身体虚弱,出现肾衰竭而转入加护病房。这位老人患有多种慢性疾病——糖尿病、高血压和已有十一年历史的冠心病,体质很弱,因而病情加重。吟之一直守护在病床旁。

四月底五月初的一天,中央研究院的陈宗宪等同事到医院看望吴大猷。恰逢他从昏迷中醒来,讲了很长的一番话,主要内容是这样的:"我的天赋只能算中上等,靠着不断的诚实努力,克服了学术上的困难。我的个性本来是内向的,但在面对学术和民族利益时,我的态度转变为好胜和积极。我一生以诚对待同事、学生和我所担任的所有职务,也因此获得一些远超过我应该得到的赞誉。因为诚实,我这一生没有留下任何遗憾。"这段话成了他的最后遗言。

秋天,病情一度曾有好转,搬出加护病房。由于气管被切开,无法说话,只能用笔写。

2000年　九十三岁

1月23日,李政道专程从美国来台探视老师。他在病床前俯下,依偎着老师,紧握住老师的手,亲切地向老师追述五十五年前的往事,吴大猷的眼珠忽然转动了两下,而且脚趾也有屈伸,那是纯真感情的交流,感人至深。

由于多种疾病,曾三次进入加护病房,院方曾八次发出病危通知书。

3月4日,下午两点三十五分在台大医院病逝,享年93岁。

3月23日,在殡仪馆礼堂中举行家祭。

3月24日,在中央研究院的学术厅举行公祭。台湾政教界内的重要人物出席。吴大猷的挚友、学生们纷纷致词。杨振宁把吴大猷和美国大物理学家奥本海默相比,奥本海默是把量子力学从欧洲带到美国来的教师;而吴大猷则是把量子力学带到中国来的教师。李政道仿庄子《逍遥游》作《大师颂》:"真人真知吴大猷,飞鹏飞舞逍遥游。翼若垂云,背负青天,莫之天阙。"寓意吴大猷淡泊明志,用大鹏为喻,以思想游遍四海宇宙。

"吴大猷馆"成立。"吴大猷馆"位于原中央研究院物理馆,吴大猷生前担任院长时,曾经在物理馆西楼办公。

2001年

3月4日 吴大猷周年忌辰。他生前尚未定稿、最后念念不忘的《中国物理发展史》终于整理出版。

吴大任年表

1908 年

12 月 8 日生于天津，祖籍广东高要县（今高要县已并入肇庆市），祖父吴桂丹（字秋舫，1855—1902）为清末进士，翰林院编修。父亲吴远基（字幼舫，1876－1958）为吴桂丹之长子，前清拔贡，曾任曲周县知事，辛亥革命后从事工商业，在天津开办油厂。

1914 年　六岁

与兄大业、堂兄大猷同入河北关上官立大寺小学。

1915 年　七岁

因母亲病重回广州。不久母亲病故，全家迁回故乡肇庆与祖母同住，入高要县立模范小学。

1919 年　十一岁

毕业于高要县立模范小学，父亲让他上了半年私塾，背了一些古文，收获很少。

1920 年　十二岁

在广州读一年半私塾。根据父亲规定，主要是念《左传》，并把《通鉴纲目》分出句读，对他的语文基础有点收益，但实际上也浪费不少时间。

1921 年　十三岁

夏，父亲吴远基应旅居天津的广东富绅、怡和洋行买办陈祝龄等人邀请，到天津创办包括中学和小学两部的旅津广东学校（今天津十九中学），并由吴远基担任校长。吴远基来上任时，带儿子大业、大任和两个侄子大猷和大立到天津读书。

四兄弟同时考入南开中学，在校园内颇引人注目。入学后，大猷、大任编入一年级，大业、大立编入补习班。

南开中学名不虚传，师资力量雄厚，教学很有特色。不仅英文教材，数理化教材全部用英文原版书，各门课的作业和实验报告也必须用英文写。开始时他感到困难，但几个月后，成绩明显提高。学年末，校方送给家长的成绩单上盖着个戳子，上面写道："该生本学年品学均有可称，请贵家长监察。"

1922年　十四岁

南开中学改为初中高中"三三制"，借机升了一级，入初中三年级。

1923年　十五岁

吴家兄弟在中学的前两年过得非常愉快。南开为他们敞开了一个崭新的世界。

1924年　十六岁

任南开中学广东同乡会文书，会长为郑华炽。

与高一同班同学孙鼎、王瀛组织"诗社"，学《红楼梦》。

父亲吴远基在办学工作上取得一定成绩，然而一心想用担任旅津广东学校校长的那份薪金来栽培吴家四名子弟的愿望却难以实现，因为他的薪水比原先所预想的相距甚远。

大立因母病重返回广东，后到香港读书。

大任接受父亲的一个有钱亲戚陈协臣的资助，陈家承担其全部学费和生活费用。接受别人资助上学的日子并不好过，常常不能按时得到，并无形中降低了标准，影响了生活和学业。

祖母负担大猷的全部费用。

吴远基从此只负担大业一人的学费和生活费。

1925年　十七岁

"五卅"运动中，参加广东旅津沪案后援会，为代表之一。组织演出广东戏，上街宣传、募捐、抵制日货。

1926年　十八岁

中学毕业，是全校免试保送南开大学的三名毕业生之一，并得到免去大学四年学宿费的优惠待遇。入理科，第一年不分系。与大业、大猷兄弟三人又在南开大学相聚。三兄弟个个品学兼优，成绩突出，理学院每年仅有的一个奖学金名额，一连四年都被吴氏两兄弟包去。大业在商学院也很优秀。被誉为"吴氏三杰"。

1927年　十九岁

二年级分系时,入物理系。两度被选为理科学会理事。负责编辑《理科学报》,开始写科普文章。处女作《光之追越》刊登在《理科学报》上,系主任饶毓泰看到后连声称赞。

读到美国物理学家密立根关于发现宇宙线的报导及其对宇宙线来源的最早分析。当时宇宙线尚未定名,他写了篇题为《大宇中的高频辐射》的文章,在《理科学报》上发表。饶毓泰拿着学报,显得异常激动。

1928年　二十岁

三年级时,被数学系教授姜立夫的精彩授课所吸引,转入数学系。师从姜立夫,也是决定他一生前途的机遇。

与同班同学陈省身成了好友,从此结为莫逆之交。

12月,受聘《南开大学周刊》学术组特约撰稿员。

与数学系一年级女生陈鹨在理学院学生会相识。

1929年　二十一岁

1月,与吴大猷合译的《科学之分类与爱因斯坦相对论原则》文章发表在《南开大学周刊》上。

9月,选修姜立夫"微分几何"课,后姜先生将吴大任听课笔记印发给下一年级的学生作为讲义。

11月,受聘为南开大学出版社编辑部学术组组长,组员有陈省身等,文艺组有组长孙毓棠、组员万家宝等,编辑出版《南开大学周刊》。

1930年　二十二岁

大学毕业,获理科学士学位。全校毕业生中被列为最优等的共有三名:吴大任、陈省身和化学系的张志基。

8月,与陈省身同时考取清华大学首届研究生,数学共二名。父亲失业,为担负起赡养大家庭的重任,向清华申请保留学籍,先在广州的中山大学当助教,又到预科兼高中部兼课,后在预科兼高中部做专任教师,还到补习学校兼课。

1931年　二十三岁

暑假,翻译博歇的《高等代数引论》,攒够家里三年的生活费用。

9月 到清华大学复学,和陈省身再次同学。

1932年　二十四岁

4月,德国汉堡大学数学教授布莱希特到北京大学讲学,题目为《微分几何的拓扑问题》,共分六讲。他和陈省身每次都进城听讲,作详细笔记。并邀上因患神经衰弱而休学在北平家中疗养的陈鸎一起听演讲。聆听布莱希特的演讲,是他在清华最大的收获。

对导师杨武之教授提出的第一个研究课题,认为是明显没有科学意义的,积极性受到挫伤。

7月,姜立夫了解到他在清华的情况,问他是否愿回南开,他当即同意,马上中断清华的学业回母校南开大学任助教。除批改姜立夫两门课的作业外,还随班听姜立夫的"投影几何",并把听课时所记下的笔记整理成讲义,发给学生。

为陈鸎辅导"函数论",陈鸎帮他誊写《代数论》的翻译书稿。

1933年　二十五岁

7月,在姜立夫的鼓励下报考中英庚款公费研究生,共录取九名,他是惟一一名数学研究生。

9月,抵达伦敦,一心要去剑桥大学。但负责联系学校的英国人迟迟未给他联系。是一位在伦敦大学进修的中国留学生帮他联系了伦敦大学。只得进入伦敦大学,注册为博士研究生。

年底,给陈鸎写信,邀请她毕业后来英国读书,陈鸎欣然同意。

1934年　二十六岁

2月,陈鸎抵达伦敦。

3月,于伦敦与陈(受+鸟)登记结婚。

9月,一心想在两年内拿到博士学位,第三年就到汉堡。可是第一年即将过去,导师们还迟迟没给提出研究课题。他怕计划难以实现,决定宁可放弃博士学位也要到德国去,向伦敦大学提出,把申请博士学位改为硕士学位,以便尽早去汉堡。

秋天,两位导师为他拟定了论文题目。开始写论文。

1935年　二十七岁

上半年,他仅用几个月时间完成论文。本来只需一篇,但为慎重起见写了两篇。在答辩会上,对两篇论文分别作了报告,其中一篇既没讲稿,也无提纲,还解答了会上提出的各种问题。答辩委员会的委员们感到十分震惊:"作论文报告不用讲稿,这是个惊人之举!"答辩顺利通过,获得带有星号(表示成绩优异)的硕士学位。

7月,偕陈鹉去汉堡大学。陈省身到车站迎接两位好友,并带领他们在汉堡大学将食宿问题一一解决好。从此与陈省身第三次成为同窗学友。

1936年 二十八岁

年初,申请到中华教育文化基金董事会的研究补助金,得以在德国再延长一年。

春,与陈(受+鸟)、陈省身一同去瑞士旅游。

本可申请读博士学位,但若读博士,必须修一年半的副课课程。陈省身、陈鹉都劝他申请学位,他却坚决不同意,表示只要学会做研究,有无学位没关系。

以访问学者身份在汉堡大学听课。随几何学家布莱希特研究积分几何。

暑假后,布莱希特给他一个很有份量的研究课题,他完成交给布莱希特,布莱希特看了非常满意,又给他另一个意义更重大的课题。

1937年 二十九岁

上半年,为课题做出圆满结果,文中有好几个漂亮的公式,受到布莱希特赞赏。布莱希特也为他没有申请博士学位而深感惋惜。

接到武汉大学的聘书。

6月,同陈鹉启程回国,途经巴黎,意大利。在意大利候船期间和陈鹉第一次合作——用白话文翻译德国数学家克诺普的《涵数论》。以往的数学译作都是使用文言文,这部译作出版后成为国内第一部白话文数学译著。

7月,上船后才从船上广播中得知国内发生了"七七事变"。

8月13日,抵达香港时正是日寇魔爪伸到上海的那一天。

从香港回肇庆省亲。

9月初,到武汉大学任数学系教授。陈鹉在大学附设的机械专修科执教。

开学三个月,日军又逼近南京。敌机轰炸了汉阳兵工厂。时局紧张,学生纷纷离校,学校只得停课。

1938 年　三十岁

3 月,武汉大学迁往四川乐山。

由于战争,看不到国外最新的数学著作和刊物,没有条件进行科学研究,感到苦闷。但仍努力从事研究工作,写了两篇关于积分几何和非欧几何的论文。这一时期开各种不同的课,学过的东西教,没学过的也教,边教边学,在教学实践中提高。虽然初次以教授身份上讲台,但那具有姜立夫式的授课风格,立即赢得学生们的热烈欢迎。

1940 年　三十二岁

新年伊始长子介之出生。

参加"国际联盟同志会"。

1942 年　三十四岁

房东忽然催搬家。乐山因被敌机滥炸过两次,许多房屋遭到破坏,寻找一间安身的斗室非常困难,弄得他全家走投无路。此时,学校正在山上建造教师住宅,便向校方提出申请一套房子,却没得到批准,令他十分失望。

7 月,四川大学正缺教师,川大理学院院长周厚复到武大求援,他利用假期去上课。周厚复知道了他正为房子发愁,就请他们夫妇俩都到川大任教,给予解决住房问题。

武大领导人得知他要去川大,极力挽留。教务长朱光潜答应房子盖好一定分给他一套。他不愿让别人认为他是以房子作要挟,更加坚决要走。朱光潜只得让他向武大请假一年。

暑假后正式到川大任教。

初到川大,数学系系主任柯召去了西昌,他不得不当了一学期的代理系主任。到川大不久,学校换了校长,新校长黄季陆是国民党四川省省党部主委。

1943 年　三十五岁

写信请柯召尽快回来,柯召一回来马上卸掉系主任职务。

这年学校发聘书时,他的一位得力助教没有得到聘书。他去找黄季陆,黄季陆最后竟聘那位助教到师范学院当助教。经过此事,他觉得四川大学比武汉大学更不是可以久留之地。

尽管对黄季陆的所做所为不满,但教学工作他仍然兢兢业业。授课中,非常重视对学生思维的启发。

1944 年　三十六岁

武汉大学朱光潜到成都招生,约好吴大任一同回武大。不料被川大学生发现,报告给校长黄季陆。黄季陆使用各种手段硬把他留住。处在武大与川大两校的争夺战中。没能回武大,只得在川大继续呆下去,努力从事教学工作。

10 月,次子喜之出生。

11 月,参加中国科学社等学术团体联合召开的年会,作三篇学术论文报告。

1945 年　三十七岁

夏,收到陈省身从美国寄来的一部新近出版的拓扑学方面的著作。以这部著作为教材,开了一门新课——"拓扑学"。由于没有教材,便把这本书让学生用打字机全部打印出来,发给听课的学生使用。

抗日战争胜利,他一则以喜,一则以忧。喜的是抗战终于胜利,忧的是国内政治斗争尖锐,前途未卜。

四川大学的政治环境十分险恶。一些有正义感、思想进步的教授组成教授会,他被选为理事。

1946 年　三十八岁

春,上海交通大学教授抗议薪金菲薄生活无保障而罢课,四川大学教授会响应,由他起草罢教声明,其中写道:"对远地的同道表同情,向黑暗的势力提抗议。"实现了罢教。

夏,全国各个大学纷纷复校。母校南开大学发来聘书,他当即表示同意。

11 月,举家返回天津,任南开大学数学系教授。由于吴大任人才难得,学校特别准许他们夫妻俩可同时在校任教。陈𫛚被聘为副教授,给全校理科各系的学生上公共数学课。

参加教授会,当选为理事。被教授会议推举为参加南开大学校务会议的代表之一。

12月11日,在《北大、清华、南开等教授会要求合理调整待遇》书上签名。

讲课出色在全校早已出名。讲课不看讲稿或讲义。语言洗练,条理分明,富有启发性,既推理严谨,又深入浅出,引人入胜。一堂课经过精心安排,自始至终前呼后应,重点突出。板书也经过周密计划,字迹工整得如同印刷体。当下课铃声响起时,讲课恰好告一段落,而且恰好写满一黑板,一支粉笔也恰好用完。

1947年 三十九岁

5月,在"反饥饿、反内战"学生运动中,南开大学学生会决定罢课游行,并希望教授们也积极响应。吴大任作为教授会的常务理事主持会议,以一票之差的多数,通过罢教三天。

教授会又推荐吴大任和中文系教授李广田起草宣言,最后由吴大任执笔写成。

夏,接到陈省身寄自上海的信,推荐上海交通大学应届毕业生胡国定,陈省身原介绍这名优秀生到清华,但上海交大的国民党教师竟告密,说胡国定是学生运动的积极分子,有共产党之嫌,因此清华不肯接受。陈省身希望吴大任能将胡国定安排到南开。吴大任便向南开推荐,不久胡国定就来南开当助教。

1948年 四十岁

3月至5月,教务长陈序经赴广州筹备恢复岭南大学期间,任南开大学代理教务长三个月。

"八·二〇"大逮捕时,一名进步女生两次将上了黑名单的女同学送到吴家,吴大任夫妇冒着风险帮助掩护,并将她们转移到安全地区去。

10月28日,主持教授会与讲助会召开的联席会议通过罢教决议,并起草罢教宣言,罢教三天。

12月12日,南开大学成立特种委员会,翌日更名为安全委员会。被推为南开大学安全委员会成员,任秘书,萧采瑜为主席,另有滕维藻、孙克壮等共七人。南院(八里台)及北院(六里台,现天津师大北院)开始向东院(甘肃路,现天津师大教育学院)搬迁。

11月底,教育部发来密电,让南开大学迁往广州。消息传来,引起强烈反响,师生分为两派,吴大任属反对派。

几天后,原南开大学学生张法文,从解放区秘密来校,拜访吴大任,向他介绍解放区的情况和共产党的政策,希望能留津,帮助维护学校安全。这是他第一次正式接触共产党人,受到很大鼓舞。在地下党的工作下,学校南迁问题终于被否决。

12月22日,为南开大学四十四位教授起草《南开教授迫切呼吁:请维护文化经济事业》,23日在《大公报》上发表。

12月28日,与天津各界代表李烛尘等呼吁"保卫天津四百万人民的生命财产安全"。

1949年 四十一岁

1月15日,天津解放,南开大学安全委员会自动解散。

5月23日,被中国人民解放军天津市军事管制委员会委任为南开大学校务委员会委员兼常务委员暨教务长。

8月20日,被中华全国自然科学工作者代表大会筹备委员会天津分会选举为常委。

9月1日,被中国人民解放军天津市军事管制委员会、天津市人民政府联合聘为天津市各界代表会议代表;在天津市首届各界人民代表会议上,被推举为中苏友协天津分会筹备委员会委员。

任教务长期间,全身心地投入工作,坚持上课,并到理科各系听课,还要随时接待来访者。无论工作多忙,无论在什么时候,来人必接待,有电话必接,能当场解决的问题马上就解决。

1950年 四十二岁

1月7日至8日,出席天津市民主青年联合会首届代表大会,被选为副主任委员。

2月28日,南开大学校委会第二十三次会议决议:吴大任为本校新民主主义论教学委员会总主席兼南院分会主席;另分会为龙吟、滕维藻、冯文潜;教学:吴廷璆、李霁野、郑秉珈、范恩滂;秘书:张士英、简正芳、魏宏运。

3月23日,作为《南开新闻》社社长在创刊号上发表《一切为了学习——代发刊词》。

4月22日,参加教育部召集的京津各大学与各产业部门联席会议,商讨学生实习及课程改革与产业部门实际需要配合事。

5月中,参加刘少奇在天津主持召开的座谈会。

5月28日,在天津《进步日报·星期论文》发表长文《迎全国高等教育会议》,就院系的调整、课程与学制的改革、师资与设备的培养与充实、统一招生等问题献计。上海《文汇报》立即全文转载,在国内教育界产生很大影响。

6月8日,赴北京接替杨石先参加6月1日正式在北京召开的首次全国高等教育会议。

6月23日,参加教育部召集的北大、清华、南开、北洋四校教务长会议讨论联合招生及培养师资问题。

任华北区及全国招生委员会副主任。

7月21日,南开大学第三十次校委会决定:与黄钰生共同主持南开大学行政组织形式及人事编制的制订工作。

9月14日,任南开大学社会发展史教学委员会主席。

11月10日,南开大学第十一次常委会决议:吴大任主持起草本校发展计划。

1951年　四十三岁

3月18日,被南开大学第二届工会会员代表大会公推为大会主席团九人之一。

4月,天津市自然科学专门学会联合会成立,被推选为宣传教育工作委员会主任委员。

7月27日,南开大学校常委会第四十一次会议决议:任南开大学教员学习委员会副主任,主持暑期学习委员会。

9月29日,与杨石先一起听周恩来《关于知识分子问题的报告》,回校后向全体教师传达。

1952年　四十四岁

暑假,参加教育部在青岛召开的全国理科教学座谈会,已隐隐感到有全盘否定所谓的"资产阶级学派"的倾向,对西方国家教材贬得过低,把苏联教材捧得太高,他认为都不妥当。

11月27日,被推荐连任为天津市青年联合会副主任委员、天津市第四届各界人民协商委员会委员。

1953年 四十五岁

1月,参加教育部在青岛召开的修订教学大纲会议,起草"解析几何教学大纲"工作。

任南开大学附设工农速成中学筹委会主任。

4月,任天津市人民政府文化教育委员会委员。

7月25日至8月16日,参加高教部召开的理科教学研究座谈会,修订教学计划和大纲。教育部听从苏联专家的意见,每个专业改为统一的教学计划。他因事晚到会一天,发现已成为决定,再无讨论余地。后来执行这个统一教学计划造成的后果,是普遍出现学生负担过重。为全盘学苏联,大学英语课统统被砍掉,改学俄语。为学苏联,进行院系调整,也造成不良后果,抹杀了各个学校的特色。

9月10至13日,与杨石先、王金鼎等同赴北京参加高教部召开的全国综合大学会议,讨论综合大学的方针、任务和培养目标。

当选为中国数学会常务理事。

兼任天津市教育工会业务部长。

1954年 四十六岁

5月20日,在南开大学科学研究工作会议上作《在我校开展科学研究工作的意见》的报告。

6月21日,任南开大学助学金评委会主任委员。

8月9日,当选为天津市第一届人民代表大会代表。

8月27日,作《关于本校五年发展实施计划》的报告。

9月8日,南开大学校务委员会会议通过《南开大学五年发展实施计划》的原则。

1955年 四十七岁

3月,参加全国高等工业学校、综合大学校、院长座谈会。

11月4日,受聘为中国科学院数学研究所学术委员会委员。

1956年　四十八岁

1月27日,赴京作为列席委员参加全国政协第二届二次会议,并作大会发言。

2月,被批准加入中国共产党,但预备期比别人要长一年,因土改中他的父亲被划成地主,需要进行调查;另外,由于反右运动中的"雷海宗事件",需加强考查。

6月10日,致信陈省身邀请他回国。

教师评级时,被评为一级教授。但他见许多德高望重的老先生还不是一级,所以坚决不肯接受,把这名额让给了别人。

11月,当选为天津市第二届人民代表大会代表,并任文教审查组组长。

11月3日至1957年1月中旬,参加中国高等教育工作者代表团访问苏联,任综合大学组组长。回国后起草综合大学组访问报告。

1957年　四十九岁

3月2日,向全校教师作访苏报告。

参加全国高校考试命题领导小组。

1958年　五十岁

夏,参加由中共天津市委组织的教育访问团,访问了南京、上海、杭州、武汉、郑州等地的部分高等学校。

8月13日,接待陪同毛泽东主席视察南开大学。

"大跃进"中,物理系设计制成一台直线电子加速器,后来又安装了一台小型反应堆。反应堆缺少核心部分,尚未完成,报上就报道南开大学已经制成反应堆的消息。他感到十分惊讶,多次向校党委提出这是浮夸作风,不实事求是,应当追查新闻发布的经过。

1959年　五十一岁

1月,市科联与市科普协会合并,成立天津科学技术协会,当选为副主席。

4月5日,中共天津市委批准市科协党组成立,他兼党组成员。

5月28日,接待陪同周恩来总理视察南开大学。周总理指出,南开大学的规模不宜定得过高。康生却提出要普及高等教育,当年的招生名额已从前一年的八百人增加到一千二百人。

《微分几何讲义》出版,后获第二届全国优秀科技图书一等奖及国家教委优秀教材一等奖。

1960 年　五十二岁

南开大学招生人数高达一千六百名,造成学生质量大幅度下降。随着招生名额的扩大,学校办起一些新专业,后纷纷下马。他对此意见很大。

秋,改任南开大学理科教学研究处处长。

参加在上海召开的中国科学院学部委员扩大会议,讨论制定国家科学发展规划。

参加在青岛召开的国防尖端科研会议。

1961 年　五十三岁

年初,与校党委书记高仰云同去参加高教部重点高等学校领导人会议。

10 月,任南开大学副校长。

经过"大跃进"、三年经济困难,教学秩序被打乱,教学质量下滑,校党委决定全面整顿。由教务处拟定了一个新学则——主持制定《南开大学学则》。

1962 年　五十四岁

夏,参加教育部理科教学工作会议修订教学计划。他直言不讳:"把苏联的教学计划搬来,将五年压为四年(有的学校改为五年),学生每周上三十多学时的课,教师满堂灌,负担怎能不重?长此下去,教学质量提不高,学生健康也要下降的。"

7 月,参加国家科委数学组的规划会议,讨论加强应用数学方面的工作。

任教育部高等学校理科数学力学教材编审委员会副主任委员至 1990 年。

教育部认为各校 1960 年招生过多,质量下降,要求各校把这个"大肚子班"进行彻底整顿。南开大学经反复核减,淘汰了三十名学生,执行三门不及格者留级、四门不及格者退学的规定,尽量把离校学生安排到天津市任中学教师。这件事由吴大任亲自抓。

1963年　五十五岁

9月13日,中共南开大学常委会决议:任《南开大学学报(自然科学版)》副主编(主编为杨石先)。

对执笔起草的《微分几何教学大纲》进行修订。

1964年　五十六岁

春,参与起草《南开大学学术委员会条例》并提出增加有关教学方面的条文及委员会人选的意见。

7月8日,主持"南开大学理科教学经验交流会",在会上作总结报告,系统阐述了"少而精"的教学原则,并就使学生"生动活泼地主动地得到发展"、"发挥教师在教学中的主导作用与调动学生学习主动性的关系"、"启发式教学"和"因材施教"的教学方法,提出自己的见解。

冬,组织参加全国理科教学工作会议,介绍了南开大学数学系概率论教研室关于天才生的学习方法。

1965年　五十七岁

9月1日,率南开大学师生参加河北省衡水地区故城县"四清"运动,任衡水地区副总领队。发现当地的阶级成分划得很不准确,向县工作团领导反映,但始终没有给予纠正。

1966年至1969年　五十八岁至六十一岁

1966年6月,从故城回校,文化大革命开始。

"文革"期间,被批判为"走资派"、"反动学术权威"、"特务"、"反党急先锋"受到猛烈冲击。批斗、戴高帽游街、殴打、抄家以及各种人身侮辱,他都经历了。他的遭殃也株连到陈䔄。住宅被极左分子霸占,只剩下一间十二平方米的小屋。

工宣队头目和军宣队头目向吴大任宣布:"你要彻底交待罪行,并且揭发同伙,否则就坚决镇压。"并不止一次地向吴大任暗示:他是国民党特务。还一次,他们竟下结论道:"你是特务,是历史的,也是现行的。"这给吴大任造成很大的思想压力。后来"吴大任专案组"宣布对吴大任的结论:"未发现重大历史问题。"显然还留有尾巴。

1970 年至 1971 年　六十二岁至六十三岁

还戴着"牛鬼蛇神"帽子时，接到命令与天津机械研究所技术员张亚雄、齐麟共同研究的"齿轮啮合与几何理论"课题开始实施。

他以微分几何为工具，开展了齿轮啮合理论的研究。数学系为此成立了专题研究小组，他为组长，成员有严志达和骆家舜。这项研究工作持续到改革开放时期，取得一系列成果，建立了独特的理论体系。

1972 年　六十四岁

秋，陈省身携带妻子女儿回国访问。作为这位国际数学大师的好友，刚刚摘掉"牛鬼蛇神"帽子的吴大任被派往北京接待，而"吴大任专案组"还存在，他尚未获得"解放"，

陈省身同吴大任促膝谈心，表示愿将自己最后的心血贡献给祖国。吴大任欣喜万分，承诺一定为好友在国内开展学术活动而尽力。

1973 年　六十五岁

1 月 21 日，被中共天津市委任命为南开大学革命委员会副主任，上任后才发现，客观环境不容他有所作为，具体事务难以插手，会上的发言权更是有限。

8 月 3 日，《南开大学学报（自然科学版）》复刊，任副主编。

1974 年至 1975 年　六十六岁至六十七岁

两次被派到市委党校学习，借此机会认真读了许多马列主义经典著作，逐渐懂得什么是真正的马列主义，大大提高了判断是非的能力。

由于"文革"，使得 69 届和 70 届的学生荒废了学业。数学系安排他为这两届学生补课。

1976 年　六十八岁

10 月，"四人帮"被粉碎，"文革"结束。

1977 年　六十九岁

9 月 16 日，写信给中央教育部长刘西尧并邓小平副主席提出"学制及教学计划"的改革问题，邓小平阅后引起注意，并在上海举行的教育工作会议上宣读。

10 月，参加"全国自然科学学科规划会议"。

11 月，成为天津市政协第五届委员会委员。

12月,被中共天津市委任命为天津市科学技术协会副主任。

1978年　七十岁

3月18日,受教育部指定作为天津代表团代表参加全国科学大会。与严志达、骆家舜等合作的《齿轮啮合理论》项目获全国科学大会表彰,并连同《平面二次包络环面蜗杆传动》论文双获天津市科技研究成果授奖大会集体一等奖。

4月,率先在天津数学会恢复中学生数学竞赛,并任组委会主任。

10月23日,被中共天津市委常委会增补为南开大学党委常委。

被选为中国数学会副理事长。

1979年　七十一岁

3月1日,受聘为国家科学技术委员会数学学科组成员。

3月18日,向教育部长蒋南翔、中共中央政治局委员兼国务院副总理方毅并转邓小平发出紧急呼吁:学制必须适当延长。他的建议被中央邓小平亲自批示采纳。1980年起全国逐步实施延长中小学学制为十二年。

5月8日,被科学出版社聘为《纯粹数学与应用数学丛书》副主编。

5月22日至6月3日,任天津教育考察团副团长赴日考察访问日本神户市等地。

8月6日,陪同杨石先校长接待美籍生物学家牛满江夫妇来校访问。

8月,接待美国明尼苏达大学教育交流代表团。协议开办南开明大暑期汉语学习班。

10月26日,杨石先重新被任命为校长,吴大任重新被任命为副校长,任副校长的还有滕维藻和胡国定。四位正副校长又被任命为党委常委,开展拨乱反正工作。

1980年　七十二岁

年初,任天津市数学会理事长。

5月,受聘为教育部高等学校理科数学、力学、天文学教材编审委员会副主任委员。

6月7日,当选天津市第九届人民代表。

9月,支持天津市数学会创办"天津青少年数学培训业余学校",决定每年最后一个星期日为"中学生数学竞赛日"。

10月24日至11月3日,参加教育部在北京召开的第二次中小学数学教材改革座谈会,在会上作了《普通中学的数学课程》的发言。

1981年　七十三岁

3月27日,在天津市第二届科协大会上发言,当选为市科协副主席。

6月12日,受聘为国务院学位委员会理科学科评议组成员。

向教育部提出组织国家教育委员会的建议。

开始翻译桑塔洛的《积分几何与几何概率》一书。

1982年　七十四岁

2月1日,受聘为《中国大百科全书·数学》编辑委员会委员兼几何与拓扑组副主编。

4月15日至5月8日,作为南开大学访美代表团副团长,先后访问了明尼苏达、印第安纳、密执安、奥本尼、天普、普林斯顿、斯坦福八所大学。访问结束后,约好在台湾的吴大猷,一起到加州吴大业家中三兄弟团聚。陈鹗随他同行。

10月13日,与张亚雄、齐麟等人合作的《平面二次包络环面蜗杆传动》论文获天津机械学会1981年一等优秀学术论文奖。

11月下旬,接陈省身来信表示,愿捐万余册数学图书给南开大学。

1983年　七十五岁

3月26日,为陈省身回国创办教育部直属"南开数学研究所"起草报告,提出"立足南开、面向全国、放眼世界"的办所宗旨。

4月,任天津市政协第七届委员会常委委员。

9月10日,受聘为南开大学姜立夫奖学金基金委员会主席。

9月14日,为实现陈省身的使祖国成为数学大国的愿望,多年奔走,经中央批准成立国家级南开数学研究所,并聘请陈省身任所长。

10月,被推举为中国数学会名誉理事长。

整理姜立夫遗稿成《辛群几何学鳞爪》。

《微分几何讲义》获本年度全国优秀科技图书一等奖。

辞去南开大学副校长职务,但没有停止过对教育问题的思考。后通过各种方式,向中央提出许多有份量的建议。

开始向往多年的新的学术生涯——翻译经典数学著作。他实事求是地说,研究工作自己已搞不动,但从事数学工作几十年,中外文都有较好基础,且有较丰富的翻译经验,愿在有生之年做些力所能及的工作。

1984 年　七十六岁

1 月,任南开大学学术委员会副主任。

3 月,被选为天津市数学会理事长。

再次任《南开大学学报(自然科学版)》副主编。

4 月,被选为天津市科协积极分子。

8 月 1 日,受聘为天津市自然科学学会联合培训中心顾问。

9 月 30 日,获"关于我市发展教育加强科技,促进科技协作的建议"的优秀建议奖。

同日,陪同杨石先校长接待中共中央政治局委员胡乔木。

根据"齿轮啮合理论",天津市建立"天津开发区天津蜗轮传动开发中心"。

受聘为国务院学位委员会数学组成员。

1985 年　七十七岁

4 月,受聘为全国自然科学名词审定委员会第一届委员。

10 月 17 日,在他和胡国定的积极奔走、呼吁下,南开数学研究所成立,实现陈省身要把中国建成世界数学强国的愿望。

12 月,参加在上海举行的中国数学会五十周年年会,被选为大会主席团成员。

《齿轮啮合理论》(与骆家舜合作)由科学出版社出版。

1986 年　七十八岁

上半年,与黄树棠、杨淦协作整理姜立夫的课题《圆(球)素几何学》研究成果有所发展。

任 1986 年—1987 年天津市教师职务评审委员会委员。

1987 年　七十九岁

6月,市科协第三届代表大会上推举为市科协名誉主席。

《空间解析几何引论》修订再版,获国家教委高等学校优秀教材一等奖,1997年获国家级教学成果二等奖。

"蜗轮传动"被国家计委立为工业实验项目,并通过国家鉴定,取得二十四项专业技术成果,一项国家专业标准,两千一百七十八个规定品种,两项国家专利。

秋,与陈䴔去香港,同分别来自广州、肇庆、台湾、美国的堂兄弟姐妹偕带各自的家眷,在定居那里的七妹家团聚。

1988年　八十岁

1月27日,《微分几何讲义》获国家教委高等学校优秀教材一等奖。

1月31日,受聘为四川成都应用数学研究所名誉董事长。

3月1日,受聘为天津青少年科学基金会副会长。

5月,受聘为国家"十五"出版规划六卷本重点图书《数学词海》编辑委员会编审顾问。

6月21日,被选为中国人民政治协商会议天津市第八届委员会统一祖国联谊委员会副主任委员。

10月17日,南开大学举行吴大任教授教学业绩庆贺会。

10月,被评为天津市科技工作积极分子。

10月24日,参加市政协教育、科技界部分委员座谈会。

10月26日,作为南开大学代表团团长,率团参加西南联大五十周年校庆活动。

1989年　八十一岁

9月,编撰(主编)《姜立夫教授(1890—1978)纪念册》出版。

10月17日,在南开大学校庆七十周年召开的南开校友代表大会上,当选为南开校友总会理事长。

为舒湘芹等译(德)克莱因《高观点下的初等数学》作序。

1980年至1990年间共完成四部译著:《积分几何与几何概率》、《初等微分几何》、《整体微分几何》和《精确数学和近似数学》。

1990年　八十二岁

应湖北教育出版社邀请,与陈䍀合译德国数学大师克莱因的《高观点下的初等数学》第三卷,该书之难可称得上是"天书"。他已失聪,手又发颤,与陈䍀以"各尽所能"的方式来进行。两人都感到疲惫不堪。

1991年　八十三岁

继续译书,十分艰苦。

5月,在《齿轮啮合理论》一书的基础上,由他增补并译成英文,由新加坡世界科技出版社出版。

《高观点下的初等数学》第三卷翻译工作接近尾声,突然感觉视力急剧下降,去医院检查,一时未能确诊。

1992年　八十四岁

年初,眼病得到确诊,患的是慢性闭角青光眼,并已到了晚期。学校马上派人将他送到北京协和医院医治。医院以种种"规定"不让住院。他只好住在协和医院附近的宾馆,每天步行去就医。做了激光手术,但视力未得到恢复。

翻译的结束工作由陈䍀一个人承担。校对由一名老学生帮助完成。当《高观点下的初等数学》第三卷中译本问世时,他已完全失明。

在陈䍀的鼓动下,开始撰写回忆录,由他口述,陈䍀记录。

6月初,吴大猷到北京,出席由杨振宁主持的国际物理学学术会议。学术会议结束,吴大猷来津,回到南开,兄弟俩相见。

1993年　八十五岁

陈䍀每天陪着他在校园内散步。散步地点主要选在离家不远的周总理纪念碑前那条不长的甬道。边散步边比赛背古诗。散步后回到家,陈䍀给他读报,让他知道外面世界发生的事情。

1994年　八十六岁

夏,从美国传来噩耗:吴大业于加州病逝,享年87岁,这使得生活刚刚平静些的吴大任夫妇不胜哀伤。

11月,陈䍀突患脑血栓,被送进总医院。吴大任在家里很是寂寞与孤独。沉浸在黑暗和无声的世界里,终日处于焦虑与担忧中。

1995年　八十七岁

陈䍀在家中进行康复训练。她的坚强生活态度深深影响了他,也变得豁达许多。

1996 年　八十八岁

长子吴介之从美国回来探亲。介之全家定居美国,始终是他的一件心事。他多年来期盼着海外学子学成归来报效祖国,包括自己儿子一家。他曾暗自设想假如他们一家回国,每一个人可以在哪儿工作。

12 月,因感冒发烧到天津医大总医院看病。医院把他留下住院,检查身体时竟发现患了肝癌。

1997 年　八十九岁

重病中没考虑过任何个人家庭的事情,而是忧国忧民。

春节期间,从医院请假回家五天,与亲人共同度过最后一个春节。

3 月 19 日,四时三十分在天津医大总医院病逝,享年 89 岁。

参考书目

1.《吴大猷文选》六卷本,台湾远流出版公司1986年。

2.《回忆》,吴大猷著,中国友谊出版公司1984年。

3.《中国物理学之父吴大猷》,丘宏义著,新疆人民出版社2004年。

4.《吴大任纪念文集》,南开大学校长办公室编,南开大学出版社1998年。

5.《吴大任教育与科学文集》,崔国良主编,南开大学出版社2004年。

6.《陈省身文集》,张奠宙、王善平编著,华东师范大学出版社2002年。

7.陈䂮:《我做南开大学学生时》,载《回眸南开》,南开大学出版社1999年。

8.陈䂮:《我们和陈省身的友谊》,载《今晚报》2000年4月28日。

我写《吴大猷与吴大任》的缘由

1

1959年9月,我从北京外国语学院毕业被分配到南开大学外文系。这让我喜出望外,能到心仪已久的著名学府任教,是自己原先所不曾奢望的。当我回家告诉母亲和祖母(此时父亲已病逝多年),她们都很高兴,母亲尤为兴奋,说:"南开好啊,吴大任就在南开!"

那时我并不清楚吴大任是谁,但从小就常常听家中大人提到这个名字,知道他是我们的广东乡亲,而且是位教授,还同母亲的家族有点亲戚关系。家里长辈们都为有这样杰出的远亲和同乡而骄傲。

到南开大学后,我才知道吴大任先生是数学系的知名教授,当时兼任教务长。过了两年,他又任副校长。至于他与我母亲究竟是什么亲戚关系,我始终没问过家中的长辈们。

1979年末,改革开放伊始,学校在北村住宅区盖了六幢高知楼,我家有幸与吴大任先生家几乎是同时迁入同一座楼内。他家在二层,我们住四层。常常见面,他的夫人陈䴉先生性格开朗,彼此很快就熟悉了。

80年代初期,我的哥哥从外地来,特地去拜访吴大任先生。哥哥道出了同乡兼亲戚的关系,我才不得不到吴先生家。哥哥帮我下台阶,说:"我妹妹是不敢高攀!"

的确,我向来不愿高攀,认为个人事业前途应当靠自己努力。何况我只知道母亲与吴家仅仅是同乡和远亲而已;并且觉得我们家中的那几位已故老人都是普通百姓,而人家是著名的大学者,更没有必要去高攀。

无奈哥哥已经给我捅开了那张窗户纸。每逢春节,我都不得不去一趟吴大任先生家。但我仍不知道是什么亲戚关系。有一年春节,吴先生的一位年轻亲戚到他家拜年,吴先生亲自把这位女士一家四口带到楼上我们家,向我介绍,说她也是我的亲戚,让我们相互认识一下。客人名叫黄秀瑜,是我远房舅父黄振华的小女儿。我俩从未见过面,算起来她是我的表妹。至于她与吴先生又是什么亲戚,我没搞清。

　　1983年,吴大任先生搬到东村去了。每逢春节,我仍例行拜访。吴先生不苟言笑,我对他敬而远之。陈䍩先生风趣幽默,和她在一起感到十分愉快。

　　不久,哥哥异常兴奋地来告诉我:吴大任的堂兄、知名物理学家吴大猷如今已出任台湾中央研究院院长……对吴大猷这个名字,那时我还是头一次听到。

　　1992年初夏,吴大猷先生从台湾回母校访问的消息传来,我也没有前去拜见——我依然不愿高攀名人。

　　直到1998年,那是吴大任先生逝世后的第二年,陈䍩先生送我一册刚刚出版的《吴大任纪念文集》。我读后立即被大任先生那种高尚的品格所深深打动,并且由衷地崇敬他。十分懊悔以前我总把他看成大人物,不敢接近他,以致失去了许多受教益的机会。似乎是受到大任先生人格魅力的震撼,也是出于弥补内心的歉意,从此我经常去看望陈䍩先生。在一次同陈先生不经意的闲谈中,竟弄清了相互之间的亲戚关系:原来大任先生、大猷先生的二姑父黄振华,正是我母亲黄淑颜的远房兄长!

2

　　得知同二位著名的吴先生有如此密切的亲戚关系,我感到骄傲和激动。记忆的闸门也一下子敞开了。

　　算起来大约是上个世纪30年代末至40年代初,那时我只有五、六岁,母亲常带我去英租界耀华里舅父黄振华家。母亲称舅父为"阿福三哥",称舅母为"阿福三嫂"。据我所知,母亲只有一个同胞兄弟黄振明,早在我还不记事的时候已从天津移居香港了。所以我认为这位舅父只是个远房亲戚而已。

舅父在天津的广东乡亲中是一户比较殷富的人家。舅母又漂亮又慈爱,两个表姐长得也很俊秀。给我印象极深的还有一位寄居他家、气质不凡的老妇人,让人一见就会感觉眼前一亮。我被她那独特的风度所深深吸引,用广东话来说,她可真靓啊!

大表姐黄秀瑛结婚,母亲带我到一个大饭店参加她的婚礼。不久舅母患病,母亲又带我去看望病人。舅母逝世后,舅父在续娶一位贫苦人家的女子(即前面提到的那个表妹黄秀瑜的母亲)时举行的家族晚宴,母亲也带我参加了。再后来,忽然听说寄居舅父家的那位靓老太出事啦:她到离耀华里很近的松寿里的一位乡亲家(也是我们的远亲,我也曾随母亲去过那儿)拜年,恰巧一架日本飞机失事,坠落在那家的房顶上,房顶砸了下来,两位老太太同时罹难。这个惨剧真是触目惊心,在广东乡亲当中引起了巨大震撼。以后,我一听到飞机在空中飞过的声音就禁不住胆战心惊……

关于那位靓老太罹难的情节,几十年始终铭刻在我的记忆里。直到 90 年代末,经过同陈鹜先生核实,我才确认了那位惨遭厄运的老太太正是大猷先生的母亲!同时也使我感悟到,大猷先生五岁丧父,日后成为驰名世界的科学泰斗,显然同这位不平凡母亲的教导分不开。

3

自从理清关系后,我同陈鹜先生彼此之间倍感亲切。她将珍藏的六卷本《吴大猷文选》借给我读,使我对这位中国物理学之父有所了解,从而决定写一篇关于吴氏兄弟的文章。

这样一来,我更经常去陈先生那里,用她的话来说是给我"讲故事",讲了许许多多鲜为人知的故事,我总是兴趣盎然地边听边作记录。后来我便把所有这些一一写进了稿子里。陈鹜先生素以事事一丝不苟著称,所以每写完一个段落我都要送去请她审阅。那几年我是她家的常客。

1999 年春节,我去拜年时,陈鹜先生兴奋地告诉我:四月份大猷先生要来天津,广东老家的姐妹们也将北上,吴家要举行一次盛大聚会。

我听了也非常高兴。因为 1992 年大猷先生曾回南开,那时我还不清楚自己家与吴家是什么亲戚关系,所以没去拜见。以后想起来非常后悔。如今92岁高龄的大猷先生已是吴氏兄弟中的唯一健在者,我提醒自己千万不能再失去机会啦!我曾暗自设想过,见到大猷先生,我该同他讲讲广东话,并且一定要告诉他,我在童年时代(正是他在西南联大时),曾多次去过耀华里表舅家,多次见到他的母亲,那正是他母亲的最后岁月……

不料1999年4月,我忽然从报上看到大猷先生在台北病重的消息,我既震惊,又深感命运之捉弄。几个月来,我时时从陈鹥先生处关注着大猷先生的近况。

那年夏末,秀瑛表姐从外地来看望陈鹥先生,陈先生立即打电话告诉了我。我到陈先生家见到了阔别几十年的表姐,她依旧那么文静和美丽。谈起家族往事,我原先一直以为母亲与黄振华舅父为表兄妹,秀瑛表姐纠正道,他们是堂兄妹,两人都姓黄嘛!

到了秋天,听陈先生说,目前大猷先生病情较为稳定,但他的天津之行看来已不可能。我再次感到无限悲伤,无限遗憾。只有祈盼奇迹出现,祈盼老先生身体康复,得以圆他的南开梦,那么我也能见到大猷先生了。然而我的愿望没能实现,2000年3月4日大猷先生终于溘然长逝。错过拜见大猷先生的机会,是我今生的最大憾事。

4

我陆续写了一些有关大猷先生和大任先生的文章,发表在报刊上。随着掌握的资料越来越多,便萌生写一部连载稿件的想法。因为在90年代中期,我曾写过一部《张伯苓与张彭春》,投往《天津日报》连载,后来出版成书。我想照搬那次的经验。2000年写成《吴氏三杰》四十余篇,我将前几篇试稿寄到了报社,但如石沉大海。后来才知现在的报纸连载稿,一般必须是出版物。这样一来,我便把稿子放到了一边。

到了2003年,我又想,稿子放着怪可惜的,何不将他们兄弟二人分别写成单篇稿件投往杂志呢?于是首先写成《一生没有留下遗憾——记物理大师吴大猷》,发表在《名人传记》2004年第3期上,后被上海《文汇报》连续两天转载。过了几个月,《人民日报》等单位在全国范围内举办"七夕节·感动中国的爱情故事"征文大赛,我便将吴大猷与其夫人阮冠世的故事写出来,题为《爱的奉献——吴大猷和他的妻子》参加征文。征文刊登在《北京晚报》2004年8月9日,征文结束,获得优秀奖。

2007年是吴大任先生逝世十周年,我在八年前所写稿子的基础上,写成《道德文章皆楷模——写于吴大任先生逝世十周年》刊登在2007年7月23日的《天津日报》上。

这时我发现自己所写的有关南开人物的文章已有十多篇,可以结集成书了,便向刘景泉书记提出,他对此深表赞同。我借机把准备投往报纸连载的《吴氏三杰》稿也重新整理了一番,收入集中,总题为《南开的骄傲》。这项工作完成于2007年8月。9月初一开学,我立即将稿件软盘交上。后来接到刘景泉书记电话说,这部书稿将于2009年校庆时出版。我便又把此事搁置一边。

5

2008年11月4日偶然到南开大学办公楼才得知,校庆筹备组想将《南开的骄傲》中的《吴氏三杰》一稿抽出,单独出版。但该稿仅有七万五千多字,作为一本书又嫌篇幅小了点,让我在一两个月内补成十万字以上。我顿时感到压力太大,主要是资料匮乏。原先那稿的篇幅完全是受资料所限。当初我并没有出书的野心,只想投到报纸连载而已。如今要在短时间内充实好几万字,没有资料,谈何容易?而且陈鹗先生已于2007年谢世,她的亲属们又都不在天津。

不过出于对大猷、大任二位先生的敬爱,出于对学校校庆工作的支持,我还要尽力而为吧。唯一办法便是继续搜集资料,一个人忙不过来,就让我的先生孔延庚也参加进来。他上网帮着查找新资料,忙乎了一大通,说找到了不少东西。我很高兴,然而打开一看,大部分都是我自己那两篇作品的反复使用,成为"吴大猷"词条的基础资料之一。尤其《爱的奉献——吴大猷和他的妻子》一文,也许因为题材比较吸引人吧,更是比比皆是,却又都没给署名,让我哭笑不得。所以在此特别声明:网上有关吴大猷与夫人阮冠世爱情故事的篇章,都是我的原创。

后来又陆续从网上找到一些资料，大多没给署名，不知其作者。有些很有参考价值，但也发现其中存在不少错误，甚至有些出版物也有硬伤。因此，我们使用第二手资料时，都抱着非常谨慎的态度，甚至要经过一番考证。

通过上网的一个最大收获，是得知有一本关于吴大猷传的书——《中国物理学之父吴大猷》。我们马上通过网络买到这本由美籍华裔物理学家丘宏义先生所著的书。这部传记的可贵之处在于作者亲自采访了吴大猷的儿子葆之和女儿吟之，使一些珍贵史料得以首次公诸于世。在此之前，我对葆之知之甚少，对吟之虽有耳闻，但也是非常不准确的。于是我们参考使用了丘宏义先生的第一手宝贵资料。因一时无法联系到丘先生，只能在这里遥向远在大西洋彼岸的丘宏义先生致以诚恳的谢意。

原稿是按报纸连载的要求所写的，每篇都必须受一定字数的制约。我想，既然出书，每篇便可不受字数限制了。于是又重新调整了全书的结构，这一工作花费不少心血。

由于吴大业先生的资料比较匮乏，所以书名由《吴氏三杰》改为《吴大猷与吴大任》。

在撰写过程中，我们被二位吴先生的人品和业绩所深深感动，称他们为"道德文章皆楷模"是最恰当不过的了。完成这部书稿，我们有受到了一次深刻教育之感，同时期盼他们的这种高尚精神能够得到发扬光大。

本书初稿撰写的时间很充裕，经过反复修改，自己比较满意。但接到学校校庆筹备组让进行补充的任务后，时间就太紧迫了。从接到任务到交稿仅仅三个多月，中间恰值元旦、春节两大节日，另外，在这期间，我们那个在深圳的儿子全家曾经回来探亲，这样我们就需"停工"一段日子。总之，实际工作时间仅仅只有两个多月，搞得我们非常疲惫，正常生活完全被打乱，连春节都被简化到无法再简化的地步。我从1978年开始写作，至今已三十年多，还从没有过如此的紧张。

我们编写了大猷先生和大任先生的年表各一篇。大猷先生自撰的《八十二自订年表》写到1988年为止，最后的十一年留下了空白。他的那部《回忆》,也只写到 70 年代。因此后面的十多年,连个参考依据都没有,只得根据自己搜集的资料一点一点地编写。

多年的写作经验告诉我:慢工出细活。每次写作,在完成初稿后,我总喜欢翻来覆去地修改,往往要改到上百次,力求做到尽善尽美。这一回若能容我反复修改,该有多好!时间过于紧迫,这是最大的遗憾。假如时间充裕点,哪怕再多一个月,我们定会做得更好一些的。

本书的一百多幅珍贵图片,全部是从各种相关出版物上扫描、复制下来的,其中主要来源于六卷本《吴大猷文选》。

书中涉及不少物理专业问题,我们请教了唐世雄老师、王耕霖老师,特向二位老师致以衷心感谢。

最后,还要向校宣传部韦承金、张丽二位老师,在本书撰写过程中所给予的帮助表示深深感谢。

龙　飞
于 2009 年 2 月 25 日

第二部分

南开杰出人物纪实

南开校父严范孙

1929年3月,虽然已经是早春季节,但却依然严寒逼人。一个令人悲痛的消息在津门大地传开:天津的大学者、著名的南开学校创始人严范孙(严修)先生不幸病逝。

噩耗传到海外,当时正在美国考察教育的南开校长张伯苓,因失去这位为共同的理想并肩奋斗多年的导师而哀恸不已。张伯苓对旅居美国的南开校友们说:

"严先生的道德和学问备受人们景仰。我个人追随他多年,深受他人格的熏陶。南开能有今天,全仗严先生之力。严公逝世,对我个人来说,是失去了一位同志;对学校来说,是失去了一位导师。应当尊严先生为校父。"

忧国忧民的严翰林

严范孙生于1860年4月2日,22岁中举人,23岁中进士,26岁入翰林院任编修(即皇帝的文学侍从),因而人们又称他为"严翰林"。而立之年他已功成名就,34岁出任贵州学政(即主管教育)。光绪皇帝对他十分器重,曾经多次召见他。

甲午战败,对严范孙震动很大,成了他后半生的转折点。国家与民族的危难,使这位忧国忧民的知识分子认识到,要挽救国家,就必须变法维新,而要变法维新,则非创办新教育不可。

早在戊戌变法之前,即1897年,严范孙就向光绪上书——《奏请设经济科

南开校父严范孙(1860—1929)

折》,建议开设经济特科,改革科举制度,被梁启超称作是"戊戌变法之源点"。光绪批准了他的奏折,可是却惹恼了以慈禧太后为首的保守势力。他被免去所有职务,只留下了一个虚衔。

戊戌变法失败,谭嗣同等六君子被杀害,康有为、梁启超被迫流亡国外。严范孙的处境也非常险恶。悲愤中,他辞去官职,返回故里。

回天津后,他隐居在西北角文昌宫以西地名叫"四棵树"的宅中。他没有气馁,反而以更坚韧的意志,实现教育救国的理想。他将自己的家宅作为基地,开始了教育改革的实践活动:立义塾,讲新学。

结识张伯苓

当严范孙办学急需一名助手时,友人向他推荐了刚从海军退役的张伯苓,说这个毕业于北洋水师学堂的年轻人,不仅受过新教育,而且为人正直;虽然家境很贫寒,却甘愿放弃官职,一心要兴学救国。严范孙一听大喜,立即邀张伯苓到家中,请他为自己的五名子弟当私塾老师。而张伯苓此时也正满怀雄心壮志,与严范孙志同道合。两人一见如故,结成了忘年交。

刚刚22岁的张伯苓十分珍惜这次机遇。他始终认为,结识严范孙是自己一生中最大的幸事。

从此,两位杰出人物携手合作,掀开了我国近代教育史的新篇章。

严范孙与张伯苓

严氏家馆

严氏家馆设在严宅西偏院内。当时谁也没有料到,这座并不起眼的两层灰砖小楼房,竟成了天津兴办新学的发祥地。

张伯苓给五名学生讲授数理化、英语和体育等新课程。

体育课最新奇。张伯苓用两张太师椅的靠背架起一根长鸡毛掸,让学生把辫子盘到头上,掖起长袍的下襟,练习跳高。他又让学生一个屈着身子,另一个从其身上跃过,这就是跳木马的训练。

随后,严范孙创办了一个小学教师讲习会,聘请张伯苓利用晚上时间,给全市小学教师补习英语和数理化。

严馆的名声传遍津门。一位叫王奎章的盐商,也慕名前来聘请张伯苓任家馆老师。从此,张伯苓上午在严府上课,下午到王宅讲授。青少年们纷纷要求入学。看到这种情况,严范孙和张伯苓十分欣喜,决定扩大办学规模。

1904年,严、张二人东渡日本,考察日本教育的发展情况。他们想要弄清楚,为什么日本明治维新三十年就变得如此强盛,而中国却一直这么贫弱。考察之后,他们得出结论:采取新教育,重视科学技术——这正是日本国强盛的主要原因。

从日本回来后,严范孙、张伯苓认为,中学居于小学与大学之间,是培养人才的重要阶段,所以先办中学,以后再扩充大学和小学。他们将严、王二馆合并,仿效欧美的教育制度,在严家院内原严馆的基础上,办起一所比较完备的中学。校名定为"私立中学堂",经费由严、王二人分担,张伯苓任监督(后称校长),招收学生77名,1904年10月17日开学上课。以后,他们又共同创办了大学部,乃至女中部、小学部,形成系列学校。

南开诞生

严范孙热心办教育的精神,感动了天津的开明士绅,有人捐款,有人献地。1907年,严、张二人在邑绅郑菊如捐献的天津旧城西南一块十多亩的荒地上盖起校舍。因为这个地方叫"南开",所以校名改为"南开中学堂"。

天津方言把洼地叫"开洼",城西的洼地叫"西开洼",又称"西广开";城南的叫"南开洼",简称"南开"。"南开"地名由此而来。

南开中学堂的校址原是块荒芜的盐碱地,连芦苇和野草都不长。毗邻就是个蚊蝇的王国——一个散发着令人窒息的恶臭的大水坑,南开学生戏称之为"臭西湖"。严范孙和张伯苓就在这样的地方建成了校舍。于是,那片荒野便从几百年的沉睡中惊醒,变得生机盎然,充满青春的活力。

南开中学堂的正中,耸立着一座庄严肃穆的灰色楼房,它就是著名的东楼——解放后辟为"周恩来同志青年时代在津革命活动纪念馆",周恩来在南开读书时,曾在这个楼里上课。

进入东楼,最引人注目的是走廊内那面大穿衣镜,镜子上端的横匾上镌刻着严范孙亲笔题写的"容止格言":"面必净,发必理,衣必整,钮必结;头容正,肩容平,胸容宽,背容直;气象:勿傲,勿暴,勿怠;颜色:宜和,宜静,宜庄。"

这四十字箴言,成为南开学生最早的文明礼貌和遵守纪律的行为规范。

一次,美国哈佛大学校长伊里奥博士来南开

严范孙墨宝

参观,见这里的学生举止言谈、风度仪表都同其他学校的学生不同,便问张伯苓原因何在。张伯苓把他带到穿衣镜前,将上面的箴言向他细细解释。伊里奥听了十分钦佩,回国以后讲给他的同事和朋友们听,于是这件事就在美国传开了。不久,美国洛克菲勒基金团派人到南开,将镜上箴言拍摄下来,回去后刊登在美国的报纸上,对南开的这种教育方式推崇备至。

南开中学堂是私立学校,经费来源主要靠向社会募捐。严范孙常常带着年轻的张伯苓周旋于军、政、官、商各界中,他们自称是"化缘的老和尚"。

和周恩来的师生情谊

南开在严范孙、张伯苓的主持下,办成一所很有特色的新型学校。学术空气自由,教学管理开明,实行德智体美群全面发展的教育方针,因此在全国赫赫有名。各地优秀学生不远千里前来报考。周恩来就是于1913年从沈阳考来的。这位英姿勃勃的少年立即受到他的授课老师伉乃如的器重。伉乃如向严范孙、张伯苓说,这是一个天才,将来定会干出一番大事业的。张伯苓也说:"周恩来——南开最好的学生。"听了这些,严范孙十分欣喜。见过周恩来,他认为这个学生有"宰相之相",是"宰相之材"。

当校方得知周恩来家境困难时,便给他找些抄写和刻蜡版的工作,好让他增加点收入,后来又免掉他的学杂费。周恩来是南开当时唯一的免费生。

一次全校举行作文比赛,由严范孙亲自阅卷和选拔,结果周恩来获全校冠军。严范孙题写了一面"含英咀华"的锦旗作为奖品。

严范孙早就看中周恩来的人品与才华,有意将自己的一个最钟爱的女儿许配给他。严范孙曾向周恩来透露了这个想法,然而周恩来觉得自己还年轻,应专心读书,便委婉谢绝了老先生这番好意。严范孙思想开明,赞成并支持年轻人在恋爱、婚姻问题上的自由选择。所以这门亲事虽然未成,但丝毫没有影响师生二人的关系。严范孙对自己的得意门生依然情有独钟,周恩来也始终如一地敬重和爱戴严老先生。

1917年,周恩来在南开中学以优异成绩获金质奖章与奖状毕业,在师长们的帮助下赴日本东京留学。

南开已成为全国著名学府。然而,严范孙和张伯苓没有陶醉于已取得的成就中。他们深感我国教育之落后,中学只能授予普通知识,而普通知识仅仅是国民教育的初步,远不能满足国家与社会的需要。一个强烈的愿望在他们胸中燃烧:一定要创办南开大学部!

当时,北京的许多学校正债台高筑,连国立学校都穷得几乎要关门了。而严范孙和张伯苓竟要创办私立大学,全社会都在拭目以待。

迎着众多怀疑的目光,严范孙、张伯苓满怀信心地走自己的路。第一件事便是到先进国家去取经。1918年4月,严范孙亲自赴美,途经日本,在东京作了短暂逗留。周恩来得知后,马上赶去看望恩师,并在严范孙下榻的饭店内住下。师生二人一直畅谈到深夜。严范孙告诉自己最钟爱的学生说,南开大学即将成立,欢迎他回南开深造。周恩来为母校的发展感到欢欣鼓舞。

严范孙从美国回来后,家里发生了不幸:他的长子因病英年早逝。年届花甲的老人经受了"白发人送黑发人"的人生最大悲痛。但他依然坚强地拖着病弱之躯,带领张伯苓到各地为创建大学筹措资金,并物色优秀人才来校任教。他自己首先捐出两千元美金、捐地折款一万八千元和图书数百册。

南开中学的"范孙楼"

周恩来为不辜负严老先生的期望,于1918年春天赶回天津。严范孙、张伯苓同意他免试进入大学部文科。

南开大学校中心花园的严范孙铜像。铜像揭幕典礼上,南开人在像前留影,左起申泮文、吴大任、王刚,1992年10月17日

金秋时节,严范孙精神焕发,特设家宴,欢迎周恩来重返南开。在座的有张伯苓、范静生、黄郛等教育界知名人士。如此器重一名学生,这在南开还是首例。

几天后,南开大学正式开学。

不久,周恩来因参加"五四"运动而被捕。当全体被捕者出狱时,张伯苓在直隶省教育厅的压力下,开除了被捕学生,包括周恩来在内,这引起了众多师生的不满。严范孙出于爱才,捐款七千银洋,设置"范孙奖学金",资助周恩来和另一名学生李福景出国深造。于是周恩来在1920年深秋,怀着对南开的一片深情,依依惜别,离开母校,踏上新的征途。

周恩来的父亲周劭刚当时生活困难,根本没有能力送孩子出国读书,因此他万分感激严范孙。1922年他专程赴津,面谢严范孙。

一到法国,周恩来就投身于革命活动。这时有人劝严范孙不要再资助周恩来了,严范孙却说:"士各有志,不能相强。"继续资助周恩来。

周恩来(坐地者)在南开学校与同学们在一起

周恩来始终念念不忘恩师。抗日战争期间,他在重庆南开中学多次问张伯苓,有没有严老先生的照片。新中国成立后,张伯苓特地冲洗了一张严范孙的照片送给他。周恩来接过照片端详着,深情地说:"我在欧洲时,有人对严老先生说:不要再帮助周恩来啦,因为他参加了共产党。严老先生说:'士各有志。'他是清朝的官,能说出这种话,我对他很感激。"

后来,周恩来又称赞严老先生"为人好像一杯清水,纯洁无染,把一生贡献给了教育事业"。

1959年,周恩来总理到南开大学视察后,在吃饭时向老校友们感叹道:"严老先生是封建社会的好人。"同时还指示要整理他的日记,好好研究他的教育思想。

五、六十年代,周总理和邓颖超每次来天津时,都要去看望严老先生的后代,嘱托严范孙之孙严仁曾编写《严修年谱》,并将他安排到天津文史馆专门从事这项工作。

与李叔同的亲密交往

严范孙早年与天津大才子李叔同曾有亲密往来。

严、李两家是世交。严范孙之父严仁波与李叔同之父李筱楼同为

李叔同青年时代

盐商,并且是知己。他俩同另一位好友李嗣香共同创办慈善团体"备济社",抚恤贫寒孤寡,施舍衣食棺木。另外还办义学,为儿童种牛痘等等,做了不少慈善事业。"备济社"的匾牌是由李鸿章亲笔题写的。

李叔同十五、六岁就已饱读经史诗文,17岁时拜天津名士赵幼梅为师学诗词,赵幼梅正是严范孙的好友。李叔同还与天津名绅王仁安、王新铭等同辈友戚往来密切。这几个人虽然都比他年长许多,但是他才华早熟,能和成年人一起切磋学问,研讨问题,而且颇有见地。他的文才甚至在天津的文人圈中也是个佼佼者。大家都十分钟爱和器重这位少年才子,严范孙更是早就对他刮目相看。

李叔同常常到严府,同比他年长整整20岁的"范孙兄"谈论新学。在严范孙的启迪下,他从16岁就开始学算术和英语,攻读当时还很少有人涉足的"西学"。另外,严范孙的维新思想也深深影响了李叔同,使他产生"老大中华,非变法无以自存"之感。他赞同康有为、梁启超的主张,并刻下"南海康君是吾师"的印章。

戊戌变法失败后,严范孙回津办学,李叔同因涉嫌为"康梁同党",带着母亲和妻子去上海避祸。南开创建时,李叔同虽然已离开天津,可是由于他同严范孙的友谊,以及他对严范孙的无限崇敬,都对整个李氏家族产生了巨大影响。

李家的两个晚辈,即李叔同的两个侄子李麟玉、李麟玺,先后进入南开读书,后来双双学有所成。李麟玉是全国闻名的大学者,曾任北京大学教授、中法大学校长、北京轻工业学院副院长等职。李麟玺则多才多艺,在南开中学读书时,曾与周恩来同台演戏,并擅篆刻、书法、绘画。

1905年,李叔同的母亲在上海病逝。李叔同扶灵回津,冲破重重阻力,废除繁文缛节,举行新式丧仪,在津门引起极大轰动。一向主张移风易俗的严范孙对李叔同此举十分称赞,并以学务处总办(即主管直隶全省的教育工作)的身份,郑重出席追悼会,这不仅是对逝者表示哀悼,更是对新生事物的大力支持。

女子教育的拓荒者

严范孙的先进思想,还体现在男女教育并重的观点上。

在创办严氏家馆不久,1902年冬天,他首创严氏女塾,以自己的女儿、儿媳,以及亲戚朋友的女儿为学生。《大公报》称它是"女学振兴之起点"。三年后,严范孙又把女塾改为一所包括小学和中学的严氏女子学堂。

在女塾,他亲自教作文,把自己从日本带回来的画片分发给每个学生,让她们根据图片内容来写作文。这种作文方式在当时是很新颖别致、生动活泼的,能启发学生的想象力,提高学生的写作兴趣。

严范孙最早提出反对妇女裹足,亲自编写了《放足歌》,教给女塾学生演唱。这些歌谣在社会上引起强烈反响,并被广为传诵。

在20世纪初叶,严范孙开设了保姆讲习所(即幼儿师范)和蒙养园(即幼儿园),又同另外几位开明士绅出资创办了三所民立小学堂。严范孙这一系列活动,大大推动了天津近代教育的发展。

20年代,严范孙先后协助张伯苓创办了南开女中部和小学部。到1928年,南开系列学校(包括小学、中学、女中、大学)全部建成。

完成了历史赋予的伟大使命后,一代人师严范孙于1929年3月15日与世长辞,享年69岁。3月16日《大公报》发表社评《悼严范孙先生》,对他评价极高,称赞他"不愧为旧世纪的一代完人"。

1936年南开校庆,由校友捐资,在中学部修建"范孙楼",并铸造严范孙铜像一尊,让校父的业绩和形象,永远活在世世代代的南开学子心中。

可是转年发生了"七七事变",日寇侵占天津,同胞陷入水深火热之中。严范孙铜像也同祖国人民的命运一样惨遭不幸,最终毁于敌人的魔爪下。

此后半个多世纪,对严范孙再没有举行过任何纪念活动。他的业绩长期被埋没,鲜为人知。

然而,历史是公正的。1989年3月,全国政协第七届二次会议通过提案,褒扬了严范孙的一生功绩和对祖国的贡献。从此,严范孙的名字在南开的校园里又重新回荡!

如今,严范孙的汉白玉胸像耸立在南开中学"范孙楼"的中厅内,他的半身铜像耸立在南开大学的中心花园中,与日月同辉。

载《传记文学》1999年第3期

周恩来的老师马千里

马千里(1885－1930)

马千里先生是本世纪初天津的一位爱国知识分子。1911年,他以满腔热血投身于孙中山先生领导的革命活动,是"同盟会"会员。他于1919年积极参加"五四"运动,尔后,创办进步报纸《新民意报》。青年时代,他曾在床头贴一幅刑场杀头的画,以锻炼自己的胆量。

1908年,马千里进入南开中学堂。在此之前,他已于北洋大学俄文专科班毕业,并在上海私立振华学校就读一年。来到南开时,他已经23岁,是个名副其实的"大学生"了。

由于马千里入学前已打下比较扎实的基础,进校后学业成绩十分突出。他积极参加各项课外活动,在学校是个活跃人物。

张伯苓校长对马千里的人品与才干极其赏识,便将自己的妹妹张祝春介绍给他。张祝春天资聪慧,从小受到良好的教育,深为父亲和哥哥所钟爱。当天津著名学者、社会活动家严范孙创办严氏女学保姆班(即幼儿师范班)时,张伯苓鼓励她到那里求学。张祝春毕业后任普育女校蒙养院(即幼儿院)教师,是天津最早受到新教育的年轻女性。她性格活泼、开朗,对马千里的维新思想十分敬仰。两人订婚后,互通书信三十多封,交流思想,彼此勉励。

第二年,他们的爱情已经发展成熟。在考虑举行什么样的结婚仪式的问题上,这对年轻人决定要走在时代前列,带头破除旧风习。1910年9月,他们在普育女校礼堂举行了简朴而隆重的新式婚礼。张伯苓对他们这种举动十分赞同,也十分高兴,特地送给喜爱音乐的妹妹一架风琴,作为结婚礼物。

马千里和张祝春的新式婚礼在社会上影响很大,一时传为佳话。

1911年,他们的长子诞生。当时马千里正在阅读《周礼》,其中秋官是掌管司法的大臣。他便给儿子取名"秋官",希望儿子长大后能从事司法工作,主持人间正义。他自己就一直向往这个职业,盼孩子能够继承他的志愿。

有一次,马千里对祝春说:"为什么男人能讨好几个老婆,妻子死了还可以续娶,而女人改嫁却要遭到非议?如果我早死,你可改嫁,带头冲破封建礼教的束缚。"

这虽然是夫妻之间的一句玩笑话,却充分反映了马千里那种主张妇女解放、男女平等的新思想。

辛亥革命爆发后,1911年12月6日的晚上,马千里要和战友们去火车站迎接滦州军队举行起义。他在临走时对妻子说:

"今晚我有事,如果不能回来,你就带孩子回娘家避一避。"

当时儿子秋官才刚刚三个月。祝春一听便伤心地哭了,抱怨丈夫道:"你要革命就不该成家!你走了,咱们这个家怎么办呢?"

"清廷腐朽,不推翻它,国家就将灭亡。如果国都亡了,那还有什么家呢?"他耐心地向妻子解释道。

张祝春终究是个开明女子,在责怪丈夫之后还是支持他的行动。

然而那天晚上滦军没到,起义之事未成,马千里深有壮志未酬的遗憾。

1912年,马千里以优等生成绩毕业留校任教,讲授多种课程。张伯苓校长还委派他负责指导学生的课外活动。在学生时代,他经常参加演讲比赛和演剧活动,那时候没有女生,他总是扮演女角。当了教师以后,1912年的校庆纪念会上演出话剧《华娥传》,他扮演女主角华娥。1913年的校庆纪念会上演出《新少年》,他扮演一名女学生。他的学生们见自己的老师上台演戏都很高兴,也很好奇,并且没有由于他扮演女角而减少对他的尊敬。

周恩来是在1913年入学的,这位英姿勃勃的出色少年受到严范孙和张伯苓的器重。当时马千里任演说会会长。周恩来入学不久就参加了演说会,在马千里指导下进步很快,第二年被选为演说会副会长,从此师生二人经常在一起商讨工作。后来周恩来也参加了剧团,凡剧中的女角都由马千里和周恩来分别扮演。马千里扮演老年妇女,周恩来扮演年轻女子。师生俩常常在舞台上切磋技艺。

1915年,直隶教育厅请张伯苓临时兼任北洋女子师范学校校长。张伯苓同时带去了两名助手,其中之一就是马千里,由他掌管具体校务。和在南开时一样,马千里大力开展学生的课外活动。那时候邓颖超正是北洋女子师范学校的学生,在马先生的指导下,她曾女扮男装演出朝鲜独幕话剧《安重根》。

在北洋女子师范学校不到三年的时间里,马千里做出巨大成绩。1916年是女师建校十周年校庆,他怀着火一般的热情,忘我地投入校庆筹备工作,一连几个星期都没有回家。家中三个孩子全染上了猩红热,病情严重。妻子打电话让他回去,他只回家看望了一次,又匆匆赶回学校。后来最小的儿子由于未及时护理好而不幸夭折,张祝春也因为过度劳累和悲痛而大病了一场。她对丈夫十分不满,但内心感情又非常矛盾:拿他有什么办法呢?这个人就是把工作看得高于一切!

"五四"运动以前,马千里回到南开筹建大学部,被任命为庶务主任。周恩来于1917年毕业,由马千里、张彭春、时子周、华午晴等教师资助路费,赴日留学。不久,当他得知南开大学即将成立,便急忙回国,被免试进入大学。

在"五四"运动中,马千里、周恩来这对师生又一次并肩战斗,1920年双双被捕入狱。他们两人成了狱中难友的领袖,进行绝食斗争,从而赢得了读书与聚会的自由。在监狱的恶劣条件下,他们组织全体被捕者坚持体育锻炼和开展文娱活动,每天下午学习各种文化课程。5月4日,召开"五四"一周年纪念会,晚上举行文艺演出,周恩来表演京剧清唱,马千里演奏口琴。狱中的文艺活动开展得十分活跃,周恩来表演《一元钱》片断,马千里表演《黄金台》片断。他们用铺板搭起一个舞台,用几床夹被当幕布,布景则是用纸糊成的……演出非常成功,连有点儿良心的狱警都被感动得流下了眼泪。

在全国人民的声援下,全体被捕者于7月出狱。直隶教育厅指令各校将被捕学生一律开除。张伯苓迫于压力，开除了周恩来、马骏等学生。马千里对此十分气愤，认为南开是私立学校，完全可以顶住教育厅的命令。从此他同平素关系非常亲密的内兄张伯苓有了严重分歧，于是坚决辞去南开大学庶务主任的职务，尽管张伯苓一再挽留。

周恩来被开除后，获"范孙奖学金"赴欧留学。马千里则同朋友办报，任主编，以舆论为武器，继续战斗。该报取名为《新民意报》，因为辛亥革命时，天津革命党人曾办有《民意报》，如今冠以"新"字，意在继承前报的革命传统。

《新民意报》于1920年9月创刊。周恩来在出国前也参加了筹备工作，报社门口的《新民意报》牌匾就是周恩来亲手题写的。临走前他向马千里辞行，并把在狱中编写的《警厅拘留记》手稿交给马千里修正补充。这对师生和战友就这样分手了，然而他们一直保持着通信联系。

《警厅拘留记》从1920年12月4日起，在《新民意报》上陆续发表，最后又编印成书。

周恩来在旅途中完成了另一部书稿《检厅日录》，将它寄给马千里。1921年春，书稿在《新民意报》上连载，1926年出版单行本。

后来《新民意报》开辟了《觉邮》副刊，发表周恩来同觉悟社社员邓颖超、刘清扬等人的书信往来。当邓颖超等成立"女星社"后，《新民意报》又开辟了《女星》旬刊，宣传妇女解放，维护女权。这份进步报纸自然招致反动势力的忌恨，终于在1924年被查封。

早在1921年，天津开明药商乐达仁先生出资创办达仁女校，请马千里出任校长。马千里聘邓颖超等进步女青年来校任教，把达仁女校办成一所爱国、民主的学校。然而它的命运同《新民意报》一样，1926年被迫停办。

由于劳累过度，再加上精神上的种种刺激，1930年3月1日，马千里英年早逝，年仅45岁，留下寡妻带着五个年幼的孩子。

1985年是马千里先生一百周年诞辰，邓颖超撰写文章，纪念这位老师和战友，并对《马千里纪念集》的出版工作，给予了巨大关怀和支持。

载《今晚报》1996年2月21日

柳无忌与南开大学英国文学系

柳无忌(1907—2002)是著名爱国诗人柳亚子之子。他学贯中西，在国内讲授西方文学，到美国讲授中国文学，为中西文学交流架起了一座桥梁。柳无忌的研究成果累累，被公认是中西比较文学的重要开拓者之一。1983年美国《时代报》誉他为"虎子出将门"。

这位饮誉中外的著名学者于上个世纪30年代曾执教于南开大学。

1

柳亚子早年就是个民主主义者，1909年11月在苏州虎丘创办了我国近代史上第一个革命文学团体——南社，从而走上文学救国的道路。蒋介石叛变革命后，柳亚子回到故乡黎里，写出讨伐蒋介石的檄文。蒋介石大怒，下令逮捕他。幸亏柳亚子夫人机智地将丈夫藏在楼房夹壁中，他才得以逃过这一劫难。

少时柳无忌

柳无忌自幼深受父亲影响，酷爱文学。柳亚子任南社主任时，事无巨细，都要亲手做，往往忙得不可开交。于是柳无忌便帮父亲做些事，例如在给南社社员发通知书时，他就粘信封，贴邮票；父亲收集文献，他便帮忙誊抄诗文。

柳无忌非常喜欢集邮。柳亚子的朋友遍天下，友人们来信很多，于是他把信封上的邮票都剪下来给儿子。父子俩嗜好下棋，而且下得很认真。有一回，父亲还真生气了，因为一不小心，给儿子偷吃了一个白子。在柳亚子的诗中还曾经提及此事:"难忘偕隐他年约,犹记争棋少日狂。"

17岁那年,柳无忌成功地将拜伦的《哀希腊》一诗译成白话文,让他的父亲十分欣喜,因而不惜重金,将儿子送进清华大学读书。柳无忌在清华受到朱自清等名师的培养,后又考上公费留美,1931年以论文《英国浪漫主义诗人雪莱》获得耶鲁大学英国文学博士学位。

2

1932年,柳无忌偕新婚妻子高蔼鸿回国,应聘到南开大学英国文学系任教。初到南开时,文质彬彬的柳无忌常常同在女中部当英文教师的妻子在校园内携手散步。一次,注册课主任伉乃如从远处看见以为是学生,差点把他俩叫去训话……

南开大学英国文学系创建于1931年秋天,第一届系主任是陈逵教授。陈逵在美国留学时就用英文写诗,曾有四首诗刊登于美国著名文学刊物上,在耐不拉斯加大学毕业典礼上,他荣获"桂冠诗人"称号。一年后陈逵辞职离校。系主任的重任便落到了初登讲坛、年仅26岁的柳无忌的肩上,他主持英国文学系工作整整五年,直到抗日战争爆发。

青年时代柳无忌

上任伊始,柳无忌怀着极大热情投入教学改革工作,本着"广博而精深"的原则设置课程、调整课程,从而有利于学生打好基础,提高专业水平。

张伯苓校长十分关心英国文学系,亲自过问课程设置,并提出中肯意见:"文学系当然要读文学,但学生毕业到社会上要具备就业能力,不能饿着肚子作诗啊!"

柳无忌对张伯苓校长的意见非常赞同,并根据张校长指示,从二年级起增设了实用性较强的课程,如"教育学"、"社会学"、"讲演术"和"新闻习作"等,以提高学生的写作、口译和教学等方面的实际工作能力。因此学生毕业后无论从事何种工作,都能愉快胜任。过了多少年,老学生们在一起谈起往事,认为这一切都应当归功于张校长及柳主任的远见卓识和领导有方。

英国文学系虽然是个新系,但实力很强,是个人才荟萃之地。在柳无忌的不懈努力下,很快就达到了鼎盛时期。

3

提到南开大学英国文学系必然想起司徒月兰,因为她属于英文系任教最久的一位教师。司徒月兰自幼侨居美国,是文学硕士,1922年经张伯苓校长的胞弟张彭春介绍来南开大学做英语教员。据她的学生曹禺回忆,当时他正在读政治系,对该专业并无兴趣,甚至感到十分厌倦。他不愿听那些枯燥的学问,只爱听司徒月兰老师的课。尤其司徒老师讲雪莱的《为诗辩护》,使他受益匪浅。

英文教授司徒月兰

后来,司徒月兰赴美进修,1934年回南开,成为英国文学系的骨干。抗日战争爆发,她要求随学校南下,张伯苓校长见她体格孱弱,劝阻了她。她便到北京、上海等地任教。抗战胜利,南开复校,她又回到英文系,直至1961年才去香港探亲离开南开。她是从创系伊始任教时间最长的一位教师。

司徒月兰终身未婚,把全部精力和心血都倾注到教学中。课堂上她以要求严格著称,课下待学生又如同慈母般温存。

当时柳无忌还引进了几位海外留学归来的饱学之士来加强英国文学系的力量。其中一位是成名很早、中学时代就发表小说的青年作家罗皑岚。他是柳无忌在清华的同学,也是清华文学社最有成就的成员之一,后赴美入哥伦比亚大学研究院攻读英美文学。来南开后,他讲授"英美小说史"和"英美散文选读"——由作家讲小说、散文,用学生们的话来说:"真是太棒啦!"当时他的长篇小说《苦果》正在天津《大公报》连载,因而闻名华北文坛。《苦果》描写一个以大革命时期中共湘潭县委书记杨昭植被害事件为背景的爱情故事。小说单行本出版后风靡一时,学生们怀着极大兴趣关注老师的作品。

柳无忌与南开大学英国文学系

柳无忌(右一)与何廉(右三)等校友合影,1938年于昆明西南联大

根据教学需要,柳无忌又聘著名法国文学专家、诗人梁宗岱讲授"西洋诗歌"——由诗人讲诗歌,又使得学生们十分兴奋,更何况梁宗岱还曾与清华教授罗念生合编过《大公报》的"诗刊"。原先柳无忌担心梁宗岱是学法国文学出身,用英语授课会不会有困难。然而让他放心的是梁宗岱的英语十分流畅,再加上他的学识、才气,教书时的用功与认真,以及待人接物的热情,他的到来大大加强了英国文学系的阵容。而且柳无忌发现这位法国文学专家还精通德国文学和英国文学,于是又增设了一门"西洋文学名著",请他讲授。虽然梁宗岱个性很强,但柳无忌、罗皑岚二人都能谦逊退让,所以大家相处甚好。

4

曾有一段时间,那时梁宗岱尚未到校,柳无忌与罗皑岚同几位文友,如河北女子师范学院外文系主任李霁野、该系教授曹禺、《大公报》总编辑王芸生、左联作家王余杞等人,每逢周末都要到天津的著名饭馆——位于法国教堂附近的"周家食堂"聚餐,由王余杞管帐,大家"凑份子"。席间纵谈文学艺术。"星期聚餐会"一时成为天津青年学者的文艺沙龙。

南开大学的另一位杰出人士也参加到英国文学系的教学工作中,

那就是才华横溢的张彭春。张彭春是哲学教育系教授——他于美国留学获教育学硕士、哲学博士学位,另外在戏剧方面也有很深造诣,因此被柳无忌特聘讲授"西洋戏剧"。张彭春的英语说得很帅,并且对易卜生、莫里哀等大师都有深入而独到的研究,讲起课来绘声绘色,娓娓动听。学生们常常听得入了神,甚至舍不得下课。

经张彭春介绍,又请来天津新学书院院长黄佐临兼课,讲授"萧伯纳研究"和"狄更斯研究"。黄佐临刚从英国留学归来,在英伦时曾师从戏剧巨匠萧伯纳,所以讲起课来得心应手。1933年萧伯纳访华路过天津,黄佐临带着英文系的学生们到东站欢迎。黄佐临告诉萧伯纳:南开大学设有"萧伯纳"专题课。萧伯纳连说:"我很高兴,我很高兴!"学生们见到慕名已久的大文豪非常兴奋,纷纷用英语向他表达问候和景仰之情。他们想:黄先生是我们的老师,而萧伯纳又是黄先生的老师,萧伯纳岂不是我们的祖师爷了吗?!因而感到分外光荣。

若干年后,黄佐临成了驰名全国的大导演,受过他教诲的学生都为此而自豪,说黄先生当年就才华出众,成为名导早已是大家预料之中的事了。

5

出于培养人才,柳无忌带领全系师生创办文学社团"人生与文学社",出版《人生与文学》月刊和丛书,不仅发表教师的作品,许多高材生,如李田意、王慧敏等也在这里崭露头角。

柳无忌曾出任《益世报》"文学周刊"主编,在他的鼓励下,英国文学系学生的译作及散文经常出现在这块园地上。

为了活跃学术气氛,柳无忌多次邀请自己的清华老师朱自清、朱光潜等来讲学。一次英国文学系就方言问题展开讨论,便请朱自清来阐述自己的研究心得。那天由罗皑岚主持大会。这位幽默风趣的主持人先讲了一个有关方言的笑话:"我们湖南有个人到了上海,住进一家旅馆。他对茶房说:'请送点开水来!'茶房没听清,问:'侬要什么?'湖南人骂道:'该死的东西!'茶房听懂了:'啊,侬要 Kaissu(开水),阿拉懂得格!'"会场大笑,朱自清在笑声中走上讲坛,开始了他的讲演。

除此之外,还请来朱光潜讲"文艺心理学",孙大雨讲"莎士比亚",罗念生讲"希腊戏剧",曹禺讲《雷雨》的创作体会。

英国文学系的课外活动丰富多彩,办有英文刊物,经常上演英语话剧。当时南开大学文学院还没有中文系,因此英文系在全校显得独树一帜。

在那山雨欲来风满楼的岁月,英国文学系坚持发展到空前兴盛的时期,柳无忌当之无愧被誉为"开系元勋",受到全系师生的敬仰与爱戴。

1937年抗日战争爆发,南开被炸,学校南迁,清华、北大和南开三校组成西南联合大学,历史掀开了悲壮的新一页。

南开校园于7月29日遭日寇轰炸,当时正值暑假。柳无忌、罗皑岚、梁宗岱等人分别在各地省亲,逃过劫难,但全部家产已毁于一旦。令人尤为感慨的是,

晚年柳无忌

柳无忌竭尽全力主持的欣欣向荣的南开英国文学系,至此也不得不暂告一段落。

抗战期间,柳无忌在西南联大任教四年,后到重庆中央大学任职。1945年底,他应邀赴美讲学一年。不料国内局势变化,便留在了美国,先后执教于多所大学,传播中国文学。

1972年中美复交,柳无忌立即与南开联系,并于翌年回国观光,专程赴津,重游南开园,会晤老友。以后他多次向南开图书馆赠送自己的著作。晚年,他回忆道,在南开的五年是他一生教学生涯的开端,也是他漫长人生旅程不能忘怀的"最美满、愉快和珍贵的经历"。

载《南开大学报》2004年9月26日
载《今晚报·海外版》2004年11月6日
载《天津日报》2006年10月16日

张彭春多彩多姿的一生

张彭春(1892—1957)

在纪念话剧百年时,不要忘记一个人,那就是南开系列学校校长张伯苓的胞弟张彭春教授。张彭春长期领导南开新剧(即话剧)团,该剧团享有"北方话剧的摇篮"的盛誉,从这里走出了像曹禺这样的戏剧大师。张彭春在南开新剧运动中起到了举足轻重的作用,是北方话剧的奠基人之一。

周恩来总理曾对曹禺说过:"写中国话剧史,不能忘记北方话剧发展的历史。"因此,纪念话剧百年,重新回顾曹禺的启蒙老师——那位一度被遗忘的南开才子张彭春先生,是很有必要的。

禀承艺术天赋

1892年4月22日,张彭春生于天津。父亲张久庵通晓琴棋书画,酷爱音乐,尤其擅弹琵琶,是津门琵琶流派的重要传人,并得一雅号——"琵琶张"。

张彭春降生时父亲已经59岁,年届花甲又得一子不禁欣喜万分。而且高龄得子是健康的象征,于是举家欢庆,给新生婴儿取乳名"五九"作为纪念。后来家里人把"五九"叫着叫着就叫成了"九儿"。

九儿有一个哥哥和三个姐姐。他出世时,哥哥张伯苓已经16岁,正就读于北洋水师学堂。九儿是在双亲和三位姐姐的关怀、抚爱中长大的。他从小聪明伶俐,惹人喜爱。才会握笔,就爬上父亲的书案,抚摸笔墨纸砚;刚能迈步,就蹒跚在父亲的乐器前,播弄出各种声响……

九儿继承了父亲的艺术天赋,再加上经常随父亲去戏院看戏,耳濡目染,不知不觉间为他日后的戏剧活动打下了良好的基础。

张彭春对哥哥张伯苓一向十分敬重。1904年张伯苓和严范孙创建了私立中学堂(南开学校前身),他便成为这所学校的第一届学生,与后来的清华大学校长梅贻琦是同班同学。

张久庵在晚年曾同两个儿子合拍了一幅照片,一位好友为照片题诗曰:

功名蹭蹬老风尘,寄傲弦歌乐此身。
置散投闲殊自得,读书有子不嫌贫。

张彭春(后右)与父张久庵(中坐者)、兄张伯苓(后左)及甥侄,1905年于天津

南开新剧放异彩

张彭春从南开学校毕业,1910年考取清华第二届"庚款"留学生,同胡适、竺可桢、赵元任等七十一人一起赴美留学。他在克拉克大学攻读教育学和哲学,后到哥伦比亚大学研究院进修,课余的兴趣却是研究戏剧。他最喜欢挪威剧作家易卜生,他说,正是由于易卜生,才使他这个学哲学的年轻人爱戏剧胜于爱哲学。

1916年夏天,风华正茂的张彭春获硕士学位归国,回母校任教。他才华横溢,风度翩翩,用学生们的话来说,他长得很"帅"。人们叫他"张九爷"、"九先生",年长者和熟人直呼他"张九",学生们称他"九先生",背后也叫他"张九"。

当时南开的新剧活动在张伯苓校长的积极提倡下正蓬勃开展,每逢节日都要演戏,这已成为学校的传统。由于九先生擅长戏剧早就名声在外,所以一回校便受到热烈欢迎,立即被推选为新剧团副团长。校刊曾对此发表评论说:"先生于此道久有研究,且极热心,从此我校新剧前途,自必更放异彩矣。"

校刊果然有远见卓识,九先生走马上任后没有辜负大家的厚望,将南开的新剧活动推上了发展的新阶段。当时国内还没有建立导演制度,张彭春便将西方的正规的导演制度用于南开新剧团。因此他不仅领导剧团,而且是首任导演,被称做"中国第一导"。1916年他排演了自己在国外创作的写实主义剧本《醒》,该剧有中文、英文两个脚本。这年10月10日用中文演出,当时周恩来正在南开读书,是新剧团成员,任布景部副部长,在剧中扮演一女角。12月26日由应届毕业生于毕业典礼上用英语演出,周恩来观看了演出后在校刊发表文章,称赞道:"是日排演,颇多引人入胜之点。盖同学耳聆英语之机甚鲜。获此良辰,聆斯妙语,佳音佳景,两极其妙矣。"

尽管《醒》还比较稚嫩,但它的历史意义却不容忽视。《醒》比发表于1919年、被称为"中国现代文学史上第一部话剧剧本"的胡适的《终身大事》,要早三年。

张彭春不仅带来新型的剧本,而且带来一套完整的、效仿欧美的导演方法。排演此戏时，已开始运用这种导演方法，比1924年首次为上海戏剧协社执导《少奶奶的扇子》、被话剧史家称为"中国导演制度的创立者"的洪深，要早八年。

总之，是张彭春第一个将西方的戏剧理论和编导艺术直接移植到南开新剧团，从而形成我国早期话剧运动南北两个中心之一的北方话剧艺术。如果说《醒》尚不够完美，那么1918年南开新剧团演出的《新村正》就足以展示出九先生的卓越才华。他编导的这个剧，成功地运用了西方现代话剧的技巧，使观众感觉耳目一新，引起极大轰动。《新村正》是南开新剧团走向成熟的标志。"五四"运动以后，国内文学界对这个剧本给予了极高评价。从此《新村正》成为南开新剧团的保留剧目，每年都要上演几场，连续多年没有中断。

面临水灾考验

1917年8月，张伯苓为创办南开大学赴美国进修和考察，临行前将校长一职委托给张彭春代理，并鼓励他说："你用不着有什么顾虑，只管大胆去干，干坏了还有我呢，等我回来还可以重新再干。"

似乎是命运向这位刚刚25岁的代理校长作出挑战，张彭春上任不到一个月就发生了一件大事——天津南运河突然决口！9月22日下午，校园内警钟狂鸣，学生们马上到大礼堂集合。张彭春向全校师生员工报告了水情，并提出一旦发生险情准备采取的措施：

"今天发生的事，实属意外。而遇到这种意外事，首先必须镇定，若一慌张，秩序紊乱，将不可收拾……怕今夜会出事，诸位同学回宿舍可整理一下自己的重要物品，今晚仍按时就寝。倘若水进校内，将敲一种特别的钟，钟声三下相连，大家马上起床收拾；再听到二声相连的钟声，立即携带东西到大礼堂来。这里地基牢固，并高出地面五、六尺。来到后再听指挥行动……"

由于南开学校地势低洼，当天夜里洪水果真涌进了校园，水深近两米，情况十分危险。在张彭春的亲自指挥下，教职员工们奋力保护学生，然后将全体学生紧急转移至安全地带，分别到青年会、劝学所、学界俱乐部和天津大家族卞宅等处住宿和上课。10月3日在开学式上，张彭春作了即席演说：

"对学生来说，精神比校舍更为重要。我们师生的精神永存，在哪里都可以大有作为，怎能因为校舍被淹，就妨碍我们的学业呢？……这次水灾死伤了许多百姓，损失不小，而我们能从洪水中平安脱险，这也是天意。为了民族的安乐和国家的康宁，为使祖国大地不再发生水灾，人民不再遭受苦难，这不正是我们这一代人应尽的责任吗？"

学生们听到这番鼓舞人心的讲话，精神立即大大振作起来。

这场突发的天灾，对那些稚嫩的青少年来说，确实是一次苦难的磨炼。他们寄人篱下，喝粥充饥。为同其他学校的学生区别开来，每名学生胸前都佩戴着一枚纸制的临时校徽。紫白是南开校色（紫色意取"紫气东来"），正是这枚紫白校徽，使学生们念念不忘自己是南开人。

张彭春不止一次勉励学生，并着重把孟子的"天将降大任于斯人也，必先苦其心志，劳其筋骨，饿其体肤，空乏其身，行拂乱其所为，所以动心忍性，增益其所不能……"一章，向学生们反复讲解，要求他们熟读硬背，身体力行。

在发生突如其来的灾难面前，南开一切井然有序。全体师生经受住一次严峻考验。

这年冬天，张伯苓回国。张彭春向哥哥作了汇报，并将校长一职交回。张伯苓对他的工作十分满意。

暂别南开的岁月

南开大学建成于1919年。在创办大学部的工作中，张彭春立下了汗马功劳。早在1916年他刚回国时，便被校方委任为专门部主任。他满怀雄心壮志，一上任就提议创办大学部，以满足国家与社会的需要。这同张伯苓、严范孙的设想不谋而合。接着，他进一步提出办大学的具体建议，包括办学目标、学制和课程安置。随后被任命为南开大学筹备课主任，主持筹备工作，由他起草了一份《南开大学计划书》。

眼看南开大学已在母腹中孕育成熟，马上就要呱呱落地，张伯苓深感欣慰。为了承担未来更高要求的教学任务，他资助弟弟再次出国深造。张彭春于1919年进入哥伦比亚大学攻读博士学位，是杜威的得意门生。

在美国期间,张彭春结识了一位品学兼优的中国女留学生蔡秀珠,1921年他俩结为终身伴侣。翌年4月,张彭春的博士论文《从教育入手使中国现代化》通过。6月,长女明珉出生。由于回国心切,张彭春夫妇抱着襁褓中刚刚满月的女儿就启程了。在漫长而艰辛的旅途中,婴儿突然发起高烧,但在当时没有条件治疗。回国后再去求医,才得知孩子患的是脑膜炎,因未能及时医治,已经留下后遗症,可怜的小女儿从此落下终身残疾。这令年轻的父母终生都感到深深的内疚与痛心。

张彭春与夫人蔡秀珠结婚照,1921年于纽约

1923年9月,张彭春受清华学堂的诚聘出任清华教务长。同年11月,他的次女在北平诞生。女婴健康可爱,让张彭春夫妇欣喜万分。为弥补当初没照顾好长女,他们对这个新的小生命百般呵护,并要给她起一个最美丽、最动听的名字。张彭春一向崇拜印度大诗人泰戈尔,喜爱他的诗歌。因泰戈尔著有诗集《新月集》,张彭春便给女儿取名"新月"。此时,他正同胡适、徐志摩、梁实秋、陈源(西滢)等文友筹备组织文学社,社名尚未确定。他便把"新月"二字推荐给朋友们,大家欣然接受,于是就产生了"新月社",后来又出版了《新月》月刊。在我国现代文学史上曾盛极一时、影响颇大的"新月派"就是这样得名的。

第二年4月,诗歌泰斗泰戈尔访华,5月8日在北平度过他64岁生日。"新月社"为给老诗人祝寿,特地用英语排演他的诗剧《齐德拉》,邀请张彭春执导,由林徽因、徐志摩分别扮演剧中的主要人物。

"九先生排戏——受不了!"

久违南开的九先生从清华辞职回到母校已经是1926年。从这个时候起,他任中学部主任,兼大学部教授,在哲学教育系讲授他的本行,在英国文学系讲授他拿手的"西洋戏剧"。他的英语说得很帅,而且对易卜生、莫里哀等戏剧大师都曾进行过深入研究,因此讲得绘声绘色,娓娓动听,受到学生们的热烈欢迎。

课余,张彭春依然为南开新剧团倾注心血,担任领导和导演工作。他把易卜生的《国民公敌》、《娜拉》,莫里哀的《悭吝人》、王尔德的《少奶奶的扇子》(原名《温德米尔夫人的扇子》)和契诃夫的《求婚》等具有民主思想的世界名剧,搬上了南开舞台。

排演《娜拉》时,确定了演员之后,张导首先同演职员分析研究剧本和剧作家,也就是如今所说的"案头工作",在黑板上挂一个自制的"易卜生生平创作年表",对这位大师作专题讲座。

排戏时,九先生要求极其严格,可谓一丝不苟。他总让演员一遍一遍地排练:

"不行,没戏!再来五遍!"

反复排演把演员们折腾得疲惫不堪,背地里发牢骚,咒骂导演太无情。在学生中流行一句歇后语:"九先生排戏——受不了!"

严厉的导演要求演员在出场前就酝酿好情绪,这叫"带情绪上场"。

他还有一条原则:教演员在舞台上生活,而不是在舞台上作戏。

每排一出戏,九先生都呕心沥血。他从不用场记,在排演前的晚上全记在脑子里了。

为推敲台词和动作以及细节的处理,在排演场上,张彭春经常停下来。他停止的标志是挥一下手,然后习惯地用手拍自己的宽大脑门,闭上眼,"嗯,嗯"出声地思索。演员们静静地等候,直到导演一声"开始",又马上继续排演。

学生们在背后最喜欢模仿张导独特的举止言行,尤其爱学他闭着眼睛"嗯,嗯"地思考,以及拍打大脑门的动作。

可是张彭春也不能总是一个人说了算。遇到一些和他同样认真的教师演员,往往会提出不同意见。几个人争得面红耳赤,激动地指着对方说:"谁错了,谁请大伙儿到'全聚德'吃烤鸭!"

学生演员们便在一旁起哄道:"好啊,好啊,就今晚去!"

得意门生万家宝

在张彭春的领导下，南开新剧团培养了一批优秀人才，其中最著名的当属万家宝。万家宝就是30年代中期已被文坛誉为"摄魂者"的著名剧作家曹禺的原名。万家宝生于天津，12岁进入南开，最早崭露头角是一次在大礼堂演出京剧《南天门》时扮演曹福。后来他参加了南开新剧团，成为骨干演员。在男女不能同台演戏的时代，多由他反串女角。万家宝在南开新剧团这个艺术摇篮里度过愉快的六年，提高了艺术修养，开阔了眼界，并确定自己一生的道路——献身戏剧。

张彭春指导万家宝（曹禺）演《财狂》，1935年

万家宝平日沉默寡言，在剧团里并不引人注目。可是一演戏，一进入角色，就像变了一个人。张彭春发现这是个好演员，排演《国民公敌》时让他扮演女主角。后来排《娜拉》，张彭春再次把扮演女主角娜拉的重任交给他。《娜拉》是一出很难演的戏，没有起伏跌宕的戏剧情节，戏的中心围绕着女主人公娜拉的内心活动来展开，全剧演出成功与否完全靠这个人物的表演。万家宝没让导演失望，他把娜拉演活了，精彩到了乱真的地步。人们不能设想，台上那个风姿绰约的西方女郎竟是由一名中国小伙子扮演的！万家宝的娜拉不仅形似，而且神似，他把女主人公对自由与幸福的热切追求表现得淋漓尽致。由于演员的精湛演技，使得这个剧在社会上引起巨大轰动。"娜拉出走以后会怎么样？"——成了当时的热门话题。

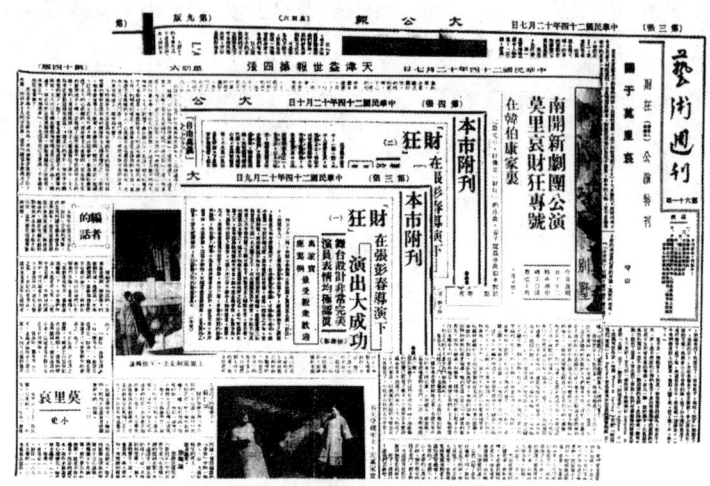

《大公报》、《益世报》报道张彭春导演《财狂》，1935年

万家宝的出众才华折服了观众，更使他的老师欣喜万分。九先生总是让他扮演主要角色。在排演场上，万家宝的艺术天赋有时令老师也感到意外。这时，以严格著称的张导便会激动地紧紧拥抱这个得意学生。

张彭春已经预见到万家宝前途无量，便将自己珍藏的一套英文版《易卜生全集》送给了这个学生。万家宝成名后说，易卜生是现代戏剧之父，对自己的一生创作影响极大，为此他十分感激张彭春先生。

离开南开，万家宝插班考入清华大学西洋文学系，1933年毕业，翌年那部震惊文坛的处女作《雷雨》问世。以后万家宝到天津河北女子师范学院外文系任教，多次回母校参加演出。1934年为庆祝南开中学建校三十周年，在新落成的瑞廷礼堂，张彭春和万家宝携手合作，重演《新村正》，并邀请林徽因任舞台设计……所有这些都使得校庆日锦上添花。

第二年,南开新剧团演出《财狂》(即《悭吝人》),万家宝再次返回南开舞台,在九先生执导下,扮演主角老吝啬鬼,真是把这个人物演绝了。此次演出轰动了华北文艺界,天津的《大公报》出了特刊,《益世报》出了专号。著名作家郑振铎、巴金、靳以等专程从北京赶来观看。

南开中学瑞廷礼堂于 **1934** 年落成,被誉为"中国话剧第一舞台"

1936 年,已是著名剧作家的曹禺在《雷雨》的序中深情地写道:"我将这本戏献给我的导师张彭春先生,他是第一个启发我接近戏剧的人。"

九先生的"点子"

九先生很受学生爱戴,他同他的哥哥张伯苓一样,也是个绝顶聪明的人,总有一肚子使不完的"点子"。

1927 年,排演《国民公敌》时,张彭春忽然接到直隶(河北)督办、奉系军阀褚玉璞发来禁演的命令。原来此人土匪出身,野蛮愚昧。他听说南开排演了一个姓易的人所写叫《国民公敌》的戏,一听剧名便一口咬定这个剧是攻击他的——他纯粹作贼心虚,自认是"国民公敌"!看到这纸命令,大家觉得既可气又好笑,但也无可奈何,只得停排。可是张彭春却始终不甘心就此放弃排演这出戏。转年 3 月是易卜生诞辰一百周年,张彭春十分渴望演出此剧,以纪念这位近代戏剧之父。于是他开动脑筋,把剧名改为《刚愎的医生》,这样,就顺顺当当地演出了。事后他开玩笑说:"当然,改剧名并未经过作者同意。"

万家宝(曹禺)演《财狂》(中坐者),1935年

这件事让大家都长了不少见识:原来剧名是大有学问的啊!

张彭春任中学部主任时,一天下午,通知全体学生到大礼堂去。学生们以为又是张伯苓校长要讲话啦。可是那天张校长没来,只见九先生拿着一张唱片,讲台上放着一个留声机,大家猜不透今天要开什么会。当全体学生坐好后,九先生开口了:"今天请大家来听一支歌,歌名叫《伏尔加船夫曲》,是由当今世界最优秀的俄罗斯男低音歌唱家夏里亚宾演唱的。"

然后他简略地介绍了船夫们唱歌时的自然背景,把学生们带到歌曲的境界中去。这时全场鸦雀无声,留声机开动了,歌声由远而近……听众仿佛看见波涛汹涌的伏尔加河,载着沉重货物的船只和那些步履艰难的纤夫。纤夫们唱着悲壮的歌儿来了,来到人们面前,然后又拖着货船吃力地走了,渐渐远去。他们的背影越来越模糊,歌声也越来越微弱,最后终于完全听不见了。唱片播放完毕,九先生宣布散会,可是许多学生都没有动,他们还痴痴地陶醉在夏里亚宾的歌声里呢。

九先生善于运用这种生动活泼的方式,引导学生进行美育教育。

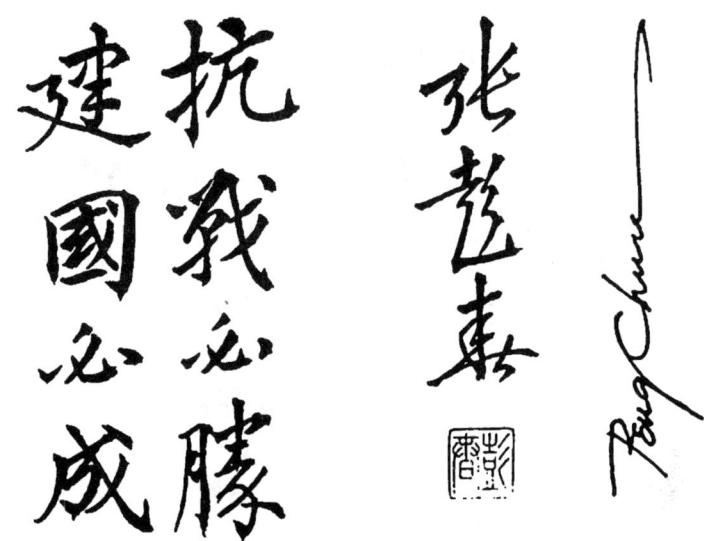

张彭春墨宝

《少奶奶的扇子》一剧由南开大学女同学会演出,特请张彭春执导。一次在南开中学礼堂彩排时,有些演员还没到出场时间,便在后台说话,声音稍微大了点,九先生听见了很生气,厉声训斥。吓得女学生们大气都不敢出,第一次领教到九先生的严厉。彩排结束,已经过了午夜,九先生派人到校外买来刚出炉的热腾腾的烧饼让大家吃,然后雇车送她们回大学部。此时的九先生又显得那么慈祥和可亲,让女孩子们感到十分温暖与亲切。

1932年,张彭春曾经赴苏联考察教育,同时参观了莫斯科的梅耶荷德剧院,和富有创新精神的苏联著名导演梅耶荷德进行了艺术切磋,收获很大。梅耶荷德在上演诗人马雅可夫斯基的诗剧《宗教滑稽剧》时不落大幕,取代舞台布景的是一个象征地球的大地球仪,舞台与观众席连成了一片,演员与观众之间的关系具有了最大限度的自由。这位标新立异的戏剧家信奉贝多芬的名言:"为了更高的美,没有一个规律是不可打破的。"

回国后,张彭春导戏时,在幕与幕之间也不用大幕,而是通过灯光的明暗来显示。显然,这是受了梅耶荷德的影响。

让中国京剧走向世界

在张彭春的艺术生涯里还有两件大事,那就是1930年梅兰芳在美国演出,他任剧团顾问兼总导演;另一次是1935年梅兰芳访苏演出,他再次出任顾问兼总导演。

1930年张彭春赴美讲学,路过华盛顿。正巧梅兰芳在中国使馆举行演出招待会,剧目是《晴雯撕扇》。张彭春被邀去看戏。演出结束,他到后台看望演员,梅兰芳问他:"今天的戏美国人看得懂吗?"

"不好看懂,"张彭春回答得很坦率,"这故事发生在端午节,外国没这个节日,由此发生的细节,外国人不易理解。"

梅兰芳一听急了,抓住他的手说:"张先生,请你帮我选剧目。我若失败,中国文艺界也不光彩。"

张彭春让梅兰芳给张伯苓打电报征求意见,张伯苓复电同意张彭春参加梅剧团的工作。于是他任剧团总导演,并负责挑选剧目,撰写文章,向美国观众介绍中国的传统戏剧。

最初,美国观众因听不懂戏词,中途退场的现象屡有发生。张彭春见此情景便想出一个办法:每场开演之前,他身穿礼服出现在舞台上,用流畅的英语向观众讲解中国戏曲的特点,并对即将演出的剧目内容作一简明介绍,最后强调道:"中国京剧是古典戏剧的精华,只有文化水平高、又有修养的观众才能欣赏,修养低的人则不能理解,所以他们难以久坐。"

经他这么一讲,观众不但对剧情有所了解,而且又都愿做个"有修养"的观众,所以演出效果极好,场内鸦雀无声,再没有人中途退场了。散场时征求观众意见,人们都异口同声地说:"很好,很好,好极啦!""我们喜欢中国京剧!"

局面一下子就被这位长着聪明大脑袋的张九先生扭转了过来。

当时正值美国经济萧条时期,但是绚丽多彩的中国京剧仍然博得美国观众的青睐,两周的戏票在三天之内被预售一空。在纽约最后一场演出闭幕时,观众恋恋不舍离去,要求同梅兰芳握手。人们排起长队逐个同梅兰芳握手,好长时间不见结束,原来有人又第二次排队……

梅剧团在美国各城市演出获得极大成功,梅兰芳也荣获美国两所大学授予的名誉文学博士学位。梅剧团此次访美演出,把中国京剧的地位提到了一个新的高度,引起世界瞩目,这些都与张彭春的协助是分不开的。

作为剧团的顾问兼总导演,张彭春既对中国京剧进行大胆的革新尝试,如废除检场制度,净化舞台,不能为开打而开打,改良剧本,力求精炼集中,减少纯交代性的场次等。同时,他又从中国传统戏剧中为刚自欧美移植过来的年轻的话剧汲取了丰富营养。张彭春在京剧与话剧之间架起了一座桥梁。

张彭春(前右一)陪同梅兰芳(前左一)赴美演出时,后左一为齐如山,1930年

三大演剧体系的盛会

张彭春与梅兰芳的愉快合作,使梅兰芳永志不忘。所以当1935年苏联政府邀请梅剧团以国宾身份赴苏演出时,梅兰芳再次聘请张彭春出任顾问兼总导演。当时梅剧团里有个武生演员,觉得张彭春是搞话剧的,对让他来当京剧导演有点不服气,排戏时便故意"泡"。张彭春耐心地一遍一遍教。最后那个演员心悦诚服,说:"敢情张先生还真有两下子!"

别人笑道:"你这才知道?连梅大爷都得听他的!"

当梅兰芳剧团抵达莫斯科时,苏联政府已成立了一个由戏剧家斯坦尼斯拉夫斯基、丹钦柯、梅耶荷德和电影导演爱森斯坦等文艺界知名人士组成的"梅兰芳招待委员会",热情迎候梅兰芳一行。

梅兰芳在莫斯科和列宁格勒举行了为期三周的演出,获得极大成功。中国京剧艺术征服了广大苏联观众,演出盛况不亚于梅剧团1930年在美国。

张彭春(后右)陪同梅兰芳(前中)赴苏演出时,梅兰芳与苏联著名导演梅耶荷德(前右)切磋技艺,1935年于莫斯科

观看了梅兰芳的演出,苏联艺术家们举行座谈,交流经验。而其中张彭春的老朋友梅耶荷德显得欣喜若狂,在会上激动地说:"俄罗斯的戏剧受欧洲国家的影响,走上了自然主义的道路。在舞台上讲究同真实生活一样,如同照相,失去了生气。梅兰芳先生的《打渔杀家》,没有任何布景,父女俩划着双桨,表现了江上风光,使观众在想象中感受到江上生活的诗意。这种手法十分高明,我非常钦佩!……梅博士的面部表情,特别是善于用眼神来表达人物的内心活动,令人叹服!梅先生的手势可真叫绝,让我们这些语言不通的外国观众也能理解剧中人的思想感情,这是咱们应当用心学的地方。看了梅先生的手势,我觉得我们一些演员的手应该砍掉!"

梅耶荷德一语道出了中国京剧的精髓,因为京剧的写意性正符合他的艺术追求。

此时,那位因反纳粹政权而流亡苏联的德国戏剧家布莱希特也正在莫斯科。斯坦尼斯拉夫斯基、布莱希特和梅兰芳,是三个不同艺术流派的代表,被称之为"世界三大演剧体系"。三大演剧体系代表人物的聚会,成了近代戏剧史的盛事。张彭春能同大师们荟萃一堂,感到三生有幸,也得到很大收益。

访苏演出,梅兰芳不仅获得极大荣誉,而且促成了他艺术的一次飞跃。为答谢张彭春和南开对他的支持与帮助,第二年金秋季节,梅兰芳专程赴津,到南开中学拜会张氏二兄弟。

张彭春全家与柳无忌全家。右起张彭春、柳无忌、柳夫人、柳之女、张夫人蔡秀珠、张次女张新月、新月之夫、张之长媳、张之次子、张长女张明珉、张之次媳、张之长子,1956 年于纽约

苏联之行,使得张彭春的艺术观提到了一个新的高度。斯坦尼斯拉夫斯基体系和梅耶荷德的艺术观点,在当时被苏联官方视为两种相对立的流派,被分别冠以"现实主义"和"形式主义"。而张彭春并不受权威观点的影响。他既吸取斯坦尼斯拉夫斯基重视内心体验的精华,又重视梅耶荷德注重形体训练的经验,并潜心研究中国传统戏剧的艺术特色,追求神似而不满足于形似。总之,他从不拘泥于一家,而是广采博闻,兼容并蓄,从而形成自己独特的导演手法。

为实现祖国现代化奉献一生

早在"九·一八事变"后,张伯苓就深知南开这个爱国堡垒已经引起日本人的仇恨,因此想学校应在大后方有个回旋的余地。他就此问题同弟弟商讨,并派弟弟到西南各省调查。几个月后,张彭春回校报告各地情况,认为重庆是建立分校的最佳地点。张伯苓听取了他的意见,亲自去重庆,1936年重庆南开中学建成。抗日战争爆发,天津南开各部的校舍全都遭日寇炸毁,大学部根据政府指示南下长沙,与清华、北大组成临时大学,后迁昆明改名"西南联合大学"。中学部师生则历尽艰辛来到重庆——南开生命从而得以延续。大家对张校长和九先生当年创办分校的远见卓识,又是敬佩,又是感激。

张彭春任联合国人权委员会副主席时,1948年于日内瓦

抗战期间,张彭春应政府聘任到英美等国宣传抗日,1940年调入外交部,出任驻外使节,从此离开南开。1946年张彭春作为中国代表参加联合国大会,1947年任联合国安全理事会中国代表,1948年任联合国人权委员会副主席,参加起草《世界人权宣言》。

自从进入外交界,张彭春便中断了教学生涯以及情有独钟的戏剧生涯。但是他对戏剧不能忘怀,也无法忘怀,总有一种按捺不住的激情。1945年抗战胜利后,他回国度假,在重庆南开中学重排了自己20年代的杰作《娜拉》,作为庆祝南开校庆的献礼。这次重排让他又过了一把导演瘾。也正是那次重排,成了这位"中国第一导"的最后一次执导。从此他的戏剧活动便永远地划上了一个句号,一个非常圆满的句号。

晚年,张九先生在纽约过着悠闲的退休生活,高兴起来也哼几句"梅派",并以文学、音乐为消遣。他收藏了大量的西洋古典音乐唱片,经常陶醉在贝多芬、肖邦、柴可夫斯基等大师的音乐王国中,流连忘返。有时他也教南开校友的子弟读唐诗。一次,他在纽约某电视台讲授中国音乐,引用了白居易的《琵琶行》中的句子:

> 大弦嘈嘈如急雨,小弦切切如私语。
> 嘈嘈切切错杂弹,大珠小珠落玉盘。

他将诗译成了英文,来形容琵琶的声音。

总之,九先生的晚年生活丰富多彩,唯一缺憾是再没机会去导戏了。

1957年7月19日,张彭春因心脏病突发,溘然长逝。一代才子,65岁谢世,显然过早,令人深感痛惜。

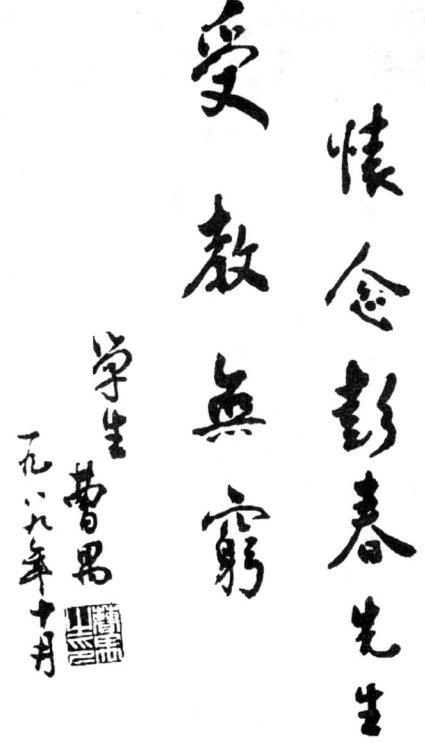

曹禺题词怀念老师张彭春

逝世前,他在回忆自己的人生经历时说道:"个人三十多年来,有时致力于教育,有时从事外交,也有时研究戏剧。表面看来似乎所务太广,其实一切活动都有一贯的中心兴趣,就是现代化,也就是中国怎么才能现代化。"

张彭春对自己的一生总结得恰到好处。他是那个时代的一位忧国忧民的知识分子,为实现祖国的现代化,他通过教育、戏剧和外交等多种活动,奉献出毕生的精力与才智。

张彭春与张伯苓,1946年夏于纽约

党的十一届三中全会以前,在南开,连大名鼎鼎的张伯苓校长的名字都不再提了,那么这位曾出任过国民党政府外交官的张彭春,自然就更加默默无闻,人们对他讳莫如深。

经历了将近半个世纪的岁月沧桑,这位南开才子终于得到了公正评价。他一生的全部业绩,也终于赢得了本该早就应赢得的肯定与赞誉。

载《名人传记》2007年第11期

张彭春家人同张伯苓合影,1946 年于纽约

"新月派"名称的由来

——张彭春与"新月派"

"新月派"是我国上个世纪20至30年代盛极一时、影响颇大的一个文学流派。它为什么叫"新月"？这两个字是怎么来的呢？根据史料得知其命名者原来是我国著名文化名人、南开大学教授张彭春先生(1892—1957)。

张彭春(字仲述)是南开校长张伯苓的胞弟。1904年张伯苓和严范孙创建了私立中学堂(南开学校前身)，张彭春成为该校第一届学生。1910年，他考取了清华第二届"庚款"留学生，同胡适、竺可桢、赵元任等人一起赴美留学。他在克拉克大学攻读教育学和哲学，课余的兴趣是研究戏剧，1915年获哥伦比亚大学文学硕士及教育学硕士学位。

1916年夏天，才华横溢，风度翩翩的张彭春学成归国，回到南开任教。当时南开的新剧(即话剧)活动正蓬勃开展。由于张彭春擅长戏剧早就已经名声在外，所以一回到母校便受热烈欢迎，立即被推选为新剧团副团长。

1919年南开大学创立。为了适应未来更高的教学要求，张彭春再次赴美深造，进入哥伦比亚大学研究院攻读博士学位，师从著名教育家杜威。

在美国期间，张彭春结识了一位品学兼优的中国女留学生蔡秀珠，两人由相识到相恋。1921年5月，他们在纽约举行了婚礼。1922年4月，张彭春的论文《从教育入手使中国现代化》通过了教育学博士学位。6月，长女明珉出生。

由于回国心切，张彭春夫妇抱着襁褓中刚刚满月的女儿就启程了。

旅途漫长而艰辛：经欧洲、阿拉伯半岛、印度洋、新加坡、香港和上海，最后抵达天津。途中，年轻的母亲严重晕船，无法照料婴儿。此时婴儿突然发高烧，但是在旅途中没有条件治疗。回到天津后再去求医，才得知女儿染上了当时欧洲正流行的脑膜炎。因为未能及时医治，已经留下了后遗症。可怜的小女儿从此便落下终身残疾，这令初为人父母的张彭春夫妇深深感到痛心与内疚。

1923年9月，张彭春受清华学堂的诚聘，携带妻子女儿迁居北平，任清华教务长。同年11月，他的次女诞生。女婴健康可爱，令夫妇俩欣喜万分。为弥补当初没照顾好长女，他们对这个新的小生命百般呵护，并要给她起一个最美丽、最动听的名字。张彭春一向崇拜印度诗歌泰斗泰戈尔，热爱他的诗歌。因泰戈尔著有诗集《新月集》，所以张彭春为二女儿取名"新月"，英文名为"露丝"。

就在这一时期，张彭春正同胡适、徐志摩、梁实秋、陈源（西滢）等文友筹备组织文学社，社名尚未确定。张彭春便把"新月"二字推荐给朋友们，大家欣然接受，于是就产生了"新月社"。

"新月社"最初以小型聚会形式出现，后发展成俱乐部形式举办活动。1924年4月，泰戈尔访华，5月8日在北平度过他的64岁生日。"新月社"为给老诗人祝寿，特地用英语排演他的著名诗剧《齐德拉》，邀请张彭春担任导演，由林徽因、徐志摩分别扮演剧中的主要人物，布景绘制者则是梁思成。5月8日、10日分别演出两场，鲁迅、梅兰芳等文艺界名人前来观看。演出结束，徐志摩满怀深情地说道："我们几个朋友只是一般的空热心，真在行人可说是绝无仅有——只有张仲述一个……"

1925年10月至1926年9月，徐志摩主编北京《晨报》副刊，出版"诗刊"和"剧刊"，成为"新月派"的一个主要文化传播阵地，影响了新诗艺术的发展。1926年秋天，北伐战争进入高潮，"新月社"成员或南下，或出国，俱乐部活动遂告终止。

1926年6月，张彭春也从清华大学辞职回到南开，任中学部主任兼大学部教授，在哲学教育系讲授他的本行，英国文学系创立后在该系讲授他拿手的"西洋戏剧"。

张彭春虽然没有参加"新月社",但同"新月社"的主将徐志摩、胡适等人都是非常要好的朋友,与徐志摩更是亲密无间。到了1926年2月,徐志摩此时已同陆小曼热恋,他来天津到南开拜访张氏兄弟。一天,徐志摩忽然要找纸和笔写信,张伯苓便问道:"给谁写信呀?"

　　徐志摩答曰:"不相干的人。"

　　张彭春却在一旁笑着说:"顶相干的呢!"

　　由此可见张彭春与徐志摩两人间关系之不一般。

　　这年秋天,徐志摩准备同陆小曼举行婚礼,特地去邀请他的老师梁启超做证婚人,却遭到了老师的拒绝。张彭春和胡适两个人便一块儿去找梁启超为徐志摩说情。最后梁启超总算答应了,不过条件是必须让他在婚礼上对徐志摩行"训斥礼"。果真,在结婚仪式上,在大庭广众下,梁启超声色俱厉地训斥新郎官道:"你这个人用情不专,以致离婚再娶,以后务要痛改前非,重作新人!"梁启超这一"训斥礼"已经成为现代文学史上的一段佳话。

　　1927年,"新月社"主要成员胡适、徐志摩、余上沅等在上海重聚,这是北平"新月派"活动的南移和重振。那年7月1日他们创办了"新月书店",作为出版"新月派"成员作品的一个基地。1928年3月10日《新月》月刊正式发刊,徐志摩和"新月派"的事业蒸蒸日上。这年张彭春邀请徐志摩到南开大学讲演,12月25日晚,徐志摩来校畅谈了自己近日游历英、美、日和印度诸国的观感。讲演结束,南开新剧团演出话剧《亲爱的丈夫》,作为对贵客的欢迎与感谢。

　　张彭春曾经委托徐志摩为南开大学图书馆购买"新月书店"出版的"诗歌"与"戏剧"类书籍。到1929年年底已买到一百多种,其余的还在陆续购置中。张彭春计划将这些图书摆放在一个专门的书架上,作为"诗剧丛书"陈列于图书馆内供师生们参考,或为研究戏剧之用。

　　然而非常不幸的是,他们之间的交往与友谊因1931年11月19日徐志摩遭遇空难英年早逝而戛然中断。天才诗人的猝然离世迫使《新月》于1933年停刊,"新月派"的最后一个活动基地"新月书店"也难以维持,只得转让给商务印书馆,1933年9月23日由胡适于"让与合同"上签字。从此"新月社"宣告解散,在我国文坛上一度名声显赫的"新月派",就这样结束了它十年的活动历史。

抗日战争爆发,张彭春奉命到英美等国宣传抗日。他于1940调入外交部,出任驻外使节,10月携带妻子和两个儿子出任土耳其公使,两个女儿则留在国内寄居于上海的亲戚家中。1946年,他作为中国代表参加联合国大会,1947年任联合国安全理事会中国代表,1948年任联合国人权委员会副主席,参加起草《世界人权宣言》。

1946年4月,张伯苓到美国治病,张彭春的次女新月便随伯父一起赴美,与家人团聚。她在美国继续求学,后获化学博士学位。1948年,张彭春的长女明珉也被送到了美国,从此全家在纽约团聚。

如今耄耋之年的张新月女士定居于美国加州圣河西市,退休前先后执教于美国多所大学。上个世纪90年代,为纪念张彭春先生诞辰一百周年,她曾经策划、出资出版了一部纪念册,书名为《话剧在北方奠基人之一——张彭春》,由中国戏剧出版社1995年出版。张新月亲自整理、编写了《张彭春年表》,在年表中讲述了自己的命名由来,以及"新月社"的命名经过,并强调指出:"外传先有'新月社',不确。"

载《天津日报》2005年12月25日
载《中华读书报》2008年8月6日

注:本文在《天津日报》首次刊登时,部分内容被删,因此只得投往《中华读书报》重新发表。

纯真学者,正直君子

——记杨石先校长

1

在南开大学的敬业广场上,树立着一尊前校长杨石先(1897—1985)的汉白玉雕像,他那深邃的目光凝视着前方……

南开大学敬业广场上的杨石先塑像

杨石先这个名字深深镌刻在南开人的心中。今年是他诞辰一百一十周年,大家怀着无限敬意和满腔深情回忆这位化学界的泰斗、教育界的一代宗师。

南开园里盛传着南开大学有5位"先贤",他们分别是:严范孙、张伯苓、杨石先、黄钰生和吴大任。杨石先为"南开五贤"之一。的确,他是南开继张伯苓校长之后在任时间最长、威望最高的一位校长。他历尽艰辛，苦心孤诣地支撑着南开三十多个春秋，经历了两次重大历史转折时刻——天津解放；"文革"和改革开放。世人知中国者皆知南开，知南开者皆知杨石先。杨石先已成为张伯苓后南开大学的化身。

2

杨石先生于浙江杭州，早年在清华学校就读，曾赴美留学攻读应用化学学科，1923年回国应邀到南开大学任教。以后他又两次赴美深造，归国后始终执教于南开，并一度在中学部兼课。

杨石先授课出色是全校闻名的。他口齿清晰，语言简练，重点突出，并富有启发性。青年时代的杨石先英俊潇洒，风度翩翩。他十分重视自己的仪表，总是穿着整齐笔挺的西装走进教室。他的那件西装背心口袋里装着一只带金链的怀表，腕上戴着一只手表。为掌握授课时间，他有时看怀表，有时看手表，有时又拿出另一只怀表放在讲台上……杨先生身带三只表，在学生当中一时传为美谈，而先生如此严格遵守时间的作风又令学生们赞叹不已。

杨石先（1897—1985）

杨先生教学以严著称，每学年第一次上课，便同学生约法三章：女生坐在教室前两排，男生坐在后面，座位编上号，每人座位固定不得更换；迟到十分钟者不准进入教室，以旷课论处。

在南开中学上课时，杨先生根据中学生的特点，常常结合授课内容讲些小故事，使化学课变得生动有趣，贴近生活。在讲人造纤维时，他说，从前欧洲只有羊毛，没有棉花，有人到中国来，回去说："中国的羊

杨石先青年时代

毛是长在树上的。"讲到铬元素时,他拿出自己的怀表说,表是镀铬的,所以能防锈。一次考试,全班都没考好,杨先生很生气,批评了大家,问学生们为什么没考好?一个学生回答:"我们对先生都很害怕。"严肃的杨先生也忍不住笑了。

3

1948年杨石先就任教务长。张伯苓在蒋介石的一再敦请下最终出任考试院院长,被免去南开校长一职。南京政府任命南开经济研究所所长何廉为代理校长,而何廉上任仅仅两个月即离校。杨石先在极其艰难的条件下代理南开大学校长职务。

天津解放,刘少奇来天津召集各界人士谈话,提出对知识分子的要求和希望。杨石先没料到自己被作为教育界代表参加第一届全国政协会议,见到毛泽东、周恩来,10月1日出席开国大典,这对他是个极其巨大的鼓舞。1952年他被中央人民政府任命为南开大学副校长(正校长空缺),1957年任校长,直至1985年逝世仍为名誉校长。

杨石先(右)于美国耶鲁大学获博士学位,1931年5月

杨石先初任校长时,有位教师因事要找校长,给校长办公室打电话问道:"杨校长在吗?"对方答曰:"杨石先在听电话。"这种接电话的方式既有礼貌,又认真负责,足以表现出杨校长的独特个性。

杨校长在日常工作中经常主持各种会议,他的发言向来简明扼要。即使每学年在马蹄湖畔的大礼堂举行开学典礼时,杨校长的讲话一般也都是十五分钟便结束,充分体现了一位真正科学家的严谨风范。

作为一名在旧中国成长的老知识分子,解放后杨石先追求进步,1960年加入中国共产党。当他遇到一些重大问题时,敢于坚持真理,提出不同意见。面对当时一些左的做法,例如,高校公共外语课一律用俄语取代英语,他便指出这是非常狭隘的,将来必然会给科学发展造成危害;对高校忽视质量一味盲目追求数量,他也深表忧虑。至于全盘苏化、院系调整等等,他都有自己的看法,曾向中央和高教部反映。那时教育界有一种说法——"高校要以教学为主",杨石先反对这种观点,认为高校应是"教学、科研两个中心"。

"文革"初期,杨石先得到周总理的保护,没被触动。但后来还是受到冲击,在校内电影广场开批斗他的大会。而他正气凛然,无私无畏。动乱结束,面对百废待兴的局面,年逾八旬的老校长又担负起拨乱反正、治理整顿学校的重任。

4

杨石先是中国农药化学和元素有机化学的奠基人和开拓者,在全国化学界享有无人能替代的崇高声誉。

杨石先(左三)与黄钰生(右四)、陈序经(右二)、
方显庭(右三)等人合影,1937年10月于长沙临时大学

1958年,杨石先带领化学系师生办起"敌百虫"、"马拉硫磷"两个农药车间。毛泽东主席来南开大学视察,给予很高评价。1962年,受

周总理委托,杨石先在中国高等院校建立起第一个化学研究机构——南开大学元素有机化学研究所,使高校既是教学中心又是科研中心的设想变成了现实。他亲自担任第一任所长,组织开展有机氟、有机硅、有机硼、金属有机化学等新领域的研究工作,填补了我国化学学科中一个又一个空白。在他的率领下,成功研制出除草剂、杀菌剂和杀虫剂等十多种新农药,为国家作出重大贡献。

杨石先培育了几代优秀科技人才,他的学生中就有十五人后来成为院士。他始终鼓励年轻人要敢于超越老一辈科学家,一再强调发扬"人梯"精神,因为只有这样才能使我国的科技事业兴旺发达,向世界先进水平迈进。

杨石先(右二)与陈序经(左一)、李卓敏(右一)、方显庭(左二)合影,1938年10月于昆明西南联大

他一贯善于发现人才,并十分爱惜人才。40年代,他见学生陈天池不仅业务好,思想品德好,而且还有很强的组织能力,就送他出国深造。1950年,陈天池回国后立即成为杨石先的得力助手,南开大学元素有机研究所成立后担任副所长,是杨石先的左膀右臂。然而"文革"期间,陈天池被迫害致死。杨石先得知后,拍案顿足,老泪纵横,大声谴责道:"毁灭人才呀!"相比之下,同他相濡以沫数十载、始终支持他事业的夫人病逝时,他能强忍悲痛,没有掉泪,可见他是多么珍惜人才!

5

杨石先看似严肃，不苟言笑，但接触之后才发现他十分和蔼可亲，平易近人。在他身边工作的人，他的学生们对此都有深刻体会。一位优秀骨干教师被打成了"右派"，并被判处管制三年，没人再敢同他来往，他的妻子瘫痪在床，儿子又突然英年早逝……此时他犹如在沙漠一片的人生之路上踽踽独行。但杨校长不仅没有歧视他，反而十分关怀他，让夫人去他家看望，又出资帮助这个不幸的家庭办理了儿子的后事，使得那位教师在极度绝望中感受到人间尚有真情在，从而增强了求生的勇气。

"文革"后期，为完成一个天津市重点科研项目，年迈的杨老亲自支持该项目的研究。那是一个十分严寒的冬天，元素所资料室的暖气供应不上，室温很低，老先生穿着皮大衣和皮靴坐在那里查阅和抄录资料。当他把做好的几十张资料卡片亲自上楼送到这个科研小组成员的手中，人们不禁被老校长的敬业精神所深深感动。

1979年，学校要在校园内马蹄湖中心岛上建立周总理纪念碑，碑文已由杨校长拟定。而杨校长虚怀若谷，将碑文稿请中文系资深老教授邢公畹斟酌。邢先生看了后认为这是大家手笔，只是最后一段可略加润色。杨校长最后定稿时，就采用了邢先生的修改稿。

早年曾经在南开任教的著名学者柳无忌称赞杨石先是"纯真的学者，正直的君子"。这句话十分恰当地概括了杨石先校长。

6

这位大科学家具有很高的中外文学修养，并且非常热爱生活。他的寓所坐落在南开园东村43号。东村是校内最具田园情趣的住宅区，那里一片别墅式的宅院。整个小区绿荫掩映，清香袭人，在熙熙攘攘的校园里像个世外桃源。杨校长闲暇时喜欢栽花植树，他家门前的院落成了一个花团锦簇的"月季园"，一朵朵绚丽多姿的鲜花争奇斗艳。他家离当时的职工食堂很近，教师们每天去吃饭的时候都要经过杨校长的小花园，那些美丽的花卉便会挽住大家的脚步。

80年代,时任副校长的吴大任搬到了杨校长的毗邻——东村44号。吴大任夫妇看着杨校长那个美丽花园,也将自己的院落营造得充满生机,充满诗意。人们在驻足观赏两座小花园时,都被两位校长的高雅情趣所感染。杨校长逝世后,他的后代将自家的"月季园"仍然打扮成校内的一道亮丽风景。

载《天津日报》2007年2月26日

杨石先(二排中)欢迎周恩来总理陪同波兰总理访问南开大学,1957年4月

毛泽东主席视察南开大学时听取杨石先的汇报,1958年8月13日

杨石先与元素所副所长陈天池(左)研究工作,1962年

杨石先在办公室

杨石先同家人合影,1974 年

聂荣臻元帅会见杨石先(左),蒋南翔(后左)、严济慈(后右)作陪,1978 年 12 月于天津

杨石先与唐敖庆院士(左)合影,1983年6月

杨石先与周培源院士(中)、吴大任(左)合影,1984年

邓颖超视察天津时会见杨石先，1984 年 7 月

杨石先致柳亚子书

陈省身的几何人生

引子

1999年10月17日南开大学八十华诞庆典上,南开人列举了几位引以为荣的杰出校友,他们是周恩来、陈省身、吴大猷和曹禺,四个多么响亮的名字啊!然而其中两位早已离开了我们,吴大猷当时正卧病台北,处于昏迷状态已经有半年之久;惟一健在的只有年近九旬的陈省身。当他出现在贵宾席上时,全体与会者看到这位英姿依旧的老校友,立即报以雷鸣般的掌声。陈省身发表了简短而动情的演说:

"国外很多最好的大学并不都在首都。南开大学的目标不仅要办成一流的大学,而且要立志成为中国第一的大学。美国的哈佛、英国的牛津和剑桥也全不在首都。南开大学要有这个思想——办成第一名的大学!"

陈省身

"一流"、"第一"、"第一名",这些鼓舞人心的话语,一次又一次赢得师生的热烈欢迎。

嘉兴神童

陈省身一生充满传奇色彩。他于1911年10月28日出生在浙江嘉兴,因为那年是辛亥年,所以号"辛生",名字则出自中国的古训——

"吾日三省吾身"。他的童年是在故乡度过的。江南水乡,人杰地灵,他自幼就聪慧过人。

陈省身3岁时与祖母合影

嘉兴的第一胜景,就是赫赫有名的南湖烟雨楼。烟雨楼建在湖中岛上,湖里有画舫,1921年中国共产党第一次代表大会就是在烟雨楼的画舫上举行的。孩提时代,陈省身经常随父亲或舅父乘舫游览。湖光水色,尽收眼底,给小小年纪的他留下了终身难忘的印象。

父亲陈宝桢在外地做官。一次回家过年,教给儿子阿拉伯数字和数学算法。父亲走后,陈省身把家里那套《笔算数学》拿来,无师自通地做起书中的题目。

陈宝桢是陈氏家族的独生子,陈省身是他的长子,所以祖母格外宠爱这个长孙,总是把他带在自己身边。陈省身经常跟着祖母烧香、拜佛和念经,甚至会背诵弥陀经。祖母和尚未出嫁的小姑是他识字的启蒙老师。

慈祥的祖母不舍得把这个宝贝孙子送进学校念书,曾经请一位先生到家里来给他上课。直到陈省身8岁了,才进入秀水县立小学插班。第一天上学,在放学前,他见老师拿着戒尺,不知为什么打了每一个学生的手心,只有他一个人没挨打。看到这种情景,第二天他就说什么再也不肯去上学啦。

祖母事事都依着这个孙子,这样他又在家玩了一年。所以陈省

陈省身5岁时与父亲合影

身只上过一天初小,第二年直接考入秀州中学预科一年级(即高小一年级)。这是一所教会学校,管理十分严格。陈省身的姑父是秀州中学的教师,表哥是该校学生,所以他在校能得到关照。

扶轮优秀生

1922年秋天,陈省身的父亲到天津法院任职,举家迁居天津,住在河北三马路宙纬路颐寿里90号,那年陈省身11岁。第二年年初,他进入离家最近的扶轮中学(今天津铁路一中)。扶轮中学是交通部办的学校,经费充裕,师资阵容强大,尤其拥有多位优秀的数学教师。校长顾赞庭非常重视数学,并且亲自讲授"几何"课。陈省身在全班年纪最小,却显露出出众的数学才华,成了扶轮中学引以为荣的优秀学生。

其实这名优秀生并不怎么用功,他只是凭着兴趣学,也不在乎分数好坏。他学得很灵活,数学成绩是他的王牌,往往能把总分提高许多。

父亲的同乡、老同学钱宝琮于1925年到南开大学任教。钱先生专攻数学史,也教其他课程。他独身一人在天津,住在南开大学教师宿舍,空闲时常常到陈家做客,这使得陈省身对数学更加充满兴趣。

陈省身最爱去学校图书馆,常常在书库里一呆就是好几个小时。他看书十分杂,历史、文学、自然科学,各个门类的书,他都一一涉猎,无所不读。

他还喜欢写作,在扶轮中学校刊上经常发表作品。新体诗《纸鸢》反映了这位少年追求自由的向往:

> 纸鸢啊纸鸢!
> 我羡你高举空中。
> 可是你为什么东吹西荡的不自在?
> 莫非是上受微风的吹动,
> 下受麻线的牵扯,
> 所以不能平青云而直上,
> 向平阳而直下。
> 但是可怜的你!

> 为什么这样的不自由呢？
> 原来你没有自动的能力？
> 才落得这样的苦恼。

扶轮中学是四年制学校。1926年陈省身毕业，面临着进入哪所大学的抉择。

扶轮的学生大部分是铁路员工的子弟，多数准备毕业后到铁路系统谋职，所以升学志愿不外是南洋大学(上海交通大学前身)、唐山大学和北京交通大学。陈省身受同学影响，准备第一志愿报唐山大学。

那年正值军阀混战，铁路中断，陈省身无法外出投考，便报了北洋大学和南开大学。北洋规定：四年制学校毕业生只能报考预科，入学后需要补读二年。而南开却无此限制，只要考试通过即可。因此钱宝琮一再鼓励他以同等学力报考南开。他听从了钱先生的指教，从南开中学借来一本在扶轮中学没有学过的"解析几何"教材。

那年盛夏天气炎热。恰值祖母逝世，家中大办丧事，和尚念经，亲友吊唁……就在这么乱哄哄的环境里，他自学了三个星期便去参加考试，终于被南开大学录取。后来钱先生告诉他，他的数学成绩位居全体考生的第二名。

南开少年才子

陈省身考入南开大学理科，第一年不分系。这时他还不满15岁，是全校闻名的少年才子，学得轻松自如。大同学遇到问题都要向他请教，他也非常乐于助人，常常帮助一些学得吃力的同学做作业。

一年级有国文课。老师在堂上出题做作文，陈省身写得很快，一堂课上同一题目往往能写出好几篇不同的作文。同学找他要，他把最好的一篇留下，其余的都送人。到发作文时才发现，给别人的那些得分反倒比自己的那篇要高！

他不爱运动，喜欢打桥牌，打得很有水平。

刚入学时，陈省身和他的父亲都认为物理比较实际，所以打算到二年级分系时选择物理系。

陈省身与大学同学合影，1929年

由于陈省身是连跳两级，有的课程也遇到过一些困难。

他曾选修化学教授邱宗岳的"定性分析"，助教赵克捷先生以严厉著称，外号"赵老虎"。初次上化学实验课，第一件事是给他一个单子，上面写着化学仪器的英文名字，让他去对照柜里的仪器是否完全。因为在中学时基本上没做过化学实验，所以陈省身感到十分为难。那天指定的工作是吹玻璃管，他总弄不好。实验课快结束时，一位实验室老师过来帮他吹了一些。他拿着玻璃管觉得还很热，便拧开水龙头用冷水冲，结果前功尽弃……

回宿舍后，陈省身想了好几天，觉得化学无论如何是读不下去了，便把化学课退掉，改修"初等力学"。由于不喜欢做实验，既不能读化学系，也不能读物理系，只有一条出路——进数学系。

成为数学大师以后，一位台湾记者问他："当年您为什么决定学数学？"

他谦虚而风趣地回答道："当时我中、英文都不好，又不会做实验，就只好读数学了。"

他认为自己比那些多才多艺的人选择简单，终生受益良多。

姜立夫的助手

陈省身初到数学系时,系主任姜立夫请假去了厦门大学。系里只有钱宝琮一位教授,讲授"微积分"和"力学"。

物理教授饶毓泰学贯中西。但物理学牵涉太多,陈省身觉得学不好。唯独每同数学有关的部分,他就感到易于接受。所以他对物理的一些基本概念虽未搞懂,但考试及格是没问题的。

陈省身一年级过得轻松愉快,"微积分"和"力学"只做些习题;国文、英文,他毫不费劲;物理只有一堂实验课,他不求甚解,做得很快。

直到第二年姜立夫回到南开,陈省身在这位名师的影响下,读书态度发生了很大变化。

姜立夫是哈佛大学毕业的博士,在人格和道德上是位近代圣人。姜先生教学严谨,循循善诱,使人感觉学数学有无限的乐趣和前途。姜先生对陈省身一生具有重大的影响。

陈省身与父母、弟弟、姐姐和妹妹合影,1930年于天津

数学系1926级只有五名学生,陈省身和同班的吴大任学得最为出色。吴大任是广东人,毕业于南开中学,被保送到南开大学,原先进物

理系，后来被姜立夫授课的魅力所吸引，转到了数学系。吴大任和陈省身非常要好，成为终生知己。

姜立夫为拥有这两名优秀学生而自豪，又开了一些高深的课，如"线性代数"、"复变函数论"、"微分几何"和"非欧几何"等，让学生们受益匪浅。

丰富多彩的大学生活

南开大学的数学藏书在全国可谓首屈一指。陈省身一向喜欢博览群书，所以对许多名著都借阅过，并读了不少杂志上的论文。开卷有益，这为他日后做学问打下了渊博的基础。

二年级时，姜立夫让陈省身给自己做助手，任务是帮他改卷子。起初只改一年级的，后来连三年级的都让他改。再后来另一位教授、张伯苓校长的大公子张锡禄也让陈省身帮助改卷子，每月报酬十元。第一次拿到钱时，陈省身心中不无得意，这是他生平第一次的劳动报酬啊！

中学时代，陈省身因扶轮中学离家不远，偶然去找同学玩，他们也都住在附近。所以他大多是在河北一带活动，很少到租界地去。若想买点什么东西，一过金钢桥就是大胡同，这儿热闹非凡。再往前走便是官银号了，那里有环城的有轨电车……

考入南开后，陈省身住进八里台校舍。每逢星期日，他从学校步行回家都要经过海光寺，这里是日本军营。看到荷枪实弹的日本鬼子那副耀武扬威的模样，他心里很不是滋味，情不自禁地快步走开。再往前便是南市"三不管"，那是个乌烟瘴气的地方，令他万分厌恶。

第二天，从家里返回学校时，又要经过南市、海光寺，直到走进八里台校园，他才感到松了口气。

吴大任的哥哥吴大业是南开大学商科的学生，堂兄吴大猷是南开大学物理系的高材生。因他们兄弟三人学业成绩全都优秀，故有"吴氏三杰"的美称。

陈省身同吴大猷虽不同系也不同年级，但有些课程，如数学和德文是在一个班上的，而且两人都是理科学会（即理科学生会）的委员，所以也成了好朋友。两人互称"董先生"。几十年后，吴大猷在美国到陈省身家,陈省身让自己的孩子们称他"董伯伯",外人会感到莫名其妙,原来"董"取自德文"笨伯"一词的首音,这是两人自己创造的。他们彼此之间这种称呼一直永远延续了下来。

课余生活丰富多彩。学生会经常组织学术活动,请校内外专家学者来作报告。一次请到了桥梁专家茅以升。事前姜立夫已告诉学生:"茅先生能背圆周率的值到一百多位!"所以茅先生一作完报告,学生们就请他背圆周率的值。茅先生欣然允诺,立刻往黑板上写。他每写几位数就把头微微摆动两下,接着再往下写,写了满满一黑板。他说:这已经有一百多位了。大家又惊又喜,向茅先生报以热烈的欢呼和掌声……学生们认为茅先生一定是把数字编成了歌,不然他怎么记得住呢?

大学生活充满欢声笑语,充满青春气息。理科学生会每学期组织一次师生同乐会,师生们在一起尽情开心玩乐。这种活动十分有趣,常常让人笑得前仰后合。

一次师生同乐会上,几个调皮而又聪明的女生编了一个十分有趣的节目,把老师和同学的名字编成谐音,例如姜立夫——姜立夫人、饶毓泰——饶毓太太、吴大任——吴大人,而陈省身的谐音最为可笑——陈婶婶!

水木清华

1930年夏天,陈省身大学毕业。全校毕业生中被列为最优等的有三人,陈省身和吴大任是其中两名。

他俩得知清华大学从这一年起创办研究院,并开始招生,规定三年毕业后授予硕士学位,成绩优异者可派往国外留学两年。两人决定报考,结果双双考中。那年清华共录取了十几名研究生,数学系两名。吴大任因父亲失业,家庭困顿,暂时不能来校,只有陈省身一个人,无法开班。学校决定缓办一年,改聘陈省身为助教。

初到清华,陈省身遇到一位颇具传奇色彩的人物,那就是华罗庚。华罗庚初中毕业即辍学在家,自修数学。他同清华数学系教员唐培经是同乡,经常向唐培经咨询有关数学方面的问题。一次《学艺》杂志刊登了一篇文章,"证明"五次方程式可解。华罗庚指出其错误,引起数学界的注意。清华大学决定聘他为图书馆管理员。这位具有数学天才、靠自学出身的年轻人到清华后,立即成为活跃人物,不久便在国外杂志上发表论文,几年后被派往德国留学。

1931年,吴大任经过艰苦奋斗,终于攒够家里三年的生活费,回清华复学。陈省身又同吴大任再次同学,一块儿读研究生。

陈省身随孙光远教授学投影微分几何。1932年春天,德国汉堡大学数学教授布莱希特到北京大学讲学,题目是《微分几何的拓扑问题》,共分六讲。

布莱希特是20世纪最伟大的数学大师之一,陈省身和吴大任每次都去听讲,并作详细笔记。在南开上学时,姜立夫曾采用过布莱希特的著作作为教材。布莱希特的著作简要深刻,趣味无穷。因此陈省身、吴大任再听大师的演讲并不

陈省身在南开大学毕业照,1930年

感到有什么困难。布莱希特对陈省身的影响十分巨大。后来他获硕士学位毕业时,由于成绩优秀,本来可以派往美国留学,可是由于他景仰布莱希特而申请去了德国汉堡大学。这一选择对陈省身的学术生涯具有决定性的意义。

留学海外

陈省身于1934年9月初抵达汉堡,进入汉堡大学,先学一个月的德语,直到11月才正式开学。开学之前,布莱希特给了这位中国留学生几篇自己新写的论文。还未开学时,陈省身在阅读中发现了一篇论文里的一个漏洞,便向老师提出。布莱希特听了十分高兴,让他设法补正。一个月后,陈省身把证明补齐,而且扩展了布莱希特的定理,写成

在汉堡的第一篇论文。论文发表在汉堡的数学杂志上，从而博得布莱希特的钟爱，并确定了他在汉堡的地位。

汉堡大学数学系蜚声世界，师资阵容强大。布莱希特经常外出，所以同陈省身接触最多的是布莱希特的助教、年轻英俊的凯勒博士。凯勒著有《微分方程组论》，发挥了法国当代大数学家嘉当的理论。书中的定理被后人称之为"嘉当—凯勒定理"。凯勒开了一个讨论班，一起研读这部著作。可是这一定理实在太难，凯勒本人又不善讲课，参加讨论班的人越来越少，最后只剩下陈省身一个人了。他一直坚持到底，所以他说自己的收益最大。

陈省身在汉堡大学，1936 年

师友送陈省身从汉堡赴法国巴黎。右起布莱希特、陈省身、吴大任、张禾瑞、陈鹉，1936 年于汉堡车站

通过这个讨论班，陈省身逐渐认识了嘉当理论。嘉当的论文以深奥著称，但陈省身却慢慢习惯了嘉当的思想，感到并不难于接受。他的

博士论文,就是嘉当方法在微分几何上的应用。这篇博士论文在他到汉堡一年之内就完成了,但因布莱希特外出讲学,1936年年初才通过答辩,获得学位。

1936年夏天,陈省身公费期满,同时接到清华和北大的聘书,而且又得到中华文化基金会的补助,可以在国外再延长一年。他征求布莱希特的意见。布莱希特提出两个方案,一是留在汉堡,随阿廷、赫克两位教授从事代数数论研究;另一方案则是到巴黎随嘉当从事微分几何研究。嘉当的理论虽艰涩,然而陈省身对这位大师的学说已经有了初步基础,所以决定到法国追随嘉当。

陈省身在巴黎的导师嘉当

经布莱希特推荐,嘉当同意陈省身去做博士后研究。

嘉当是一位十分慈祥的长者。他的学生非常之多,在他的办公时间谒见他时是要排长队的。可是这位世界著名的几何大师,在众多学生中敏锐地发现了陈省身的才华,特地允许他每两周到自己家里面谈一次,每次一个小时。嘉当的法语陈省身勉强能够听懂,他们主要是靠笔谈。第二天陈省身还能接到嘉当的信,继续讨论前一天的话题。陈省身在巴黎紧张工作了十个月,写出三篇论文,但他的收获却远远超出了这个范围。离开法国时,他对微分几何已经有了相当深刻的理解。日后他说道:"当时能够理解嘉当工作的人还不多,我得意的是很早就进入到这一领域,熟悉了嘉当的工作。因此后来我能应用他的发展方向,继续作出一些贡献。"

艰苦卓绝的西南联大

1937年夏天,陈省身结束了学业,决定回母校清华大学,实现振兴近代数学的夙愿。他原以为自己将在清华园终此一生,不料却连清华的大门都没能看到——由于抗日战争爆发,根据校方指示,直接去长沙报到。

西南联大总办公处

  他牵挂着灾难深重的祖国,心情沉重地踏上归途,来到由清华、北大、南开三校组建的临时大学任教。一学期后长沙成了前线,临时大学迁往昆明,改名"国立西南联合大学"。西南联大由清华校长梅贻琦、北大校长蒋梦麟和南开校长张伯苓三人担任常务委员,主持校务。陈省身从此开始了西南联大生涯。

  西南联大师生怀着满腔爱国热忱,教师们以"得天下英才而教之"为最大乐事,学生们则以"受业于名师而苦读"为人生的幸运。这里荟萃了三校精英,师资力量雄厚而充裕。陈省身有机会开一些高深课程,这些课程是为硕士生开的,但实际上已经达到了博士生课程的水平。他与华罗庚及物理教授王竹溪合开"李群"讨论班,这在国际上也是先进的。

  李群的理论后来在数学和物理两个领域都有重大发展和应用。陈省身和他的同事们走在了时代前沿,很早就对这一理论有充足认识。

  西南联大部分教师最初借住在当地一所中学内,陈省身、华罗庚和日本史专家王忠信合居一室。每人一张床,一个小书桌,一把椅子,一个书架,屋里摆得满当当的。大家心情舒畅,每天早晨起床时说点笑话,然后精神饱满地投入工作,并且各自都取得优异成绩。

战争初期生活已很艰苦,但教授们还能苦中作乐。每逢周末,紧张工作之余,北大物理教授吴大猷家里有两桌桥牌"牌战"。陈省身是常客之一,在南开时他就以擅打桥牌著称。吴大猷的夫人阮冠世也是桥牌高手。惟有吴大猷的水平不及格,仅能在一旁观战。他自己并不喜欢打牌,只是为了让别人快活而已。

1939年7月,陈省身同未婚妻郑士宁结婚,新房就在离西南联大不远的大西门内大富春街的一座楼内。这里住着西南联大的几位老教授:物理教授饶毓泰在楼上,数学教授姜立夫在楼下。当时饶毓泰去上海探亲,便让出一间厢房给陈省身夫妇。

陈省身与妻子、岳父,1939年于昆明

不久因日寇轰炸,陈省身和妻子被疏散到近郊梨烟村,与理学院院长吴有训家同住在一个院里。这时郑士宁已怀孕,陈省身又不会干家务活儿,生活显得很狼狈。热心的吴有训夫人便请他俩每天到自己家吃饭。几十年后,陈省身回忆起这段往事,称自己曾当过吴有训先生家的"食客",对吴夫人的盛情帮助,表示最诚挚的感激。

翌年郑士宁回上海父母家待产,陈省身又过起单身汉生活。他同几位没带家眷的教授合租了当地绅士唐继尧家花园里的一个戏台。陈省身的房间是个包厢,戏台上住着朱自清、李继侗、陈福田和陈岱孙四位教授。

1941年珍珠港事件爆发,交通中断。陈省身的妻儿滞留上海,他自己在昆明仍过着单身生活。此时吴大猷家的"牌战"之乐也一去不复返了——因敌机空袭频繁,吴大猷一家被疏散到近郊岗头村。

战争期间,西南联大的图书及科研设备奇缺。所幸的是陈省身能够收到他的导师嘉当从巴黎寄来的大量论文复印件。他孑身一人,虽然孤寂,但却拥有充足的时间用来苦读。他把嘉当的理论搞得很熟,后来这些成为近代数学的主流之一。

西南联大的茅草教室

微分几何进入了一个新时代

陈省身每年都有论文在国外发表,他的研究成果已为国际数学界所瞩目。1943年,当时的世界数学中心——美国普林斯顿高级研究院邀请他去从事研究工作。

普林斯顿高级研究院位于美国新泽西州、距纽约五十英里的一个小镇。那里风光旖旎,充满田园情趣。研究院创办之初就以数学为主要项目,并到世界各地延揽著名学者,第一个最大目标是爱因斯坦,第二个目标则是德国大数学家外尔。这两位大师都因不满希特勒当政,于30年代中期先后来到普林斯顿的。

40年代初期,世界大战正酣,中美交通十分困难。陈省身几经周折,最后乘坐美国军用飞机经印度、中非洲、大西洋、巴西,历时整整七天,才抵达曼哈密。

在普林斯顿高级研究院,同陈省身接触最多的是外尔。到了那里仅仅两个月,陈省身就完成了高斯—邦尼公式的证明。外尔看了初稿,当即向他祝贺。陈省身也自认为这是他一生最得意的文章。他的证明有新见,解决了技术上的困难,并有许多新发展,这在科学研究上是很难得的。

接着,他由此又引入以后被称之为"陈省身示性类"的著名工作,为微分几何奠定基础,对当今数学乃至理论物理的发展都产生了极其深远的影响。当代伟大的几何

陈省身夫妇1946年于上海

学家霍普夫,在一篇谈到陈省身的文章中写道:"微分几何进入了一个新时代!"

而陈省身自己则这样认为:"我一生数学工作的突破,是于普林斯顿完成的,但事前在西南联大的准备,实为关键。"也就是说,条件艰苦的西南联大,是这位国际数学大师一生事业的重要准备阶段。

中国第一届最年轻的院士

当陈省身的工作取得开拓性成果时,抗日战争胜利,他义无反顾地决定离开条件十分优越的普林斯顿高级研究院,立即归来为祖国效力。

就在这时,他突然收到家中电报,告知母亲病重。他马上提前启程,乘火车到旧金山换船。在洛杉矶,他接到母亲已病故的噩耗。想到母亲多年的养育之恩未能补报于万一,他哀恸不已。

陈省身归心似箭,怀念慈祥的母亲,挂牵年迈的父亲,也想到自己的小家庭——新婚不久便分离的妻子,还有那个从未见过面的儿子

中央研究院第一届院士会议,院士合影,前排右四胡适,左五张元济,后排左四陈省身,右一姜立夫,1948年3月29日于南京

陈省身的儿子陈伯龙、女儿陈璞,1949年于美国普林斯顿高级研究院住宅前

然而战后的交通运输拥挤不堪,他在美国西部候船,整整等了三个月。直到1946年3月中旬才从旧金山乘船返沪,抵达上海时已经是4月初。他同分别将近七年的妻子和第一次见面、已经6岁的儿子伯龙团聚。

当全家人坐在一起,感到经过六、七年的战乱和离散,今天能活着重逢,而且全都安然无恙,这可真是人生的最大幸福啊!郑士宁流下悲喜交集的泪水,陈省身拥抱着爱妻,向她许诺:"从今以后一家人永不分离!"

陈省身全家福,50年代初于芝加哥

回到上海后,陈省身奉命组织中央研究院数学所。中央研究院一直没有数学所。1940年准备增设数学所,聘姜立夫为筹备主任。1941年3月筹备处在昆明西南联大成立。抗战胜利后,数学所筹备处设在上海岳阳路,任命姜立夫为所长。而此时姜立夫正准备出国,便由陈省身主持工作。

由于中央研究院上海分院的院址过于狭窄,1948年年初,数学、物理、化学三个所迁往南京九华山鸡鸣寺路。那里远离市区,异常幽静,是个非常理想的研究环境。

迁到南京以后,数学所正式成立,陈省身不喜欢搞形式,所以没有举行任何仪式。姜立夫出国前曾一再推荐,请陈省身任所长。而陈省身不愿担任行政工作,只答应任代理所长。

1948年,中央研究院的一件大事是选举第一届院士,共八十一人。数学所院士占五名,他们是姜立夫、苏步青、华罗庚、许宝禄和陈省身。这五位数学家的当选是众望所归的。在八十一位院士中,陈省身年纪最轻,只有37岁。

陈省身认为要办好数学所,最重要的是培养新人。他给国内各著名大学数学系写信,请他们推荐近三年内毕业的最优秀的学生。招聘信发出后,应聘者十分踊跃。于是陈省身身边就有了十几名活跃的年轻助理研究员,这些人后来都成为中国数学界的中坚力量。如今,荣获2000年度国家最高科学技术奖的吴文俊,就是其中最突出的一位。

陈省身每周给学生讲十二学时的"拓扑学",把青年学子领入近代数学的殿堂。因此人们说,他把研究所办成了研究生院。

埋头工作以摆脱乡愁

一心扑在工作上的陈省身没有注意到国内政治形势的发展与变化。1948年12月,他突然接到普林斯顿高级研究院院长奥本海默(主持美国第一颗原子弹制造的物理学家)发来的电报:"如果我们可以做些什么事便利你来美,请告知。"

陈省身马上翻阅英文报纸,了解到南京的局面不能长久。接着,中央研究院作出迁往台湾的决定,陈省身也不得不作出自己的抉择。他给美国拍去两封电报,一封给奥本海默,另一封给在芝加哥大学任教的法国著名数学家韦依,告诉他们自己正在办理赴美手续。

陈省身带着妻子儿女于1948年12月31日离开祖国。在中央研究院两年多的心血弃于一旦,他的心情异常苦涩。

1949年元旦,陈省身一家抵达旧金山。在普林斯顿高级研究院,他虽然受到贵宾礼遇,但遥望故国,不知何日才能返回,心中不胜惆怅,惟有埋头工作,借工作的乐趣以摆脱那满腔乡愁。

为赡养四口之家,他需要有一份稳定的工作,便应芝加哥大学的聘请,前去任教。芝加哥大学由美国石油大王洛克菲勒创办,经费充裕,注重研究,是美国的一流大学。

陈省身50年代全家福,于芝加哥大学宿舍门前

芝加哥大学数学系出了好几位数学界的领袖人物。物理系则是物理学的重镇。西南联大的两名高材生杨振宁、李政道先后都在那里攻读博士学位。

在芝加哥大学,陈省身培养了十位美国历史上第一批高水平的几何学博士。再后来,他又应邀到正处于发展阶段的伯克利加利福尼亚大学执教,经过几年与同事们的艰苦努力,加州大学终于成为几何与拓扑的中心。陈省身再次培养了三十一名博士。

"微分几何之父"

新中国成立不久,他就收到挚友吴大任的来信,请他回国工作。心系故土的陈省身也有这种心愿,无奈当时中美关系紧张,国内又接连不断的政治运动,回国时机尚未成熟,他的报国之志一时难以实现。

在这期间,陈省身的事业如日中天,1961年被选为美国科学院院士,为此必须加入美国国籍。尽管他成了美国公民,但念念不忘自己是炎黄子孙。正如那首脍炙人口的著名歌曲——《我的中国心》中所表露的心声:"洋装虽然穿在身,我心依然是中国心……就算身在他乡也改变不了我的中国心。"

由于陈省身在整体微分几何上的卓越成就,影响了整个数学的发展,他曾获得美国数学协会颁发的肖夫内奖,后又荣获国际数学界的最高奖——沃尔夫奖(诺贝尔奖没有设数学奖项),被尊为"微分几何之父"。

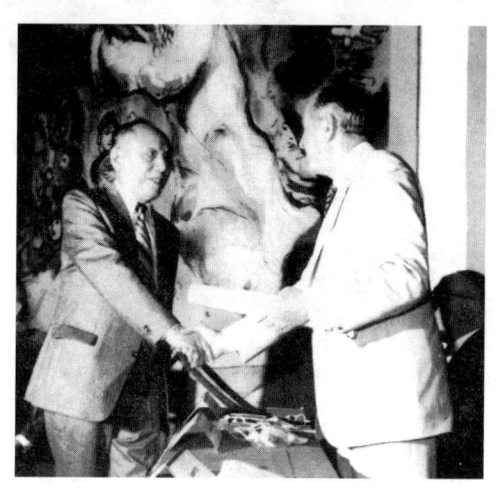

陈省身接受以色列总统贺索颁发的沃尔夫奖,1984年5月

在纪念美国数学协会一百周年的大会上,著名数学家奥塞曼指出:"使几何学在美国复兴的极有决定性的因素,我想是40年代后期陈省身从中国来到美国。"

陈省身的高足、诺贝尔奖得主杨振宁把他誉为继世界数学大师欧几里德、高斯、黎曼、嘉当之后又一位划时代的巨匠。

陈省身已功成名就,物质生活也十分富有,但报效中华的愿望却越加强烈。这位海外赤子时时刻刻密切关注着形势的发展与变化。1972年尼克松访华,中美关系刚刚解冻,陈省身便抓住时机,在这年秋天偕妻子女儿回国访问,朝拜魂牵梦萦的故土。

他同吴大任谈心,表示愿将最后的心血贡献给祖国。吴大任欣喜万分,立即为好友在国内开展学术活动而奔走。

陈省身携妻女首次访问新中国。前排左起周培源、陈璞、吴有训、竺可桢、陈省身、郭沫若、郑士宁、于立群、章文晋、郝梦笔,1972年9月16日

南开数学研究所诞生

从难忘的1972年开始,陈省身经常回国从事学术活动。他相继被北京大学、南开大学、中国科技大学、复旦大学和浙江大学等著名高校聘为名誉教授,多次在这些学府的讲坛上作学术报告。

1984年8月,邓小平高兴地会见了这位蜚声世界的数学大师,衷心感谢他为中国培养人才的深情厚谊,支持他帮助中国建立高水平的人才基地的宏伟设想。

经过吴大任和副校长胡国定等人的多年奔走、呼吁,南开数学研究所在1985年10月17日成立。陈省身任所长,胡国定、姜伯驹(姜立夫之长子)任副所长。

让一位外籍人士担任有职有权的所长,这在当时是不可思议的事。幸好1983年邓小平发表了智力引进的重要讲话,又经过多方努力,这一任命才获批准。

陈省身醉心于在数学王国驰骋,一向不愿担任行政工作,而这次他却欣然接受了任命。

陈省身在南开数学研究所成立揭幕仪式上,1985年10月17日

南开数学所是国家级的研究所,以"立足南开,面向全国,放眼世界"为宗旨,实行全方位开放。邀请国内外著名数学家来作演讲,从而培养年轻一代。由于陈省身的大力资助和支持,南开数学所经费充足,图书资料齐全,其条件之优越在国内领先。可以说南开数学所是中国数学家的摇篮。

为实现数学大国的宏伟目标,希望寄托在青年一代。因此陈省身不仅重视培养高级人才,而且十分关注如何让他们扎根国内。他向政府有关部门呼吁,应当采取措施,提高待遇,以留住一流人才。他曾为南开数学所优秀青年教师张伟平争取奖励基金而奔波,全然不顾自己当时正患重感冒,已经声音嘶哑,说不出话来了。后来他又为张伟平顺利赴法深造,亲自到法国驻华使馆周旋……

从1972年开始,几十年间,陈省身不顾年高,偕夫人数十次穿梭往返于大洋两岸,为发展中国的科教事业尽心竭力,培养了一大批数学精英。他还把自己最出色的学生,如陈永川、张伟平召唤回国,回到南开,成为我国数学界最年轻的骨干力量。

名副其实的所长

在南开数学研究所成立大会上，陈省身郑重表示，要为南开数学研究所乃至中国数学事业的发展鞠躬尽瘁，死而后已。他是这样说的，也是这样做的。

筹建数学研究所时，陈省身捐款一万美元，捐书近万册，并立下遗嘱：将全部财产除分给两个子女外，再加上南开数学研究所这个"新生儿"。以后他又捐出个人财产的三分之一——一百万美元，建立"陈省身基金"，供数学研究所发展使用。

人们根据一般规律以为陈省身的所长只是名誉性质的，真正干实事的恐怕是副所长胡国定吧。而胡国定听到这话后连连摆手说："这是莫大的误解。"

他列举了几个事实来说明陈省身是既干大事也做小事的、名副其实的所长。

陈省身每年来南开两次，每次两个月。在他返美期间，与胡国定就数学研究所的各种事宜通信频繁。往往给胡国定发出一信，未等回信，就又发出另一封。他的信都编上了号码，信中罗列大小事项1、2、3、4……总有十多项。有一次，陈省身来信说，某号信的某一项胡国定尚未给予答复，这就迫使胡国定把自己的信也都编上了号。

南开数学研究所大楼的设计图纸，原先是南北两面都有研究室。陈省身看了后感到不满意。他经过认真思考，提出一个十分英明的改动方案，最后把全部研究室都改为朝南方向。大家没料到陈先生还有这方面的本事！

数学研究所建成的第二年，它的招待所尚未竣工。可是在这年7月，数学研究所将要召开一次规模较大的国际学术会议，急需招待所建成使用。然而学校基建处的负责人却斩钉截铁地说："七月份以前根本无法完成！"

大家听了很着急，但又觉得十分无奈。惟独陈省身没有放弃希望，每天下午都要到工地去转悠。

工人们知道他就是那位回来帮助国家发展科技事业的大名鼎鼎的

外籍数学家,都对他十分敬重,而且见他平易近人,工作如此认真负责,深为感动。在工地,陈省身同工人聊天时,工人说:"要是使使劲儿,提前完成还是有可能的!"

陈省身与南开数学所部分专家合影,1986年11月10日

陈省身同吴大猷,1987年4月于台北

第二天晚上整个工地灯火辉煌,建筑队加班加点干了起来。招待所终于在7月前交付使用。这件事再次显示出陈省身的实干精神。

陈省身把南开数学研究所当成自己的儿女一样关爱、呵护。在数学研究所成立一周年的庆祝会上,他动情地说:"大家可以想象,一个75岁的老人,此时此地怀抱着一个一周岁的婴儿是一种什么心情!"这句话令在座的人无不为之动容。

"陈省身猜想"

南开大学为陈省身盖了一幢别致的二层楼房,题名"宁园"。供他和夫人回国时居住。从此"宁园"便成了他们在中国的家。一进入宁园,"几何之家"四个大字就映入眼帘,告诉人们这里住的是位数学大师。

陈省身经常凌晨三点醒来就起床工作。当中央电视台"东方时空"的记者采访他时,问道:"您为什么半夜三更起床工作?"他微微一笑,回答道:"岁数大了,觉少了,睡不着躺着不是浪费时间吗,干脆起来做点事。"

邓小平接见陈省身夫妇,1986年11月

陈省身的全部生活就是数学,他对数学到了着迷的地步。也正是在这种痴迷中,往往能迸发出一些新鲜、奇妙的思想。

在美国,他的夫人不放心他开车。每次外出,她都要再三叮咛,因为他在开车时也总是想着数学。

80岁那年陈省身说:"我将继续做数学,所幸的是整体微分几何还留有许多基本问题没有解决。"

大师自己痴心做数学,他更关心要让中国成为数学大国。早在1980年初,他在国内多所著名大学的讲坛上就响亮地提出:"我们的希望是在21世纪中国成为数学大国!"

于是"21世纪中国要建成数学大国"这个"陈省身猜想"便在数学界广为流传。他一再论证,21世纪中国成为数学大国是有充分理由的。因为中国人的数学才能毋庸置疑,因为数学是一门十分活跃的学问,而且很个人化,对于中国人非常适合。他反复强调,数学这门学问有其优越性,不需设备,完全可以靠个人努力。在一个不很发达的环境里,研究数学是比较容易的。

多年在国外生活,陈省身对此深有体会。美国中学生举行会考,华裔学生的成绩总是比美国学生高,平均分数高出百分之三十。美国一流大学的研究院优等生大部分是华人,所以说中国学生的数学能力是没有问题的。中国学生在国外成绩这么好,因而他相信中国数学家在21世纪一定能取得重要地位。

陈省身曾对台湾清华大学学生讲过这样一件事:美国某研究院举行考试,考试完毕,一名学生找到导师说,给他打的分数有错,导师看了卷子,发现果然判分有误,便给纠正了过来。分数改过后,这个学生成了第一名,原先排名第一的另一个学生便成了第二名。但不管怎样,无论第一还是第二,全都是中国人——一名来自大陆,另一名来自台湾,讲到这里陈省身十分自豪。中国学生在国外成绩都这么好,因此他相信中国数学家在21世纪一定会取得重要地位。

新世纪伊始,天津市政府聘请陈省身担任天津科技馆名誉馆长。能在这位数学泰斗的指导下开展天津的科普教育工作,是天津人民的最大幸事,也是天津人民的无上光荣。在受聘仪式上,陈省身深情地表示,早在90年代初,他就倡议天津建设科技馆。如今天津科技馆已建成五年,他很高兴:"我愿在有生之年多做些工作,把天津变成世界数学中心!"

把天津变成世界数学中心——这是又一个"陈省身猜想"!

温馨的家

陈省身全家福，1985年于伯克利

就在陈省身忘我地工作时，他的家庭突然发生了不幸：与他意笃情深共同生活了六十余载的夫人郑士宁，在2000年1月12日中午休息时，因心脏病突发，未及抢救，在睡梦中悄然离世。夫人走得很安祥，没有经受痛苦。但事情发生得太突然，对亲人来说就未免过于残酷了。失去这位伴侣、知己和贤内助后，陈省身经历了刻骨铭心的痛苦，精神上受到很大刺激，一时难以相信这是无情的现实还是个噩梦？

悲痛中他不禁回忆起妻子的种种往事。

在战火纷飞的年代，他俩新婚不久就分离。郑士宁由于战乱不能回昆明同丈夫团聚，带着新生婴儿留在上海。这样一别就是数不尽的日日夜夜。直到抗战胜利后的1946年春天，陈省身才风尘仆仆地回来，同家人团聚。为补偿分离的痛苦，陈省身和妻子在以后的日子里，永远相随相伴，再也没有分开。

在美国时，陈省身以其人品与学术成就博得数学界的极高声誉，而郑士宁的慈祥善良和热情好客，也给人们留下十分深刻的印象。她具有高超的厨艺，每年圣诞夜，陈省身夫妇总要在家里宴请二三十名华裔学生。郑士宁亲自下厨，盛情款待。使得那些独在异乡为异客的年轻学子备感温暖,仿佛回到了故乡,回到亲人当中。

郑士宁努力营造一个温馨舒适的家庭环境,让丈夫全身心地投入研究工作,陈省身对此十分感激。每当他取得卓越成就时,就念念不忘妻子的功劳。他深情地写道:"必须提及我的夫人在我生活和工作中所起的作用。近五十年来,无论是战争年代抑或和平时期,无论顺境抑或逆境中,我们相濡以沫,过着朴素而充实的生活。我在数学研究中取得之成就,实乃我俩共同努力之结晶。"

陈省身全家福,1990年于伯克利

落叶归根

早在1995年,天津市政府就授予陈省身荣誉市民称号,那时他和郑士宁便表示想回国定居。他们的心情是急切的。为办理定居手续,天津市公安局一位工作人员常到南开大学陈省身的寓所。这个年轻人恰巧是南开大学80年代外文系的毕业生,所以陈老夫妇感到格外亲切。一次在同这位"小校友"闲谈中,郑士宁开玩笑说:"办好手续,我们就不会被驱逐出境了吧?"

2000年1月18日,天津市公安局根据陈省身的意愿,授予他在华永久居留资格。公安局干部亲自登门,将荣誉证书送到他的手中。陈省身接过这张渴望多年的"绿卡",久久凝视着,心情十分激动,说:"啊,给了我这么高的荣誉,谢谢大家!"

这件事冲淡了陈省身内心丧失亲人的悲痛。只是他暗暗惋惜妻子猝逝,仅差六日,没能等到她企盼已久的这一天!

他向在座的客人们说道:"我的老家是浙江,11岁我就来天津。1926年到南开上学,如今又回到了南开,想想真是很有意思。天津是我的第二故乡,我还可以说上几句天津话呢!"

的确,陈省身与天津有特殊情缘,他说自己最美好的年华是在天津度过的。1930年作为高材生从南开大学毕业,走出天津,走遍世界。七十年后的2000年,成为世界著名数学家,他又回到自己事业的起点、第二故乡——天津定居。

这年春天,他去美国,安排处理好一些私人事务,同子女孙辈们团聚。9月,中国驻旧金山总领事馆举行"陈省身回国定居欢送会"。会后陈省身重返南开,从此不再在两国间奔波,真正落叶归根了。

自从郑士宁骤然辞世,陈省身便决定将她的骨灰安葬在南开园内,并在旁边为自己留一个墓穴,准备百年后同爱妻合葬在这片他深深热爱、并为之呕心沥血的土地上。在他看来这是为逝去的亲人和自己选择的最好归宿。

定居南开后,作为科学泰斗,陈省身始终坚持给本科生上课,为全校师生讲"数学之美"。除了数学外,他兴趣广泛,生活充实,同金庸讨论武侠小说,与中国古典诗词专家叶嘉莹谈诗词,和画家范曾说绘画……

他一贯淡泊名利,总是将自己的津贴、稿费以及各种奖金——包括2004年荣获"邵逸夫数学奖"的巨额奖金全部捐赠出来。他的精神已达到一种崇高的境界。

大师为人随和、宽厚大度,睿智幽默,而且充满童心童趣,看起来就像一位邻家的慈祥长者。更难得的是他对自己想得极少,为别人想得很多。对身处逆境的朋友百般关怀、爱护,时时给予鼓励。

最后心血奉献祖国

2002年夏日的北京迎来一件盛事:国际数学家大会在这里举行。

国际数学家大会是全球数学界最高层次、最具权威性、有"数学界国际奥林匹克"之誉的学术研究论坛。这个会议由国际数学家联盟组织,每四年召开一次。自1897年首届大会举行以来,至今已有一百多年的历史。历届大会都是在欧美国家举行。经过陈省身的积极争取,2002年国际数学家大会首次在我国、也是首次在发展中国家举行。此次大会规模空前,并取得圆满成功。

陈省身于1980年提出建成数学大国的宏伟目标,经过二十多年的努力,如今已取得明显成效。国际数学家大会能由中国承办,就是一个重要标志,说明我国正在步入数学大国的行列。而所有这一切,又都是同陈省身的努力与奉献分不开的。

江泽民主席于2000年接见陈省身谈及这个大会时曾说:希望借此契机,力争在21世纪初将中国的数学研究和人才培养推向世界前列,为中国今后的科技发展奠定坚实、雄厚的基础。

年逾九旬的陈省身为本届大会做了大量工作。他说:"要通过这个会议把中国近年的数学成就介绍出去,把世界的先进理论吸纳进来。"

为促进中国早日成为数学大国,他又一次倾注了满腔心血。

天津日报刊登陈省身所设计的2004年"数学之美"挂历

2003年岁末,陈省身出资两万元,亲自构思、设计、印刷了一套题为"数学之美"的挂历。他通过奇妙的设计使深奥的数学走进人们的日常生活,用通俗的形式展示数学的深邃与美妙。每张彩页都有优美洗炼,通俗易懂的文字,介绍重要的数学定理和世界伟大数学家,并以直观、形象的图形和照片资料来解释著名数学公式的产生与应用,整个挂历几乎是一部简明数学概论和数学发展史。画页里的每一个人物,每一个公式、图片,都经大师亲自圈点,甚至有些数学图形的草图也由他亲手绘制。这本数学挂历,是92岁的世界大数学家,送给热爱数学的朋友们的一件珍贵新年礼物。

晚霞灿烂

陈省身的最后一年几乎是由一串闪光的亮点连缀起来的。

2004年9月,由于成就突出,陈省身荣获"首届邵逸夫数学奖"一百万美元,赴香港领奖。南开大学为表彰他作出的卓越贡献和为学校赢得的至高荣誉,又配套奖励他一百万美元。

陈省身夫妇与杨振宁夫妇在庆祝杨振宁七十大寿生日会上,1992年

2004年10月28日是陈省身93岁诞辰,世界各地的朋友纷纷前来祝寿。这位醉心驰骋于数学王国的老寿星,向客人们公布了自己在数学界半个世纪未被破解的难题——"六维球面上的复结构问题"研究方面的重大进展,以答谢众位关爱他的友人。在座的数学家无不惊叹道:"90多岁了,还能做这样的工作,千古一人而已!""陈先生是为数学而生的人。"

这一天成了数学界的盛大节日。

陈省身在自己的最后一个生日里,向世人交出一份最新研究成果。一个多月后大师便与世长辞,他果真实现了"把最后的心血奉献给祖国"的诺言。

2004年11月2日,国际小行星联合会小行星中心正式向世界公布,将中国国家天文台发现的一颗小行星命名为"陈省身星",以表彰他对全人类的杰出贡献。

在病重住院时,陈省身还同医生开玩笑说:"我若是不行了,就到数学圣地希腊去报到!"——原来古代希腊是个数学家辈出的国度。弥留之际,他向医护人员要来纸和笔,用颤抖的手写下"希腊"二字。在最后一息,他仍向往着数学圣地……

陈省身一生无限辉煌,而在他生命的最后时刻闪烁出更为耀眼的彩虹般的霞光。这不由引起我们对生命价值的思考:人究竟应当怎样活着才更有意义?

陈省身夫妇与杨振宁,1992年

如今大师与星光同在，无论他的业绩还是他的品德，都已成为后人的宝贵财富。

注：本文系根据作者的以下三篇文章综合写成：

1.《数学大师陈省身》，载《传记文学》2002年第6期（《法制文萃》2002年第7期转载，《人物》2002年第10期转载，被选入《陈省身先生纪念文集》，南开大学出版社2005年）。

2.《陈省身的几何人生》，载《北京晚报》2004年3月31日。

3.《大师的魅力》，载《天津老年时报》2005年12月2日。

陈省身与李远哲（左一）、李政道（左二）、杨振宁（左四）、刘兆玄（左五），1992年4月于台湾清华大学

江泽民接见陈省身，1992年

陈省身与南开数学所教师

陈省身与金庸

陈省身与叶嘉莹

陈省身墨宝

陈省身 1934 年在汉堡

陈省身在汉堡大学的老师凯勒

陈省身汉堡大学导师布莱希特

陈省身的"几何之家"

数学大师陈省身的寓所"宁园",坐落在南开大学校园南侧的一个幽静地带。一迈入"宁园"的大门,迎面便是四个金光闪闪的大字:"几何之家",让来访者马上意识到这里是个不平常的地方,它的主人是一位情系几何的巨匠……

大师的业绩已经越来越多地为人们所熟知,那么就让我们讲述一些在这个"几何之家"里鲜为人知的真实故事吧。

上篇:相濡以沫的妻子

虽不浪漫却很真挚

陈省身和郑士宁是一对恩爱夫妻。1999年7月,他们在美国濒临旧金山海湾的家,宴请了几位亲密的朋友,快活地度过了一个难能可贵的钻石婚。可是过了刚刚半年,郑士宁便在他俩中国的家——南开大学的"宁园"内突然谢世。

以后每逢结婚纪念日,便只剩下陈省身独自一人在美好的回忆、无尽的思念和淡淡的哀伤中度过。

他俩在上个世纪30年代相逢相识于清华园。1930年陈省身以优异成绩从南开大学毕业,考上清华大学研究院,成为数学系远近闻名的大才子。而小他四岁、文静秀美的郑士宁则是他的老师、清华大学数学系创系元老郑桐荪(之蕃)教授的女儿。陈省身和郑士宁本不相识,是郑桐荪十分赏识陈省身的出众才华,有意让他做自己的乘龙快婿。郑桐荪的挚友、清华数学系教授杨武之(杨振宁之父)十分理解他的心意。当时郑士宁已经中学毕业,刚刚考入燕京大学生物系。杨武之觉得陈省身和郑士宁两人比较般配,就和夫人一起主动出面,充当红娘。陈省身与郑士宁相见后彼此之间都留下了良好的印象。经过几次交往,一种并不浪漫却十分朴实、真挚的感情便在这对年轻人心间悄然萌生。

1937年7月,陈省身从巴黎留学归来,受聘于清华大学。由于抗日战争爆发,他到长沙临时大学任教。这年12月,陈省身在长沙与郑士宁订婚,由杨武之和临时大学理学院院长吴有训充当介绍人。1939年7月,他们在昆明西南联大举行了婚礼。新房就设在离西南联大不远的大西门内大富春街的一座楼内。楼里居住着西南联大的几位老教授:物理教授饶毓泰住在楼上,数学教授姜立夫住在楼下。当时饶毓泰去上海探亲,便让出了一间厢房给这对新人。

陈省身夫妇金婚照,1989年

数不尽的离别日夜

不久,由于日寇轰炸,新婚燕尔的陈省身夫妇从昆明城里被疏散到近郊梨烟村,与吴有训家同住在一个院内。那时郑士宁已怀有身孕,陈省身又不会干家务活儿,这对年轻夫妻的生活显得很狼狈。热心的吴有训夫人看在眼里,便请他俩每天到自己家吃饭。几十年后,陈省身回忆起这段往事,称自己和妻子曾经当过吴有训先生家的"食客",对吴太太的盛情帮助,表示了最诚挚的感激。

1940年,郑士宁从昆明回到上海父母家待产,打算待孩子稍大点一块儿带回昆明。这年8月,她在上海生下儿子伯龙。不料转年的12月发生珍珠港事件,太平洋战争爆发。交通中断,她无法返回昆明,只得带着婴儿滞留在上海父母家中,与丈夫一别就是数不尽的日日夜夜。在一连串漫长、艰辛、充满思念、充满挂牵、充满忧虑的岁月里,一个纤弱的年轻女子需要有多么坚强的意志,需要承受多么巨大的艰难困苦!经过战争的磨难,她是一位伟大的妻子,同时也是一位伟大的母亲。

陈省身在昆明过着单身生活,虽然孤寂,但却拥有充足时间苦读他的导师、法国大数学家嘉当寄来的数量非常丰富的论文。

每年,陈省身都有论文在国外发表,他的研究成果已为国际数学界所瞩目。1943年,当时的世界数学中心——美国普林斯顿高级研究院邀请他去从事研究工作。到了普林斯顿仅仅两个月,陈省身就完成了高斯—邦尼公式的证明,这是他一生最得意的文章。接着,他由此又引入以后被称之为"陈省身示性类"的著名工作,为微分几何奠定基础。

当陈省身的工作取得开拓性成果时,抗日战争胜利,他决定立即归来为祖国效力。1946年春天,他几经周折,风尘仆仆地回到上海,同阔别多年的妻子和还未见过面、已经6岁了的儿子团聚。重逢的时候,郑士宁流下悲喜交集的泪水。陈省身拥着爱妻向她许诺:从今以后一家人永不分离!后来,他们果然永远相随相伴,再也没有分开。不久,他们又有了一个可爱的小女儿璞儿。

温馨家园

1948年年底,迫于国内形势,当时在南京中央研究院数学所任所长的陈省身,不得不再次应普林斯顿高级研究院之邀,举家飞往美国。

陈省身起初在普林斯顿搞研究,后来到芝加哥大学任教,1960年起在加利福尼亚大学执教。他的事业如日中天,1961年被选为美国科学院院士。

加州大学位于伯克利,这里气候宜人,一年四季如春。陈省身家的别墅就濒临旧金山海湾的一座小山上,放眼看去,景色优美如画。陈省身夫妇带着一双聪明活泼的儿女,在这个美丽的地方过着宁静而幸福的生活。

郑士宁是位典型的贤妻良母。她努力创造一个温馨、舒适的家庭环境,让丈夫全身心地投入工作,让孩子们健康成长。家中事无巨细全都由她一个人承担,陈省身可以一概不管,只埋头做他的数学。

郑士宁对丈夫体贴入微。就拿开车来说吧,陈省身脑子里光有数学,已经到了痴迷的地步。郑士宁生怕他开车时也想着数学,每次当他独自驾车外出,她都要千叮咛万嘱咐。后来干脆由她亲自驾车送他出去办事。

陈省身夫妇在伯克利住宅门前,1985年

郑士宁永远是丈夫的后盾。陈省身的学生方复全曾经在伯克利亲眼目睹了陈老先生夫妇一起开车的情景:那是1997年,郑士宁已经多年不让陈省身开车了,由她驾驶,但她的视力不佳,而陈省身的视力却非常好。于是两个人发挥各自的优势,一个驾车,一个盯着路上的红灯……这是一幅多么动人的画面啊!

对郑士宁所做的一切,陈省身十分感激。当他取得卓越成就时,总是念念不忘妻子的功劳,在一篇文章中他深情地写道:"必须提及我的太太在我生活和工作中所起的作用。近五十年来,无论是战争年代抑或和平时期,无论顺境抑或逆境中,我们相濡以沫,过着朴素而充实的生活。我在数学研究中所取得的成就,实乃我俩共同努力之结晶。"

1975年郑士宁60岁生日,陈省身特地赋诗一首:

三十六年共欢愁,无情光阴逼人来。
摩天蹈海岂素志,养儿育女赖汝才。
幸有文章慰晚景,愧遗井白倍劳辛。
小山白首人生福,不觉壶中日月长。
("小山"指陈省身的别墅所在地)

陈省身以其人品与学术成就博得数学界的极高声誉,而郑士宁的慈祥善良和热情好客,也给人们留下了十分深刻的印象。每年圣诞夜,陈省身夫妇总要在家里宴请二、三十名华裔学生。厨艺高超的陈师母亲自下厨,盛情款待,使得那些独在异乡为异客的年轻学子备感温暖,仿佛回到了故乡,回到了亲人们当中。

陈省身的得意门生、当今著名美籍华裔数学家、菲尔兹奖得主邱成桐,2000年得知师母逝世时,沉痛地写下挽联:

挽陈师母
惊闻师母仙逝,三十年赐宴伯城,
使游子如归,而如今慈颜顿失,痛何如之。
伏祷老师金安,半甲子赏誉四方,
俾后学蒙德,当年教诲尚在,心犹依依。

"宁园"名里蕴藏的一段情

陈省身在整体微分几何上的卓越贡献,影响了整个数学的发展,因而荣获国际数学界的最高奖——沃尔夫奖(诺贝尔奖没设数学奖项),被尊为"微分几何之父"。他已功成名就,物质生活也十分富有,但却更加怀念故国,报效中华的愿望也越为强烈。这位海外赤子密切关注着形势的发展。1972年尼克松访华,中美关系刚刚解冻,陈省身马上偕妻子和女儿回国访问。他决定把自己最后的心血贡献给中国的数学事业,而所有这一切都得到妻子的大力支持。

从1972年秋天开始,陈省身经常回国开展学术活动。郑士宁总是陪伴身边,照料他的起居饮食,帮助他整理资料。1985年南开大学建成数学研究所,陈省身被聘为所长。校内盖了一幢别致的淡黄色二层楼房,供他和夫人回国时居住。他将寓所题名"宁园",从此"宁园"便是他俩在中国的家。一开始,他们每年回来两次,每次两个月。至于为什么将住宅命名为"宁园"呢?陈省身对外人说自己喜爱宁静,其实这里面还有更深一层的含义呢。"宁"是郑士宁名字中的一个字。妻子数十年如一日,默默奉献,才有了他"独上高楼"的辉煌。妻子的功劳令他感动不已,所以将自己在中国的家用她的名字来命名,其中蕴藏着深沉的爱和无尽的感激之情。

陈省身夫妇审看南开数学所图书馆规划图

回国定居梦

近三十年间,为了一个伟大的目标,这对老夫妇不辞辛苦,频繁穿梭往返于大洋两岸。

1995年,天津市人民政府授予陈省身荣誉市民称号。当时他和妻子便提出回国定居的打算。其实郑士宁原本是不愿来天津的,她早就患有心脏病,曾经做过搭桥手术,伯克利的气候和自然环境对她的健康非常有益。另外,她也割舍不下小山上那个自己亲手经营了几十年、美丽而又温馨的家园;子女儿孙们全都是美国公民,在美国发展,她定居天津,离亲人们就更加遥远了。但是她十分理解丈夫的追求,在他做出这个重要抉择时,她依然一如既往毫不犹豫地支持他。

陈省身与刘徽应用数学中心学术委员会全体委员合影,2001年于"宁园"

对回国定居,他俩的心情是急切的。为办理定居手续,天津市公安局一位工作人员常来陈家。这个年轻人恰巧是南开大学80年代的毕业生,所以令二位老人感到格外亲切。一次在同这位小校友闲谈中,郑士宁不无诙谐地说:"如果办好手续,我们就不致于被驱逐出境了吧?!"

相伴到永远

当陈省身正忘我地工作时,巨大的不幸发生了。2000年1月12日上午,郑士宁像往常一样,精神很好,有条不紊地把家务安排妥当。午饭后下楼向厨师交待了晚餐的菜谱,然后回卧室休息。没料到她竟在睡梦中因心脏病突发,未及抢救而悄然离世。她走得很安详,没有经受任何痛苦。这正符合她生前的愿望——她曾对陈省身的得意门生陈永川说过:"不求活得长久,但愿走得干净利落。"然而对亲人们来说,事情发生得如此突然,就未免过于残酷了。陈省身的精神受到很大刺激,一时难以相信这是无情的现实还是个噩梦？

陈省身晚年阅读《南开大学报》

六十多年相随相伴、意笃情深的妻子竟突然离他而去。失去了这位伴侣、知己和贤内助，陈省身深感痛苦，唯有将她的大幅照片挂在客厅正面墙壁上，作为纪念，也作为慰藉。这里是他会客的地方，也是他的课堂和小型会议室，每天都能与她默默相伴。陈省身不无伤感地对来访的朋友说："很容易就想起了她。以前有什么东西找不到，我就对她说你帮我找找，她很快就给找出来了。现在找不着就是找不着啦！"

郑士宁病逝六天后，天津市公安局授予陈省身永久居留资格。这件事稍稍冲淡了他失去亲人的悲痛，只是暗自惋惜士宁早走了一步，没能等到她企盼已久的这一天！

几经思考，这位感情丰富又充满理智的老人决定将妻子的骨灰安葬在南开数学研究所，并在其侧为自己留一穴位，准备百年后与她合葬在这块他深深热爱，并为之呕心沥血的土地上。在他看来这是为逝去的亲人和自己选择的最好归宿。

2004年是陈省身生命的最后一年，这一年几乎是由一串闪光的亮点连缀起来的。

9月，他荣获"首届邵逸夫数学奖"。

晚年陈省身，范曾作于2004（局部）

10月28日是他93岁诞辰,这位老寿星向前来祝寿的客人们公布了自己在数学界半个世纪未被破解的难题——"六维球面上的复结构问题"研究方面的重大进展。

11月2日,国际小行星联合会小行星中心将中国国家天文台发现的一颗小行星命名为"陈省身星"。

12月3日,陈老先生在人生的最辉煌时刻,骤然驾鹤西去,去会他的爱妻……

相信他与妻子合葬南开园的遗愿一定能够实现。

如今,大师的故居"宁园"已建成"陈省身纪念馆",供后人瞻仰。大师的业绩和品德都是中华民族的宝贵财富。

陈省身在南开大学的寓所"宁园",现为陈省身纪念馆

下篇:值得骄傲的女婿

任子女自由发展

陈省身夫妇膝下有一双儿女,儿子陈伯龙、女儿陈璞。父亲对待子女一向非常宽厚,用女儿陈璞的话来说,他对孩子"是很放纵的"。陈省身由于自己在童年时代没人管束,自由自在,结果成就突出,所以他也

任凭孩子们自由发展。然而女儿却总对他说:"你是特殊的个例,所以能够成功。而我们这些非常普通的人就需要管教了。"

据陈璞回忆,在她和哥哥小的时候,父亲从不打孩子。有一次他打女儿手心,打得一点也不疼,她便调皮地告诉爸爸说:"可以打得再稍微疼一些,不然没有用!"

陈伯龙、陈璞兄妹俩全都具有数学家遗传下来的聪明才智,事业上各有建树,令父母感到欣慰。如今陈伯龙在美国是人寿保险顾问,陈璞则是美国经济学博士。此外,陈省身夫妇还拥有一个极其出色的女婿,那就是国际著名超导物理学家、美国科学院院士朱经武博士。

一个可爱的台湾青年

已经是科学泰斗的朱经武,外貌显得十分平易近人。孩子似的脸庞,满头浓密的黑发,脸上总是洋溢着笑意,人们一看见他,就会感到这是一位非常富有情趣,而且和蔼可亲的人。

朱经武1942年出生于湖南,儿时随家人迁往台湾一个乡村。当他还是个少年时,陈省身的名字在台湾岛已经如雷贯耳,家喻户晓。朱经武从小就十分崇拜这位大数学家,但是他怎么也没料到,自己日后竟会成为数学大师陈省身家族的一名成员。

上个世纪60年代,朱经武从台湾到美国留学,在读物理学硕士学位的时候,恰巧与陈璞成了同学。这对年轻人由相知到相爱了。然而朱经武心中总有一些隐隐的不安:女友生长在

陈省身女婿朱经武

美国的名门之家,而自己却来自台湾的穷乡僻壤,数学大师能否接受出身卑微的他呢?

当几位亲密朋友在同他讨论如何能够获得陈大师同意他与陈璞的婚事时,其中一个向他开玩笑说:"如果陈大师决定给未来女婿一次口

试的话,那么你应当把微积分和微分方程从头到尾再好好复习一遍!"

与大师初次见面

朱经武终于和自己又敬又畏的陈大师见面了。在这次见面之前,他确实忐忑不安。那是1968年,美国物理学会于加州伯克利举行学术会议。当时在圣地亚哥加州大学任教的朱经武向大会提交了三篇论文,并赴伯克利参加会议。而陈省身夫妇恰恰就住在伯克利,这回朱经武注定要同陈大师见面啦!

当时陈省身刚刚结束了在波士顿的讲学,正启程归来。陈璞便约朱经武同她一起到旧金山机场去接父亲。当朱经武看到景仰已久的数学泰斗那熟悉的脸庞,看到他和善地微笑着,随着自动通道朝他们而来时,朱经武长期隐藏心中的种种顾虑便一下子都烟消云散了……

随后他们到当地一家叫"厚德福"的中国餐馆就餐,显然陈省身是这家餐馆的老顾客。他把从波士顿带回来的一盒活龙虾交给那位熟悉的刘厨师烹调。刘厨师的手艺非常高超,龙虾味道做得好极啦。可是刘厨师却坚决不肯收烹调费,因为他非常敬重陈先生。陈省身便对朱经武说:"那么由我作一首诗,你将它写成条幅,送给刘师傅,以表示咱们的谢意,你说好不好?"

朱经武深怕这样会暴露出自己书法上的弱点,连忙回绝了。尽管这次得以逃脱,几天后他依然在大师家中露了"怯"。学术会议结束,在朱经武离开伯克利的前夕,应邀参加陈省身的家庭聚会。那天晚上他过得很开心。当第一道菜后,陈璞和她妈妈端走沙拉盘和餐叉时,发现有人用错了叉子,这人正是朱经武,弄得陈璞感到很难为情。而这件事是好久以后她才告诉他的。尽管如此,陈省身夫妇毫不反对女儿同这位农家子弟的交往,并把他们钟爱的唯一女儿托付给他。这既是出于对女儿的信任,也是由于他们看中这个可爱的台湾青年的人品与才华。

原来陈省身此时已经从朱经武、陈璞的导师那里得知他对自己这两名学生的评价:"保罗(即朱经武)聪慧,而陈璞更伶俐。"因此陈省身深信朱经武丝毫不逊色于自己的女儿。

谆谆教导

朱经武攻读博士学位时,陈省身请杨振宁作他的博士论文导师。以后杨振宁还当了他与陈璞的媒人。有趣的是当年杨振宁的父母为陈省身夫妇作媒,而杨振宁又为陈省身的女儿当媒人。由此可见陈、杨两家两代人的深厚情缘。

陈省身与儿子伯龙(左)及女婿朱经武,1990年

朱经武常常问岳父:"您成功的秘诀是什么?"这位睿智的长者亲切地告诉他:模仿不能通向成功之路。一个人应该自始至终严于律己,了解自己的能力与弱点,不骄傲自满,应当以自己的兴趣与天性开拓自己,而不单为追求时髦做一些容易的事。因此,一个人一旦发现了一件既新奇又有趣的事,就应该敢于接受并抓住不放。他谆谆教导道:"要问自己工作是否尽力,而不是报酬多少。"

作为长辈,陈省身还常对朱经武说:"应当从条条框框里跳出来,做一些别人没想过的事情。"并嘱咐道:"你要做新的东西,要'日日新,苟日新,又日新'。""做事要执著。"

陈省身从当年在德国选择了那时并不时髦的微分几何作为研究领域起,他的一生就是这些崇高思想境界的真实写照。岳父的教诲,对朱经武的科学道路和人生道路都产生了巨大影响,使他终生受益。

无愧于大师

作为陈省身的女婿，朱经武可以说是当之无愧的。1987年2月，他与同事在休斯顿大学实验室发现了一种可以在高于液氮温度下成为超导体的材料。这是个震撼世界的发现，开创了物理学的一个崭新分支，并具有极其广泛的工业运用前景。那期间，岳父母在电话中的第一句话总是："现在温度如何？"

1988年的一个盛夏之夜，时钟已经过了十一点，陈省身夫妇正在欧洲之行的旅途中。他们从纽约的肯尼迪机场给朱经武打来电话，当时他和同事们正沉浸在刚刚发现最新结果的兴奋与喜悦中……朱经武说："陈省身夫妇成了我研究工作中最忠实的拉拉队队长。"

这位年轻有为的物理学家认为，自从与陈省身家交往到成为其中一个成员，这影响了他的一生。他所做出的一切成绩，主要应归功于岳父母以及妻子的鼓励与支持。

朱经武以他在超导方面的先驱性工作闻名于世，获得美国国家科学奖，成为美国科学院院士。陈省身为有这样的女婿而自豪。

老人胸中年轻的心

陈省身在夫人猝逝后不久获得在华永久居留资格。2000年春天，他最后一次去美国，安排、处理了一些私人事务，同子女孙辈们欢聚一堂。但是他急于要回中国。9月，中国驻旧金山总领事馆举行了"陈省身回国定居欢送会"。随后，陈省身在女儿陪同下返回南开，返回中国的家——"宁园"。他决定从此再不在两国之间奔波了，真正做到落叶归根。

似乎是上苍对陈老先生晚年的关照，2001年7月，朱经武受聘为香港科技大学校长。这样一来，他离天津近得多，也方便得多，有机会常去看望岳父了。他多次来天津在"宁园"住下，同老人畅谈到深夜。不久，陈璞也迁居香港，她更是经常来陪伴父亲，每隔几个月就回来一次，有时候还带上孩子。对女儿、女婿以及外孙、外孙女的到来，陈省身总是十分高兴和激动。

闲谈时，陈省身不止一次向朱经武提出："可不可以把你的超导同我的几何联系在一起？你们做晶体同几何有关系，为什么不弄到一块儿呢？我相信是可以解决一些问题的。"

岳父的这番话，使朱经武深深感悟到，九旬高龄的老人胸中跳跃的依然是一颗对所有事物都充满强烈兴趣的年轻的心。朱经武说，他是多么祈盼能架起微分几何与高温超导之间的桥梁啊，那将是他人生与事业的最大欣慰！

作为一位杰出的科学家，朱经武确实无愧于自己的伟大岳父——在他走马上任当了科技大学校长的第二年，就被评为香港所有大学校长中的"最佳校长"。提起这件事，陈省身无法掩盖自己的喜悦之情。

"泰山我愧东床婿，数界人推北斗星"

2004年9月，陈省身荣获有"东方诺贝尔奖"之称的"首届邵逸夫奖"。他亲赴香港，在朱经武陪同下领奖。这也促成一次同在港定居的女儿一家团聚的机会。儿子陈伯龙得知后连忙从美国赶来，全家大部分成员聚在一起尽享天伦之乐。他们相约12月中旬再来香港举行一次更加盛大的家庭聚会。

可是万万没有料到，就在12月初，朱经武忽然接到陈璞从美国打来的电话，得知岳父于11月底患病已住进医院，病情比较严重。他便急忙飞抵天津，直接赶往天津医大总医院。来到医院，陈璞已在他之前抵达，陪伴在父亲身旁。遗憾的是此时老人已经陷入深度的昏迷状态中，女儿和女婿都没能聆听到慈爱父亲的一句最后嘱托……

12月3日晚间，陈省身溘然长逝。深夜，悲痛万分的朱经武夫妇从医院返回"宁园"休息，但这里已经物是人非，从此天人永隔了！

次日，在接受南开大学新闻网记者专访时，朱经武表示，斯人已去，亲人深感悲痛，却也不无欣慰，他说："一个人的故去本来是件私人的事情。可是南开师生这么关注，全中国、全亚洲、全世界都这么关注，这是很值得骄傲的。"

朱经武（右三）、陈伯龙夫妇（左二、一）与南开大学"省身楼"建设者合影，2005年

2005年10月，为纪念大师九十四华诞，陈省身的忘年交、南开大学国际数学研究中心大楼——"省身楼"的建设者、绍兴一建集团公司副总经理李兰贞女士，专门请人设计了一套陈省身纪念邮票和纪念封。朱经武得知后非常高兴，特地为纪念封题写了一个条幅："泰山我愧东床婿，数界人推北斗星。"充满了对岳父的敬仰与思念之情。

朱经武在2005年的陈省身纪念封上的题辞

朱经武(右)与国际数学联盟前主席路德维格·法捷耶夫(左)在南开大学"省身楼"建成时亲切交谈,2005年

载《今晚报》2001年10月12日

载《今晚报》2006年3月9日

本文获《中国作家》2006年第二届"金秋之旅"笔会大赛"报告文学"二等奖。

朱经武的奇迹

朱经武简介

朱经武1942年生于湖南,在台湾乡村长大。1962年,他毕业于台湾成功大学,同年留学美国,1968年在圣地亚哥加州大学获博士学位。毕业后,他先在新泽西的贝尔实验室从事工业研究工作,后任职于克利夫兰州立大学,1975年晋升为教授,1979年任休斯顿大学教授。他在高温超导的研究上取得重大突破,1987年成功发现新超导材料,开创了高温超导研究的新纪元,从此出任全球最大的美国休斯顿大学德克萨斯州超导中心首位主任,并被推选为美国科学院院士。90年代初,朱经武被南开大学聘为名誉教授,2001年至今出任香港科技大学校长。

朱经武在香港科技大学

数学大师的女婿

早些年一般人并不熟悉朱经武这个名字。一次,陈鹗先生在同我谈起数学大师陈省身时说:"他的女婿是个物理学家,也非常了不起!"但她说不清他的名字,而我从此便知道了大师有位出色的女婿。

后来由于采访陈省身先生,稿件写成后送去请先生过目,使我有机会多次接触这位平易近人的大师。陈省身先生送我多部海内外出版的书,有他自己的文集,也有别人为他八十寿辰出版的纪念文集和撰写的传记。从这些书中看到陈省身先生早年各个时期的全家福照片,也见到了他女婿的照片,而且知道了这位女婿名叫朱经武。孩子般的脸庞,满头浓发,脸上总是洋溢着笑意,令人感觉他富有情趣,和蔼可亲,是位非常可爱的年轻人——上个世纪八、九十年代他还很年轻。

接着,我又从纪念文集中读到朱经武写的文章。他用生动活泼的文笔描写了与陈大师的第一次见面,以及首次参加大师的家庭聚会时怎么出了洋相……真是妙趣横生!文如其人,同照片给人的印象一样:充满情趣。读完朱经武的作品和杨振宁对他的评价,我才知道他的非凡业迹。

2001年夏天,陈省身先生高兴地告诉我,原在美国的女婿刚刚就任香港科技大学校长。此时陈夫人已经于一年前病逝,老人很孤单。似乎是上苍对老先生晚年的关照,朱经武到香港任职,离天津近了,有机会常来看望岳父了。

作为优秀科学家,朱经武无愧于自己的杰出岳父——在他走马上任的第二年,就被评为香港最佳大学校长。提起这件事,陈省身先生掩饰不住喜悦之情。

与此同时,朱经武也成为南开大学名誉教授。

岳父的教诲

朱经武常常问岳父:"您成功的秘诀是什么?"这位睿智的长者亲切地告诉他:模仿不能通向成功之路。一个人应该自始至终严于律己,了解自己的能力与弱点,不骄傲自满,应当以自己的兴趣与天性开拓自己,而不单为追求时髦做一些容易的事。因此,一个人一旦发现了一件既新奇又有趣的事,就应该敢于接受并抓住不放。

陈省身谆谆教导道:"要问自己工作是否尽力,而不是报酬多少。""应当从条条框框里跳出来,做一些别人没想过的事情。"并嘱咐他:"你要做新的东西,要'苟日新,日日新,又日新'。""做事要执著。"还说:"科学的乐趣在于走在别人前面,看别人没有看到的风景,呼吸别人没有呼吸到的新鲜空气。"

岳父一再嘱咐朱经武,从事研究不要走热门,因为跳进去时已经很多人在那里打破头了,应该开创自己的路,而且要坚持,别一下子不行了就跳出来。这也是老人自己的深切体会。当年他在德国选择了那时并不时髦的微分几何作为研究领域,他的一生正是这种崇高思想境界的真实写照。

震撼世界的发现

岳父的教诲对朱经武的科学道路和人生道路都产生了巨大影响和启迪,使他终生受益。当时高温超导正处于停滞不前的状态,他便选择了高温超导作为自己的研究方向。

朱经武作为陈省身的女婿是当之无愧的。经过不懈努力,1987年2月,他与同事们在休斯顿大学实验室发现了一种可以在高于液氮温度下成为超导体的材料。这是个震撼世界的发现,开创了物理学的一个崭新分支,并具有极其广泛的工业运用前景。此前,由于这方面的研究一直未获明显进展,美国政府几乎要取消预算。但自它成功后,政府立即拨款两千五百万美元,在休斯顿大学建立了世界最大的超导中心,由朱经武主持。因此他也成了诺贝尔奖候选人。

当别人问及朱经武成功的秘诀是什么?他说,除了努力、运气外,与道路选择也有关系。他说自己确实得益于岳父的教导。

这位年轻物理学家认为,自从与陈省身家交往到成为其中一个成员,影响了他的一生。他说自己所做出的一切成绩,主要应归功于岳父岳母以及妻子陈璞的鼓励与支持。

灵性与悟性

朱经武从事超导研究时,有同行为他捏把汗,觉得他的胆子太大了。朱经武认为做科学也有点像宗教那样,要有信仰,看对了后,决定了后就要有信心。宗教上叫信仰,其实就是信心,然后朝着那个方向去做。

朱经武不仅是科学家,而且是行政管理人员。作为超导中心创始人,他一直担任主任职务。上个世纪90年代后期,他主动提出将卸任,把精力集中在超导研究上。为什么要下来呢?他的回答很简单:"急流勇退,不要做到别人不喜欢你的时候才下来。而且,新人有新想法。新来的人一定要比我好,物色人选中也有诺贝尔奖得主。"

对大学这种研究环境,他非常喜欢,常常说:"周围人换了一批又一批,永远是年轻人,其实自己老得一塌糊涂了,还不知道自己老。正如人们所说,年龄是一种心境,我们在这里就永远觉得年轻。"

朱经武每周工作七天,十多年来一直如此。他却感觉进了实验室就像人们周末去郊外游玩一样,具有疗养功效,会让自己轻松下来。他说,能做自己喜欢做的事情,就是人生的最大幸福。

别人曾经问朱经武:"你每周工作七天,陈璞不在乎吗?"

他笑道:"她习惯啦,她爸爸也是这样的。"

这位卓有成就的科学家在其他方面也很有灵性和悟性。学生时代,朱经武读过许多中国古诗,觉得物理现象中也可以看到单纯的美感。他的爱好广泛,尤其钟情绘画,对印象派绘画在颜色的处理上很感兴趣。他说自己临摹名画可以达到乱真的水平。念中学时,美术老师认为他应该去报考美术学院。另外他还喜欢养花种菜,家中的院子里一直种着甘蔗、番石榴和释迦。

朱经武的知识与兴趣如此丰富多彩,据他自己说,主要是受岳父和杨振宁的影响:"他们俩,一个是知名数学家,一个是诺贝尔奖得主,但他们专业之外的知识非常丰富,所以我希望自己也能像他们那样。"

要建成香港的麻省理工学院

2001年7月,59岁的朱经武走马上任,担任香港科技大学的第二任校长。继1987年超导热潮之后,他再次成为媒体关注的焦点。

他是背着一个极其普通的背包,穿着牛仔裤和旅游鞋走下飞机的。在下面等候的记者们看到后,不禁惊呼道:"哎,这就是我们的朱校长啊!"

在美国,当朱经武领导下的科研正做得很顺利的时候,他忽然应聘去当香港科技大学校长。有人问陈璞说:"朱经武在这边做得挺顺利,样样这么好,怎么忽然要跑到香港去?"

陈璞回答道:"他发疯啦!"

另外,选择一位没有任何院校管理经历的科学家担任校长,香港科技大学的举动也引起媒体的一片哗然。

其实朱经武任香港科技大学校长一事,双方都是经过深思熟虑的。2000年,香港经济经历了金融风暴打击之后,出现了全面复苏的形势。如何让香港科技大学成为香港经济转型时期的科技龙头,选择合适的校长成为关键。在美国科学界声名显赫的朱经武进入了他们的视野。为了争取朱经武,当时的香港特区行政长官董建华曾经亲自出马,进行劝说。

杨振宁也对朱经武讲,你应该去试一试,香港这个社会是很不寻常的。

朱经武自己同样希望能做点事情。

他说,我生为一个科学家,应该死为一个科学家。我在大陆出生,在台湾长大,在美国工作了很长时间。现在两岸三地之间、大陆与美国之间,还是有一些隔阂的。香港是一个最好的中介,我可以在这里做一些对华人都有价值的事情。香港是个非常特殊的地方,假如我能够来这儿,将隔阂尽量消除一些的话,那是很有意义的事。因为香港特殊的位置,现在还是一国两制,有很多不同方面的人出出入入,所以我希望在这个不寻常的地方,能促进中美、香港与内地、以及同其他地方各方面的学术合作。其实我一生从来没想过当校长,更没想到香港来当校长,所以这是一件很意外的事情。

从科学家到大学校长,朱经武不能将精力百分之百用在研究上,而要将更多的注意力放到人与人之间的关系方面。他多年一直坚持在自己任职的大学给一年级学生教授物理基础课。如今他把这一习惯也带到香港科技大学。他还有一个巨大的梦想,那就是把科技大学建成香港的麻省理工学院。

朱经武与香港科技大学签订了五年合约,任期内,他将在不放弃超导研究之外,尽全力带领香港科技大学向前发展。

在就职仪式上,他说:"我接受这一挑战,作为科大的领队和拉拉队队长,我鼓励大家一同接受这个挑战。我呼吁有献身精神的教职员工一起提高成效,并且继续营造美好环境,以招引最优秀的教研人员、职员和学生。只要我们携手同心,就会成为一支无坚不摧的队伍。让我们一起孕育未来社会博学通识的主人公,创造新知识和科技,推动香港经济转型。让我们携手照亮香港的前路!"

打造东方的"普林斯顿"

由于校长任期内可继续从事研究,目前朱经武主要在香港办学,美国的休斯顿大学和加州大学伯克利分校分别拥有一个研究小组,他仍继续开展超导研究。每次到美国开会,他总要抽出时间,躲进实验室,享受一下研究之乐。做了校长,他从未放弃研究,并不时有新的进展。

上任不到一年,朱经武就获得"香港最佳大学校长"称号,而香港科技大学也在他的带领下,延续着以前的发展态势,在很短的时间内,成为国际上著名的研究型大学。所以朱经武说:"来到这里以后,由于同事的努力,能继续向前走。所以这又是件很开心的事。"

2003年,当朱经武在香港科技大学任职时,诺贝尔物理奖颁给了研究超导体的其他科学家。有记者问他同诺贝尔奖擦肩而过有没有感到遗憾?他回答道:"我这一辈子得到的远比我要的多得多。生活就是要看整个大局,而且在整个研究过程里我也非常有满足感。""我真觉得自己很幸运,做自己喜欢做的事还能拿到钱,老天很厚待我。"

其实,没有拿到诺贝尔奖的朱经武,其名气甚至要高于许多诺贝尔奖得主。

2006年大陆高考之后,媒体惊呼,北大、清华等一流学府将要"沦为二流"……引起争论的人正是朱经武。争论的起因是由于香港科技大学承诺拿出一千五百万元港币,给内地学生提供奖学金,高考状元则能拿到最高六十万的奖学金。这一举动被很多人认为是到中国大陆与北大、清华争夺高考状元。面对争议,朱经武淡淡地说,香港高校到内地招状元,对两地的高等教育都有正面影响:"这就像鲶鱼效应,一条鲶鱼在动,其他鲶鱼也会跟着动。"

陈省身在女婿朱经武陪同下领邵逸夫奖,2004 年于香港

香港科技大学凭借多项研究及创新科技上的突破,在国际上声誉鹊起,并于香港转化为知识型社会过程中担当领导角色。香港科技大学奇迹般的发展引起了广泛的关注,也成为各个学校学习和追赶的目标。

自从朱经武担任校长以来,除了 2005 年排行第二外,每年他都被选为"最佳校长"。今年北京奥运会期间,他还光荣地被推选为香港的火炬手。

由一名台湾农家子弟成长为世界著名科学家,朱经武的人生是个奇迹;一所仅有十六年历史和四百多名教职员工的大学,一举跻身于国际优秀学府之列,香港科技大学的发展也是一个奇迹。朱经武这样解释奇迹:宏大的远景和坚定的努力。

校长合约期满,朱经武的任期又续签了三年。他还有一个更巨大的梦想,那就是建立一所高等研究院来实现香港科技大学实质性的飞跃。他的这个构想是受美国普林斯顿高等研究院启发而来的。普林斯顿高等研究院是在20世纪40年代建立的。当时就是由于它的成立，使得欧洲的学术重镇移到了美国。朱经武决心在自己的第二任任期内建立高等研究院，打造东方的"普林斯顿"。

南开大学聘朱经武为名誉教授，母国光校长为他佩戴校徽

每天早晨八点，朱校长步行上班，这是他来校后一直保持的习惯。在上班的路上，他会经过一个上坡路，如今他带领着香港科技大学也在走着一条上坡路。

载《天津日报》2008年11月21日

朱经武在陈省身家乡浙江嘉兴南湖缅怀岳父

张伯苓与南开的体育活动

>知道有个中国的,
>便知道有个南开。
>……
>天下谁人不知
>南开有个张校长?!
>——引自老舍、曹禺1946年献给张伯苓的祝寿诗

张伯苓(1876—1951)

南开系列学校(包括南开大学、南开中学、南开女中、南开小学和重庆南开中学)校长张伯苓名闻天下。在2008年北京奥运来临之际,专家学者们通过丰富翔实的史料,论证了这位著名教育家还是"中国奥运第一人"。其理由如下:他是提出中国要参加奥运会的第一人;他是中国到现场观摩奥运会的第一人;他是将奥运引入中国的第一人;他是把奥林匹克教育列入体育科学教学大纲的第一人;是他大力促成我国运动员刘长春第一次参加奥运会。

张伯苓被誉为"中国奥运第

一人",让广大天津人民深感骄傲。本文讲述一些关于这位体育先驱在开展南开体育活动中的真实故事。

严氏私塾的体育课

1898年,年方22岁、刚从海军退役的张伯苓被天津名绅严范孙请到家中当私塾先生,给严府的5名子弟讲授数理化、英语和体育等课程。严范孙还创办了一个小学教师讲习会,请张伯苓利用晚间为小学教师补习英语和数理化。一时间,社会上都把张伯苓当成了圣人,因为当时精通西学者尚寥寥无几。

严馆的体育课最新奇:张伯苓在院子里用两张太师椅的靠背架起一根长鸡毛掸,让学生把辫子盘到头上,掖起长袍的下襟,练习跳高;他又让学生一个屈着身子,另一个从其身上跃过,这就是跳木马的训练。他还模仿北洋水师学堂的体操用具,画出哑铃、火棒的图样,让木匠制作。课余,他教学生下棋、打旗语和摄影,并与学生一起到户外打球、跳高、跳远、骑自行车……这在旧中国确实是件新鲜事儿,人们对这位大胆革新的私塾先生更加刮目相看了。

"不懂体育不该当校长"

1904年,在严馆的基础上建成南开学校,张伯苓任校长。他针对"中国人道德坏、知识陋、身体弱"的三大缺点,制定了三大政策,即进行爱国教育、推行科学和提倡体育。他一再强调,三育并进,不能偏废。

南开早期没有体育课,张伯苓便提倡开展课余体育活动,做到人人上操场。后来有了体育课,校方规定为必修课,不及格者不准毕业。旧中国的学校大多不重视体育,张伯苓决心身体力行,扭转这种愚昧落后的偏见:"有了好身体,才能有坚强的意志,担当起建设国家的重任。身体若不好,就失掉做事的本钱,什么也谈不上了。"

"健全的精神寓于健全的身体。""会玩的人才会念书。"这是张伯苓的口头禅。

一次集会上,张伯苓语重心长地对学生们说:"你们要认真读书,但切不可死读书。因为只有会玩的人才能把书读好。西方不是有这样的谚语吗?"

随着思想认识的成熟,张伯苓把体育的地位提得更高。后来他这样阐述自己的见解:"教育里没有了体育,教育就不完全。我认为体育比什么都重要。我觉得不懂体育的,不应该当校长。"

南开体育课的考试,除各项运动技巧之外,还有笔试——这也让人感到新奇,笔试内容是各种运动的规则。有个学生,学业优秀,但不重视体育,常常无故旷课,毕业时学校没有发给他毕业证书。后来体育教员出面说情,而张校长仍然不同意,说学校的规定不能随便更改。

在一次体育课上,有学生顶撞老师。张校长知道后大发雷霆,坚持要给这名学生"不准在校住宿"的处分。又是体育老师向校长求情,说该生是从外地考来的,若不准他在校住宿,实在无处投奔。最后张校长坚持要那个学生向体育老师赔礼道歉才算罢休。张伯苓不能容忍轻视体育课和不尊重体育教师的思想与行为。

体育是南开的骄傲

由于张伯苓率先提倡体育,因而成为体育界的权威人士。历届全国运动会、华北运动会,大都由他担任总裁判。我国运动员出国参加国际比赛也由他担任领队。以后他又被推选为华北运动会会长、中华全国体育协进会会长。在这样一位"体育名人"的领导下,南开的体育活动自然十分活跃。

每天下午4点以后,操场上一派生龙活虎、朝气蓬勃的景象。张校长的高大身躯也夹在小伙子们当中。校长出现在哪里,那儿的欢声笑语就越加响亮。校长同学生们一块儿玩,使全校的体育活动变得更为多姿多彩。

在教职工运动会上.张伯苓带头参加,荣获百码(米)赛跑第一名。在第二届远东运动会上,南开学生郭毓彬获得半英里及一英里赛跑第一名,为祖国争得了荣誉。南开的足球队,在校际比赛中多次夺魁。篮球的"五虎将"(李国琛、唐宝堃、刘健常、王锡良、魏蓬云),由于一举挫败远东运动会冠军菲律宾队而名震中外。

1935年,以南开足球队主力队员和北宁队组成的中北足球队,在参加"爱罗鼎杯"比赛中,连续挫败了在津的英国队、俄国队和世界队,荣获冠军。张伯苓非常高兴,宴请全体队员,席间发表了动情的演说:"洋人嘲笑我们是'一盘散沙'。做事'五分钟热度',而事实是最好的反证。足球比赛是一种团结合作性很强的运动,全队十一人必须团结一致,顽强奋战,才能有取胜的希望。以此来克服'一盘散沙'是最好的手段。足球比赛的时间长,紧张而激烈,必须具有坚韧不拔的精神,也是克服'五分钟热度'的最好手段。"

南开篮球队1927年合影,左后一为体育部主任章辑五、左后二为体育教员侯洛荀

文艺节目中的体育题材

南开重视体育,甚至在文艺晚会的节目中,体育题材也成了一个重要内容。

在一次校庆纪念会上,有个学生用天津话说了一段相声。相声中讲,在校庆运动会上。一位诗人到运动场参观,即兴作了两首诗。在观看短跑时,诗曰:"百米刚上场,个人往前闯,伸手一搂枪——没响!"在观看田径赛场时,诗曰:"规矩满不懂,铁饼往后扔,侯景吃麻花儿——满拧!"

全体师生立即开怀大笑并报以热烈的掌声。大家非常喜欢这个题材新颖、妙趣横生的节目。

第十八届华北运动会

20年代,南开组成了拉拉队,每逢学校举行运动会和对外体育比赛时,拉拉队就为运动员们加油鼓劲。

30年代初,大家公认的南开拉拉队队长是严范孙之孙、绰号"海怪"的严仁颖,还有张伯苓的四公子、绰号"陆怪"的张锡祜。在他俩的指挥号令下,拉拉队为健儿们鼓气,往往会奇迹般地使本校运动员在比赛中反败为胜。

1934年10月10日,第十八届华北运动会在天津北站体育馆举行,张伯苓照例担任总裁判。市政府邀请了各国驻津领事出席运动会,日本总领事也带着武官应邀来到会场。

体育馆看台的一侧,坐着三百多名男女学生。他们每人手持紫色和白色两面小旗(紫白为南开校色),这就是训练有素的南开拉拉队。

30年代南开女生篮球队,右后三为陈鹗

南开拉拉队为盛大的华北运动会做了非常充分的准备。拉拉队队长由"海怪"担任(此时"陆怪"张锡祜已考入杭州航校),南开军乐队为拉拉队伴奏。拉拉队不仅齐诵拉拉词,还用彩旗组成标语,并为运动会排练了文艺节目。

在开幕式上,拉拉队表演了充满爱国情绪的大合唱:

"十八届运动会,开在河北天津卫,众英豪精神焕发,时刻不忘山河碎。卧薪尝胆立大志,收复失地靠我辈。待到东北光复日,中华民族万万岁!"

南开军乐队演奏了进行曲、南开校歌和岳飞的《满江红》。

运动会比赛项目开始,多才多艺的"海怪"异常活跃。他一身紫白相间的运动衣裤,带领队员呼喊时又做点滑稽表演,观众席上不时发出阵阵笑声和掌声。

南开拉拉队在这位优秀大队长的指挥下,挥舞彩旗,组成一幅幅巨型标语,动作敏捷而整齐。忽然间,彩旗组成的"毋忘东北"、"毋忘国耻"、"收复失地"、"还我河山"等大字标语口号出现在看台上,整个会场的观众顿时报以雷鸣般的掌声和欢呼声……

看台上的日本官员一下子恼羞成怒,气势汹汹地向大会提出抗议,要求严惩南开这些"胆大妄为"的学生。可是作为大会总裁判和南开校长的张伯苓,对日寇的无理取闹根本不予理睬。

第二天,天津的汉奸报纸《庸报》大肆攻击严仁颖:"某大学名人亦系书香门第,竟在排字中大用别字,可谓不学无术,为家门丢脸。"

1934年第十八届华北运动会上南开拉拉队用彩旗组成"毋忘国耻"等标语

南开师生看了后无不嗤之以鼻,觉得这份汉奸报纸才真正不学无术,丢丑,现眼,因为"勿"与"毋"本是通用的!

与此同时,日本驻华大使馆向南京外交部提出抗议。南京政府令张伯苓约束他的学生不要有越轨行为。而张伯苓是怎么"约束"他的学生的呢?他把拉拉队的大小队长找到办公室,说了四句话:"你们讨厌,你们讨厌得好,下回还那么讨厌,要更巧妙地讨厌。"

重庆南开中学的体育场所

抗日战争爆发,爱国堡垒南开校园遭到日寇轰炸。张伯苓率南开师生迁往后方。大学部与清华、北大在昆明组成"西南联大",中学部则于重庆沙坪坝建起重庆南开中学。重庆南开中学的整个校舍是适应重庆山城高低不平的地形而建筑的。

1935年张伯苓(三排中)同以南开队和北宁队组成的中北足球队队员合影

在"体育为先"的指导思想下,张伯苓念念不忘修一座体育场。校园中心恰是一片凹地,便修成一个大操场。操场南、北的坡地正好建成看台,东面还有几个篮球场。一圈四百米的跑道,围着一个足球场……张校长不惜花费巨大力气,修建这么多的运动场所,他说:"孩子们像一群野马,让他们在那里跑跑跳跳,哪能关在笼子里呢?"

著名教育家蔡元培对南开体育的评价是:"已臻佳境。"

因此,早在上个世纪90年代,一些有识之士就认为张伯苓是我国近代体育之父。

张伯苓为南开足球赛开球

载《今晚报》2008年4月11日

南开新剧团：北方话剧的摇篮

南开校长张伯苓酷爱戏剧，每逢喜庆日子，都要登台唱几段。他说，不能把演戏看作是单纯的娱乐，戏剧能改革社会风气，提高国民道德，所以提出"寓教于乐"，组织戏剧演出。

张伯苓青壮年时代

早在1909年，南开上演的第一个话剧《用非所学》，就是由张校长自编自导自演的。消息传开，令社会上的保守派骇然失色，连声惊呼：身为校长，竟登台演戏，有失体统，有失体统！

面对世俗偏见，张伯苓一笑置之。

由于《用非所学》的思想内容和表演技巧在当时都是空前的，所以张伯苓荣获"中国话剧第一人"的美称。

南开从此每逢节日都要演戏，这已成为学校的传统。在张校长的大力支持下，1914年成立"南开新剧团"。

20世纪二三十年代，南开新剧活动达到了鼎盛时期。南开新剧团被誉为"北方话剧的摇篮"，从这里走出了曹禺、鲁韧、黄宗江等艺术巨匠。

今天，在南开中学建校一百零五周年、南开大学建校九十周年即将来临之际，让我们回顾南开新剧团的骄人业绩，回顾这些业绩背后的人与事吧。

"中国第一导"张彭春

南开戏剧的核心人物是张伯苓的胞弟张彭春。

张彭春是南开学校第一届毕业生。他于1910年考取清华第二届"庚款"留学生,赴美留学,攻读教育学和哲学,课余的兴趣却是研究戏剧。

1916年夏,张彭春获硕士学位回母校任教。他才华横溢,风度翩翩。人们叫他"张九爷"、"九先生"。当时南开的新剧活动正蓬勃开展。由于九先生擅长戏剧早就名声在外,所以一回校立即被推选为新剧团副团长。九先生走马上任后不负众望,将南开新剧活动推上了发展的新阶段。当时国内还没有建立导演制度,他将西方正规的导演制度用于南开新剧团,因此他不仅领导剧团,而且是首任导演,被称作"中国第一导"。

张彭春采用导演制排演的首个剧目,是自己在国外创作的写实主义剧本《醒》。

尽管《醒》还较稚嫩,但其历史意义却不容忽视。它比发表于1919年、被称作"中国现代文学史上第一部话剧剧本"的胡适的《终身大事》,要早三年。

张彭春不仅带来新型的剧本,还带来一套完整的、效仿欧美的导演方法,比1924年首次为上海戏剧协社执导《少奶奶的扇子》、被话剧史家称为"中国导演制度的创立者"的洪深,要早八年。

张彭春于1928年

是张彭春第一个将西方的戏剧理论和编导艺术直接移植到南开新剧团,从而形成我国早期话剧运动南北两个中心之一的北方话剧艺术。

1919年张彭春再次出国深造,回国后受清华诚聘出任教务长。直到1926年他才回到南开,任中学部主任兼大学部教授。课余,他依然为南开新剧团倾注心血。他把易卜生的《国民公敌》、《娜拉》、莫里哀的《悭吝人》、王尔德的《少奶奶的扇子》和契诃夫的《求婚》等具有民主思想的世界名剧搬上南开舞台。

排演《娜拉》时,确定了演员后,张导首先同演职员分析研究剧本和剧作家,也就是如今所说的"案头工作",在黑板上挂一个自制的"易卜生生平创作年表",对这位大师作专题讲座。

张彭春曾两次陪同梅兰芳出国演出,任剧团顾问兼总导演。

1930年梅兰芳剧团在美国演出时,最初美国观众因听不懂戏词,中途退场的现象屡有发生。张彭春便想出一个办法:每场开演前,他身穿礼服出现在舞台上,用流畅的英语向观众讲解中国戏曲的特点,并对即将演出的剧目内容作一简明介绍,最后强调道:"中国京剧是古典戏剧的精华,只有文化水平高、又有修养的观众才能欣赏。"

经他这么一讲,观众不但对剧情有所了解,而且都愿做个"有修养"的观众,所以演出效果极好,场内鸦雀无声,再没人中途退场了。局面一下子就被这位长着聪明大脑袋的张先生扭转了过来。

梅剧团访美把中国京剧的地位提到了一个新的高度,引起世界瞩目,这都与张彭春的工作分不开。作为剧团的顾问兼总导演,他既对中国京剧进行大胆的革新尝试,如废除检场制度,净化舞台,不能为开打而开打,改良剧本,力求精炼集中,减少纯交代性的场次等。同时他又从中国传统戏剧中为刚自欧美移植过来的年轻的话剧汲取了丰富营养,在京剧与话剧之间架起一座桥梁。

张彭春(右二)陪同梅兰芳(左二)访苏演出时与苏联著名电影导演爱森斯坦(左一)等合影,1935年

张彭春与梅兰芳的愉快合作,使梅兰芳永志不忘。1935年,苏联政府邀请梅剧团赴苏演出,梅兰芳再次聘请张彭春出任顾问兼总导演。梅剧团抵达莫斯科时,受到苏联著名戏剧家斯坦尼斯拉夫斯基、丹钦柯和梅耶荷德等的热烈欢迎。

此时,因反纳粹而流亡苏联的德国戏剧家布莱希特正在莫斯科。斯坦尼斯拉夫斯基、布莱希特和梅兰芳是三个不同艺术流派,被称为"世界三大演剧体系"。三大体系代表人物的聚会成了戏剧史上的盛事。张彭春能同大师们荟萃一堂,感到三生有幸,也得到很大收益。

访苏演出,梅兰芳不仅获得极大荣誉,而且促成了他艺术的一次飞跃。为答谢张彭春和南开对他的支持与帮助,第二年金秋季节,梅兰芳专程赴津,到南开中学拜会张氏二兄弟。

张彭春(左三)与梅贻琦(左二)、张伯苓(左四)等合影,1945年于昆明西南联大

苏联之行使张彭春的艺术观有了极大提高。他既吸取斯坦尼斯拉夫斯基重视内心体验的精华,又重视梅耶荷德注重形体训练的经验,并潜心研究中国传统戏剧的艺术特色,追求神似而不满足于形似。总之,他从不拘泥于一家,而是广采博闻,兼容并蓄,从而形成自己独特的导演手法。

抗日战争爆发,张彭春应政府聘任到英美等国宣传抗日,从此离开南开。1945年抗战胜利后,张彭春回国在重庆南开中学度假,重排了他20年代的杰作《娜拉》,作为祝贺南开校庆的献礼。这次重排让他又过了一把导演瘾。也正是那次重排,成了这位"中国第一导"的最后一次执导,从此他的戏剧活动便划上了句号。

张彭春(右)陪同梅兰芳(左)访苏演出时在莫斯科火车站受到热烈欢迎,左二为余上沅,1935年

周恩来在南开的戏剧活动

1913年,周恩来从沈阳考入南开中学。第二年南开新剧团一成立,他就参加了剧团,成为剧团的骨干。他不仅当演员,还担任布景部副部长,有时还管拉大幕。当时南开没有女生,剧中女角都由男生反串。由于周恩来容貌俊朗,身材适中,常常被分配扮演女角。他演过的重要女角有《华娥传》中的华娥、《仇大娘》中的蕙娘、《一元钱》中的孙慧娟、《千金全德》中的高桂英、《醒》中的冯君之妹等。

1916年9月,周恩来在南开校内刊物《校风》上发表了《吾校新剧观》一文。

周恩来在南开读书时

该文不仅阐述南开新剧团为什么活动的旨趣,也是剧团的总结。它奠定了南开新剧团发展道路的理论基础。

抗日战争期间,周恩来常常在重庆南开中学同张伯苓会面。一次,他忽然严肃地对老校长说:"我对南开有意见!"

张伯苓不禁有点意外,连忙问有什么意见。周恩来板着面孔说:"当年演戏,为什么总让我演女的!"说罢,自己忍不住哈哈大笑起来……张伯苓这才明白,原来周恩来是同自己开玩笑,跟着也发出爽朗的笑声。

新中国成立后,已成为共和国总理的周恩来曾嘱咐曹禺说:"写中国话剧史,不能忘记北方话剧发展的历史。"

南开新剧团的故事

南开学校人才辈出,南开新剧团同样也人才辈出。从这里走出的还有一个名叫吴博的学生,他就是后来导演了《万家灯火》、《洞箫横吹》、《今天我休息》、《李双双》等优秀影片的著名电影导演鲁韧。

周恩来(右一)在《一元钱》剧中扮演孙慧娟

1934年获"电影皇帝"殊荣的金焰(原名金德麟),当年也是南开园里的一位多才多艺的翩翩少年。

再往后,南开新剧团的骨干之一,便是如今仍活跃在文艺界赫赫有名的黄宗江了。他经常扮演女角,校刊的文章评论其背影"犹如希腊女神塑像",并称他是"万家宝后南开之最佳女演员"。

1926年南开校庆演出《一元钱》时,戏票设计别出心裁,做成一枚圆形硬币状,上面标着"一元钱",票价也是一元钱,处处不离"一元钱"三个字,使人感到格外有情趣。

排演《国民公敌》时,张彭春忽然接到直隶督办、奉系军阀褚玉璞发来禁演的命令。原来此人土匪出身,野蛮愚昧。他听说南开排演了一个姓易的人所写叫《国民公敌》的戏,一听剧名他便一口咬定这个剧是攻击自己的。大家看到那纸命令,觉得既可气又好笑,但也无可奈何,只得停排。而张彭春却不甘心放弃排演,因转年(1928年)3月是易卜生诞辰一百周年,他十分渴望演出此剧纪念这位近代戏剧之父。于是他开动脑筋,把剧名改为《刚愎的医生》,便顺顺当当地演出了。这件事让大家都长了见识:原来剧名是大有学问的啊!

演话剧、看话剧,已成为南开学生课余生活中不可或缺的重要内容。在上演根据俄国大作家契诃夫的喜剧《求婚》时,竟出现了令人始料未及的效果。这出喜剧笑料丰富,妙语连珠,让台下的学生们笑得前仰后合,笑疼了肚子!年轻的观众们不知如何才能渲泄自己的情绪和表达自己的感受,竟由开怀大笑,发展到齐声哄叫、同时顿足的地步。这样一来,把大礼堂二楼底部天花板的白灰震下了一大片,砸到楼下观众的头上和身上……整个大礼堂顿时混乱起来,台上的演员们也都吓呆了,暂时停止了演出。等骚乱过去后才接着往下演。此时观众席上依旧笑声不绝,一直笑到全剧终了,只是再也没有人敢顿足跺脚了。

最早同曹禺演戏的女演员

1929年,为迎接建校25周年,南开新剧团排演了根据高尔斯华绥名剧改编的《争强》。这次排演改革陈规旧例,首次实行男女同台演出。这是个破天荒的壮举,也是话剧发展史的一大进步,南开新剧团从而开始了男女同台演出制。万家宝此后也不再反串了。他在《争强》中扮演铁矿董事长。全剧有四个女角,全部由女生扮演。

在那个年代,敢于和男生同台演戏是需要一定勇气的。这四名颇有气魄的新女性是王守媛、张英元、沈希咏和张家印。四个角色中,王守媛和张英元的戏分比较重。

四位最早与曹禺同台演戏的女演员今何在?据知,王守媛已于1948年病逝,沈希咏和张家印去向不清,惟有张英元仍健在,并同母校有着千丝万缕的联系。

张英元于1928年

张英元1907年生于广东佛山,童年在私塾读书。少年时代她已从现实生活中深刻体会到妇女地位低下,受人欺凌,必须掌握本领、经济独立才能立足于社会。于是她发奋图强,17岁离开家乡,来到天津,就读于中西女中,1927年考入南开大学预科,翌年升入本科商学院。她在校时品学兼优,曾获得奖学金,并积极参加各种社会活动。

《争强》一剧首次男女同台演出大获成功,校庆日演出后观众兴致很高,于是10月19日和26日再演出两场,以满足观众要求。

张英元在排演《争强》之前,即1927年12月,已经参加过话剧演出,她在根据王尔德名剧改编的《少奶奶的扇子》中饰少奶奶。当时女大学生尚属凤毛麟角,全校仅有三十余名。她们在张伯苓校长的鼓励下,成立了女同学会。女同学会决定排演话剧,选定剧本《少奶奶的扇子》,请九先生执导。剧中人物全部由女生扮演。在遴选演员时,张英元以其清秀的容貌、小巧的身材、高雅的气质被定为女一号。她虽然从来未演过戏,但强烈的进取心使她勇敢地接受这一任务。在九先生的悉心指导下,演出大获成功。

张英元于1993年

1932年张英元大学毕业,校方推荐她报考中国银行。当时银行很少录用女职员,她凭着自己的实力一举考中。解放后,她相继于南开大学、天津财经学院任教,1962年入党,多次被评为"三八红旗手"、"先进工作者",81岁退休。

张英元同在南开执教的女儿、女婿住在一起。当外孙女们得知外祖母曾与大名鼎鼎的曹禺同台演戏,都很好奇,也对老人充满敬意。

1990年,张英元以生动细腻的文笔撰写过一篇关于在南开演戏的回忆,为后人提供了弥足珍贵的史料。当戏剧研究者得知她曾是南开新剧的活跃分子,多次前来拜访。

张英元与家人于 2002 年

张英元经历了世纪沧桑,见证了上个世纪初南开新剧活动的历史。可能她已是见证那段不平凡岁月的惟一健在者。如今这位德高望重的102岁老教授正在南开园内静静地颐养天年。

载《天津日报》2009 年 5 月 10 日

主要参考书目

1. 《南开人物志》(第一辑),王文俊 郑致光编,南开大学出版社1994年。
2. 《陈省身文选》,张洪光编,科学出版社1991年。
3. 《陈省身——20世纪的几何大师》,丘成桐编,台湾国立交通大学出版社2000年。
4. 《陈省身文集》,张奠宙、王善平编著,华东师范大学出版社2002年。
5. 《陈省身先生纪念文集》,李毅主编,南开大学出版社2005年。
6. 《吴大任纪念文集》,南开大学校长办公室编,南开大学出版社1998年。
7. 《话剧在北方奠基人之一——张彭春》,黄殿祺编,中国戏剧出版社1995年。
8. 《张彭春论教育与戏剧艺术》,崔国良主编,南开大学出版社2004年。

第三部分

有关南开与南开人物的散文、随笔和杂文

两位巨人注视着南开的发展

我常常在校园里那个美丽的中心花园内漫步。总会情不自禁地停留下来,伫立在那两座伟人的铜像前,仰望着,凝视着,陷入沉思和遐想之中……

花园园门的右侧,耸立着南开校父严范孙先生的半身铜像,左侧是南开第一任校长张伯苓先生的半身铜像,铜像下面就是张校长及夫人的墓。

严老先生是清末的官,学识渊博,思想开明,属于维新派人物。在戊戌变法前一年,他就上书光绪,主张改革教育。早年,他同天津大才子李叔同往来密切,对李叔同青少年时代的思想成长有着重大影响。变法失败,严范孙辞官回津,同年轻的张伯苓共同办学,从严氏家馆开始,一直到创办南开中学、南开大学、南开女中、南开小学,形成南开系列学校。惟有两位杰出人物三十余年如一日地真诚合作,不懈努力,克服重重困难,才能够创造出这样的人间奇迹!

严范孙铜像

严范孙、张伯苓慧眼识才,对品学兼优的学生周恩来非常器重和爱护。后来,严范孙专门设置"范孙奖学金",资助周恩来出国深造。严老先生不愧为一代完人!

张伯苓有割不断的南开情结。他嘱咐儿子们:"我死后一定要葬在南开大学内,我要永远看着南开的存在和发展。"

张伯苓铜像

张校长与夫人病逝后,亲属将他俩合葬于北仓公墓。然而,在那个荒诞不经的年代,他的墓碑被砸成了碎块。不过历史毕竟是公正的,1979年张校长的骨灰移到天津烈士陵园。可是他的亲属仍然感到有一种遗憾:张校长安息在烈士陵园固然光荣,但却把张夫人孤单地撇在了北仓公墓;而且老校长生前一再说他事业的成功一半得助于夫人,况且他的最大心愿是葬在南开大学里。因此亲属提出将张校长与夫人的骨灰迁到南开大学校园内合葬的请求。1989年南开大学师生终于将张校长及夫人的骨灰请回南开园,合葬在中心花园的张伯苓铜像下。

由于时代的风风雨雨和历史的曲曲折折,张校长的遗骨曾五易墓地,亡灵不得安宁。如今终于与他相濡以沫的贤内助一起安息在他心灵的圣土内。九泉之下的老校长定会无比欣慰。

在鸟语花香的校园里,两位南开巨人注视着学校的繁荣发展。

距离两尊铜像不远,也就是与中心花园遥遥相对、在红花绿柳掩映下的马蹄湖中心岛上,有一座周恩来总理纪念碑。这样,严老先生和张校长就能同自己最得意的学生永远相伴为邻。此番景色十分感人。我想,两位老先生的在天之灵一定会非常愉悦与自豪!

载《南开周报》1998 年 12 月 11 日

张伯苓与南开

张伯苓献身教育的触动点在于,甲午战败后帝国主义列强瓜分中国对他的刺激。

张伯苓

1898年,张伯苓为舰船上的一名见习驾驶员。他随舰船同清朝官员到威海卫,参加从日方接收该军港、然后再转租给英国的整个仪式。

抵达的当天,飘扬在港口上空的那面可憎的膏药旗被降了下来,升上清政府的黄龙旗。第二天,中国国旗又被降下,代之升起的是大不列颠的米字旗,它在我国的蓝天上得意忘形地狞笑。两日之内旗帜三易,祖国山河任人宰割的奇耻大辱,使这位热血青年肝胆欲裂。他决心要为国家和民族雪耻!

从威海卫回天津后,张伯苓毅然辞职。他怀着教育救国的理想,到名绅严范孙(严修)以及盐商王奎章的家馆教授"西学"(英语和数理化)。这位新型的"私塾先生"立即引起社会的瞩目。

为顺应时代要求,严范孙、张伯苓决定扩大办学规模,将严、王两馆合并、仿效欧美的教育制度,在严宅院内办起一所中学,命名"私立中学堂"。经费由严、王共同负担,张伯苓主持教务(后称校长),1904年10月17日开学上课。

张伯苓、严范孙热心办学的精神感动了天津的开明士绅,有人捐款,有人献地。1907年,他俩在天津旧城西南的一块洼地上盖起一座校舍。由于地名叫"南开",所以校名改为"南开中学堂"。学校在短短的三年之内曾四易校名,而最后的"南开"之名却永远保留了下来,并且一天比一天更加响亮,若干年后终于响彻全球……

教学大楼耸立起来了,全校迁到新址。于是,那片荒野便从几百年的沉睡中惊醒,变得生机盎然,充满青春的活力。南开洼的贫瘠肌体发生了神奇变化:它成了一块哺育人才的沃土。

南开声誉日高,学生逐年增多,但经费却远远跟不上发展的需要,张伯苓随严范孙到处奔波,向社会各界募捐,自称是"化缘的老和尚"。他为能从达官显贵、军阀富商手中挤出钱来办学而自豪:"美丽的鲜花不妨是由粪水浇出来的。"

有人问他,怎能弄到这么多的钱?他神秘地笑道:"只要摸准了,一抓就是一笔!"

尽管他说得很风趣,事实上"化缘"远非如此轻松。他常常碰壁,坐过冷板凳,挨过白眼。但是他从未丧失信心,而且还真摸出了一套学问。

1911年至1914年间,天津的几所中学先后并入南开,经费有所增加,招生数字直线上升,校舍年年扩建。张伯苓高兴地说:"孩子长得快,去年缝的袄,今年穿不得了,又要添新的啦!"

南开真像是他的孩子一样。

清华学校总办范静生热情聘请张伯苓兼任清华教务长。他不忍让朋友失望,到清华上任,对教学进行大胆改革,受到师生的称赞,连那里的外籍教师都伸出大拇指。一位美国女教员对清华的学生们说:"你们应当学南开校长张伯苓,假如中国多几个张伯苓,中国一定会强盛的!"

然而张伯苓在清华只干了一学期就辞职了,因为他心中总是惦念着南开。南开,南开,使他夜不能寐;南开,南开,占据了他全副身心。

南开成为全国赫赫有名的学府之一,各地优秀学生不远千里前来报考。张伯苓没有陶醉于已取得的成就上,一个强烈愿望在他胸中燃烧——一定要创立大学部!因为中学授予的普通知识仅是国民教育的初步,远不能满足国家与社会的需要,必须培养高级人才。

当时北京的许多学校正债台高筑,国立学校穷得甚至要关门,所以社会上许多人对张伯苓要创办私立大学深感震惊,觉得这位张先生可真特别,这不是开玩笑吗?他怎么有如此大的本事?然而,张伯苓在严范孙的支持下,1919年终于把创办大学的梦想变成了现实!他没有开玩笑,也不具备特殊本事,只是意志和毅力使他做出常人想也不敢想的事。

1922年,天津十几名女子小学毕业生联名上书张校长,要求建立南开女中部。张伯苓接见了学生代表,对她们说:"我看了你们的信,你们有这种勇气,我很高兴!我答应一定给你们办女子中学。"

张伯苓说话向来是算数的。第二年秋天,女中部成立,女孩子们高高兴兴背着书包走进课堂。女中校舍原在租赁的一所民宅小院内,房子狭窄而简陋,仅能容纳两个班,七十多名学生。1924年校庆日,张校长分发给与会者每人一份纪念册,上面印有三幅照片。一幅是大学部的科学馆,另一幅是中学部的教学楼,第三幅却是一片空地,下面题着:"这里是南开女中校址,明年将在此建成一座教学大楼。"

果然,这年12月,女中新校舍举行奠基仪式,张校长说:"空中楼阁,不久将成为我们讲课教书的地方,这就是有志者事竟成!"

有志者事竟成——是张伯苓的人生信条。

1928年,南开又增设了小学部。到此时为止,南开四部——大学、中学、女中部和小学,全部建成。张伯苓兴奋地说:"我们南开有了自己的整个教育系统了。"望着风光旖旎的校园,他嘱咐儿子们:"我死后一定要葬在南开园内。我要永远看着南开的存在和发展。"

张伯苓白手起家,靠"化缘"为南开挣下百万产业。而自己却两袖清风,生活十分俭朴。到外地办事,一向坐三等车厢,住最便宜的旅店。在市内开会,他常常以步行代替乘车。校长的家在中学部后面、电车厂附近的一个羊皮市里,街上晒满羊皮,发出阵阵恶臭。一次,他的好友张学良乘小卧车来拜访。汽车在一条土路上转来转去,好不容易才找到"张公馆"。张学良万万没有料到,堂堂大学校长竟跻身于贫苦市民当中,而他却为大学部的教授们,在风景如画的八里台新校园内建筑别墅似的住宅!

尽管大学部教授的待遇远不如国立的清华、北大优越,但张伯苓以他的真诚和气度,总是能吸引住一批优秀人才,使他们扎根南开。

张伯苓成为知名的教育家,其成功不是侥幸得来的,而是大仁、大智、大勇的结晶。

抗日战争爆发前,张伯苓已经预见到,一向坚持爱国主义教育的南开,早就引起日寇的仇视,因而想到学校应于大后方有个回旋的余地,便作出在重庆建立分校的决定。他历来说干就干,办事神速,马上派人入川,在重庆近郊沙坪坝建成校舍。1936年9月,一座拥有二百名学生的南渝中学便开学了。从制定计划到建成上课,仅仅用了十一个月,人们无不钦佩张校长的工作效率,说他有鬼神之功!

"七七"事变后,天津南开各校遭日寇炸毁,师生辗转来到重庆投奔南渝。后来南渝改名"重庆南开中学",表明南开生命不中断。张校长说:"自从敌人的炮火开始摧毁南开,我越觉精神振奋,不敢自认老大,不敢病,尤其不敢死。我今年63岁,相信能像43岁的人……"

如同当年把杂草丛生的南洼、八里台建成驰名的学府一样,张伯苓又把荒凉的沙坪坝变成大后方的文化中心。面对重庆南开这座不同凡响的学校,人们不禁赞叹道:"张校长真是魔术师啊!"

张伯苓笑呵呵地说:"我不是魔术师,我是不倒翁。日本人把我打倒,我又站了起来。"

1947年,张伯苓这样总结自己走过的道路:"四十多年以来,我好像一块石头,在崎岖不平的路上向前滚,不敢作片刻停留。南开在最困难的时候,八里台笼罩在愁云惨雾中,甚至每棵小树仿佛都在向我哭泣,我也还咬紧牙关未停一步。一块石头只须不断地滚,至少沾不上苔霉。我深信石头越滚越圆,路也越走越宽的。"

是的,张伯苓这块顽石不断向前滚,直到最后一息。如今他实现了生前的夙愿,安息在鸟语花香的南开园内,注视着学校的繁荣发展。他的灵魂与血肉之躯早已同南开融为一体。

载《光明日报》1996年4月24日
被收入《张伯苓与重庆南开》,李群林、丁润生编,香港天马图书有限公司2001年

张伯苓的隽言妙语

张伯苓先生是位很了不起的人物。他的语言生动、风趣,富有哲理性。现搜集部分于下,由此可感受到其人格魅力。

▲南开是私立学校,经费需要向社会各界募捐,有学生提出:"我们不要官僚军阀、土豪劣绅的臭钱!"张校长却说:"美丽的鲜花不妨是由粪水浇出来的!"

▲1911年至1914年间,南开招生数字直线上升,校舍年年扩建,张校长高兴地说:"孩子长得快,去年缝的袄,今年穿不得了,又要添新的啦!"

▲为办学要到发达国家去取经,他通俗而形象地说:"把他们炼成的仙丹吞到咱们的肚子里。"

▲冬天气候严寒,学生宿舍里有些人早晨不愿起床。张校长就说:"你要光着身子从床上跳起来,赶紧穿衣,赶紧下床,也就起来了。反之,如果躲在热被窝里,越躲越懒,就老也起不来。"

▲张校长常讲:"人可以有霉运,但不可有霉相!越是倒霉,越要面净发理,衣整鞋洁,让人一看就有清新、明爽、舒服的感觉,霉运很快就可以好转。"他还编了一句顺口溜:"勤梳头勤洗脸,就是倒霉也不显!"

▲张校长告诫学生,只要苦干就可化无为有,化不能为能。他不同意"巧妇难为无米之炊"这句话,他说:"如果有米,人人都可做炊,那还用得着巧妇?没有米,能想办法弄来米做炊才是巧妇!"

▲张校长鼓励学生苦干,但又怕年轻人急于求成反而坏事,他以炖肉为例,说道:"炖肉要慢火,长炖,不能性急,肉自然又烂又好吃。若心急,一会儿揭开看看,一会儿揭开看看,这锅肉是炖不好的。"

▲20世纪20年代中期,有一位朋友来南开中学参观,谈到学校的

产业问题,张伯苓说:"我只知道往前走,决不说:'成了,可以乐一乐啦!'歇一会儿再走。赌博的人不是风头顺就下大注吗?我也是如此——往前进。能做到这点的秘诀是什么?是公和诚,没有别的。"

▲张伯苓办学从来不会因经费短缺而中断自己对未来的美好理想。他是个地道的乐观派,总是说:"我有办法自己骗自己!"

▲1924年底,大学部师生之间发生了点矛盾,张校长以大事化小,小事化了的精神平息了这场内部风波。事后轻描淡写地说:"两个小孩打架,摔倒了,爬起来,拍拍身上的土,各自回家吃饭。"

▲1929年南开女中部第一届学生毕业,张校长的讲话既幽默又深刻。他说:"你们将来结婚,相夫教子,要襄助丈夫为公为国,不要要求丈夫升官发财。男人升官发财以后,第一个看不顺眼的就是你这个元配夫人!"

▲1931年英国文学系建立,张校长亲自过问课程设置,并提出中肯意见:"文学系当然要读文学,但学生毕业到社会上应具备就业能力,不能饿着肚子作诗啊!"英国文学系系主任柳无忌听取了校长的重要意见,在高年级增设了一些实用课程。

▲抗战期间,张校长在荒凉的重庆沙坪坝建成一所重庆南开中学。人们赞叹张校长创造奇迹,是位魔术师,他笑呵呵地说:"我不是魔术师,我是不倒翁。日本人把我打倒,我又站了起来!"

▲由于重庆是陪都,重庆南开中学的学生里不少是高官子弟,张校长常对他们讲:"一定要靠自己的努力和奋斗,不能依赖他人!"他还有句名言:"有脑子不用,不如拿来炒炒吃啦!"

▲20世纪40年代张伯苓当选为国民党中央监察委员。重庆南开中学有个15岁的学生对此写了篇题为《走错了一步棋的张伯苓》的文章,发表在重庆的大刊物《新闻天地》上。张校长十分赏识这个学生:"不管他说得对不对,才念高一就敢在杂志上指名道姓地批评他的老校长。这说明他没白念南开,也说明我们南开教育的成功。"

▲1947年3月,张伯苓从美国返回天津,南开师生和校友到车站欢迎。他见一个校友蓄着胡子便说:"你还不到60岁,应该把胡子剃去!"又向大家说:"我还没老,你们谁也别说自己老!"这年张校长71

岁。

▲张伯苓早就同妻子说过:"我不能给孩子们留钱。钱多了,他们就不想做事啦,岂不害了他们?我教他们一些德行,够他们一辈子享用不尽。"他去世后,家人收拾遗物时,见他的钱夹里只有七块钱,而他的精神遗产的确让后人享用不尽。

载《今晚报》2004 年 7 月 10 日

张伯苓:大仁大智大勇的化身
——电视剧《张伯苓》观后

南开校长张伯苓的光辉形象第一次通过电视剧《张伯苓》走进千家万户,强烈震撼了广大观众。著名演员唐国强出色刻画了这位大教育家,人物鲜活,丰满,有血有肉。正如唐国强自己所说:完成了这个角色,也完成了他表演上的又一次突破。

张伯苓全家合影,左起长子张锡禄、三子张锡祚、张夫人、张校长、四子张锡祜、二子张锡羊,1929年

张伯苓的一生就是一部荡气回肠、充满传奇色彩的奋斗史。1894年甲午战败后帝国主义列强瓜分中国。张伯苓作为一名北洋海军见习军官,亲眼目睹了清官员到威海卫军港,将该港从日本手中收回再转租给英国的全过程。两日之内国帜三易的奇耻大辱使得他肝胆俱裂。以武力救国的梦想彻底破灭,张伯苓萌生了教育救国的思想。他毅然从海军退役,到天津名绅严范孙宅中当私塾先生,教授西学。正是以这个

仅有五名学生的严氏家馆为起点,他赤手空拳,同严范孙亲密合作,在内忧外患中,面对艰难险阻,不屈不挠,矢志不渝,创办了南开系列学校——南开中学、南开大学、南开女中、南开小学和重庆南开中学。这在中国教育史上可以说前无古人,后无来者!

张伯苓夫妇在重庆南开中学津南村宅前同家人合影,1949年

张校长是位体魄魁梧、性格豪爽的天津大汉,总是谈笑风生,妙语联珠。他机警而天真,倔强而克己;能从辛苦中得到快乐,能从失败里找到成功;严肃之中又有风趣,富于理想而又极其现实。他是大仁、大智、大勇的化身,是一个大写的人!

成功地塑造了这位伟人形象,是这部电视剧的最大成就。但由于张校长的事迹早已深入到南开人的心里,所以剧中张校长身边那些根据真实人物(如尽人皆知的"四大金刚"等等)虚构出来的众多形象,让人有不能适应之感。另外,剧里还有两位不平凡的人物——弘一大师和张学良,其扮演者没能演出这两个角色在观众心目中的那种神采与风韵,不免令人失望。

剧中不少情节,据我所知,同历史事实有一定距离,例如:严、张二人拜见弘一法师,"轮回教育"事件后张校长的出走,张学良从杨镇邦手中救出张伯苓……虚构的东西太多了点。此外,为突出张伯苓这一高大形象,把许多重要情节也进行了一番艺术处理。这些都使得比较熟悉张校长和南开历史的观众感到不真实。

张伯苓夫妇与三子张锡祚全家,1950年于天津

全剧有些人物与事件占据了过于冗长的篇幅,例如千岛樱子、罗伯特、沈华庭等人等事。而某些十分重要的内容却被省略,例如全剧最后,全国解放,1950年张伯苓先回北京后返天津,次年病逝,这个历程被一笔带过。如此处理似乎很不妥当,因为那是个极其重要的历史转折点,在这样的大背景下正能充分揭示人物的内心世界。张伯苓在生命的最后阶段,经历了时代的大变革,也遭遇了意想不到的尴尬与痛苦,使他产生了或欣喜或苦闷等等复杂心情。缺少这段历史,人物就显得很不完整。

载《今晚报》2005年8月12日
载《天津老年时报》2005年8月17日
注:本文系将已在报上发表的两篇小文重新综合而成。

吴大任和陈省身

吴大任同陈省身有特殊情缘。

20年代初,两个少年分别从广东、浙江随家人来到天津。吴大任考入南开中学,陈省身进入扶轮中学(今铁一中)。1926年,18岁的吴大任被保送到南开大学,15岁的陈省身则连跳两级考上了南大,从此二人结为终生知己。大学毕业后两位南开才子双双考进清华研究院。30年代,他们又一起在德国汉堡大学深造,第三次成为同窗学友。后来,吴大任回国在母校执教,而陈省身定居美国,两位挚友从此长期分离。

吴大任摄于1985年

建国之初,吴大任曾写信希望老同学回国工作。对祖国故土充满恋情的陈省身也有此心愿,只是50年代国内运动不断,后又十年动乱,他的报国之志无法实现。1972年尼克松访华后,陈省身立即回国访问,并透露出要为祖国的教学事业倾注心血的愿望。吴大任欣喜万分,马上为老友在国内开展各种学术活动而积极奔走,终于在1985年建成南开数学研究所,陈省身任所长。

吴大任和陈省身

提起这两位数学家,往往会引发人们的一番感慨。

长期定居国外的陈省身,由于在数学领域内有开拓性的贡献,如今已是世界级的数学大师。而吴大任呢,自天津解放之日始便被任命为南开大学教务长,后又任南开大学副校长,他必须把全副精力投入到教学管理工作中去。当时他在专业上有精深研究,正处于事业的巅峰时期。为服从党的安排,不得不放下自己钟爱并大有可为的专业,许多人为之惋惜。而他却很平淡:"这工作总得有人做啊,不是我干就是别人干。"后来那场民族大劫难不仅浪费了宝贵光阴,还摧残了他的身心。他自然没有陈省身那么多的研究成果,更没有陈省身那么高的国际声誉。其实,在学生时代他俩水平相当,吴大任的学业成绩有时甚至还超过陈省身,因此人们常都为吴大任感到遗憾。

可是吴大任本人却不以为然。他一贯淡泊名利,超凡脱俗。

陈省身初次回国访问,并在中国科学院作演讲时,吴大任被派往北京接待。见到阔别几十年的老同学,他无限欣喜和激动,他那颗纯净的心灵充满阳光……唯有一事使他觉得对不住老同学,那就是当陈省身提出:"你为什么不请我到你家里看看?"他一时无以对答,因为当时他同夫人和一个孙子还挤在南开大学北村的一间十二平方米的小屋里呢。

吴大任在台湾的堂兄吴大猷,如今是世界物理学界的泰斗。所以有人常常对外这样介绍吴大任——"吴大猷的堂弟、陈省身的同学"。对这种屈居人下的

陈省身 1990 年摄于南开数学研究所

称谓连他的亲人也不免有点不快,而他却总是含着宽厚的微笑欣然接受。

为了祖国的教育事业,吴大任呕心沥血,默默无闻地做了大量工作,直到 1997 年 3 月病逝。

立志要为中国数学的发展鞠躬尽瘁的陈省身,早在南开数学研究所成立之初就捐款一万美元,捐书近万册,并立下遗嘱:将自己的遗产由一分为二(分给两个子女)改为一分为三,加上南开数学所这个在陈先生心中的新生儿。1998年,他又毅然捐出一百万美元,设立"陈省身基金",供南开数学研究所发展使用。

　　两位数学家的人生道路虽然后来各不相同,但他们都怀有一颗赤诚的爱国心,这一点却是共同的。

载《今晚报》1999年4月22日

广东乡亲心中的吴氏兄弟

物理学家吴大猷、经济学家吴大业和数学家吴大任是南开大学乃至全国著名的"吴氏三杰"。这三个名字我从小就熟悉,因为我家与他们是广东肇庆的同乡,而我母亲同吴家还有亲戚关系。

左起陈省身、吴大猷、吴大任,摄于 1992 年 6 月

记得在我童年,那还是抗战胜利前的 40 年代,母亲经常带我到英租界耀华里一位舅舅家,舅母就是吴家兄弟的二姑妈。当时吴氏兄弟早已从南开大学毕业离开了天津。我常见到寄居在那里的大猷先生的寡母(即大业、大任二先生的婶母)。她高雅端庄的气质显得那么光彩照人,小小年纪的我总爱在一旁欣赏她那独特的美。

直到长大成人以后,我才领悟到,大猷先生 5 岁丧父,日后成为驰名世界的科学泰斗,显然同这位不平凡的母亲分不开。不幸的是日寇投降前夕,她到亲戚家拜年,因一架日本飞机失事坠落到那家人的房顶上而罹难。这时她的独生子远在大后方昆明西南联大,对此噩耗浑然不知。亲友们对此都十分悲痛,我也为这位美丽母亲的遭遇深感痛惜……

再后来,我家因父亲病逝生活艰难,母亲将我和哥哥送进旅津广东中学(今天津十九中学)就读,因该校对广东籍学生免收学费。母亲说,广东中学的创办人之一是大业和大任的父亲、大猷的伯父。这使得我对吴氏家族产生了一种崇敬与感激之情。

1959年我大学毕业后分到南开大学。家中老人万分欣喜,不仅由于南开是所名校,而且还因吴大任在这里任教!母亲、祖母和姑姑都为有这样杰出的远亲和同乡而骄傲。看得出,老人们很想让我去拜访吴先生,以表达他们的情意。可是我却不情愿,心想,人家是大教授,我家老人只是普通百姓。我的自尊心极强,所以始终没去。

每逢我回家,老人们常问及吴先生,我说:"吴先生当副校长啦!"他们为之欢欣。"文革"中,老人们打听吴先生的近况,我只得如实说出他挨批斗了。他们听后黯然神伤,叹息道:"这么好的人也遭难了……唉!"

"文革"以后,学校在校内北村新建了几幢教师住宅楼,我有幸与吴大任校长为邻。他家在二层,我家住四层,经常见面,但我始终将长辈们对他的情意埋在心底。一次我哥哥来拜访吴先生,道出了同乡兼远亲的关系,我才不得不去吴先生家。哥哥帮我下台阶:"我妹妹是不敢高攀!"的确,我不愿高攀,一则不了解吴先生的性格,怕招致反感;二则我认为个人事业前途应靠自己努力,所以很厌恶拉关系。

没几年,吴先生搬到了东村,我便以晚辈、同乡和老邻居的身份常去他们家看望。吴先生不苟言笑,我对他敬而远之。他的夫人陈䴖先生性格开朗,风趣幽默,和她在一起令人很愉快。

1997年吴先生病逝后,陈先生送我一册《吴大任纪念文集》,里面汇集了吴先生的同事、朋友、学生和亲属们撰写的回忆和纪念文章。我读后才了解到吴先生的高尚品格。过去我总是把他看成大人物,不敢接近他,以致失去了许多受教益的机会。尤其让我内疚的是我家几位老人如今均已谢世,而我始终没把他们对吴氏兄弟的敬意与爱意在吴先生生前转告他。

今年春节,陈鹝先生兴奋地告诉我:四月份大猷先生要来天津,广东老家的姐妹们也将北上,吴家要举行一次盛大聚会。

我听了也非常高兴。因为1992年大猷先生曾回母校,我没去拜见。这回我有勇气了,一定要把家里老一代人对几位吴先生的朴素而真挚的感情告诉他。更何况大业先生也已于1994年在美国逝世,如今92岁高龄的大猷先生是吴氏兄弟中的唯一健在者,千万不能再失去机会了。见了大猷先生我该同他讲讲广东话,并且告诉他,我小时候曾多次见到他的母亲……

不料今年4月20日我从《今晚报》上得知大猷先生在台北病危的消息,我既震惊,又深感命运之捉弄。几个月来,我时时从陈先生处关注着大猷先生的近况。前几天听陈先生说,目前大猷先生病情比较平稳,但他的天津之行看来已不可能。我再次感到无限悲伤,无限遗憾。只有祈盼奇迹出现,祈盼老先生身体康复,得以圆他的南开梦,天津梦,那么我也可以见到可敬的大猷先生,并可以了却一桩几十年都未了却的心事。

载《今晚报》1999年9月4日

回忆陈省身先生

在那个寒风凛冽的早晨,打开新来的报纸,头版一幅彩色照片——陈省身先生那熟悉的笑靥又映入眼帘,可是在陈先生名字的后面竟然是"逝世"两个令人实在无法接受的字!我不禁惊叫起来,怎么也不能相信这是事实,因为前两天在南开大学电视台的屏幕上,我还见到陈先生正谈笑风生……

虽然陈先生已经93岁高龄,但我总觉得这位朝气蓬勃的长者是永远不会逝去的!

回想起来我有幸同大师接触过几次。

1

由于我经常写南开的杰出人物,我的邻居、数学系刘光旭老师早就建议我写写陈省身。但是当时我感到自己对数学很无知,怎可能写这位数学大师呢?而且我认为写科学家是一件十分困难的事,即便花费很大力气,写出来恐怕也不容易吸引读者。

让我思想发生变化的是1999年10月17日南开大学八十华诞庆典。当陈省身先生出现在庆典的贵宾席上时,全体与会者见到他的勃勃英姿,立即报以雷鸣般的掌声。陈先生发表了简短动情的演说:"国外很多最好的大学并不都在首都。南开大学的目标不仅要办成一流的大学,而且要立志成为中国第一的大学。美国的哈佛、英国的牛津和剑桥也都不在首都。南开大学要有这个思想——办成第一名的大学!"

"一流"、"第一"、"第一名",这些鼓舞人心的话语,一次又一次赢得师生的热烈欢迎。那一天我初次领略到大师的洒脱风采和不凡气度,给我留下非常深刻的印象。

没过多久,也就是2000年1月初,陈省身先生的家庭突然遭受了巨大的不幸:同他意笃情深、相随相伴六十余载的陈夫人,在一天中午休息时,因心脏病猝发,未及抢救,于睡梦中悄然离世。夫人走得很安详,没有经受痛苦。但事情发生得太突然,对亲人来说就未免太残酷了。陈先生的精神受到非常大的刺激,南开师生们得知这一噩耗也深感悲痛与不安。六天后陈省身先生获得在华永久居留资格。当我在电视上看到略显清瘦的陈先生那激动的神情,不禁被大师的赤子之心深深打动。我无法抑制自己的激情,立即写下《陈省身先生的回国梦》——这是我撰写的关于陈省身先生的第一篇文章。

2

稿子在投往《今晚报》之前,我送去请陈省身先生过目。那是我第一次拜访陈先生,来到校园的幽静地带,走入那幢悬挂着"几何之家"4个金光闪闪大字的寓所"宁园",就如同迈进一个神圣的数学殿堂,一股崇敬之情便顿时涌上了心头。

大师平易近人,睿智幽默,使初访的晚辈没有什么拘束的感觉。我将小稿送上,同时把自己出版不久的那本《张伯苓与张彭春》,也送去请陈省身先生指正,因为书中有一节提及陈先生。陈先生马上回赠我两本书——《陈省身文选》和一本由校外某数学教授撰写的关于陈省身传记的小册子。

回家后我便埋头阅读陈先生的两本赠书。为写《陈省身先生的回国梦》,我曾从学校图书馆借出过那本《陈省身文选》来研读,已经领略了陈先生的一篇篇精彩文章,并且知道陈

陈省身赠书本文作者

先生的经历非常富有情趣,而且颇具戏剧性。至于那位数学教授撰写的小传呢,因涉及一些专业问题,一般人读起来恐怕会感到有点枯燥。

也正是从这时候开始,我萌生了要写一篇适合一般读者阅读的陈省身传记的想法。

后来,我向陈先生谈了自己的看法和打算,并说自己不懂得数学。

"写数学家传怎能不懂数学?你还是别给我写传了。"陈先生说得很直率。

"我虽不懂数学,但写您的经历,写您的生活,一定也能让读者爱看!"由于陈先生为人随和、宽厚大度,像父亲般慈祥,所以我说话也比较随便。

自从向陈先生"夸下海口",我便进一步深入研读陈先生的那部文选,然后又拜访了同陈先生共事多年的胡国定先生,写成一篇两万字的传记,写好后送去请陈先生审阅。当他阅毕让我去取时,对我说:"你把我写得这么好,我很惭愧!"

听到大师在我面前说"惭愧"二字,让我惊讶得一时不知说什么好,再次被他的谦逊,他的人格魅力所深深感动。他又送给我两本新出版的书,有他自己撰写的科普读物,也有大师八十寿辰时他的朋友、学生编纂的纪念文集。这些著作为我以后写"陈省身系列"奠定了扎实而丰富的资料基础。

3

我把那篇传记寄到了北京一家大杂志社。编辑很快来电话通知采用,并说将作为重点篇目放在头条。后来果然作为头条重点推出,但是其间发生了一个令人很不愉快的插曲。

事情是这样的:过了几天,编辑又来电话让我找陈先生要两张彩色近照,准备上封面。我马上打电话告诉陈先生。他说:"等我找到合适照片再给你去电话!"三天后陈先生来电话让我去取照片。我来到陈先生的寓所,正值他的女儿陈璞从美国来探亲。陈璞帮我从陈先生的大量照片中挑选了两张堪称上乘的,一横一竖,供编辑选用。我立即将照片寄往杂志社。

不料几天后编辑来电话却告诉我:"我们的主编要换封面照片,不上陈省身那幅,打算用一个女影星的照片。"

我一听就生气了，没想到这个高雅刊物竟然也如此媚俗，一个影星怎能同数学大师相提并论?！我不客气地责怪他们："你们怎么不先考虑好就叫我找陈先生要照片？让我冒冒失失地惊动了老先生，如今你们又改主意了，让我夹在当中如何交代？这不是给我出难题吗……再说照片是他女儿亲手挑选的，她是美籍华人，你们这样做给人家留下的印象多么不好啊！"

对方虽然道了歉，但说他自己也无能为力，这是领导的意见，下级只得服从，而且一再强调杂志也要适应"市场需求"啊，等等。最后他答应寄样刊时给陈省身先生写一封信，向他作解释，承担责任。

不久样刊寄来了，一共四本，给我两本，让我转交陈先生两本，并附上退回的两张照片和一封说明封面换照片原因的信。看到杂志封面上的那个外国女影星，确实魅力四射，一双大眼睛真能摄人魂魄啊。编辑写来的信的内容无非强调封面印刷对图片的清晰度要求很高之类的话，他这样说实际是贬低了陈先生所提供照片的质量。我十分恼火——想用美女来吸引读者眼球还会找借口，倒打一耙……

再一想我还得去向陈先生解释，感到既为难，又愤懑。我的先生见我这般不愉快，便宽慰道："你放心吧，像陈省身先生这样的人是绝对不会计较这些的！"

我也相信陈先生的胸怀，但不管怎么说这究竟是件令人不悦的事呀。没办法，只得硬着头皮去给陈先生送杂志、信和照片。来到"宁园"，我十分抱歉地向陈省身先生说明封面照片的事。他一边听我说，一边拿起杂志，注视着封面上的那个女影星笑了笑，幽默地说："她很漂亮，她是比我漂亮啊！"

我听后也忍不住笑了，一切的不快就被大师的一句话所化解。随后陈先生把照片递给我："这就送给你作个纪念吧！"这样我便得到了两张珍贵照片。

4

当我阅读杂志刊出的那篇陈省身传记时，发现原稿中一些生动有趣的内容都被删掉了。例如，陈先生在谈自己的大学生活，提到由于他连跳两级考入南开大学,中学时代几乎没做过实验,所以在大学第一次做化学实验便有点不知所措,结果做砸了锅……

其实陈先生经常对人说:"我别的都不会,只能学数学!"一次,他回答一位台湾记者问他为何决定读数学时,说:"当时我中英文都不好,又不会做实验,就只好学数学了。"这个回答的后一半是真实的,更说明大师的谦虚和胸怀。而人们却都往往有"为贤者讳"的意识,我一向不赞成这种做法,认为写传记就应当尊重历史事实,写出一个真实可信的人物。

后来,某家报社约我写写陈先生早年在天津的生活,我便把传记中被删掉的那个情节写入稿里。报社编辑看到稿后连忙打电话追问我:"陈先生看过稿子没有?同意这样写吗?"

"您放心,"我说,"陈先生向来不忌讳这些,他还常爱以此打趣自己!"

当2002年6月,精装本《陈省身文集》隆重推出后,陈先生的秘书来电话告诉我,说陈先生送我一本,已给我留起来了。我连忙去取,陈先生一见我就笑着说:"见到你我很高兴!"

老先生为人随和、大度,充满童心童趣,看起来就像一位邻家的慈祥长者,让我感到十分温暖。打开书,扉页上的题辞是:"龙飞存 省身 2002七月"。大师如此亲切的题辞再次令我动容。

5

2003年岁末,醉心驰骋在数学王国里的陈省身先生出资两万元,亲自构思、设计、印刷了一套题为"数学之美"的挂历。我得知后便向陈先生提出要一本,他非常高兴地答应了。我去取时,陈先生的秘书将准备好的挂历送交给我,只见挂历用一根土黄色的丝带系着,上面还有陈先生亲手题写的我的名字!瞧,老先生多么细心……

翻开挂历,发现陈先生通过奇妙的设计使深奥的数学走进人们的日常生活,展示数学的深邃与美妙。整个挂历几乎是一部简明数学概论和数学发展史。画页里的每一个人物,每一个公式、图片,都经陈省身先生亲自圈点,甚至有些数学图形的草图也由他亲手绘制。这本数学挂历,是 92 岁的世界大数学家,送给热爱数学的朋友们的一件珍贵新年礼物。

面对这位朝气蓬勃、平易近人的大师,人们怎能不为之感动并肃然起敬?!

可是当陈省身先生亲手设计的那本挂历刚刚翻到 12 月时,陈先生却突然离我们而去了。望着已成为"绝唱"的珍贵挂历,大师的音容笑貌依然历历在目……

祈盼陈省身先生安息,并要告诉先生:我们永远热爱您,我们不会辜负您的期望!

载《今晚报》2004 年 12 月 8 日

可敬的邻家老太

我家楼下有一位老太太,她与女儿、女婿同住。我们两家为邻已有二十多年,相处十分融洽友好。最初我对邻家老太并不了解,只知道她是某高校退休教授。在我眼里,这位脸上总是挂着微笑的文静老人慈祥、善良,一见到她就感觉非常亲切。

后来听说,老人曾是上世纪 20 年代南开话剧运动的活跃分子,在《少奶奶的扇子》一剧中扮演少奶奶,还与曹禺同台演戏——这让我大吃一惊,原来老人家当年是位新女性!从此每逢遇到她,我都禁不住心怀好奇,以尊敬和羡慕的目光细细打量,努力搜寻她青春时代留下的风采。老人身材小巧,容貌清秀,最令我倾心的是她那斯文而优雅的风度。后来在一本戏剧史料上见到她当年的剧照,于是心中的谜解开了——年轻时的她所以能艺压群芳是得益于外貌及内在气质的美。

今年秋风送爽的日子,老人喜度百岁诞辰。我们作为她家的好邻居也有幸分享了生日蛋糕,并从她的亲人、同事、朋友和学生那里第一次听到她的许多鲜为人知的故事。直至此时我才发现,这位看似普通的瘦弱老人胸中有一颗纯净得透明、博大得能容纳世间万物的心,于是一股崇敬之情油然而生。

"文革"后落实政策,她将补发的全部工资作为党费上交。当清理查抄物资把从她家抄走的金银首饰归还时,她却说:"我不需要这些,由组织处理吧。我的孩子能自力更生,我不给他们留什么。"

助人为乐已成为她的生活习惯。每逢周围有人遇到困难,她会立即伸出援助之手,雪中送炭,并且总是不声张,也不图回报。三年自然灾害期间,一位年轻教师因老家房屋濒临倒塌,急需大修,但又苦于无钱。她得知后毅然拿出自己几个月的工资给予救助。有位教师英年早逝,妻儿老小陷入了困境。她毫不犹豫地把自己刚收到的一笔稿费亲自送去……受过她资助的人数不胜数！

在粮食按定量供应时，女教师一般每月定量为二十余斤，而她却自报六斤，坚持让别人多报一些。大家都惊讶——每天二两怎能行？最后给她评定每月十五斤，但她始终将其中大部分让给同事。她心里总是装着别人。

1979年恢复职称评定工作，她竟不肯申报教授职称。经组织多次动员，才勉强同意申报。她已达到一种超脱的境界。

当她年过七旬不适宜授课，在承担教研室工作重任之余，总做些力所能及的工作：打扫办公室，打开水，整理报纸、资料，把这些琐事全包下来，经常最后一个离开办公室。同事们劝说她，她却说："这些事我能做，你们就安心上课吧！"她不讲课了，却深入学生中做思想工作，替任务重的教师进行辅导、批改作业。大家都说："资深老教授竟担当起助教的工作！"她就这样一直干到81岁才退休。

她走起路来步履轻盈，显得比实际年龄要年轻许多。别人问："您身体这么好，都吃什么补品？"

她认真地回答："没吃什么呀，就是多干活少睡觉。"

正由于豁达、乐观的精神和高尚的道德品质，使得她健康长寿。

听到这些真实故事，我不禁为之动容，对邻家老太从此又有了一个全新的认识，而且感到自己能同一位精神境界如此崇高的长者毗邻而居是多么幸运！除了向老人致以敬意，还应将她树为榜样。这样的好人越多，世界就会变得越美好。

载《今晚报》2006年12月27日

曹禺两次聆听夏里亚宾

曹禺喜欢音乐,对旋律与节奏有着极其特殊的敏感。童年时代,他住在天津意租界二马路"万公馆"时,就非常爱听从远处传来的法国教堂的钟声。有时候他还特地到教堂里,专门聆听教堂的音乐。但他从未刻意研究过这门艺术,而仅仅是随意欣赏,凭着自己的直觉去感受,去体会,并陶醉在那美妙、深邃的意境里。音乐能抚慰人的心灵,激发美好的感情。

青年时代的曹禺

随着自身音乐素养的逐步提高,曹禺在写作中也善于运用音乐语言来表达自己的某些意图。处女作《雷雨》的原著有"序幕"和"尾声",可是后来演出时一般都被删掉了。在序幕里,背景音乐是巴赫的《b小调弥撒曲》,作者是想把观众带到遥远的过去。尾声中又响起这支乐曲,也是为了再把观众带回到一个更古老、更幽静的境界里。曹禺说:我写的是一首诗,一首叙事诗,这诗不一定是美丽的,但必须给读诗的人一个不断的新的感觉。这固然有些实际的东西在内(如罢工……等),但决非一个社会问题剧。在许多幻想不能让观众接受的时候,追到非常遥远的过去,让观众像是听神话,听故事似的,来观看我的这个剧目,所以我不得已用了"序幕"和"尾声"。

1934年,在巴金的关怀下《雷雨》发表了。曹禺从北平回到故乡天津,执教于天津女子师范学院外文系,在此期间他完成了第二个剧本《日出》。两年后,即1936年8月,他便到南京国立戏剧专科学校执教。在天津最后半年的生活里,他有一件无法忘怀的珍贵记忆,那就是在这年年初,观赏了俄罗斯著名男低音歌唱家夏里亚宾来津举行的独唱音乐会。

夏里亚宾1873年出生于俄国一个贫苦农民家庭中,只读过几年小学。他以顽强的意志和不懈的努力,终于成为世界著名男低音歌唱家,至今尚无人能与之匹敌。他天赋很高,又十分勤奋,十月革命前他的艺术已达到炉火纯青的地步。他唱、做俱佳,成功地创造了一系列令人难忘的舞台形象。

1918年,夏里亚宾是第一位被苏维埃政府授予"人民演员"光荣称号的艺术家。他于1922年出国演出。本来他是要返回祖国的,但1927年发生的事使他无法再回国。旅居巴黎期间,他在俄罗斯教堂院里看见两个衣衫褴褛的俄罗斯妇女带着几名残疾儿童在行乞。这一情景使他心中非常难过,随后通过一位神父向当地俄罗斯难民捐款五千法郎。没想这一善举竟酿成大祸:那位神父在巴黎的俄国侨民报上发表了对捐款者表示感谢的话,于是苏联驻巴黎使馆便向莫斯科发出一份有关此事的秘密电报,莫斯科轰动了,说夏里亚宾资助了白卫军,投靠反革命……

曹禺敬仰的俄罗斯歌唱家夏里亚宾(1873—1938)

莫斯科的报刊称夏里亚宾是"一个为了金钱从本国人民一方逃向本国人民死敌一方的人"。著名诗人马雅可夫斯基立即发表《"人民演员"先生》,大声疾呼:

教育人民委员部
　　请从
　　　白色老爷的头上,
摘掉"人民演员"
　　这项红色桂冠!

夏里亚宾果真被撤销了"人民演员"的头衔。遭受如此诬陷,他感到痛苦万分。好友高尔基一再劝他回国,但他对回国后的一切没有信心。越往后他越感到不能回去,因为国内发生的那些骇人听闻的事已经传到他耳中,担心一踏上苏联国土就会被送进劳改营。特别是1932年他在巴黎出版了回忆录,将自己的经历,包括1927年事件,统统公诸于世,他明白克里姆林宫的当权者是决不会饶恕他的。

斯大林曾派人捎来"口谕":"回来吧,还给你房子,还给你别墅,比你原来的还要好十倍!"夏里亚宾脸色阴沉地反问:"还回房子,还回别墅……心灵能够还回来吗?"

复杂而残酷的现实让他不能返回祖国。有国不能回,夏里亚宾只好继续周游世界。就在这一时期他前来我国举行演唱会。1935年12月至1936年1月间,夏里亚宾先后在哈尔滨、上海、北平和天津四大城市举行独唱音乐会,受到广大中国观众的热烈欢迎。

曹禺对夏里亚宾这个名字早就熟悉,并知道夏里亚宾与高尔基是同乡、挚友,童年和少年时代有着相同的苦难经历。高尔基这样称赞他的好友:"夏里亚宾——只要一念出这位杰出歌唱家的名字,每个俄罗斯人的心里就会产生一种伟大的民族自豪感!"这句话给曹禺留下深刻印象。

在南开中学读高中时,曹禺有幸聆听过夏里亚宾的唱片。那浑厚、悲怆的声音使他心灵颤栗。

记得是在一天下午,张伯苓校长的胞弟、当时任中学部主任的张彭春先生通知全体学生到大礼堂去。学生们以为又是张校长要讲话啦。可是那天张校长没有来,只见九先生(张彭春的雅号)手里拿着一张唱片,讲台上放着一个留声机,大家猜不透今天要开什么会。当全体学生坐好后,九先生开口了:"今天请大家来听一支歌,歌名叫《伏尔加船夫曲》,是由当今世界最优秀的俄罗斯男低音歌唱家夏里亚宾演唱的。"然后九先生简略地介绍了船夫们唱歌时的自然背景,把学生们带到歌曲的境界中去。这时全场鸦雀无声,留声机开动了,歌声由远而近……听众仿佛看见波涛汹涌的伏尔加河,载着沉重货物的船只和那些步履艰难的纤夫。纤夫们唱着悲壮的歌儿来了,来到人们面前,然后又拖着货船吃力地走了，渐渐远去，歌声也越来越微弱，最后终于完全听不见了。唱片播放完毕，九先生宣布散会，可是曹禺和同学们没有动，他们还痴痴地陶醉在夏里亚宾的歌声里呢。

夏里亚宾的名字从此深深镌刻在曹禺心里。

当1936年新年伊始，曹禺得知当代歌王要来天津开独唱音乐会的消息时，兴奋得心花怒放。夏里亚宾还未抵达天津，他便急着去买票，十块钱一张票在那时是相当昂贵的，可是他一点儿也没有犹豫。

音乐会会场设在英租界著名的耀华学校礼堂，那里的设备相当考究。众多文艺界人士和音乐爱好者纷纷前往观摩学习，后来成为艺术大家的沈湘也怀着急切、崇敬的心情前去聆听。音乐会上，夏里亚宾演唱的曲目有《跳蚤之歌》、《波斯恋曲》、《老班长》和《两个掷弹兵》等名歌，而《伏尔加船夫曲》则是压轴节目，这是他唱遍世界的一首歌。

深沉、粗壮的《伏尔加船夫曲》原是一首古老的俄罗斯民歌，经过这位大歌唱家的天才处理，艺术形象更加完美。从夏里亚宾的演唱中，可以听到纤夫们的沉重步伐、他们的呼唤和内心的力量，甚至能听出他们拖着货船由远而近，又由近走远的情景。钢琴伴奏加强了纤夫们重重的脚步声，并可在低音区连续的三连音中听见伏尔加河的滔滔奔流，气势壮阔、磅礴。夏里亚宾那令人叹为观止的艺术征服了广大中国观众，人们在不知不觉中被歌唱家带入一个他所营造的艺术境界里……

观赏完大师的独唱音乐会，曹禺发出这样的感叹："夏里亚宾唱得深沉，浑厚，有力，令人神往。我从来还没听过这么美妙绝伦的歌儿。西洋音乐对我的生活和创作都产生了非常深远的影响。"

各种艺术门类都是融会贯通、相互影响的。曹禺正是从各类艺术中汲取丰富养料，才造就了他伟大戏剧家的辉煌。

载《天津日报》2009年1月18日

啊,美丽神圣的马蹄湖中心岛

在南开园内,从校门口沿着大中路,到右侧的第三个路口,便是那个造型奇妙、半环状的马蹄湖。一条不长的、两旁大树遮掩的甬道,把人们引进马蹄湖的中心岛。小岛三面被荷花池环抱,清新的花香沁人心脾,景色十分优美。

1979年南开大学六十周年校庆之际,学校在马蹄湖中心岛上建成一座周恩来总理纪念碑,碑座用花岗岩、碑身用汉白玉制成。在碑左上角镶嵌着周总理的铜制浮雕头像,正中镌刻着周总理的手书——"我是爱南开的"六个金色大字。碑背面镌刻的是由杨石先校长撰稿并亲笔书写的碑文。这个原本就极富诗情画意的地方,从此又增添了一种壮丽的色彩。如今,马蹄湖中心岛已成为南开园内一道美丽而神圣的风景。

马蹄湖中心岛上的周总理纪念碑

杨石先校长生前同周总理有深厚友情,对周总理十分崇敬,因此愿在百年后将自己的骨灰洒在周总理纪念碑周围的翠柏苍松下。1985年2月杨石先校长病逝,他的子女遵照遗嘱,将他的骨灰洒入了马蹄湖中心岛周围的松柏丛中。

吴大任副校长于1997年3月病故。他的夫人陈䴖教授受到杨石先校长遗愿的启示,在学校领导的支持下,为他选择了一个最为理想的归宿——他们夫妇俩晚年经常一起散步、背诗的这个美好地方,也就是马蹄湖中心岛。吴大任校长的骨灰埋在周总理纪念碑旁右侧的那棵松树下面。亲人们愿他安息在自己所景仰的伟人身旁,并让他的生命于滋育大自然中获得永恒。

杨石先和吴大任二位已故校长都拥有极其崇高的威望。人们称赞他们是"纯真学者,正直君子"。南开人认为,自1919年建校以来,南开有五位"先贤",他们分别是:严范孙、张伯苓、杨石先、黄钰生和吴大任。

如今,两位南开先贤追随着南开杰出校友周恩来,聚集在这个地方,于是小小的马蹄湖中心岛就成了一片神圣的土地。人们只要一踏上这个小岛,一种崇敬之情便会油然而生,每颗心灵都会在这里受到一次圣洁的洗礼。

载《南开大学报》2008年1月15日

我心中的南开

自孩提时代我心中就有个"南开"。

我祖籍广东,但从小在天津长大,所以早就知道赫赫有名的南开中学、南开女中和南开大学。我对南开又是崇敬,又是羡慕。上初中时,因父亲英年早逝,家中没有了经济来源,母亲便把我送进广东中学(广东籍学生可享受免费待遇)。南开,我可望而不可及;南开只能藏在我心中。

50年代,那些感人至深的优秀苏联小说和苏联电影令我如醉如痴,立志上大学要读俄罗斯语言文学专业。可是到了我报考大学那年,也就是1955年,招生简章中南开大学没有俄语专业,令我感到十分遗憾。这样,我又与南开失之交臂。

当我从北京外国语学院毕业时,原是分配到北京一所高校。本来文化中心首都北京对我具有很大吸引力,可是我因惦念家中年迈的老人和幼小的弟弟妹妹,还是毅然决然要求回天津工作。恰巧另一名同学非常渴望留在北京,却被分到了天津。他同我商量了一下,我们两人便做了调换。没想到这一调换竟改变了我的人生轨迹——我被分到了南开大学。这让我喜出望外,能到心仪已久的著名学府任教,是自己原先所不曾奢望的。

我同南开似乎有某种缘分。

第一天进入南开园,我就感到自己非常非常幸福。

不久"文革"开始。我们这一代人的青春年华便在那漫长的、噩梦般的岁月中悄悄流逝……直到动乱结束,大地回春,我的人生春天也才从这时候开始。

70年代末至80年代初,可以说是我国的文艺复兴期。我紧紧抓住这大好时机,撰写和出版了几部著作。1983年又通过公平竞争,我申报的一个天津市社科研究项目获得批准。南开以一流学府所具有的那种高瞻远瞩和博大胸怀,给予我热情鼓励和巨大支持。

从此,我的平凡生命便开始一点一点闪现光彩……所有这一切都同南开密不可分。想到这些,我对南开的感激之情便油然而生。

另一件事更加深了我的南开情结。

一个偶然机会,我读到几篇回忆南开老校长张伯苓先生的文章,令我激动不已。我被这位巨人强烈震撼,产生了一种创作冲动,要写一部有关张伯苓的传记!在撰写传记的过程中,我阅读了大量有关史料,从而了解到南开的光辉历程,南开在我心中的分量变得越来越重了。我决心将自己的感受、自己的激情全部释放出来,终于写成一部十六万字的书稿。但由于出书困难,我只好将它投往《天津日报》副刊连载栏目。

连载发表后引起南开校友的密切关注,这是我始料未及的,从而结识了许多不同年龄、不同职业的南开校友。也正是在这些热心的新朋友的帮助下,《张伯苓与张彭春》一书得以出版。我体会到南开精神的崇高、伟大,以及它所具有的感召力和凝聚力。我产生了这样一种信心:只要这种精神存在,中华民族就大有希望!广大南开校友对母校那片痴情,深深感染了我。南开在我心中越加珍贵。我为自己是一个南开人而骄傲!显然,今生今世我与南开已无法分开。

载《回眸南开》,南开大学出版社 1999 年

每当我走过图书馆……

每当我走在景色如画的校园里,经过新开湖畔那幢庄严、朴素的图书馆楼时,我都要向她投去多情的目光。虽然这座楼建成于上个世纪的五十年代末,虽然如今她已被称之为"老馆"——几年前造型新颖、规模宏伟、设备先进的新图书馆楼落成并投入使用,绝大部分图书都迁到了那里。尽管如此,我对老馆的情愫依旧。

这座神圣的知识殿堂同我的青春岁月,同我的美好年华紧紧联系在一起。

1959年夏天,我从北京外国语学院毕业,分配到南开大学,这让我十分欣喜。

来校报到的那天,是我第二次进入南开园。在一年前,我曾来探望过一位从北外转学到南开就读于中文系的同学。那位同学领着我参观了整个校园。我第一眼就非常欣赏这儿的景色,喜欢那条绿树成荫的大中路,造型奇妙的马蹄湖,新开湖的碧波倒影,还有那到处可见、纵横交错的溪水、小桥……然而当时我怎么也没有预料到,自己后半生的命运,竟会与这座令人神往的学府紧密地联系在一起。

到校内各部门办手续时,最令我兴奋的是在图书馆里领到了十张借书证,那位温文尔雅的工作人员还告诉我:"教师可以进书库!"哇,十张借书证,并且能到书库内任意挑选……有什么比这更让人快乐?!当我拿着十张宝贵借书证走出图书馆大楼,看到天空是这般湛蓝,阳光是这般灿烂,顿时感到生活多么美好,自己是多么幸福!

几天后全部手续办妥当,我便急不可耐地跑到图书馆。第一次进入书库,真有目不暇接的感觉。啊,从来没见过这么大的书库,这么多的书!我仿佛置身于仙宫宝境中,又惊又喜地采撷着各种奇珍异宝……

从此,到书海里畅游便成了我生活中的最大乐事。我怀着渴望知识、追求精神享受的狂热,广泛涉猎各种门类的书籍——文学、艺术、历史;中文的、外文的。我成了图书馆的常客。

图书馆的老师们辛勤工作,竭诚为师生服务。在书籍的海洋里每一位工作人员似乎都受到了熏陶,显得文质彬彬,书卷气十足。我同他们当中的许多人成了好友。给我印象最深的是那位纯朴热情的季凤珊老师,我曾亲眼见她帮助学生挑选文学类读物的情景。她能逐本介绍书的内容,我在一旁看着既惊讶又钦佩,心想,这样的图书管理员水平多么高啊!后来才知道季老师果然具有高学历——她是本校中文系研究生毕业。

一次,同一位馆员谈起馆内的藏书,那位工作人员不无自豪地说:"咱们的老馆长当年非常重视图书采购工作,所以咱们馆的藏书才会这么齐全!"过后我才明白她指的是冯文潜老馆长。是啊,我们这些后来的南开人能广泛涉猎如此丰富的图书,应归功于前辈,归功于我们的老馆长!

每去一次图书馆,我总是满载而归。至于自己究竟从那里借过多少书,读了多少本,如今实在难以一一说清了。正宗的中外文学名著自不必说,因为这些本来就应该是文科教师的必读书目。我还读过不少与自己专业没有很直接关系、却非常诱人而且非常有益的"杂书"。后来还发现图书馆收藏着许多名贵画册,当时允许外借,我幸运地观赏到那些享誉世界的艺术珍品(印刷品)。书籍为我打开了一个博大而精彩的世界,书籍把我的精神生活引向一个新境界。

自由酣畅地沐浴在知识的海洋中,那是一段无比幸福的时光。

然而为时不久,全校师生下乡搞"四清",紧接着民族的大灾难——"文革"便疾风暴雨般地开始了。于是我那饱览群书的黄金时代就这样戛然而止。

经过漫长的十年,动乱结束,大地回春,我的人生春天也重新开始。上个世纪从70年代末开始了我国的文化复兴时期。我和同事们个个精神抖擞,奋起直追,要补回被耽误了的时光。从此我又像刚来校时那样,频频造访图书馆,找回十多年前在书海中遨游的感觉。所不同的是,当年怀着一股饥不择食的狂热,而此时已变得理性多了。

也是从这时候开始,我自己撰写的书也一本一本地被摆到了图书馆的书架上,成为浩瀚书海中的一粟。

图书馆在我心中永远是片圣土。四十多年我和她结下不解情缘。然而早年那如醉如痴的读书生涯最为刻骨铭心,每每回忆起来都感到非常非常甜蜜。

在南开有机会读到这么多书,应该感谢命运的安排,感谢生活的恩赐。

校园里到处都有美丽的风景,而我却对粼粼碧波旁的老图书馆楼情有独钟。当年是她给我年轻的心灵注入了大量养料,使我的人生从此变得美好。因而每逢走近她的身旁,我都要停下脚步,向她致以注目礼。

载《南开大学报》2005 年 3 月 25 日

后 记

上个世纪50年代的苏联文学艺术令我如醉若痴,因而1955年考入北京俄语学院(今北京外国语大学),梦想由此迈入俄罗斯文学殿堂。但是在大学时代没能学到文学,仅仅打下了点语言基础。毕业后,我被分配到南开大学教公共外语。在那种极左的政治气候下,分配你干什么就得无条件服从,否则便是个人主义。在人性备受压抑的年代,我只能小心翼翼地暗自呵护着心中那个美丽的梦。

感谢命运之神,南开大学拥有一个藏书极其丰富的图书馆,于是校图书馆就成了我的第二大学。我在那里博览群书,汲取了丰富养料,从而步入文学殿堂。

没过多久,"文革"爆发,一切美好梦想全部破灭!

直到浩劫结束,大地回春,我们这一代人的生命春天也才从这个时候开始。历史发生了巨变,人的个性获得了解放,任何一个公民都可以将自己的聪明才智发挥到极致。

我和同事们个个精神抖擞,奋起直追,要追回那被耽误了的时光。大家都在跃跃欲试,想干一番事业。外语教师一般总是首先想到从事翻译工作,教研室的领导便到北京的各家出版社为教师们联系一些翻译选题。他们去了中国青年出版社,一位负责接待的资深编辑语重心长地提出这样一个建议:"搞外文的人不要仅仅局限在翻译上,否则路子太窄,也容易'撞车',可以利用外文资料进行撰写啊。"当教研室负责人回来传达这个建议时,我听后顿觉眼前一亮,豁然开朗!

就在那个值得大书特书的1978年,我从报上得知中国少年儿童出版社推出了一部《外国文学家的故事》,便立即萌生撰写一部《外国艺术家的故事》的想法,于是给该出版社写信毛遂自荐。他们恰好有这一选题计划,正在物色作者,而我主动上门,所以一拍即合。经过两篇试稿便算敲定了。处女作能够如此顺利,应当归功于当时的大好形势,没有这个前提条件什么也谈不上。

我的第一部作品于1981年问世,从此一发不可收,每年能出版一本书。

也是得益于新时期的政策,1983年底通过公平竞争,我所申报的一个外国文学项目作为天津市社会科学重点项目获得资助。学校领导对此十分重视,给予了大力支持,从1984年起,我便专职从事文学研究。

最初,我专攻19世纪俄罗斯文学艺术,和我的先生孔延庚共同撰写出版了《果戈理》(商务印书馆,1984年)、《契诃夫传》(南开大学出版社,1988年)、《柴可夫斯基》(商务印书馆,1996年)、《斯坦尼斯拉夫斯基》(辽海出版社,1998年),等等。

随着时代进步,俄罗斯文学艺术的另一扇更为宽广的窗口也被敞开——开禁了的叶赛宁、阿赫玛托娃、巴别尔……展示出俄罗斯文学艺术一个被尘封多年的宝库。它一旦启开,光彩夺目!然而其中不少天才却成了文学艺术祭坛上的殉道者,他们用生命铸就了苏联时期俄罗斯文艺的辉煌。这种现象令我震惊,立即将关注的目光投向这一新的领域。于是,那些曾经被打入另册的苏联文艺名家的命运及其创作个性,便成为我的研究课题,撰写和发表了一系列关于叶赛宁、阿赫玛托娃、茨维塔耶娃、索尔仁尼琴、爱森斯坦、肖斯塔科维奇和梅耶荷德等20世纪苏联文学艺术家的传记作品。

我一直有个心愿:自己既然写了不少外国人物传记,那么应当进一步拓宽写作的空间,写写中国人物啊。

这个想法源于80年代,一个偶然机会,从《南开校友通讯》上读到几篇回忆南开老校长张伯苓的文章,令我激动不已。我被这位巨人所强烈震撼,产生了一种创作冲动,写下几篇有关张伯苓的作品发表在报刊杂志上。这是我写中国人物的开篇。1995年写成《张伯苓与张彭春》,在《天津日报》上连载,引起广大南开校友的强烈关注。后来在热情校友的帮助下,出版成书。

从此,我的写作便形成了两个主要方面,既不忘老本行,继续对俄苏文学艺术进行探讨,与此同时,又密切关注身边的优秀人物。生活在南开园里,陈省身、吴大任、吴大猷、杨石先、柳无忌……一个个熠熠生辉的名字便进入了我的视野。

2006年12月,当我发现自己撰写和发表了的南开人物文章已有十多篇,可以结集成书了,便向刘景泉书记提出,刘景泉书记对此深表赞同。我借机把准备投往报纸连载的《吴大猷与吴大任》稿也重新整理了一番,收入集中,总题为《南开的骄傲》,约有十七、八万字。这项工作完成于2007年8月。那年9月初一开学,我立即将稿件软盘交上。不久接到刘景泉书记电话说,这部书稿准备于2009年校庆时出版。

2008年11月4日,偶然到学校办公楼办事才得知,校庆筹备组想将《南开的骄傲》中的《吴大猷与吴大任》一稿抽出,单独出版。但是该稿仅有七万五千多字,作为一本书又嫌篇幅小了点,让我在一两个月内补成十万字以上。于是我从去年11月5日至今年2月25日一直忙于《吴大猷与吴大任》的撰写,补成为一部近十六万字的书稿。

由于已经承诺在本学期开学交出两部书稿,所以"突击"完《吴大猷与吴大任》后,仅用四天时间整理了这部《南开的骄傲》。因自2007年第一次交稿后,2008年和今年年初又陆续有有关这方面的文章发表,需要收入集中。时间很是仓促,深怕还会留下什么不足之处,敬请读者指正。

两部稿子发送后,我便开始制作图片。

原先以为搞图片是件轻松而又有趣的事,没想却弄得疲惫不堪。首先是数量太大,吴大猷先生和陈省身先生都有极其丰富的照片资源,张张都非常珍贵,不忍割爱。另外,集子里包括了我在2002年以前写的文章,当时还没使用电脑,都是手写,图片则是拿到复印站复印。那些稿件的文字部分在2007年已改成电子版,但没搞图片,如今要将图片全部制成电子版。孔延庚帮我从书上扫描图片,上网查找相关图片并下载,我则给每一幅图片写说明文字。经过紧张工作,我们为两部书稿共选用了二百五十余幅图片,写成五千六百余字的说明。图片来源主要是从各种相关出版物上扫描复制,少数是从网上下载的。如此巨大的工程对我们两个人都还是第一次。有时电脑出点怪毛病,家里那个"电脑高手"(即我们的小儿子)恰巧又外出联系不上,都是我俩历尽艰辛搞出来的。我原计划用三、四天搞完,结果足足花了六天时间。

在撰写两本书的过程中,南开大学原副校长王达瑽先生给予了热情帮助,特此致谢。

本书讲述了十多位杰出的南开人物,属于纪实文学。另外有几篇篇幅较小、与南开有关的散文或杂文,最后附上两小篇抒情散文——围绕着南开而抒发自己真挚的内心情感。

我是1959年9月来南开大学的。时间飞逝,弹指一挥间,至今已进入第五十个年头。待到今年校庆,《南开的骄傲》和《吴大猷与吴大任》问世时,便整整五十年了。我将这两本小书作为对南开九十华诞的献礼,同时也作为自己来校五十周年的一个纪念。

龙 飞　2009年3月11日

补　白

稿件交出三个月后,6月9日接到宣传部张丽老师的电话通知:校庆办公室审稿完毕,决定让我将《吴大猷与吴大任》并到《南开的骄傲》中,删除掉《南开的骄傲》内原选入的《一生没有留下遗憾——记物理大师吴大猷》《爱的奉献——吴大猷和他的妻子》和《道德文章皆楷模——写于吴大任先生逝世十周年》三文,因其内容已经融入到《吴大猷与吴大任》中了。

因此,我只得重新编排,将稿件分为三个部分:第一部分为最新完成的《吴大猷与吴大任》,第二部分为已经在报刊上发表过了的南开杰出人物纪实作品的结集,第三部分也是已在报刊上发表过了的有关南开及南开人物的散文、随笔和杂文的结集。

"牵一发而动全身",于是我又耐着心将稿件大大"折腾"了一通,不仅涉及文字内容,甚至连图片都要有所调整。在"折腾"的过程中,我对书名感到不满,认为它不够明确,开始冥思苦想。终于在昨天那个不眠之夜,琢磨出了一个自己较比满意的名字——《南开骄子》,并断然决定，就改为《南开骄子》！

由一本书变成两本，又从两本合而为一的经过就是如此；书名的改动则是灵感突发的产物，在这里特地向读者做个交待。

2009 年 6 月 23 日